UTB 4225

D1665732

Eine Arbeitsgemeinschaft der Verlage

Böhlau Verlag · Wien · Köln · Weimar
Verlag Barbara Budrich · Opladen · Toronto
facultas.wuv · Wien
Wilhelm Fink · Paderborn
A. Francke Verlag · Tübingen
Haupt Verlag · Bern
Verlag Julius Klinkhardt · Bad Heilbrunn
Mohr Siebeck · Tübingen
Nomos Verlagsgesellschaft · Baden-Baden
Ernst Reinhardt Verlag · München · Basel
Ferdinand Schöningh · Paderborn
Eugen Ulmer Verlag · Stuttgart
UVK Verlagsgesellschaft · Konstanz, mit UVK/Lucius · München
Vandenhoeck & Ruprecht · Göttingen · Bristol
vdf Hochschulverlag AG an der ETH Zürich

Die Autoren:

Dipl.-Soz. Dr. rer. soc. Reinhard Wittenberg ist Akad. Direktor i. R. am Lehrstuhl für Soziologie und Empirische Sozialforschung der Friedrich-Alexander-Universität Erlangen-Nürnberg.

Kontakt:
Dr. Reinhard Wittenberg
Lehrstuhl für Soziologie und Empirische Sozialforschung
Friedrich-Alexander-Universität Erlangen-Nürnberg (FAU)
Findelgasse 7/9
90402 Nürnberg
reinhard.wittenberg@wiso.uni-erlangen.de

Dipl.-Ing. Hans Cramer nimmt auch im Ruhestand regelmäßig Lehraufträge für SPSS-Kurse wahr. Von 1995 bis 2007 war er Leiter der Abteilung »Unterstützung dezentraler Systeme« mit Software-Beschaffung/ -Verteilung/ -Support am Regionalen Rechenzentrum Erlangen (RRZE) der Friedrich-Alexander-Universität Erlangen-Nürnberg.

Kontakt:
Dipl.-Ing. Hans Cramer
Zur Alten Burg 28
91085 Weisendorf
hans.cramer@gmx.net
ehemals:
Regionales Rechenzentrum Erlangen (RRZE)
Friedrich-Alexander-Universität Erlangen-Nürnberg (FAU)

Dipl.-Sozialw. (Univ.) Basha Vicari ist seit 2010 Doktorandin im Graduiertenprogramm des Instituts für Arbeitsmarkt- und Berufsforschung in Nürnberg und dort seit 2012 auch als wissenschaftliche Mitarbeiterin im Bereich der Berufsforschung tätig.

Kontakt:
Dipl.-Sozialw. Basha Vicari
Institut für Arbeitsmarkt- und Berufsforschung (IAB)
Forschungsgruppe Berufliche Arbeitsmärkte
Regensburger Str. 104
90478 Nürnberg
basha.vicari@iab.de

Reinhard Wittenberg,
Hans Cramer,
Basha Vicari

Datenanalyse mit IBM SPSS Statistics

Eine syntaxorientierte Einführung

UVK Verlagsgesellschaft mbH · Konstanz
mit UVK Lucius · München

Zusatzmaterialien zum Buch finden Sie unter
http://www.utb-shop.de/9783825242251

Online-Angebote oder elektronische Ausgaben sind erhältlich unter
www.utb-shop.de.

Bibliografische Information der Deutschen Nationalbibliothek
Die Deutsche Nationalbibliothek verzeichnet diese Publikation in der
Deutschen Nationalbibliografie; detaillierte bibliografische Daten
sind im Internet über <http://dnb.d-nb.de> abrufbar.

© UVK Verlagsgesellschaft mbH, Konstanz und München 2014

Einbandgestaltung: Atelier Reichert, Stuttgart
Layout: Gesetzt mit LaTex
Druck und Bindung: fgb · freiburger graphische betriebe, Freiburg

UVK Verlagsgesellschaft mbH
Schützenstr. 24 · 78462 Konstanz
Tel. 07531-9053-0 · Fax 07531-9053-98
www.uvk.de

UTB Nr. 4225
ISBN 978-3-8252-4225-1

Vorwort

Das vorliegende Buch soll an die selbständige Datenanalyse mit IBM SPSS Statistics – dem weltweit verbreitetsten Programmsystem für angewandte Statistik – heranführen. Es will darüber hinaus grundlegende, für die Datenanalyse notwendige Statistikkenntnisse vermitteln, ohne jedoch vom Leser vertiefte mathematische Vorkenntnisse zu erwarten. Beschrieben und für die exemplarischen Analyseverfahren verwendet wird die deutschsprachige Programmversion IBM SPSS Statistics 22.

Großen Wert legen wir auf die detaillierte Vorstellung und Erörterung von generell in den Erfahrungswissenschaften und in der außeruniversitären Praxis häufig benutzten Verfahren zur explorativen, deskriptiven und analytischen Datenauswertung. Die im Buchtitel genannte „Syntaxorientierung" hat dabei den Vorteil, dass die Nutzer von vornherein und durchgängig lernen, ihre Analysen effizient, leicht reproduzierbar und schließlich sogar automatisierbar zu gestalten. Zahlreiche Übungsaufgaben und deren Lösungen intensivieren den Lernprozess.

Für die im Buch demonstrierten Auswertungen verwenden wir einen Auszug aus einem öffentlich zugänglichen Datensatz des Erhebungsprogramms „Allgemeine Bevölkerungsumfrage der Sozialwissenschaften" (ALLBUS). Anhand des ALLBUS 2012 wird idealtypisch das Vorgehen bei der Durchführung eines Forschungsvorhabens durchgespielt, so dass die Leser nicht nur etwas über Datenanalyse im engeren Sinne erfahren, sondern auch über andere Phasen im Ablauf von Forschungsvorhaben: über Planung eines Projekts, Datenerhebung, Codieren und Bereinigen von Daten sowie über Ergebnispräsentation mittels Tabellen und Grafiken.

Informationen zu diesem Buch und zu den verfügbaren Zusatzmaterialien werden im Online-Shop des UTB-Verlags angeboten. Dort findet der Leser z. B. Fragebogen und Dateien des ALLBUS 2012-Datensatzes, die Lösungen zu den Übungsaufgaben, sonstige Ergänzungen und Aktualisierungen zum vorliegenden SPSS Statistics-Buch sowie, wenn nötig, Errata. Des Weiteren besteht dort die Möglichkeit, Fragen zum Buch zu stellen und es zu bewerten:

⇒http://www.utb-shop.de/9783825242251

Die Autoren, die zum Teil jahrzehntelange Erfahrung in der Durchführung von Lehrveranstaltungen zu den Methoden der empirischen Sozialforschung und von SPSS-Kursen aufweisen, wollen die Leser dabei unterstützen, selbstständig ein Forschungsprojekt von Anfang bis Ende durchzuführen. Mit dem vorliegenden Buch nehmen wir den vielfach geäußerten Vorschlag auf, die von uns in mehreren Auflagen verfassten Handbücher „Grundlagen computerunterstützter Datenanalyse" (Wittenberg 1998) und „Datenanalyse mit SPSS für Windows" (Wittenberg und Cramer 2003) zu aktualisieren und in einem Band zu integrieren.

Ein herzlicher Dank geht an Sonja Rothländer im Lektorat von UVK, die uns bei der Erstellung des Buches bestens beraten hat, sowie an Daniel Bela und Rüdiger Vicari: Beide haben geholfen, einige komplizierte Hürden, die uns das Textsatzsystems LATEX in den Weg gestellt hatte, elegant zu überwinden. Bernhard Schrauth war, seinerzeit noch als studentische Hilfskraft, bei der Verifizierung der im Online-Zusatzmaterial zu diesem Buch vorgestellten Verfahren, Tests und Koeffizienten sowie statistischen Formeln behilflich; Dagny Cramer schließlich hat das gesamte Werk Korrektur gelesen – auch ihnen unser herzlicher Dank für die Unterstützung! Sämtliche verbliebenen Mängel gehen selbstverständlich zu Lasten der Autoren, die offen für Kritik und Vorschläge sind, wie das Arbeitsbuch für zukünftige Auflagen ergänzt und verbessert werden könnte.

Nürnberg, im September 2014
Reinhard Wittenberg, Hans Cramer und Basha Vicari

Inhaltsverzeichnis

Abbildungsverzeichnis

Tabellenverzeichnis

1 Grundlagen computerunterstützter Datenanalyse

Egal, ob man nur die tägliche Zeitungslektüre kritisch beurteilen oder sich der Prüfung und Weiterentwicklung von sozialwissenschaftlichen Theorien widmen möchte: Empirischen Daten über gesellschaftliche Zusammenhänge und Entwicklungen begegnet man in allen Themenbereichen der Gesellschaft. Um die Qualität der dort präsentierten Ergebnisse sicher beurteilen, aber auch um eigene fundierte Ergebnisse produzieren zu können, sind Kenntnisse der Methoden der empirischen Sozialforschung unumgänglich. Dieses Buch will die Leser mit den Grundlagen der *quantitativen* Datenanalysemethoden soweit vertraut machen, dass sie zur selbständigen Untersuchung einfacher Forschungsfragen oder zur kritischen Beurteilung veröffentlichter Texte in der Lage sind.

1.1 Datenanalyse als Teil eines umfassenden Forschungsprozesses

Die statistische Auswertung von Daten, kurz Datenanalyse, ist in einer empirischen Untersuchung nur eine von vier interdependenten Phasen. In Anlehnung an von Alemann (1991) und Diekmann (2007: 192f.) bezeichnen wir diese vier sachlich und zeitlich aufeinander aufbauenden und miteinander eng verzahnten Phasen als Definitions-, Erhebungs-, Analyse- und Verwertungsphase des Forschungsprozesses.[1]

1. In der **Definitionsphase** geht es um die Klärung der Fragestellung und Zielsetzung der geplanten Untersuchung, die Erarbeitung des jeweiligen theoretischen Bezugsrahmens und die Aufstellung der zu überprüfenden Hypothesen sowie um die Operationalisierung der verwendeten Begriffe. Ferner folgen die Bestimmung von Grundgesamtheit sowie Erhebungs- und Untersuchungseinheiten (z. B. Einzelpersonen, Haushalte, Betriebe) und schließlich die Aufstellung eines Forschungsplans.
2. In der **Erhebungsphase** ist zunächst das Datenerhebungsinstrument (z. B. der Fragebogen für Umfragen oder der Leitfaden für Gruppendiskussionen) zu entwickeln und gegebenenfalls ein Plan zur Auswahl der jeweiligen

---

1 Der an mehr Informationen über diese Arbeitsschritte interessierte Leser sei auf die ausführliche Darstellung bei von Alemann (1991) hingewiesen.

Erhebungseinheiten (z. B. einfache Zufallsauswahl, geschichtete Klumpen-
ziehung) aufzustellen. Danach muss das Datenerhebungsinstrument einem
Pretest unterzogen und entsprechend den Ergebnissen nachgebessert werden. Vorbereitung und Durchführung der Hauptuntersuchung – die sog.
Feldphase – bilden den Abschluss der Erhebungsphase.

3. In der **Analysephase** geht es um die Codierung der erhobenen Daten und
   ihre Übertragung auf digitale Datenträger. Danach folgen Datenprüfung
   und -korrektur sowie die Einrichtung von sog. Dateien (engl.: „files") und
   ihre Sicherung gegen Verlust, Zerstörung oder Missbrauch durch Unbefug-
   te. Erst nach Beendigung dieser eher technischen Arbeiten kann mit der
   eigentlichen explorativen, deskriptiven und konfirmativen Auswertung in
   Form von uni-, bi- und multivariater Datenanalyse begonnen werden. Die
   Datenanalyse sollte dabei tunlichst einem detaillierten Auswertungsplan
   folgen, der in Abhängigkeit von Fragestellung, theoretischem Bezugsrah-
   men und eingesetzten Messmethoden aufgestellt wird.

4. In der **Verwertungsphase** als letztem Abschnitt einer empirischen Untersuchung geht es v. a. darum, die mittels der Datenanalyse erzielten Ergebnisse im Hinblick auf die explizite Fragestellung und deren theoretische
   Fundierung zu interpretieren – und zu Papier zu bringen. Ob sich dies im
   Schreiben von Forschungsberichten und Gutachten erschöpft oder auch in
   Publikationen mündet und ob daraus zudem spezifische Handlungsemp-
   fehlungen abgeleitet werden können, hängt insbesondere mit der jeweiligen Art der Forschung zusammen: „Freie" Forschung steht hier gegen
   Auftragsforschung, „angewandte" gegen Grundlagenforschung, Abschluss-
   arbeit gegen Artikel in wissenschaftlicher Zeitschrift, um nur einiges zu
   nennen, was den Stellenwert von Forschungsergebnissen beeinflusst.

Die Darstellung des Ablaufs von Forschungsprozessen ist keineswegs normativ
zu verstehen; sie soll der Verortung der **Datenanalysephase** innerhalb des umfassenden Untersuchungsprozesses dienen.[2] Selbstverständlich bedingt die Vielfalt
von Forschungsgegenständen, Erkenntnisinteressen und -zielen in den verschiedenen Erfahrungswissenschaften auch eine Vielfalt der Forschungsdesigns.[3] For-
schungslogik und -organisation einer jeden empirischen Untersuchung werfen
jeweils spezifische Probleme auf und verlangen nach Schwerpunktsetzungen auf
und innerhalb der Untersuchungsphasen. Sachliche und zeitliche Abweichungen
vom oben skizzierten „Modell" des phasenhaften Forschungsablaufes sind infolgedessen eher Regel als Ausnahme.

---

2 Eine grafische Darstellung der aufeinander folgenden Phasen des Forschungsprozesses ist im
  ⇒ *Online-Zusatzmaterial* unter http://www.utb-shop.de/9783825242251 zu finden.

3 „Erfahrungswissenschaften" sind empirische Wissenschaften, die ihre theoretischen Aussagen an
  der beobachteten Wirklichkeit dahingehend überprüfen, ob sie „wahr" oder „falsch", nicht aber,
  ob sie „wünschenswert" oder „verwünschenswert" sind.

Im Fall einer Sekundäranalyse bspw., d. h. der erneuten Analyse des Datenmaterials einer bereits durchgeführten Untersuchung,[4] die wir exemplarisch im
vorliegenden Handbuch vorführen wollen, werden die Arbeitsschritte der Erhebungsphase gerade nicht durchgeführt. Im Weglassen dieser Phase liegt ihr besonderer Wert: Mittels Sekundäranalysen können eine Vielzahl interessanter Fragestellungen ohne die ansonsten erforderliche zeit- und kostenaufwendige eigene
Feldarbeit angegangen werden.[5]

Bei aller Variation von Forschungsdesigns gilt allerdings ausnahmslos, dass das
Endprodukt einer empirischen Untersuchung – das Forschungsergebnis – danach
zu bewerten ist, inwieweit jeder durchgeführte Arbeitsschritt für sich und in
der Verzahnung mit den anderen Arbeitsschritten als gelungen bezeichnet werden kann. Abgesehen davon, dass selbstverständlich Forschungsprojekte durchgeführt werden, deren Problemstellung in sozialer und/oder wissenschaftlicher
Hinsicht bedeutungslos, trivial oder unlösbar ist, werden bereits in der Definitionsphase entscheidende Weichen für das Gelingen des Forschungsunternehmens
insgesamt gestellt: Neben der Ausarbeitung des theoretischen Bezugsrahmens ist
hier insbesondere die Operationalisierung der verwendeten Begriffe, also die Angabe von Anweisungen, wie die durch einen Begriff bezeichneten Sachverhalte erfasst werden können und sollen,[6] von herausragender Bedeutung für die Entwicklung des Erhebungsinstrumentes und den Verlauf der Erhebungsphase. Die Konstruktion des Erhebungsinstrumentes und eines angemessenen Auswahlplans sowie die Realisierung der Untersuchung im sog. „Feld" wiederum bestimmen die
Rahmenbedingungen, Möglichkeiten und Grenzen der Analysephase.

Dies gilt selbstverständlich ebenso für die Sekundäranalyse. Will der „Sekundäranalytiker" nicht u. U. ausschließlich Forschungsartefakte produzieren, ist er
gehalten, das zur Verfügung stehende Datenmaterial im Hinblick auf seinen Entstehungszusammenhang so genau wie möglich zu recherchieren. Ist dies nicht
oder nur unzureichend möglich, weil z. B. der Fragebogen oder das Codebuch
nicht verfügbar sind, sollte er besser auf die Sekundäranalyse verzichten.

Das in der Verwertungsphase zu erbringende Resultat einer Forschungstätig-
keit ist schließlich danach zu beurteilen, inwieweit die vorgestellten Ergebnisse

---

4 Vgl. zu Sekundäranalysen Hyman (1972), Klingemann und Mochmann (1975), Hakim (1982), Kiecolt und Nathan (1985), Dale et al. (1988), Meulemann (2002) und Lewis-Beck et al. (2004).
5 Der Arbeitsbereich „Datenservice" des *GESIS* – Leibniz-Institut für Sozialforschung (http://
   www.gesis.org/unser-angebot/daten-analysieren/datenservice/) hat mittlerweile die
   Daten von mehreren Tausend Untersuchungen aus verschiedenen Bereichen der Sozialwissenschaften für Sekundäranalysen aufbereitet. Es stellt diese Studien Organisationen und Personen, Wissen-
   schaftlern und Studierenden für Forschungszwecke zur Verfügung. Das Datenmaterial selbst wird
   online und auf DVD-ROM zusammen mit Codebooks bereit gestellt.
6 Einführend zu Problemen der Operationalisierung vgl. z. B. Bortz und Döring (2005: Kap. 2.3.5),
   Diekmann (2007: Kap. IV und V), Kromrey (2006: Kap. 3 und 4) oder Schnell et al. (2013: Kap. 4).

mit Art und Durchführung der vorangehenden Untersuchungsphasen und Arbeitsschritte vereinbar sind.[7]

Wenn wir uns in dieser Einführung nun nahezu ausschließlich mit der Phase der Datenanalyse beschäftigen – und dabei die „inhaltlich-substanziellen" Gesichtspunkte des Umgangs mit Datenanalysesystemen weitgehend zugunsten der gründlichen Behandlung der eher „mathematisch-statistisch-technischen" Probleme vernachlässigen –, sollten die Anwender die vielfältigen Implikationen der Definitions- und Erhebungsphase für die Analysephase auf keinen Fall außer Acht lassen, wenn sie Auswertungen an Daten vornehmen, die sie selbst nicht erhoben haben.

Über den von uns zur (Sekundär-)Analyse von Daten zusammengestellten Beispieldatensatz namens **ALLBUS 2012** – eine gekürzte Fassung des im zweijährigen Rhythmus erhobenen ALLBUS („**ALL**gemeine **B**evölkerungs**U**mfrage der Sozialwissenschaften") aus dem Jahr 2012 – versuchen wir in Kapitel 2 so zu informieren, dass ein Einblick in seinen Entstehungszusammenhang gewonnen werden kann. Erst danach widmen wir uns im Kapitel 3 der Vorstellung der Grundlagen des Statistikpakets IBM SPSS Statistics 22 inklusive seiner Befehlssyntax, gefolgt von einem kurzen Überblick zu theoretischen und methodischen Vorarbeiten der Datenanalyse im Kapitel 4, bevor dann, mit Kenntnissen über die zu untersuchenden Daten und über die Befehlssprache des Statistikpakets ausgestattet, mit der Beschreibung der eigentlichen Datenanalyse begonnen wird. Die in den Kapiteln 5, 6 und 7 vorgestellte Datenanalyse befasst sich mit der Beschreibung der explorativen sowie der deskriptiven und konfirmativen Datenanalyseschritte. Abschließend wird im Kapitel 8 noch die Erstellung von Präsentationsgrafiken beschrieben.

Zuvor wollen wir aber im folgenden Unterkapitel einen kleinen Überblick über Programme für die computerunterstützte Datenanalyse geben.

1.2 Programme für die computerunterstützte Datenanalyse

Früher mussten Wissenschaftler oder Praktiker für die computerunterstützte Datenanalyse entweder selbst über Programmierkenntnisse verfügen oder sich der Hilfe von Programmierern bedienen, um ein für die Lösung ihres statistischen Problems geeignetes Einzelprogramm zu schreiben oder schreiben zu lassen. Programme sind dabei eine Sequenz aus Instruktionen, mit Hilfe derer die Verarbeitung von Daten im Computer gesteuert wird.

---

7 Kriterien zur Bewertung eines soziologischen Forschungsberichtes inklusive des ihm unterliegenden Forschungsprozesses listet Friedrichs (1990: 394–399) in Anlehnung an ein Bewertungsschema der American Sociological Association auf.

Datenanalysesysteme stellen eine spezialisierte Alternative für die umständliche Handhabung vieler Einzelprogramme dar. Sie können als ein **Paket** beschrieben werden, in dem eine Vielzahl von (Einzweck-)Programmen zusammengeschnürt ist. Sie zeichnen sich jedoch nicht nur durch das umfassende Angebot an statistischen Prozeduren aus, sondern darüber hinaus durch weit reichende Möglichkeiten zur Datenselektion und -transformation sowie zur Ergebnisdarstellung in Form von Tabellen und Grafiken. Datenanalysesysteme verlangen vom Anwender prinzipiell keine Kenntnisse von Programmiersprachen; vielmehr können auch Anfänger nach Erlernen einer einfachen, (meist englischen) Befehlssprache selbstständig Auswertungen vornehmen. Neben IBM SPSS Statistics sind Microsoft Excel, Stata, SAS und R die in den Erfahrungswissenschaften am häufigsten verwendeten Analysesysteme für allgemeine Datenauswertungen.

Die **Vorteile** der Programmsysteme haben seit etwa 1970 zu einem enormen Anstieg der computerunterstützten Datenanalyse in den Erfahrungswissenschaften geführt. Die Verwendung von (Einzweck-)Programmen ist dagegen stark zurückgedrängt worden – sie bleibt aber selbstverständlich dort notwendig und sinnvoll, wo neue Verfahren der Datenanalyse entwickelt werden und wo diese Lücken aufweisen oder für bestimmte Fragestellungen (noch) nicht genügend ausgefeilt sind.

Nicht verschwiegen werden sollen an dieser Stelle aber auch einige **Nachteile**, die mit der Verwendung von Datenanalysesystemen einhergehen (können):

1. Der erste bezieht sich auf die Unvollständigkeit der in den Paketen zusammengeschnürten Einzelprogramme. Diese betrifft sowohl statistische Analyseprogramme insgesamt als auch die Darstellung von Ergebnissen. Fairness halber sei allerdings betont, dass die wohl am häufigsten in den Erfahrungswissenschaften verwendeten statistischen Prozeduren in allen oben genannten Datenanalysesystemen angeboten werden.

2. Den zweiten Nachteil von Datenanalysesystemen haben bereits Böhning und Wilke (1980: 293) hervorgehoben. Er bezieht sich auf den normativen Effekt, den die Logik eines Programmsystems auf die Durchführung von Analysen ausüben kann: „Die massive Beeinflussung des Analysegangs durch die Logik des verwendeten Paketes führt den unbedarften Benutzer dazu, die Lösungen seines Paketes mit den Lösungen der empirischen Sozialforschung gleichzusetzen. Er läßt sich in der Formulierung von Fragestellungen, in der Wahl der Verfahren und des Analysestils von Vorgaben des gewählten Pakets leiten." Diese Gefahr für die Fortentwicklung empirischer Forschung im Allgemeinen wird umso größer, je marktbeherrschender ein Programmsystem wird. Umso wichtiger ist es sowohl für die empirische Forschung insgesamt, als auch für den einzelnen Wissenschaft-

ler, wenn möglichst viele alternative Analysepakete auf dem Markt sind –
und wenn er gleichzeitig auch ausreichende Kenntnisse über diese hat.

3. Der dritte Nachteil ist u. U. noch schwerwiegender als der zweite: Der Auf-
wand, eigens Programme für die Datenauswertung und die jeweilige um-
fängliche Einleseroutine zu schreiben, führte vor der Verfügbarkeit hand-
licher Datenanalysesysteme dazu, dass Wissenschaftler und Praktiker sich
einen jeden (zusätzlichen) Schritt der Datenanalyse sehr genau vergegen-
wärtigten und überlegten, ob er zur Überprüfung der einmal getroffenen
theoretischen Annahmen sinnvoll und notwendig sowie mit der Struktur
der erhobenen Daten überhaupt kompatibel ist. Heutzutage hingegen wird
bei der Benutzung von Datenanalysesystemen – die ja so einfach ist, so viele statistische Prozeduren verfügbar macht und alle möglichen Koeffizienten umgehend zu berechnen erlaubt – oftmals allzu leichtfertig vorgegan-
gen: Weder wird bedacht, welche Voraussetzungen die erhobenen Daten
für die Durchführung bestimmter statistischer Analyseverfahren aufweisen müssen, noch bleibt die Theoriegeleitetheit der Auswertung unange-
tastet.[8] Ein derartiges Vorgehen führt jedoch zwangsläufig zur Produktion von Forschungsartefakten. Anfänger wie Fortgeschrittene sollten daher
der immensen Verführungskraft von Datenanalysesystemen widerstehen –
ein theoriegeleiteter, noch vor der Analysephase ausgearbeiteter und detail-
lierter Auswertungsplan verschafft die nötige innere Kraft dazu.

---

8 Vgl. zu derartigen Problemen bspw. Allerbeck (1994: 180ff.; 1977).

2 Der Beispieldatensatz ALLBUS 2012

Die Einführung in die praktische Anwendung von IBM SPSS Statistics und die Sprache, Logik, statistischen Prozeduren etc., die diesem Statistikpaket eigen ist, werden nachfolgend an Hand eines einzigen Datensatzes beschrieben, erläutert und diskutiert, nämlich anhand eines von uns zusammengestellten Auszugs aus dem Datensatz ALLBUS („**ALL**gemeine Bevölkerungs**U**mfrage der Sozialwissenschaften") aus dem Jahr 2012.[1]

Die ALLBUS 2012-Daten des Beispieldatensatzes werden als ⇒ *Online-Zusatzmaterial* unter http://www.utb-shop.de/9783825242251 angeboten. Download und Installation sind im Anhang beschrieben. Der Datensatz ALLBUS 2012 wird in den nachfolgenden Abschnitten vorgestellt. Deren Lektüre ist empfehlenswert, enthalten sie doch Hintergrundinformationen, deren Kenntnis zum inhaltlichen und methodischen Verständnis der demonstrierten Vorgehens- und Verfahrensweisen im Rahmen einer Sekundäranalyse erforderlich ist.

2.1 Das ALLBUS-Programm

Hinter dem Kürzel ALLBUS[2] verbirgt sich eine multithematische Umfrageserie zu Einstellungen, Verhaltensweisen und Sozialstruktur der Bevölkerung in der Bundesrepublik Deutschland. Organisiert und durchgeführt wird die Umfrageserie vom GESIS – Leibniz-Institut für Sozialwissenschaften, wobei die Datenerhebung selbst durch externe Sozialforschungsinstitute geschieht, zuletzt durch TNS Infratest München. Das ALLBUS-Programm umfasst kontinuierlich wiederholte Bevölkerungsumfragen mit einem teils konstanten, teils variablen Fragenprogramm, das bedeutsame Forschungsbereiche der empirischen Sozialforschung abdecken soll, um vorwiegend für Forschung und Lehre Daten zur Verfügung zu stellen. Bisher sind seit 1980 im zweijährigen Turnus – inklusive einer

---

1 Bei diesem Beispieldatensatz ALLBUS 2012 handelt es sich um eine stark verkürzte und geringfügig modifizierte Fassung der Originalversion, die bei GESIS abgerufen werden kann (vgl. Fußnote 5 auf Seite 3).

2 Informationen zum ALLBUS-Programm findet man bei den Umfragedaten des GESIS – Leibniz-Institut für Sozialwissenschaften unter http://www.gesis.org/allbus, bzw. doi:10.4232/1.11753. Eine ausgezeichnete Einführung in das Arbeiten mit ALLBUS-Daten überhaupt geben Porst (2000) sowie Koch und Wasmer (2004). Sämtliche bisher mit ALLBUS-Daten erarbeiteten Publikationen sind online unter http://www.gesis.org/allbus/recherche/allbus-bibliographie dokumentiert.

zusätzlichen „Baseline Study" nach der Vereinigung beider deutscher Teilstaaten im Jahr 1991 – bis heute 18 Erhebungen durchgeführt worden.

2.1.1 Ziele des ALLBUS-Programms

Das ALLBUS-Programm dient vor allem vier Zielen:

1. dem wissenschaftlichen Ziel der **Untersuchung des sozialen Wandels**,
2. dem politischen Ziel der beschreibenden **Sozialberichterstattung**,
3. der systematischen **international vergleichenden Gesellschaftsanalyse**,
4. dem für die Sozialwissenschaften wichtigen Ziel der **Datengenerierung** für Studenten und Forscher, die keinen unmittelbaren Zugang zu Primärdaten haben.

Diese Zielsetzungen bestimmen gemeinsam mit der Entscheidung für eine mündliche, z. T. computerunterstützte Umfrage als Datenerhebungsmethode die Entwicklung des Fragenprogramms, an dessen Zustandekommen eine Vielzahl von Sozialwissenschaftlern beteiligt waren und sind.[3]

2.1.2 Schwerpunktthemen des ALLBUS-Programms

Jeder ALLBUS weist bestimmte Schwerpunktthemen auf. Neben der ausführlichen GESIS-Standarddemografie,[4] die bei jedem ALLBUS einen großen Teil der Variablen umfasst, sind bei den einzelnen ALLBUS-Umfragen zusätzlich verschiedene Schwerpunktthemen bearbeitet worden.

Jedem Fragenkomplex zu diesen Schwerpunktthemen sind in der Regel mehrere Fragen zugeordnet, die sich möglichst in früheren Umfragen methodisch und inhaltlich bewährt haben, die zum Teil international vergleichbar sind und die mit den anderen Fragen und Fragestellungen des Forschungsprogramms theoretisch sinnvoll in Zusammenhang gebracht werden können (siehe Übersicht der Schwerpunktthemen seit 1980 auf der nächsten Seite).

---

3 Vgl. zum Folgenden auch Wasmer et al. (2007).
4 Mittels der GESIS-Standarddemografie werden wichtige demografische und sozialstrukturelle Hintergrundmerkmale der Befragten und ihrer Familienangehörigen wie z. B. Lebensalter, Geschlechtszugehörigkeit, Schul- und Berufsausbildung, Berufstätigkeit und berufliche Situation erfasst. Die „Demografischen Standards" gehen auf einen Arbeitskreis aus Vertretern des Statistischen Bundesamtes, der Arbeitsgemeinschaft Sozialwissenschaftlicher Institute e. V. (ASI) und des Arbeitskreises Deutscher Markt- und Sozialforschungsinstitute e. V. (ADM) zurück, die sie etwa alle vier Jahre überarbeiten und aktualisieren: http://www.gesis.org/unser-angebot/studien-planen/demographische-und-regionale-standards. Vgl. zusätzlich Pappi (1979) und Wasmer et al. (2007).

1980	Politik, Freundschaftsbeziehungen
1982	Religion und Weltanschauung
1984	Soziale Ungleichheit und Wohlfahrtsstaat
1986	Bildung und Kulturfertigkeiten
1988	Einstellungen zum politischen System und politische Partizipation
1990	Sanktionen und abweichendes Verhalten; Politik, Freundschaftsbeziehungen (Replikation ALLBUS 1980)
1991	„DFG-Baseline-Study": Zusätzliche Erhebung nach der Vereinigung beider deutscher Staaten – Replikation kleinerer Schwerpunkte der bisherigen Umfragen (Familie, Beruf, Ungleichheit, Politik, Freundschaft, Probleme der Vereinigung)
1992	Religion und Weltanschauung (Replikation ALLBUS 1982)
1994	Soziale Ungleichheit und Wohlfahrtsstaat (Replikation ALLBUS 1984)
1996	Einstellungen gegenüber ethnischen Gruppen in Deutschland
1998	Politische Partizipation und Einstellungen zum politischen System
2000	Replikation von Fragen aus dem gesamten bisherigen ALLBUS-Programm
2002	Religion und Weltanschauung (Replikation ALLBUS 1982 und 1992), Werte
2004	Soziale Ungleichheit (Replikation ALLBUS 1984 und 1994), Gesundheit und Digital Divide
2006	Einstellungen gegenüber ethnischen Gruppen in Deutschland (Replikation ALLBUS 1996)
2008	Politische Partizipation und politische Kultur (Replikation ALLBUS 1988 und 1998), Sozialkapital
2010	Replikation aus dem gesamten Frageprogramm, Freundschaftsbeziehungen
2012	Religion und Weltanschauung (Replikation ALLBUS 1982, 1992 und 2002)

2.1.3 Auswahlverfahren der ALLBUS-Studien

Als Auswahlverfahren kamen bei den ALLBUS-Untersuchungen bis einschließlich 1992 sowie nochmals 1998 dreistufige Wahrscheinlichkeitsauswahlen zum Einsatz, wobei auf der ersten Stufe Stimmbezirke/Sample-Points, auf der zweiten Stufe Haushalte und auf der dritten Stufe jeweils eine Befragungsperson pro Haushalt zufällig ausgewählt wurden (ADM-Stichprobendesign).[5] Bis 1990 wurden als Grundgesamtheit „alle während des Befragungszeitraumes in Privathaushalten der Bundesrepublik Deutschlands oder Westberlins lebenden deutschen Staatsangehörigen im Alter von mindestens 18 Jahren" definiert, ab 1991 bilden „alle erwachsenen Personen (Deutsche und deutsch sprechende Ausländer, die in der Bundesrepublik Deutschland (Ost und West) in Privathaushalten wohnen" die Grundgesamtheit. Zwischen 1994-1996 und seit 2000 werden zweistufige, geschichtete, disproportionale Zufallsstichproben gezogen, wobei auf der

---

5 Vgl. hierzu ausführlich Wasmer et al. (2007).

ersten Stufe Gemeinden/Sample-Points und auf der zweiten Stufe Personen aus
den Einwohnermelderegistern gezogen werden. Im ostdeutschen Erhebungsgebiet wurden – um differenzierte Analysen für einzelne Bevölkerungsumfragen
durchführen zu können – seit 1996 ungefähr doppelt so viele Personen befragt
wie ihrem Anteil an der Grundgesamtheit entspricht. Diese Überrepräsentation
der ostdeutschen Befragten ist bei Auswertungen für Gesamtdeutschland auf Per-
sonenebene durch einen entprechenden Gewichtungsfaktor wieder aufzuheben.[6]
Der Ausschöpfungsgrad – d. h. der Anteil realisierter Interviews an den ursprünglich für die Befragung gezogenen Adressen – betrug 2012 sowohl für Ost-
als auch für Westdeutschland 37,6% (vgl. Terwey und Baltzer 2013). Dabei sank
der Ausschöpfungsgrad in den letzen Jahren kontinuierlich ab: Bei der ersten Erhebung im Jahr 1980 lag die Quote der realisierten Interviews noch bei 69,5%,
1992 bei 51,9% in West- und 54,7% in Ostdeutschland und ab dem Jahr 2002 un-
terschritten beide Teile Deutschlands die 50%-Marke.

2.2 Beschreibung des Beispieldatensatzes ALLBUS 2012

Im Allgemeinen ist es bei empirischen Untersuchungen – seien es Befragungen,
Beobachtungen, Dokumentenanalysen oder Experimente – üblich, Daten mittels
der folgenden Arbeitsschritte zunächst zu erheben, dann zu codieren, technisch
zu erfassen und schließlich zu digitalisieren:

1. Ein Erhebungsinstrument wird entwickelt, in dem man die wie auch immer erhobenen empirischen Informationen festhält.
2. Ein sogenannter Codierplan wird erstellt, mit dem exakt festgelegt wird,
   welche dieser erhobenen Informationen *wie* – d. h. mit welchem Schlüssel
   (engl.: „code") bzw. mit welchem (alpha-)numerischen Äquivalent –, und
   wo – d. h. an welcher Stelle der Eingabezeile („record") eines Editors – registriert werden soll. Häufig sind die Anweisungen des Codierplans bereits
   auf dem Erhebungsinstrument – Fragebogen, Beobachtungsschema, Kate-
   gorienschema einer Inhaltsanalyse usw. – mit abgedruckt. So auch beim
   Fragebogen zum ALLBUS 2012.
3. Nach der Datenerhebung sind nun die im Erhebungsinstrument festgehaltenen Informationen gemäß den Anweisungen des Codierplans auf digitale Datenträger zu übertragen. Erst dann haben wir es mit „Daten" zu tun,
   dem Rohmaterial also, das wir computerunterstützt analysieren wollen.
4. Sind die Informationen aus dem Erhebungsinstrument auf einen Datenträger übertragen, kann mit Hilfe des Computers eine Auflistung der auf ihm

---

6 Der Gewichtungsfaktor beträgt im ALLBUS 2012 für in Ostdeutschland Befragte $W_O =$
0,556878638, für in Westdeutschland Befragte $W_W = 1,210849096$. Des Weiteren ist eine Ost-West-
Gewichtung ausschließlich für die deutsche Bevölkerung möglich.

festgehaltenen Informationen erstellt werden. Wir erhalten eine rechteckige Datenmatrix, bei der in den Spalten die verschiedenen Variablen und in
den Zeilen die verschiedenen Fälle (engl.: „cases") angeordnet sind.
Im hier vorliegenden speziellen Fall stellt sich das Problem der Datenerfassung
und -übertragung nicht, da wir es mit der ALLBUS-Studie mit bereits erhobenen und auf Datenträger übertragenen Daten zu tun haben; wir haben mit dem
Beispieldatensatz ALLBUS 2012 sogar schon eine beschriebene Datenmatrix der
uns interessierenden Daten vorliegen, die wir nun einer **Sekundäranalyse** unterziehen wollen. Was dafür zu tun bleibt, ist bereits oben angeführt worden: Der
Beispieldatensatz und das IBM SPSS Statistics-Programm mit den Syntaxbefehlen
zur Datenbeschreibung müssen, wie im Anhang beschrieben, aus dem ⇒*Online-
Zusatzmaterial* unter http://www.utb-shop.de/9783825242251 heruntergeladen und installiert werden.

2.2.1 Ausgewählte Themenbereiche und Variablen

Unser aus dem Originaldatensatz des ALLBUS 2012 entwickelter Beispieldatensatz sollte mehreren Ansprüchen gleichzeitig genügen:

- Er sollte verschiedene Fragenkomplexe aus dem ALLBUS 2012 repräsentieren, um zu gewährleisten, dass möglichst viele Benutzer ein inhaltlich
  interessantes Problem angesprochen finden und dieses u. U. auch über die
  beispielhaften Analyseprozeduren hinaus selbstständig bearbeiten können.
- Er sollte weiterhin so gestaltet sein, dass möglichst viele grundlegende statistische Verfahren explorativer, deskriptiver und konfirmativer Statistik
  behandelt werden können, ohne dass Skalenniveau und Verteilungsform
  der ausgewählten Variablen schwerwiegende Verstöße gegen die mathematisch-statistischen Voraussetzungen der Analyseprozeduren in den Beispielen erfordern.
- Er sollte schließlich von der Anzahl der Fälle her so geschnitten sein, dass
  er es ermöglicht, einen „repräsentativen Schluss" von der Stichprobe auf
  die „wahre Verteilung" in der Grundgesamtheit ziehen zu können.

Aus diesen Anforderungen resultiert ein Datensatz, der in der Variablenzahl im
Vergleich zur originären ALLBUS-Studie 2012 zwar stark reduziert ist (82 Variablen aus 752), dafür aber die Antworten aller 3.480 befragten Personen aus-
schöpft; Repräsentationsschlüsse sind daher für die involvierten Variablen – zumindest von der Stichprobenziehung her – ohne jegliche Einschränkung möglich.
　Aus der inhaltlichen Vielfalt der ALLBUS-Studie 2012 sind **sieben Themenbereiche** in unseren Beispieldatensatz übernommen worden: Anomie, Lebenszufriedenheit, Rollenbilder in der Familie, Einstellung zu in Deutschland lebenden Ausländern, Antisemitismus, Selbstverortung in der Gesellschaft sowie politisches Interesse und Wahlbeteiligung. Dazu kommen eine Reihe sogenannter

soziodemografischer Angaben aus der GESIS-Standarddemografie sowie **Angaben zum Interview**. Folgende Übersicht gibt über die ausgewählten Themenbereiche näheren Aufschluss.

1. **Anomie**
2. **Lebenszufriedenheit**
3. **Rollenbilder in der Familie**
   Einstellungen zur Rolle der Frau in der Familie
   Einstellungen zur Rolle der Eltern in der Familie
4. **Einstellung zu in Deutschland lebenden Ausländern**
   Diskriminierung
   Kontakt zu Ausländern
5. **Antisemitismus**
6. **Selbstverortung in der Gesellschaft**
   Subjektive Schichteinstufung
   Links-Rechts-Selbsteinstufung
7. **Politisches Interesse und Wahlbeteiligung**
   Politisches Interesse
   Wahlabsicht
   Parteipräferenz
8. **Soziodemografische und sozialstrukturelle Variablen**
   Geschlechtszugehörigkeit
   Lebensalter
   Schulabschluss
   Staatsangehörigkeit und Staatsbürgerschaft
   Familienstand
   Lebensalter des/r Ehepartners/in
   Lebenspartner und Lebensalter des/r Lebenspartners/in
   Berufstätigkeit, berufliche Stellung und Berufsprestige
   Arbeitsstunden
   Persönliches und Haushaltsnettoeinkommen
   Haushaltsgröße
   Konfession und Kirchgangshäufigkeit
   Wohnungstyp und -gebäude
   Gemeindegröße, Erhebungsgebiet, Bundesland
9. **Daten zum Interview**
   Interviewdauer
   Geschlecht und Alter des/r Interviewers/in
   Schulabschluss des/r Interviewers/in
10. **Personenbezogene Ost-West-Gewichtung**

2.2.2 Ausgewählte Fragen aus dem ALLBUS 2012-Fragebogen

Die im Folgenden abgedruckten Auszüge aus dem ALLBUS 2012-Fragebogen entsprechen in der Formulierung der Fragen, Antworten und Listen,[7] nicht jedoch im Layout und der Anzahl der Variablen dem Original. Für einen direkten Vergleich haben wir die Nummerierung der Fragen aus dem Originalfragebogen übernommen. Wurden aus mehreren Fragen des Originalfragebogens neue Fragen zusammengesetzt, wird darauf durch Fußnoten verwiesen. Die Antworten der 3.480 Befragten auf die in ihm enthaltenen Fragen stellen die Basis der Rohdatendatei „allbus2012.dat" dar. Insgesamt sind aus Platzgründen allerdings nur einige Fragetypen zur Veranschaulichung ausgewählt worden.

```
Spaltennummer in der Rohdatenmatrix:
Identifikationsnummer des Befragten: Spalten 1-4
```

Anomie

F005. Ich werde Ihnen nun einige Aussagen vorlesen. Sagen Sie mir bitte zu jeder einzelnen dieser Aussagen, ob Sie persönlich derselben Meinung sind oder ob Sie anderer Meinung sind.

⇒ *INT.: Vorgaben bitte vorlesen!*

	Bin derselben Meinung	Bin anderer Meinung	wn	kA
A) Egal, was manche Leute sagen: Die Situation der einfachen Leute wird nicht besser, sondern schlechter.	1	2	8	9
B) So wie die Zukunft aussieht, kann man es kaum noch verantworten, Kinder auf die Welt zu bringen.	1	2	8	9
C) Die meisten Politiker interessieren sich in Wirklichkeit gar nicht für die Probleme der einfachen Leute.	1	2	8	9
D) Die meisten Leute kümmern sich in Wirklichkeit gar nicht darum, was mit ihren Mitmenschen geschieht.	1	2	8	9

```
Spalten 5-8
```

---

7 Der Originalfragebogen inklusive der entsprechenden Listen ist im ⇒*Online-Zusatzmaterial* unter http://www.utb-shop.de/9783825242251 auf der Webseite des Verlags zu finden.

Lebenszufriedenheit

S103. Und jetzt noch eine allgemeine Frage. Wie zufrieden sind Sie gegenwärtig –
alles in allem – mit Ihrem Leben?
Bitte sagen Sie es mir anhand dieser Liste.

⇒ *INT.: Liste S103 vorlegen!*

10	Ganz und gar zufrieden
9	
8	
7	
6	
5	
4	
3	
2	
1	
0	Ganz und gar unzufrieden
99	kA

Spalten 9-10

Rollenbilder in der Familie

F020A. **(Split 1)** Über die Aufgaben der Frau in der Familie und bei der Kindererziehung gibt es verschiedene Meinungen.
Bitte sagen Sie mir nun zu jeder Aussage auf dieser Liste, ob Sie ihr –

⇒ *INT.: Liste 20A vorlegen!*

► voll und ganz zustimmen,
► eher zustimmen,
► eher nicht zustimmen oder
► überhaupt nicht zustimmen.

	Stimme voll zu	Stimme eher zu	Stimme eher nicht zu	Stimme gar nicht zu	wn	ka
A) Eine berufstätige Mutter kann ein genauso herzliches und vertrauensvolles Verhältnis zu ihren Kindern finden wie eine Mutter, die nicht berufstätig ist.	1	2	3	4	8	9
B) Für eine Frau ist es wichtiger, ihrem Mann bei seiner Karriere zu helfen, als selbst Karriere zu machen.	1	2	3	4	8	9
C) Ein Kleinkind wird sicherlich darunter leiden, wenn seine Mutter berufstätig ist.	1	2	3	4	8	9
D) Es ist für alle Beteiligten viel besser, wenn der Mann voll im Berufsleben steht und die Frau zu Hause bleibt und sich um den Haushalt und die Kinder kümmert.	1	2	3	4	8	9
E) Es ist für ein Kind sogar gut, wenn seine Mutter berufstätig ist und sich nicht nur auf den Haushalt konzentriert.	1	2	3	4	8	9
F) Eine verheiratete Frau sollte auf eine Berufstätigkeit verzichten, wenn es nur eine begrenzte Anzahl von Arbeitsplätzen gibt und wenn ihr Mann in der Lage ist, für den Unterhalt der Familie zu sorgen.	1	2	3	4	8	9

Einstellung zu in Deutschland lebenden Ausländern

F012. Haben Sie persönlich Kontakte zu in Deutschland lebenden Ausländern, und zwar –

⇒ *INT.: Vorgaben bitte vorlesen!*

	Ja	Nein	kA
A) In Ihrer eigenen Familie oder näheren Verwandtschaft?	1	2	9
B) An Ihrem Arbeitsplatz?	1	2	9
C) In Ihrer Nachbarschaft?	1	2	9
D) In Ihrem sonstigen Freundes- und Bekanntenkreis?	1	2	9

Spalten 31-34

Antisemitismus

F046. Man hört hier und da verschiedene Meinungen über Juden. Wir haben einmal einige davon hier zusammengestellt. Würden Sie mir bitte – anhand der Liste – sagen, inwieweit Sie diesen Aussagen zustimmen oder nicht zustimmen?

⇒ *INT.: Liste 46 vorlegen!*

▶ Der Wert 1 bedeutet, dass Sie überhaupt nicht zustimmen,
▶ der Wert 7 bedeutet, dass Sie voll und ganz zustimmen.

Mit den Werten dazwischen können Sie Ihre Meinung abstufen.

	Stimme überhaupt nicht zu					Stimme voll und ganz zu		kA
A) Juden haben auf der Welt zuviel Einfluss.	1	2	3	4	5	6	7	9
B) Mich beschämt, dass Deutsche so viele Verbrechen an den Juden begangen haben.	1	2	3	4	5	6	7	9
C) Viele Juden versuchen, aus der Vergangenheit des Dritten Reiches heute ihren Vorteil zu ziehen und die Deutschen dafür zahlen zu lassen.	1	2	3	4	5	6	7	9
D) Durch ihr Verhalten sind die Juden an ihren Verfolgungen nicht ganz unschuldig.	1	2	3	4	5	6	7	9

Spalten 35-38

Selbstverortung in der Gesellschaft

F019. Viele Leute verwenden die Begriffe „links" und „rechts", wenn es darum geht, unterschiedliche politische Einstellungen zu kennzeichnen.

⇒ *INT.: Liste 19 vorlegen!*

Wir haben hier einen Maßstab, der von links nach rechts verläuft. Wenn Sie an Ihre eigenen politischen Ansichten denken, wo würden Sie diese Ansichten auf dieser Skala einstufen? Entscheiden Sie sich bitte für eines der Kästchen und nennen Sie mir den darunter stehenden Buchstaben.

Links									Rechts
1	2	3	4	5	6	7	8	9	10
F	A	M	O	G	Z	E	Y	I	P
99	kA								

Spalten 40-41

Politisches Interesse und Wahlbeteiligung

F017. Nun zu etwas ganz anderem.
Wie stark interessieren Sie sich für Politik –

⇒ *INT.: Vorgaben bitte vorlesen!*

1	sehr stark,
2	stark,
3	mittel,
4	wenig oder
5	überhaupt nicht?
9	kA

Spalte 42

Soziodemografische Daten

S001. ⇒ *INT.: Geschlecht der befragten Person ohne Befragen eintragen!*

m	männlich
w	weiblich

Spalte 48

S002. Sagen Sie mir bitte, in welchem Monat und in welchem Jahr Sie geboren sind?[8]

⇒ *INT.: für kA bitte 99 bzw. 9999 eintragen!*

Monat: _ _

Jahr: _ _ _ _   (⇒ *vierstellig!*)

Spalten 49-51

⇒ *INT.: Achtung: Wichtige Angabe für das weitere Interview!*
⇒ *INT.: Bitte besonders auf korrekte Angabe achten!*

S033. Welchen Familienstand haben Sie? Sind Sie –

⇒ *INT.: Liste S33 vorlegen!*

1	verheiratet und leben mit Ihrem Ehepartner zusammen
2	verheiratet und leben getrennt
3	verwitwet
4	geschieden
5	ledig
⇒	*nur für gleichgeschlechtliche, amtlich eingetragene Lebenspartnerschaften:*
6	eingetragene Lebenspartnerschaft, zusammenlebend
7	eingetragene Lebenspartnerschaft, getrennt lebend
8	eingetragener Lebenspartner verstorben
9	kA

Spalte 56

---

8 Die Geburtsangabe ist im Datensatz bereits recodiert und gibt die Lebensjahre des Befragten zum Zeitpunkt des Interviews an. Die Werte sind in der Rohdatenmatrix in den Spalten 49-51 zu finden.

S008. Nun weiter mit der Erwerbstätigkeit und Ihrem Beruf. Was von dieser Liste trifft auf Sie zu?

⇒ *INT.: Liste S8 vorlegen! Nur eine Nennung möglich!*

1	hauptberufliche Erwerbstätigkeit, ganztags
2	hauptberufliche Erwerbstätigkeit, halbtags
3	nebenher erwerbstätig
4	nicht erwerbstätig
9	kA

Spalte 76

S014. Wie viele Stunden pro Woche arbeiten Sie normalerweise in Ihrem Hauptberuf, einschließlich Überstunden?[9]

⇒ *INT.: Bitte auf halbe Stunden genau notieren!*
⇒ *Bitte halbe Stunden mit einem . eintragen (Bsp. 39.5)!*

_ _ . _	Stunden pro Woche
999.9	kA
0.0	trifft nicht zu

Spalten 78-82

S068. Wie hoch ist Ihr EIGENES monatliches Netto-Einkommen? Ich meine dabei die Summe, die nach Abzug der Steuern und Sozialversicherungsbeiträge übrigbleibt.

⇒ *INT.: Bei Selbständigen nach dem durchschnittlichen monatlichen Netto-Einkommen, abzüglich der Betriebsausgaben fragen!*

_ _ _ _ _ €	
0	habe kein eigenes Einkommen
99997	Angabe verweigert
99999	kA

Spalten 88-92

9 Die Codierung im Beispieldatensatz ALLBUS 2012 weicht von der im Originalfragebogen ab.

Daten zum Interview

F049. Dauer des Interviews.[10]

Spalten 113-115

F056. Der Interviewer/die Interviewerin ist:

Spalten 116 und 117-118

F057. Der Interviewer/die Interviewerin hat folgenden Schulabschluss:

1	Volks-/Hauptschulabschluss bzw. polytechnische Oberschule mit Abschluss 8. oder 9. Klasse
2	Mittlere Reife, Realschulabschluss bzw. polytechnische Oberschule mit Abschluss 10. Klasse
3	Fachhochschulreife, Abitur (Hochschulreife), bzw. Erweiterte Oberschule mit Abschluss 12. Klasse
4	Fachhochschul-/Hochschulabschluss

Spalte 119

---

10 Berechnet in Minuten aus der festgehaltenen Anfangs- und Endzeit des Interviews.

2.2.3 Codierplan

Bei allen empirischen Untersuchungen ist es notwendig, einen Codierplan zu entwickeln – einen Plan, der Auskunft darüber erteilt, wie die erhobenen Informationen verschlüsselt (=codiert) und wo sie registriert werden sollen, damit eine computerlesbare Rohdatenmatrix entsteht. Bei Online-, CASI- und CATI-Erhebungen[11] geschieht dies automatisch.

I. d. R. sind die Anweisungen eines Codierplans zur Übersetzung der erhobenen Informationen in eine Datenmatrix bereits in das jeweilige Erhebungsinstrument integriert, so auch bei unserem Beispieldatensatz. Betrachten wir den Fragebogen in Kapitel 2.2.2, um den Algorithmus der vorliegenden Codierung zu erkennen:

Gleich zu Beginn des Fragebogens wird auf Seite 13 die **Identifikationsnummer** erwähnt. Laut Anweisung soll sie in die Spalten 1-4 jeder Datenzeile der Rohdatendatei eingetragen werden. Die Identifikationsnummer – auch Befragtennummer, Fallnummer, Fragebogennummer etc. – dient dazu, den jeweiligen Satz an Informationen, der in einem Fragebogen steckt, eindeutig einer einzigen Untersuchungseinheit zuweisen zu können. Beim ALLBUS 2012 haben wir es mit 3.480 Befragten zu tun, wir benötigen demzufolge vier Spalten, um jeden Befragten eindeutig kennzeichnen zu können.

Die Erfassung mehrspaltiger numerischer Variablen erfolgt im übrigen rechtsbündig: So wird die Identifikation der ersten Befragungsperson in den Spalten 1-4 durch die Ziffernfolge '0001' bzw. '___1' vorgenommen. Die 87ste Befragungsperson wird durch die Ziffernfolge '0087' resp. '__87' gekennzeichnet. Entsprechend wird bei allen mehrspaltigen Variablen verfahren.

Bei der zweiten Frage auf Seite 13 zur „Anomie" in der Gesellschaft (F005) sehen wir am rechten unteren Rand des Kästchens, in welcher **Spalte der Rohdatenmatrix** die von einem Befragten genannte und als Zahl codierte Übereinstimmung mit den vier Aussagen, – nämlich '1' für 'bin derselben Meinung' und '2' für 'bin anderer Meinung' – erfasst werden soll. Wenn ein Befragter beim Item B („So wie die Zukunft aussieht, kann man es kaum noch verantworten, Kinder auf die Welt zu bringen.") zu 'bin derselben Meinung' tendiert, dann wäre eine '1' in Spalte 6 der Datenzeile, die der Befragten-ID entspricht, abzulegen. Analog ist bei der Frage über das eigene Frauenbild (F020A Split-1) vorzugehen: Die Antwort 'Stimme überhaupt nicht zu' bei Item C („Ein Kleinkind wird sicherlich darunter leiden, wenn seine Mutter berufstätig ist.") wird in Spalte 13 der entsprechenden Datenzeile als der Wert '4' eingetragen. Auf diese Weise ist mit allen Fragen zu verfahren. In Tabelle 2.1 ist der vollstän-

---

11 CASI bedeutet Computer Assisted Self Interview, ein rechnergestütztes Selbstinterview, bei dem die befragte Person selbst ihre Antworten in ein vom Interviewer mitgebrachtes Laptop, Tablet o. ä. eingibt. Hinter CATI verbirgt sich das Computer Assisted Telephone Interview.

dige Codierplan für unseren Beispieldatensatz ALLBUS 2012 enthalten. Daraus geht hervor, in welchen Spalten welche Variablen mit welchen – allerdings nur grob skizzierten – Variablenausprägungen codiert wurden. Was aber, wenn eine Befragungsperson keine Antwort auf eine Frage gibt? Auch solche Fälle, die im Verlauf fast jeder Befragung auftreten, müssen eindeutig und konsistent codiert werden – erwarten die Analyseprogramme doch i. d. R. vollständige Datenmatrizen mit einem Eintrag für jede Variable pro Untersuchungseinheit. Wie dieses Problem der „**fehlenden Werte**" (engl.: „missing values") im ALLBUS 2012 gelöst wird, ist ebenfalls dem Codierplan zu entnehmen.[12] Hat eine Befragungsperson 'keine Angabe' (kA) gemacht, dann wird ein empirisch nicht vorkommender Wert codiert, bei uns also der Wert '9' bei einspaltigen, '99' bei zweispaltigen Variablen etc. Die Antwort 'weiß nicht' (wn) wird – je nach Feldlänge – mit den Werten '8' bzw. '98' etc. erfasst; wird die 'Antwort verweigert' (vw), codieren wir den Wert '7' und '97' etc. Auch muss eindeutig geklärt sein, was zu tun ist, wenn etwa nach Filterfragen einzelnen Personengruppen bestimmte Fragen gar nicht gestellt wurden: So wurde im ALLBUS 2012-Fragebogen Personen, die nicht berufstätig sind, selbstverständlich auch keine Frage zur wöchentlichen Arbeitszeit (S014) gestellt. In solchen Fällen bekommen die Befragten als „missing value" in den entsprechenden Spalten den Wert '0' für 'trifft nicht zu' (tnz) zugewiesen.

Tabelle 2.1: Codierplan für die ausgewählten ALLBUS 2012-Variablen

Spalten	Variablen	Variablenausprägungen
1-4	id	
5-8	anomie_1 – anomie_4	bin derselben Meinung=1, bin anderer Meinung=2, **wn=8, kA=9**
9-10	lebenszufriedenheit	ganz und gar unzufrieden=0, ganz und gar zufrieden=10, **kA=99**
11-16	frauenbild_1 – frauenbild_6	stimme voll zu=1, stimme eher zu=2, stimme eher nicht zu=3, stimme gar nicht zu=4, **wn=8, kA=9, tnz: Split 2=0**
17-26	elternbild_1 – elternbild_10	stimme voll zu=1, stimme eher zu=2, stimme eher nicht zu=3, stimme gar nicht zu=4, **wn=8, kA=9, tnz: Split 1=0**
27-30	fremde_1 – fremde_4	stimme gar nicht zu=1, stimme voll zu=7, **kA=9, tnz: keine deutsche Staatsbürgerschaft=0**
31-34	kontakt_1 – kontakt_4	ja=1, nein=2, **kA=9, tnz: keine deutsche Staatsbürgerschaft=0**

12 Die für fehlende Angaben eingesetzten „missing values" sind durch Fettdruck hervorgehoben.

Spalten	Variablen	Variablenausprägungen
35-38 –	antisemitismus_1 antisemitismus_4	stimme gar nicht zu=1, stimme völlig zu=7, **kA=9**, **tnz: gehört jüdischer Religionsgemeinschaft an=0**
39	schicht	Unterschicht=1, Arbeiterschicht=2, Mittelschicht=3, obere Mittelschicht=4, Oberschicht=5, keiner der Schichten=6, **vw=7**, **wn=8, kA=9**
40-41	links_rechts	links - f=1, a=2, m=3, o=4, g=5, z=6, e=7, y=8, i=9, rechts - p=10, **kA=99**
42	politik_1	sehr stark=1, stark=2, mittel=3, wenig=4, überhaupt nicht=5, **kA=9**
43-44	politik_2	CDU/CSU=1, SPD=2, FDP=3, Die Grünen=4, Die Linke=6, Piraten=7, NPD=20, andere Partei=90, würde nicht wählen=91, **vw=97, wn= 98, kA=99, tnz: nicht wahlberechtigt=0**
45	politik_3	ja=1, nein=2, **keine ISSP-Familie=6, wn=8, kA=9, tnz: nicht wahlberechtigt=0**
46-47	politik_4	CDU/CSU=1, SPD=2, FDP=3, Die Linke=4, Die Grünen=5, Piraten=6, NPD=7, andere Partei=8, **keine Zweitstimme=95, keine ISSP-Familie=96, vw=97, wn= 98, kA=99, tnz: nicht wahlberechtigt=0**
48	sex_b *(A)*	männlich=m, weiblich=w
49-51	alter_b	**kA=999**
52	schulabschluss	ohne Abschluss=1, Volks-, Hauptschulabschluss=2, Mittlere Reife=3, Fachhochschulreife=4, Hochschulreife=5, anderer Abschluss=6, noch Schüler/in=7, **kA=9**
53	staatsangehoerigkeit	ja=1, ja, neben zweiter=2, nein=3, staatenlos=4, **kA=9**
54-55	staatsbuergerschaft	Deutschland=1, Dänemark=2, Frankreich=3, Griechenland=4, United Kingdom=5, Irland (Rep.)=6, Italien=7, ehem. Jugoslawien=8, Niederlande=9, Österreich=10, Polen=11, Portugal=12, Rumänien=13, Schweden=14, Schweiz=15, ehem. UDSSR=16, Spanien=17, Tschechoslowakei=18, Türkei=19, Ungarn=20, USA=21, Vietnam=22, anderes Land=23, staatenlos=24, **kA=99**

Spalten	Variablen	Variablenausprägungen
56	familienstand	verheiratet, zusammenlebend=1, verheiratet, getrennt lebend=2, verwitwet=3, geschieden=4, ledig=5, Lebenspart., zusammenlebend=6, Lebenspart., getrennt lebend=7, Lebenspartner verstorben=8, **kA=9**
57-59	alter_ehepartner	**kA=999, tnz: kein/e (Ehe-)parter/in vorhanden=0**
60	lebenspartner	ja=1, nein=2, **kA=9, tnz: verheiratet/in eingetragener Lebenspartnerschaft und zusammenlebend=0**
61-63	alter_lebenspartner	**kA=999, tnz: kein/e Lebensparter/in vorhanden=0**
64-75	beruf_1 – beruf_12	nicht genannt=0, genannt=1, **kA=9, tnz: Schüler=6**
76	berufstaetigkeit	hauptberufl., ganztags=1, hauptberufl., halbtags=2, nebenher berufstätig=3, nicht erwerbstätig=4, **kA=9**
77	berufsstellung	Landwirt=1, akadem. freier Beruf=2, sonstige Selbstständige=3, Beamter, Richter, Soldat=4, Angestellter=5, Arbeiter=6, in Ausbildung=7, mithelfende/r Familienangehörige/r=8, **kA=9, tnz: nicht berufstätig=0**
78-82	arbeitsstunden_1	**kA=999,9 tnz: nicht berufstätig=0,0** (1 Dezimalstelle!)
83-87	arbeitsstunden_2	**kA=999,9 tnz: nicht berufstätig=0,0** (1 Dezimalstelle!)
88-92	eink_p1	kein Einkommen=0, **vw=99997, kA=99999**
93-94	eink_p2	kein Einkommen=0, unter 200 EUR=1, 200-299 EUR=2, 300-399 EUR=3, 400-499 EUR=4, 500-624 EUR=5, 625-749 EUR=6, 750-874 EUR=7, 875-999 EUR=8, 1000-1124 EUR=9, 1125-1249 EUR=10, 1250-1374 EUR=11, 1375-1499 EUR=12, 1500-1749 EUR=13, 1750-1999 EUR=14, 2000-2249 EUR=15, 2250-2499 EUR=16, 2500-2749 EUR=17, 2750-2999 EUR=18, 3000-3999 EUR=19, 4000-4999 EUR=20, 5000-7499 EUR=21, 7500 EUR und mehr=22, **Angabe schon da=95, vw=97, kA=99**
95-96	haushaltsgroesse	1 Person=1, 2 Personen=2, 3 Personen=3, 4 Personen=4, 5 Personen=5, 6 Personen=6, 7 Personen=7, 8 Personen=8, 9 Personen=9, **kA=99**
97-101	eink_hh1	kein Einkommen=0, **vw=99997, kA=99999**

Spalten	Variablen	Variablenausprägungen
102-103	eink_hh2	kein Einkommen=0, unter 200 EUR=1, 200-299 EUR=2, 300-399 EUR=3, 400-499 EUR=4, 500-624 EUR=5, 625-749 EUR=6, 750-874 EUR=7, 875-999 EUR=8, 1000-1124 EUR=9, 1125-1249 EUR=10, 1250-1374 EUR=11, 1375-1499 EUR=12, 1500-1749 EUR=13, 1750-1999 EUR=14, 2000-2249 EUR=15, 2250-2499 EUR=16, 2500-2749 EUR=17, 2750-2999 EUR=18, 3000-3999 EUR=19, 4000-4999 EUR=20, 5000-7499 EUR=21, 7500 EUR und mehr=22, **Angabe schon da=95, vw=97, ka=99**
104	konfession_1	evangelisch, ohne Freikirche=1, evangelische Freikirche=2, römisch-katholisch=3, andere christl. Religion=4, andere nicht-christl. Religion=5, keiner Religionsgemeinschaft=6, **vw=7, kA=9**
105	konfession_2	über 1x die Woche=1, 1x pro Woche=2, 1-3x pro Monat=3, mehrmals im Jahr=4, seltener=5, nie=6, **kA=9, tnz: keine Religionsgemeinschaft=0**
106	wohnungstyp	zur Untermiete=1, Dienst-, Werkswohnung=2, sozialer Wohnungsbau=3, sonst. Mietwohnung=4, gemietetes Haus=5, Eigentumswohnung=6, Eigenheim=7, andere Wohnform=8, **kA=9**
107	wohngebaeude	landwirt. Gebäude=1, 1-2-Fam.haus, freist.=2, 1-2-Fam.haus, Reihenhaus=3, Haus, 3-4 Wohnungen=4, Haus, 5-8 Wohnungen=5, Haus, 9 oder mehr Wohn.=6, Hochhaus=7, **wn=8**
108	gemeindegroesse	bis 1.999 Einwohner=1, 2.000-4.999 Einw.=2, 5.000-19.999 Einw.=3, 20.000-49.999 Einw.=4, 50.000-99.999 Einw.=5, 100.000- 499.999 Einw.=6, 500.000 und mehr Einw.=7
109	west_ost	alte Bundesländer=1, neue Bundesländer=2
110-112	bundesland	Schleswig-Holstein=10, Hamburg=20, Niedersachsen=30, Bremen=40, Nordrhein-Westfalen=50, Hessen=60, Rheinland-Pfalz=70, Baden-Württemberg=80, Bayern=90, Saarland=100, ehem. Berlin-West=111, ehem. Berlin-Ost=112, Brandenburg=120, Mecklenburg-Vorpommern=130, Sachsen=140, Sachsen-Anhalt=150, Thüringen=160
113-115	interviewdauer	**kA=999**
116	sex_i *(A)*	männlich=*m*, weiblich=*w*

Spalten	Variablen	Variablenausprägungen
117-118	alter_i	
119	interviewer_schule	Volks-, Hauptschulabschluss=1, Mittlere Reife=2, (Fach-)Hochschulreife=3, (Fach-)Hochschulabschluss=4
120-130	gewicht	(9 Dezimalstellen!)
Erläuterungen zu		**kA** = keine Angabe
„fehlenden Werten":		**wn** = weiß nicht
		vw = Angabe verweigert
		tnz = trifft (logisch) nicht zu, nicht erhoben

Wie dem Codierplan zu entnehmen ist, haben wir es bei unserem Beispieldatensatz mit insgesamt 82 Variablen zu tun, die, weil sie zum Teil mehrspaltig codiert werden müssen, insgesamt 130 Spalten benötigen. Werden die Antworten aller 3.480 Befragten gemäß den Vorgaben des Codierplans in den Zeilen erfasst, resultiert daraus die angestrebte Datenmatrix. Ein Auszug aus der Rohdatenmatrix, und zwar die codierten Werte für die ersten 30 Befragten, ist auf der nächsten Seite wiedergegeben.

Deutlich erkennt man die Datenstruktur, die sich aufgrund des Codierplans einstellt: Vertikal sind die **Untersuchungseinheiten** angeordnet, horizontal die **Variablen**. Für jeden Befragten gibt es eine Datenzeile, die mit der Identifikationsnummer in den Spalten 1-4 beginnt. Danach folgen vier Werte für die jeweiligen Antworten auf die Fragen zur Anomie in unserer Gesellschaft. Die Antworten auf die Frage nach der Lebenszufriedenheit sind in den Spalten 9-10 erfasst, die Antworten zur individuellen Einstellung gegenüber der gesellschaftlichen Rolle der Frau in den Spalten 11-16 etc.

Aufgrund der erfassten Werte können wir – in Verbindung mit dem Codierplan und dem Fragebogen – jede einzelne Befragungsperson genau beschreiben: Befragungsperson 1 (Wert '___1', Spalten 1-4) z.B. ist weiblich (Wert 'w', Sp 48) und 45 Jahre alt (Wert '_45', Sp 49-51), sie hat die Hochschulreife (Wert '_5', Sp 52) und ist ganztags hauptberuflich tätig (Wert '1', Sp 76). Die Befragte verfügt über ein persönliches monatliches Nettoeinkommen von € 2800 (Wert '_2800', Sp 88-92). Sie ist verheiratet (Wert '1', Sp 56) und gibt ein Haushaltsnettoeinkommen von € 8000 an (Wert '_8000', Sp 97-101), das ihrem zweiköpfigen Haushalt (Wert '_2', Sp 95-96) zur Verfügung steht. Auf die Aussage, es sei „Egal, was manche Leute sagen: Die Situation der einfachen Leute wird nicht besser, sondern schlechter" weiß sie keine Antwort (Wert '8', Sp 5). Der Aussage, „So wie die Zukunft aussieht, kann man es kaum noch verantworten, Kinder auf die Welt zu bringen" stimmt sie hingegen zu (Wert '1', Sp 6), ebenso den beiden Aussagen „Die meisten Politiker interessieren sich in Wirklichkeit gar nicht für die Probleme der einfachen Leute" und „Die meisten Leute kümmern sich in

Tabelle 2.2: Rohdatenmatrix – die ersten 30 Fälle

```
Spalte->         1         2         3         4         5         6         7         8         9        10        11        12        13
        1234567890123456789012345678901234567890123456789012345678901234567890123456789012345678901234567890123456789012345678901234567890

18111  8143384000000000004121211117914 73 31 3w 4551 11 450 000010000100015 46,0 ,0 280095  2 800095357331 60 40w5021 ,210849096
22211  81433220000000000061111111197922 93980 0w 1831 15 01 270000000000140 ,0  ,0      0  0 299997971645316 0 62w6231 ,210849096
38888  531313100000000077121111173152 5598696m 3022 12 02 000000000000126 20,0 ,0 100095  1 100095164741 50 67w6221 ,210849096
41211  800000023132211217241222246512 63 2696m 4631 11 560 001000001000016 35,5 ,0 250095  2 310095354531 80 45w6831 ,210849096
51211  623233200000000006425292157643 42 2696m 6741 11 640 000000000100040 ,0  ,0 200095  2 200095665277111 40m4341 ,210849096
61211  5142444000000000411111113113 32 2696m 3541 15 01 420000000000130 ,0     10,0 45095  1 450951546711111 41w5041 ,210849096
71211  900000011432334116112121179493937696w 5631 11 530 000000010000015 45,0 ,09999715 2 999979735446160 64m6841 ,210849096
82111  6000000422333221174112221755553 6398696m 5831 14 01 570000101000013 70,0 ,09999797  2 999979714722216 073w472 ,556878638
92222  8134424000000000000000021416994 00 0w 3853164 01 420000000110015 38,5 ,0 210095  4 380095445351 50 65m6641 ,210849096
101212 900000011223123217453222175632 32 1696m 8221 11 770 000000000001040 ,0  ,0 200095  2 200095327211 90 61w5731 ,210849096
111282 800000012332133225111222951332 43 4696w 7731 11 770 000000000100040 ,0  ,099997  7 299997971572316 0 65w5011 ,210849096
121121 700000014441411213000000062233 43 0696w 2523 85 01 250000000000126 30,0 ,0  90095  4 220095501641 30 50m5641 ,210849096
131111 523243200000000007442222247362 34 21 3w 5621 11 620 000010000000040 ,0  ,0      0  0 2 180095357221 70 47w6021 ,210849096
141211 513441300000000006434222244652 53 11 1w 6331 11 710 001000001000040 ,0  ,0 32095  2 110095667232120 48m574 ,556878638
151211 500000022442233117451222295332 52 7696m 3731 14 01 370010000000040 30,0 ,0 73095  1 730956664432130 37m724 ,556878638
161211 9000000233323333125443222145643 63 4197w 4131 11 440 001000000000030 ,0   10,0 40095  4 300095337231 80 37m4821 ,210849096
178211 914113800000000004111191197413103 1696w 7531 11 760 000000000100040 ,0  ,0 25095  2 400095317261 80 58m6411 ,210849096
181211 914443400000000005211111117212 43 41 5m 3251 11 310 001000000000013 30,0 ,0 130095  2 250095164361 60 45w5011 ,210849096
191222 800000012442134314111174113 53 1696w 5451 11 630 000000001010014 40,0 ,0 260095  3 550095147221 80 35w5521 ,210849096
202221 900000011342124317121221196553 53 41 5w 6141 12 02 000000100000014 37,5 ,0 300095  1 300095656571111 60m4831 ,210849096
211112 712444100000000007111112217713 31 6696w 5231 11 580 000010000000015 33,0 ,0 130095  2 750095667211 30 60m7821 ,210849096
211211 612442400000000044662211171111 52 1696w 4911 14 01 670100000000015 ,0   ,0 20095  2 900956645321 50 58w722 ,556878638
231112 622332300000000004212121577621 5398696m 6031 11 610 000010000000015 55,0 ,09999719  2 999979719672231 65w6231 ,210849096
241812 800000041214224410000000067653 3498696m 6453111 620 000000001000040 ,0  ,0 50095  2 950956646611 50 61w5521 ,210849096
251222 814422400000000051112211151513 5397696w 3831 12 01 380001000000025 15,0 ,0 100095  3 100095144531 50 57w5841 ,210849096
261212 813231400000000003221121171113 34 28 0w 3551 15 02 010000000000015 40,0 ,0 176095  2 299997766524212 040w492 ,556878638
278111 818441400000000000999921219993 54 4696w 2831 15 01 320010000000015 38,0 ,09999718  2 450095664662120 55w573 ,556878638
281111 700000022223232116332211162542 5491696m 4421 15 02 001010000000016 40,0 ,0 150095  1 150095155231 80 44m6121 ,210849096
291222 900000011443243121111115113 62 21 2w 3051 11 340 001000000100015 40,0 ,0 185095  2 400095154551 50 35m6821 ,210849096
302222 900000023332433217131211137713 42 11 1m 4921 11 460 001001000000015 40,0 ,0 300095  3 400095157351 50 43m6921 ,210849096
```

Wirklichkeit gar nicht darum, was mit ihren Mitmenschen geschieht" (Wert ' 1 ',
Sp 7 bzw. Sp 8). Sie interessiert sich mittelmäßig für Politik (Wert ' 3 ', Sp 42)
und würde die FDP mit ihrer Zweitstimme wählen, wenn am nächsten Sonntag
Bundestagswahl wäre (Wert ' _3 ', Sp 43-44).

Es sollte deutlich geworden sein, dass der Codierplan die Schnittstelle zwischen
Fragebogen und Rohdatenmatrix darstellt. Erst die Transformation der Antworten der Befragten gemäß seiner Vorgaben führt zu dem (computerlesbaren) Ma-
terial, mit dem IBM SPSS Statistics arbeiten kann. Die im ⇒*Online-Zusatzmaterial* unter http://www.utb-shop.de/9783825242251 zu findende Rohdatendatei „allbus2012.dat" entspricht in ihrem Aufbau exakt dem oben in Tabelle
2.2 dargestellten Format. Von ihm kann nicht abgewichen werden – Variablenausprägungen und ihre Registrierung in Datenzeilen und Spalten sind durch uns
fixiert worden. Dies bedeutet allerdings nicht, dass damit auch die Namen der
Variablen und die Benennung der Variablenausprägungen festgelegt wären. Hier
kann der Benutzer – im Rahmen der SPSS Statistics-Regeln – bei der Vergabe der
Variablen- und Kategorienbeschriftungen durchaus von den mitgelieferten Vor-
schlägen abweichen und seinen Vorstellungen entsprechend vorgehen.

2.3 Datensicherung und Datenschutz

Bei der **Datensicherung** geht es darum, Informationen, die einmal erhoben, oder
Auswertungen, die einmal berechnet wurden, vor Verlust, Beschädigung oder
Zerstörung zu bewahren: Verlust von Erhebungsmaterialien auf dem Postweg,
Beschädigung von Datenträgern durch äußere Einflüsse und Zerstörung von Da-
ten auf Grund von „Computerabstürzen" kommen häufiger vor, als man anneh-
men möchte.

Besonders unangenehme Folgen hat der Verlust des Urmaterials auf dem Trans-
portweg, ist doch die ursprüngliche Erhebungssituation in aller Regel unter methodischen, finanziellen und sachlichen Gesichtspunkten *nicht* wiederholbar. Stra-
tegien zur Vermeidung eines Totalverlustes von Urmaterial sind die Duplizierung
der Urbelege vor dem Transport sowie ein versicherter Postversand mit Nachver-
folgung oder als Einschreiben.

Beschädigungen hängen von der Art der jeweiligen Datenträger ab. Speicher-
medien wie z. B. CD-ROMs, USB-Sticks und Speicherkarten leiden unter zu ho-
her Temperatur und Luftfeuchtigkeit, externe Festplatten außerdem insbesondere unter magnetischen Einwirkungen und starken Erschütterungen. Die beste
Strategie zur Vermeidung irreparabler Schäden durch Verlust, Beschädigung oder
Zerstörung von Daten liegt darin, Sicherungskopien aller *wichtigen* Dateien auf
mehreren, von einander unabhängigen und örtlich getrennten Datenträgern zu
speichern sowie von jeder relevanten Datei einen Ausdruck herzustellen und auf-

zubewahren, die eine Rekonstruktion zerstörter Dateien grundsätzlich ermöglicht. Weiterhin ist dafür zu sorgen, dass die verschiedenen Datenträger unter geeigneten Lagerungsbedingungen aufbewahrt werden und bei Versand per Luftpost entsprechend gekennzeichnet sind.

Was den **Datenschutz** anbelangt, lassen sich zwei Aspekte unterscheiden. Der erste bezieht sich darauf, dass Dateien eines Benutzers nicht von anderen, unbefugten Personen oder Organisationen missbräuchlich verwendet werden können. Rechenzentren und IT-Abteilungen „basteln" unablässig an einem ausgeklügelten System von Sicherungsmaßnahmen zum Schutz vor **missbräuchlicher Verwendung** von Daten durch Dritte. Aber auch der einzelne Benutzer kann einiges an Schutz bewirken durch die Verwendung unorthodoxer Passwörter[13] für Benutzeraccounts und schützenswerte Dateien sowie deren in kurzen Zeitintervallen vorgenommene Veränderung.

Der andere Aspekt des Datenschutzes betrifft die überaus sensiblen **personenbezogenen Daten**, also jene Daten, die „Einzelangaben über persönliche oder sachliche Verhältnisse einer bestimmten oder bestimmbaren Person" darstellen (BDSG § 3 Abs. 1). Solcherart Daten, die einen Rückschluss auf die Identität von Personen zu ziehen erlauben, sind vor Missbrauch bei ihrer Speicherung, Übermittlung, Veränderung und Löschung gemäß den Bestimmungen des Bundesdatenschutzgesetzes und der Länderdatenschutzgesetze durch technische und organisatorische Maßnahmen besonders zu schützen.[14] Insbesondere ist zu gewährleisten, dass gespeicherte personenbezogene Daten anonymisiert werden, indem z. B. Namen, Adressen etc. der Betroffenen von den Erhebungsunterlagen physikalisch getrennt und im Datensatz durch (alpha-)numerische Werte ersetzt werden, so dass kein Rückschluss auf einzelne Betroffene möglich ist.

Die Entwicklung des Datenschutzes befindet sich noch immer im Fluss. Das individuelle Interesse am „Recht auf **informationelle Selbstbestimmung**" kann im Einzelfall mit gesamtgesellschaftlichen Interessen kollidieren: Die Diskussion um Volkszählungen kann dafür genauso ein Beispiel sein wie die umstrittene Einführung der „Vorratsdatenspeicherung". Aber auch die wissenschaftliche Forschung ist im Fall einer notwendigen Einwilligungserklärung der Betroffenen zur Datenverarbeitung davon berührt: Bestimmte Forschungsmethoden könnten demzufolge nicht mehr angewandt werden oder würden verzerrte Resultate liefern, wenn jeweils vor Beginn der Erhebung eine schriftliche Einwilligung dafür vorliegen müsste.

---

13 Unorthodox ist z. B. sicherlich nicht die Verwendung von Namen naher Verwandter und Freunde, von Haustieren bzw. von Geburtsdaten des angesprochenen Beziehungsnetzes.

14 Die Zulässigkeit der Datenverarbeitung und -nutzung im Rahmen wissenschaftlicher Forschung regeln vor allem und grundlegend BDSG § 4, Abs. 2 und 3, sowie § 40.

Ohne im Einzelnen auf forschungsethische Fragen eingehen zu wollen, dürfte im „informed consent", also dem Grundsatz der „informierten Zustimmung", eine tragbare Grundlage für eine Forschung zu finden sein, die die Interessen der „Beforschten" ebenso im Auge behält wie die Interessen der Wissenschaftler: Wer sich – nach Schilderung von Zweck und Ziel einer Befragung – tatsächlich befragen lässt, der lässt sich von „informed consent" ebenso leiten wie jemand, der, nachdem ihm z. B. im Nachhinein mitgeteilt wird, dass er zu einem bestimmten wissenschaftlichen Zweck beobachtet wurde, keine Einwände zur wissenschaftlichen Verwendung der dabei gewonnenen Daten erhebt. Im übrigen gilt, dass sich alle Wissenschaftler selbst fragen sollten, ob eine eigens durchzuführende Erhebung überhaupt für die Beantwortung ihrer Fragestellung notwendig ist.[15] Und sie sollten sich auch fragen, ob sie selbst es akzeptieren würden, als Datenlieferant für ihre geplante Forschung herzuhalten.

Aus diesem Grund wurden vom *„Arbeitskreis Deutscher Markt- und Sozialforschungsinstitute e. V."* (ADM) und vom *„Berufsverband Deutscher Markt- und Sozialforscher e. V."* (BVM) Richtlinien entwickelt, welche die Durchführung von Beobachtungen, Befragungen, Gruppendiskussionen etc. unter ethischen und praktischen Gesichtspunkten regeln (vgl. z. B. Arbeitskreis Deutscher Markt- und Sozialforschungsinstitute 2010).[16]

---

15 Manche Erhebung ist überflüssig, weil sie keinerlei Erkenntnisfortschritt mit sich bringt; andere – viele – wissenschaftliche Fragen ließen sich durch eine Sekundäranalyse beantworten.
16 Siehe unter `https://www.adm-ev.de/richtlinien/`.

3 SPSS Statistics-Grundlagen

IBM SPSS Statistics ist ein Programmsystem zur Datenverwaltung und Datenanalyse der Fa. SPSS Inc., das sich seit rund 40 Jahren in aller Welt bewährt hat. Ursprünglich hieß das Statistikprogrammsystem SPSS (für „Statistical Package for the Social Sciences" bzw. später für „Statistical Products and Service Solutions"). Ab Version 16 bekam es den Namen SPSS Statistics, der mit Version 17.0.2 zu PASW Statistics („Predictive Analytics Software Statistics") geändert wurde. Die Fa. IBM hat 2009 die Fa. SPSS gekauft und dem Programmsystem mit Version 19 den Namen IBM SPSS Statistics – auch kurz SPSS Statistics genannt – gegeben.

SPSS Statistics ist für die Betriebssysteme Windows 7 und 8 sowie Linux und Mac OS X in mehreren Sprachen verfügbar. Es ermöglicht zudem den Datenaustausch mit vielen anderen Programmen.

Das Programmsystem besteht aus mehreren Modulen, die je nach Bedarf gekauft oder gemietet werden können. IBM SPSS Statistics 22 enthält folgende Module:

Statistics Base	Basissystem (unabdingbar)
Advanced Statistics	Allgemeine lineare Modelle, Varianz-Komponentenanalysen, loglineare Analysen, Sterbetafeln, Überlebensanalysen nach Kaplan-Meyer, Cox-Regression (früher „Advanced Models")
Bootstrapping	Erstellung zuverlässiger Vorhersagemodelle und Zuordnung von Stichproben zu einer Grundgesamtheit
Categories	Korrespondenzanalysen
Complex Samples	Analyse komplexer Stichprobendaten
Conjoint	Conjoint-Analysen
Custom Tables	Präsentationstabellen (früher „Tables")
Data Preparation	Effiziente Datenaufbereitung, -bereinigung und -validierung
Decision Trees	Optimale Identifikation von Gruppen mit Hilfe von Klassifikations- und Entscheidungsbäumen (früher „Classification Trees")
Direct Marketing	Analyse von Kundendaten und Entwicklung von Marketingstrategien (früher EZ RFM)
Exact Tests	Exakte Signifikanztests für kleine Stichproben

Forecasting	Zeitreihenanalysen und Prognosen (früher „Trends")
Missing Values	Analyse fehlender Werte (früher „Missing Value Analysis")
Neural Networks	Neuronale Netze (nicht lineare statistische Data-Mining-Verfahren)
Regression	Probit-Analysen, logistische Regression, Gewichtsschätzungen, zweistufige Regression kleinster Quadrate, allgemeine nicht lineare Regression, multidimensionale Skalierung, Reliabilitätsanalysen (früher „Regression Models")

Die hier aufgeführten Statistikverfahren – in SPSS Statistics Statistikprozeduren genannt – sind über die Menüs und per Syntaxbefehl aufrufbar. Im Lieferumfang sind die Original-Handbücher in mehreren Sprachen als PDF-Dateien enthalten. Nach der Installation von SPSS Statistics ist das Kommandosyntax-Handbuch („IBM SPSS Statistics 22 Command Syntax Reference"), das eine ausführliche Beschreibung aller Befehle enthält, als Programmhilfe verfügbar.

Ausführliche Informationen über SPSS Statistics, über die einzelnen Module des Programmsystems und über die verfügbaren Zusatzprogramme finden sich beim Hersteller:

- IBM Corp. USA
  ⇒http://www-01.ibm.com/software/analytics/spss/
- IBM in Deutschland
  ⇒http://www-01.ibm.com/software/de/analytics/spss/

Die im folgenden Kapitel abgedruckten Beispiele wurden mit der deutschsprachigen Version von SPSS Statistics 22 unter Windows 7 ausgeführt, die Screenshots wurden ebenfalls in dieser Umgebung erzeugt.

Alle Beispiele wurden auch mit SPSS Statistics 22 unter Windows 8 sowie Linux und Mac OS X verifiziert. Betriebssystemspezifische Unterschiede wie z. B. beim Aufruf von SPSS Statistics und bei der Dateihandhabung sind entsprechend vermerkt.

3.1 SPSS Statistics im Überblick

Die grafische Benutzeroberfläche von SPSS Statistics erleichtert die Datenanalyse durch selbsterklärende Menüs und Symbole sowie übersichtlich gestaltete Dialogfelder. Ein grundlegendes Lernprogramm, der Statistics-Assistent, Fallstudien und ausführliche Programmhilfen unterstützen den Anfänger beim Einarbeiten und bieten dem Fortgeschrittenen ein Nachschlagewerk.

Um möglichst schnell mit der grafischen Benutzeroberfläche vertraut zu werden, beschreiben wir als erstes den Start des Programmsystems und seine wichtigsten Fenster mit ihren Menüs.

Danach zeigen wir mehrere Möglichkeiten auf, bestehende Datendateien in SPSS Statistics zu übernehmen und geben Ratschläge zur erstmaligen Datenerfassung. Es folgt die ausführliche Beschreibung der SPSS Statistics-Befehlssprache sowie die Vorstellung der grundlegenden Befehle des Programmsystems.

Die unter „Programmoptionen" (Kapitel 3.1.5) vorgeschlagenen Einstellungen für SPSS Statistics sollten möglichst vor der ersten Datenanalyse durchgeführt werden. Empfehlenswert ist auch die betriebssystemspezifische Konfigurierung zur Dateisuche („Dateien", Kapitel 3.1.4).

Nach einer sorgfältigen Datenbeschreibung und Erstellung einer SPSS Statistics-Datendatei (s. Kapitel 3.9) können viele Aufgaben einfach mit der Maus erledigt werden.

3.1.1 SPSS Statistics starten

SPSS Statistics – hier Version 22 – wird, falls nicht von der Standardinstallation abgewichen wurde, unter Windows 7 wie folgt gestartet:[1] [2] [3]

▶Start ▶Alle Programme

▶IBM SPSS Statistics ▶IBM SPSS Statistics 22

Beim ersten Aufruf nach der Installation fragt SPSS Statistics nach der zu verwendenden Zeichencodierung[4] für seine Dateien. Da die zu diesem Handbuch verfügbaren SPSS Statistics-Dateien (s. Kapitel 9.1), im Unicode UTF-8 erstellt wurden, wählen wir hier die Unicode-Codierung. Damit das darauf folgende Dialogfeld zukünftig nicht mehr erscheint, – wir arbeiten direkt über die Fenstermenüs – deaktivieren wir es, schließen es mit ▶OK und beenden SPSS Statistics.

SPSS Statistics öffnet bei den folgenden Starts nun standardmäßig ein Dateneditor-Fenster: Unbenannt1[DataSet0] - IBM SPSS Statistics Dateneditor

Es folgt das Dateneditor-Menü, bestehend aus einer Menü- und Symbolleiste, und am unteren Fensterrand die SPSS Statistics-Statusleiste:

IBM SPSS Statistics-Prozessor ist bereit

---

1 Windows 8 (Standardinstallation): ▶Apps ▶IBM SPSS Statistics 22

2 Linux (Standardinstallation): ▶/opt/IBM/SPSS/Statistics/22/bin/stats

3 Mac OS X (Standardinstallation):
  ▶Gehe zu ▶Programme ▶IBM ▶SPSS ▶Statistics ▶22 ▶SPSSStatistics

4 Ab Version 21 arbeitet IBM SPSS Statistics standardmäßig im Unicode-Modus (UTF-8). Die Zeichencodierung kann auch über folgende Option eingestellt werden :
  ▶Bearbeiten ▶Optionen ▶Sprache

Datenansicht zeigt das leere Datenfenster

und **Variablenansicht** die Variablenbeschreibung der – anfangs leeren und unbenannten – SPSS Statistics-Datendatei im Dateneditor-Fenster.

Der Dateneditor ermöglicht die menüunterstützte Datenbeschreibung, also die Vergabe der Variablennamen, die Festlegung des Typs und des Messniveaus der Variablen, die Erklärung der fehlenden Werte und die Beschriftung der Variablen und Werte. Nach der Variablendefinition werden die Daten in der **Datenansicht** eingegeben. Diese Arbeitsweise wird ausführlich in Kapitel 3.6.3 („Datenbeschreibung mit dem Dateneditor") beschrieben.

3.1.2 Fenster und Hauptmenüs

In SPSS Statistics werden verschiedene Typen von Fenstern eingesetzt. Die Bedienung der Fenster – also das Verkleinern, Vergrößern, Verschieben und Schließen der Fenster über die Schaltsymbole im rechten, oberen Fensterrahmen – ist einheitlich, Menü- und Symbolleiste sind entsprechend den fensterspezifischen Funktionen unterschiedlich. Einige Menüs sind in allen Fenstern verfügbar, z. B.: ►Datei, ►Bearbeiten und ►Hilfe.

Einige Funktionen können statt über die Menüs direkt durch Anklicken des entsprechenden Symbols in der Symbolleiste aufgerufen werden. Bei Berührung des Symbols mit dem Mauszeiger wird eine Beschreibung der damit verbundenen Funktion ausgegeben. Nur die voll ausgeleuchteten Symbole sind aktiviert. Die Funktionen der Hauptmenüs sind über die darunter liegenden Untermenüs erreichbar. **Hilfe** bieten alle Hauptmenüs und viele Untermenüs. Zusätzlich verfügen die meisten Dialogfelder über eine Schaltfläche „►Hilfe". Die Fensterinhalte können getrennt in einzelnen Dateien gespeichert und zur erneuten Benutzung geöffnet werden. Aus dem Viewer-Fenster können Ausgabeobjekte zur Weiterverarbeitung in andere Dateiformate exportiert bzw. mit „Kopieren & Einfügen" von anderen Programmen übernommen werden. SPSS Statistics verwendet die folgenden Fenstertypen, die zugehörigen Dateitypen (s. a. Kapitel 3.1.4, „Dateien") sind in eckigen Klammern angegeben:

- Dateneditor-Fenster [SPSS Statistics-Datendatei: *.sav]
- Ausgabefenster (Viewer-Fenster)
  - Datei speichern [SPSS Statistics-Viewerdatei: *.spv]
  - Datei exportieren (alle oder ausgewählte Objekte)
    - Einfacher Text ohne Grafiken [Text: *.txt]
    - Text mit Grafiken [Word: *.doc, HTML: *.htm, PDF: *.pdf, PowerPoint: *.ppt]
    - Tabellen [Excel: *.xls *.xlxs]
    - Grafiken [*.bmp *.emf *.eps *.jpg *.png *.tif][5]
- Pivot-Tabellen-Editor-Fenster (Export aus Viewer-Fenster)
- Diagrammeditor-Fenster [*.xml][6] (und Export aus Viewer-Fenster)
- Syntaxeditor-Fenster [SPSS Statistics-Befehlsdatei: *.sps]
- Scripteditor-Fenster [SPSS Statistics-Scriptdatei: *.sbs *.wwd]

Statt der langen Fensternamen kann auch deren Kurzform, wie z. B. Datenfenster statt Dateneditor-Fenster, benutzt werden. Die wichtigsten Fenster werden in den folgenden Kapiteln beschrieben. Einige Fenster enthalten eine **Statusleiste** mit Statusinformationen, sofern diese nicht über „►Ansicht ►Statusleiste" ausgeblendet ist. Die Statusinformationen sind vom Fenstertyp abhängig:

- Dateneditor-Fenster
  1. Prozessor: Anzeige des Befehls, der gerade von SPSS Statistics ausgeführt wird. Nach Abarbeitung aller Syntaxbefehle erscheint hier „SPSS Statistics-Prozessor ist bereit". Erst jetzt ist die Ausgabe komplett und erst jetzt können neue Befehle zur Bearbeitung an SPSS Statistics übergeben werden.

---

5 Grafikdateiformate s. Kapitel 8.
6 XML: Extensible Markup Language („erweiterbare Auszeichnungssprache" zum Datenaustausch zwischen Computersystemen).

2. OMS-Status: Status des Ausgabeverwaltungssystems (Output Management System, OMS)[7]
3. Verarbeitete Fälle: Anzeige der Anzahl der bereits abgearbeiteten Fälle
4. Statusbereich für Codierung (Unicode:ON|OFF): Zeichencodierung für Daten und Syntax
5. Statusbereich für Filter/Verwendung: Die Meldung „Filter aktiv" weist daraufhin, dass nicht alle Fälle in der aktuellen Analyse verarbeitet werden. Es wurde durch eine Datenauswahl eine Teilmenge herausgefiltert.
6. Statusbereich für Gewichtung: Die Meldung „Gewichtung aktiv" besagt, dass die Fälle der Analyse unterschiedlich gewichtet wurden.
7. Statusbereich für aufgeteilte Dateien: Bei der Meldung „Aufteilen nach ..." ist die Datendatei in verschiedene Gruppen (z. B. Frauen und Männer) aufgeteilt.
- Ausgabefenster (Viewer-Fenster)
  1. Prozessor: wie im Dateneditor-Fenster
  2. OMS-Status: wie im Dateneditor-Fenster
  3. Verarbeitete Fälle: wie im Dateneditor-Fenster
  4. Statusbereich für Codierung: wie im Dateneditor-Fenster
  5. Objektgröße: geometrische Größe des ausgewählten Ausgabeobjekts (Höhe x Breite)
- Syntaxeditor-Fenster
  1. Prozessor: wie im Dateneditor-Fenster
  2. OMS-Status: wie im Dateneditor-Fenster
  3. Verarbeitete Fälle: wie im Dateneditor-Fenster
  4. Statusbereich für Codierung: wie im Dateneditor-Fenster
  5. Zeile/Spalte: Cursorposition in der Syntaxdatei
  6. Status überschreiben: in der Syntaxdatei einfügen bzw. überschreiben (mit Einfüge-Taste einstellbar)
  7. NUM-Feststelltaste: ein- bzw. ausgeschaltet
  8. Feststelltaste: ein- bzw. ausgeschaltet

3.1.2.1 Dateneditor

Im Dateneditor-Fenster werden alternativ die Daten der SPSS Statistics-Datendatei oder die dazugehörigen Variablen und deren Attribute angezeigt. Mit Hilfe des Dateneditors lassen sich neue Datendateien erstellen und bestehende bearbeiten. Es können mehrere Datendateien (Daten-Sets) und damit auch mehrere

---

7 Das Ausgabeverwaltungssystem bietet die Möglichkeit, ausgewählte Ausgabekategorien automatisch in verschiedene Ausgabedateien in unterschiedlichen Formaten schreiben zu lassen:
▶Hilfe ▶Themen ▶Ausgabeverwaltungssystem (OMS)

Dateneditor-Fenster gleichzeitig geöffnet sein. In der **Datenansicht** werden die Daten und die zugehörigen Variablennamen tabellarisch aufgelistet:

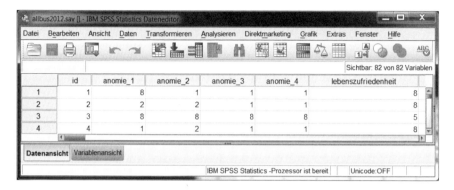

Hauptmenü

►Datei	Dateien öffnen, lesen, speichern, drucken; Rohdatendateien sowie Tabellenkalkulations- (z. B. Excel-Dateien) und Datenbank-Dateien (z. B. Access-Dateien) lesen und speichern; SPSS Statistics beenden
►Bearbeiten	Datenwerte markieren, ausschneiden, kopieren, einfügen, löschen, suchen, ersetzen; Programmoptionen
►Ansicht	Symbol- und Statusleiste gestalten; Schriftarten und Anzeige der Datenwerte, Wertbeschriftungen und Gitterlinien ändern
►Daten	Variablendefinition, Datendateifunktionen, Datendatei aufteilen, Fälle auswählen/gewichten
►Transformieren	Daten ändern und neu berechnen, Zeitreihen erstellen, fehlende Werte ersetzen
►Analysieren	Statistikprozedurauswahl
►Direktmarketing	Prozeduren zur Analyse von Kundendaten und Entwicklung von Marketingstrategien
►Grafik	Grafikdiagrammauswahl
►Extras	Variableninformationen
►Fenster	Fensterauswahl, Fensterminimierung
►Hilfe	Programmdokumentation, Lernprogramm, Statistics-Assistent, Kommandosyntax-Handbuch, Algorithmenbeschreibung, Informationen zur SPSS Statistics-Programmversion

Die **Variablenansicht** bietet eine übersichtliche Darstellung der Variablen:

Die Variablenansicht zeigt die Namen und Attribute aller Variablen. Die Nutzung der Variablenansicht zur Erstellung und Änderung der Variablenattribute ist in Kapitel 3.6 erläutert.

3.1.2.2 Viewer

Die ausgeführten Befehle, statistischen Ergebnisse, Tabellen und Grafiken werden im Viewer-Fenster angezeigt und können dort bequem gelesen, gespeichert, exportiert und gedruckt werden. Es besteht die Möglichkeit, mehrere Ausgabefenster gleichzeitig zu öffnen.

Im Viewer-Fenster werden Tabellen als interaktive Pivot-Tabellen und Grafiken als interaktive Diagramme dargestellt, die nachträglich bearbeitet und in andere Anwendungen übernommen werden können. Die ausgegebenen Textobjekte, z. B. Befehlssequenzen (Protokoll), sind mit dem Textausgabe-Editor zu lesen und zu bearbeiten.

Das Viewer-Fenster ist in zwei Bereiche aufgeteilt:

- Der linke Fensterbereich – das Gliederungsfenster – zeigt die Gliederungsansicht der Ausgabe.

- Der rechte Fensterbereich – das Inhaltsfenster – enthält die Statistiktabellen, Diagramme und Textobjekte.

Das Navigieren durch die Ausgabe erfolgt durch Anklicken von Ausgabeelementen im Gliederungsfenster.

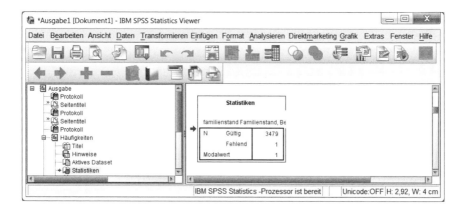

Hauptmenü

▶Datei	Dateien öffnen, lesen sowie die Ausgabe speichern, drucken und exportieren (z. B. Textobjekte nach PDF, HTML, PowerPoint, Word; Grafiken nach BMP, JPEG, TIFF; Tabellen nach Excel)
▶Bearbeiten	Ausgabegliederung im Gliederungsfenster (linker Fensterflügel) ändern; Ausgaben markieren, ausschneiden, kopieren, einfügen, löschen, verschieben; Programmoptionen
▶Ansicht	Symbol- und Statusleiste gestalten, Gliederungsansicht im Gliederungsfenster ändern
▶Daten	Variablendefinition, Datendateifunktionen, Datendatei aufteilen, Fälle auswählen/gewichten
▶Transformieren	Daten ändern und neu berechnen, Zeitreihen erstellen, fehlende Werte ersetzen
▶Einfügen	Ausgabegestaltung: Seitenumbrüche, Titel, Textobjekte usw.
▶Format	Ausgabegestaltung: Tabelleninhalte ausrichten
▶Analysieren	Statistikprozedurauswahl
▶Direktmarketing	Prozeduren zur Analyse von Kundendaten und Entwicklung von Marketingstrategien
▶Grafik	Grafikdiagrammauswahl
▶Extras	Variableninformationen, Hauptfensterauswahl
▶Fenster	Fensterauswahl, Fensterminimierung
▶Hilfe	Programmdokumentation, Lernprogramm, Statistics-Assistent, Kommandosyntax-Handbuch, Algorithmenbeschreibung, Informationen zur SPSS Statistics-Programmversion

Die Objekte der Ausgabe können in separaten, objektspezifischen Fenstern bearbeitet werden:

> ► *Gewünschtes Objekt per Klick im Gliederungsfenster auswählen*
>
> ► *Klick mit rechter Maustaste auf das Objekt im Inhaltsfenster*
>
> ► *Inhalt bearbeiten* ► *In separatem Fenster*

3.1.2.3 Pivot-Tabellen-Editor

Ausgaben, die in Form von Pivot-Tabellen[8] wie z. B. Häufigkeits- und Kreuztabellen im Viewer-Fenster angezeigt werden, können mit dem Pivot-Tabellen-Editor bearbeitet werden, d. h. Zeilen, Spalten und Schichten dieser Tabellen können interaktiv geändert und umsortiert werden. Für die Bearbeitung von Pivot-Tabellen stehen folgende Funktionen zur Verfügung:

- Transponieren von Zeilen und Spalten,
- Verschieben von Zeilen und Spalten,
- Erstellen von mehrdimensionalen Schichten,
- Anlegen und Aufheben von Gruppierungen für Zeilen und Spalten,
- Anzeigen und Ausblenden von Zeilen, Spalten und anderen Informationen,
- Drehen von Zeilen- und Spaltenbeschriftungen,
- Anzeigen von Definitionen für Terme.

Die Bearbeitung einer Tabelle mit dem Pivot-Tabellen-Editor erfolgt über das kontextsensitive Menü der rechten Maustaste:

> ► *Klick mit rechter Maustaste auf die gewünschte Pivot-Tabelle im Ausgabefenster*
>
> ► *Inhalt bearbeiten* ► *In separatem Fenster*

Es lassen sich mehrere Pivot-Tabellen gleichzeitig bearbeiten. Pivot-Tabellen können für andere Programme (z. B. Excel) exportiert werden:

> ► *In der Gliederung des Ausgabefensters Klick mit rechter Maustaste auf die Tabelle*
>
> ► *Exportieren* ► *Zu exportierende Objekte: Ausgewählt*
>
> ► *Dokument* ► *Typ: Excel (*.xls)* ► *Optionen: ...* ► *Dateiname: ...*

---

8 Franz. „pivot": Dreh-, Angelpunkt.

Ebenso ist eine Übernahme in andere Programme per „Kopieren & Einfügen"
möglich.

		Häufigkeit	Prozent	Gültige Prozent	Kumulative Prozente
Gültig	1 verheirat. zusam. leb.	1933	55,5	55,6	55,6
	2 verh. getrennt lebend	52	1,5	1,5	57,1
	3 verwitwet	248	7,1	7,1	64,2
	4 geschieden	286	8,2	8,2	72,4
	5 ledig	953	27,4	27,4	99,8
	6 lebensp. zusam. leb.	7	,2	,2	100,0
	Gesamtsumme	3479	100,0	100,0	
Fehlend	9 keine Angabe	1	,0		
Gesamtsumme		3480	100,0		

Titelzeile: **Pivot-Tabelle familienstand Familienstand, Befragte<r>**
Menüzeile: Datei Bearbeiten Ansicht Einfügen Pivot Format Hilfe
Tabellenüberschrift: **familienstand Familienstand, Befragte<r>**

Hauptmenü

▶Datei   Dateien öffnen, lesen, speichern, drucken
▶Bearbeiten   Datenwerte in Pivot-Tabellen markieren, ausschneiden, kopieren,
              einfügen, löschen; Pivot-Aktionen wiederholen und zurückneh-
              men
▶Ansicht   Symbol- und Statusleiste gestalten, Elemente und Gitterlinien der
              Pivot-Tabellen ein-/ausblenden
▶Einfügen   Pivot-Tabellengestaltung: Titel, Fußnoten usw.
▶Pivot   Pivot-Aufgaben ausführen, Pivot-Leisten ein-/ausblenden, mehrdi-
              mensionale Pivot-Tabellen bearbeiten
▶Format   Pivot-Tabellengestaltung: Tabellen- und Zellenformat, Schrift-
              merkmale usw.
▶Hilfe   Programmdokumentation, Ergebnis-Assistent

In der obigen Abbildung ist die Häufigkeitstabelle des Familienstands der befragten Personen im Standardformat dargestellt. Mit dem Pivot-Tabellen-Editor können nun z. B. die Zeilen und Spalten vertauscht werden mit:

▶Pivot ▶Zeilen und Spalten transponieren

3.1.2.4 Diagrammeditor

Die im Viewer-Fenster ausgegebenen Diagramme können mit dem Diagrammeditor nachbearbeitet werden. Der Editor wird durch einen Doppelklick auf das
gewünschte Diagramm oder über das kontextsensitive Menü der rechten Maustaste gestartet:

▶ *Klick mit rechter Maustaste auf das gewünschte Diagramm im Ausgabefenster*

▶Inhalt bearbeiten   ▶In separatem Fenster

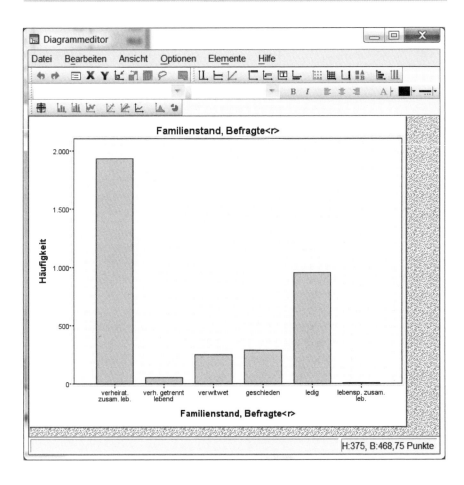

Hauptmenü

►Datei	Diagrammvorlagen speichern/zuweisen; Diagramme exportieren
►Bearbeiten	Diagramme kopieren; Koordinatenachsen auswählen
►Ansicht	Symbol- und Statusleiste gestalten
►Optionen	Diagrammbearbeitung: Layout, Beschriftung, Rahmen
►Elemente	Datenbeschriftungsmodus, Fehlerbalken, Anpassungs- und Interpolationslinien
►Hilfe	Programmdokumentation, Lernprogramm

Diagramme können für andere Programme aus dem Viewer-Fenster als Grafik-dateien exportiert werden:

►*In der Gliederung des Ausgabefensters Klick mit rechter Maustaste auf das Diagramm*

►Exportieren ►Zu exportierende Objekte: Ausgewählt

►Dokument ►Typ: Ohne (nur Grafiken)

►Grafik ►Typ: JPEG-Datei (.jpg) ►Name der Stammdatei: ...

Aus dem Diagrammeditor-Fenster können Diagramme als XML-Dateien gespeichert werden:

►Datei ►Diagramm-XML exportieren

►Dateiname: ... ►Speichern als Typ: Chart XML (*.xml)

Ebenso ist eine Übernahme in andere Dokumente per „Kopieren & Einfügen" möglich. Zusätzlich zu den Grafiken, die von einigen Statistikprozeduren erzeugt werden, bietet SPSS Statistics auch eine Vielfalt von anspruchsvollen Präsentationsgrafiken an, die inkl. interaktiver Diagramme in Kapitel 8 vorgestellt werden.

3.1.2.5 Textausgabe-Editor

Im Viewer-Fenster können Textausgaben (Protokoll) mit dem Textausgabe-Editor nachbearbeitet und gespeichert werden. Das Textausgabe-Fenster wird über das kontextsensitive Menü der rechten Maustaste geöffnet:

►*Klick mit rechter Maustaste auf das gewünschte Textobjekt im Ausgabefenster*

►Inhalt bearbeiten ►In separatem Fenster

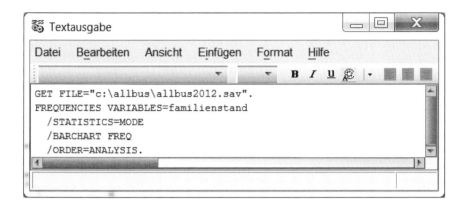

Hauptmenü

▶Datei   Text speichern, Seite einrichten, drucken
▶Bearbeiten   Ausgabetexte markieren, ausschneiden, kopieren, einfügen, lö-
              schen, suchen und ersetzen
▶Ansicht   Symbol- und Statusleiste gestalten
▶Einfügen   Ausgabegestaltung: Seitenumbruch
▶Format   Ausgabegestaltung: Schriften, Ausrichtung usw.
▶Hilfe   Programmdokumentation, Lernprogramm

Es ist möglich, Textausgaben als Textdateien zu exportieren und per „Kopieren
& Einfügen" in andere Dokumente zu übernehmen.

3.1.2.6 Syntaxeditor

Der Syntaxeditor stellt eine Umgebung speziell für die Erstellung, Bearbeitung
und Ausführung von SPSS Statistics-Befehlen bereit. Die damit erstellten Syntaxprogramme können als Syntaxdateien gespeichert, erneut geladen, bearbeitet und
ausgeführt werden. Eine Syntaxdatei ist eine einfache Textdatei (Dateityp: .sps).
Die SPSS Statistics-Befehlssprache und die Syntaxdateien werden ausführlich in
Kapitel 3.5 vorgestellt. Der Syntaxeditor bietet folgende Funktionen:

- **Automatische Vervollständigung**
  Bei der Eingabe können Befehle, Unterbefehle, Schlüsselwörter und Schlüs-
  selwortwerte aus einer kontextsensitiven Liste ausgewählt werden.
- **Farbcodierung**
  Erkannte Elemente der Befehlssyntax werden farbig dargestellt. Fehler las-
  sen sich somit leichter erkennen.

- **Haltepunkte**
  Die Befehlsausführung kann an angegebenen Punkten unterbrochen werden, um die Daten oder Ergebnisse zu untersuchen, bevor der Vorgang fortgesetzt wird.
- **Lesezeichen**
  Erleichtern die Navigation durch große Syntaxdateien.
- **Schrittweises Durchlaufen der Befehlssyntax**

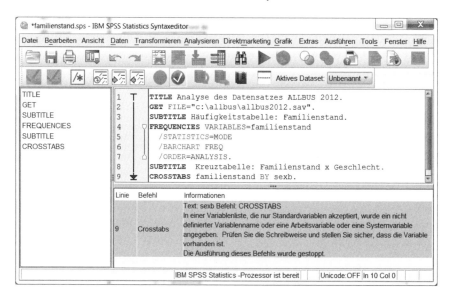

Das Syntaxeditor-Fenster ist in mehrere Bereiche unterteilt:
- Im rechten Fensterbereich werden die Befehle eingegeben.
- Links neben den Befehlen befindet sich der Bundsteg. Hier werden Informationen wie Zeilennummern und Haltepunktpositionen angezeigt.
- Im linken Fensterbereich sind die Befehlsnamen aller eingegebenen Befehle aufgelistet, die durch Anklicken ein Navigieren im erstellten Syntaxprogramm erlauben.
- Im unteren rechten Fensterbereich werden Informationen wie z. B. Fehlermeldungen ausgegeben.

Hauptmenü

▶Datei	Dateien öffnen, lesen, speichern, drucken
▶Bearbeiten	Text markieren, ausschneiden, kopieren, einfügen, löschen, suchen und ersetzen; Programmoptionen

► Ansicht	Symbol- und Statusleiste gestalten, Schriftart ändern
► Daten	Variablendefinition, Datendateifunktionen, Datendatei aufteilen, Fälle auswählen/gewichten
► Transformieren	Daten ändern und neu berechnen, Zeitreihen erstellen, fehlende Werte ersetzen
► Analysieren	Statistikprozedurauswahl
► Direktmarketing	Prozeduren zur Analyse von Kundendaten und Entwicklung von Marketingstrategien
► Grafik	Grafikdiagrammauswahl
► Extras	Variableninformationen, OMS-Steuerung
► Ausführen	SPSS Statistics-Befehle ausführen
► Tools	Einstellung der Syntaxeditor-Optionen wie z. B. automatische Vervollständigung, Farbcodierung und Validierung der eingegebenen Befehle, Haltepunktverwaltung
► Fenster	Fensterauswahl, Fensterminimierung
► Hilfe	Programmdokumentation, Lernprogramm, Statistics-Assistent, Kommandosyntax-Handbuch, Algorithmenbeschreibung, Informationen zur SPSS Statistics-Programmversion

Syntaxdiagramme

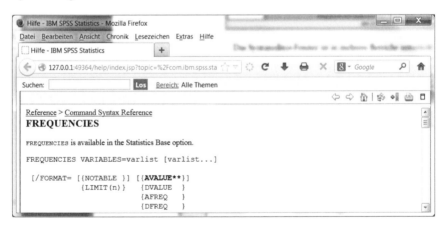

Die Syntaxdiagramme, also die Beschreibungen der SPSS Statistics-Befehle, sind im Handbuch „IBM SPSS Statistics 22 Command Syntax Reference" enthalten:

► Hilfe ► Befehlssyntaxreferenz(Command Syntax Reference)

und können auch im Syntaxeditor-Fenster über das Symbol

► (Hilfe zur Syntax)

nachgeschlagen werden. Die Syntaxdiagramme werden kontextabhängig angezeigt, d. h. man sieht das Syntaxdiagramm des Befehls, in dessen Zeile sich der Schreibcursor im Syntaxeditor-Fenster befindet. Im obigen Beispiel ist das die Statistikprozedur *FREQUENCIES*.

3.1.2.7 Fensterverwaltung

SPSS Statistics öffnet standardmäßig beim Aufruf ein leeres Dateneditor-Fenster. Andere Fenster wie z. B. ein Syntaxeditor-Fenster können vom Benutzer über

►Datei ►Neu ►Syntax

bzw.

►Datei ►Öffnen ►Syntax

geöffnet werden. Ebenso erzeugt SPSS Statistics bei Bedarf neue Fenster (z. B. Ausgabe- und Diagrammeditor-Fenster).

Der Inhalt der Fenster kann über das Menü „►Datei" in Dateien gespeichert und in darauffolgenden SPSS Statistics-Sitzungen über „►Datei ►Öffnen" wieder in das entsprechende Fenster geladen werden.

Dem Anfänger raten wir, damit er den „Durchblick" behält, nicht zu viele Fenster gleichzeitig zu öffnen und nicht mehr benötigte zu schließen. Empfehlenswert ist das Schließen des Viewer-Fensters vor dem erneuten Ausführen einer Syntaxdatei, z. B. nach einer Fehlerkorrektur, da die Ausgaben immer an die bereits bestehenden angehängt werden. Bei gleichzeitigem Arbeiten mit mehreren Programmen ist die Funktion „►Alle Fenster minimieren", die in den Fensterhauptmenüs unter „►Fenster" zu finden ist, sehr hilfreich. Mit einem einzigen Mausklick verschwinden alle SPSS Statistics-Fenster von der „Bildfläche", um dann genauso einfach wieder geöffnet zu werden.

Aktives Fenster: ►Fenster

Bei mehreren geöffneten Fenstern ist dasjenige, das sich auf dem Bildschirm im Vordergrund befindet, das **aktive Fenster**. Ein Fenster wird durch Anklicken im Menü „►Fenster" zum aktiven Fenster. Die über die Menü- und Symbolleiste angebotenen Funktionen werden auf den Inhalt des aktiven Fensters angewendet.

Hauptfenster:

Von einigen Fenstertypen, wie z. B. Syntaxeditor und Viewer, können gleichzeitig mehrere Fenster geöffnet sein. Von diesen kann jedoch nur eins das **Hauptfenster** sein. Dieses verwendet SPSS Statistics als Ein- bzw. Ausgabefenster. Mit „►Extras ►Hauptfenster" oder durch Anklicken des oben abgebildeten (blauen) Sternzeichens in der Symbolleiste wird ein Fenster zum Hauptfenster bestimmt.

3.1.3 SPSS Statistics beenden

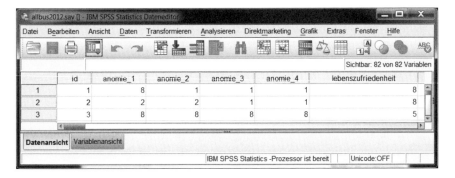

SPSS Statistics wird im Dateneditor-Fenster mit dem Schaltsymbol ☒ oder über die Menüfolge[9] „►Datei ►Beenden" abgeschlossen. Falls nicht alle Dateien (= Fensterinhalte), die während der SPSS Statistics-Sitzung erzeugt wurden, bereits gespeichert sind, fordert das Programm nun dazu auf. Insbesondere sollten neue bzw. geänderte Syntaxdateien abgespeichert werden. Vorsicht beim Speichern von SPSS Statistics-Datendateien (*.sav):

> Nie eine bestehende SPSS Statistics-Datendatei überschreiben, sondern immer eine neue erzeugen!

---

9 Mac OS X: ►SPSS Statistics ►SPSS Statistics beenden

3.1.4 Dateien

SPSS Statistics liest und schreibt Dateien unterschiedlicher Art:

Bezeichnung	Inhalt bzw. Fenster	Typ	Format
Rohdatendatei	Daten	`*.dat`	Text
Befehlsdatei	Syntaxeditor	`*.sps`	Text
Journaldatei	Syntaxbefehle	`*.jnl`	Text
Arbeitsdatei	Daten, Variablen	intern	speziell
SPSS Statistics-Datendatei	Dateneditor	`*.sav`	speziell
Ausgabedatei	Viewer	`*.spv`	Text
		`*.htm`	Text
Grafikdatei	Diagrammeditor	`*.xml`	Text

Die Dateinamen (*) sind frei wählbar, nach dem Punkt muss der festgelegte Dateityp per Dateinamenerweiterung – oder auch Suffix genannt –, angegeben werden. Textdateien sind plattformunabhängig, SPSS Statistics-Arbeits- und SPSS Statistics-Datendateien haben ein spezielles, vom Software-Entwickler festgelegtes Format.

Damit bei der Dateisuche die vollständigen Dateibezeichnungen – die Dateinamen und der Dateityp (Dateinamenerweiterung) – angezeigt werden, sind folgende Einstellungen beim Windows-Explorer erforderlich:[10] [11]

Windows 7:

▶Windows-Explorer starten ▶Computer ▶(C:)

▶Extras ▶Ordneroptionen ▶(Ansicht)

▶☐ Erweiterungen bei bekannten Dateitypen ausblenden (*nicht ausblenden*)

▶Für Ordner übernehmen ▶Ja ▶OK

Windows 8:

▶Windows-Explorer starten ▶Dieser PC ▶Ansicht

▶☑ Dateinamenerweiterungen (*einblenden*)

---

10 Linux: Die Dateinamenerweiterungen werden immer angezeigt.
11 Mac OS X: ▶Finder ▶Einstellungen ▶Erweitert ▶Alle Dateinamensuffixe einblenden

3.1.5 Programmoptionen

Das Programmsystem SPSS Statistics sollte an die individuelle Arbeitsumgebung angepasst werden. Eine Vielzahl dieser permanenten, d. h. auch für folgende Sitzungen noch wirksamen Programmeinstellungen, kann in fast allen Fenstern über das Dialogfeld „►Bearbeiten ►Optionen" und durch Auswahl der entsprechenden Registerkarte geändert werden. Die in diesem Buch abgebildeten Beispiele wurden mit den auf den folgenden Seiten dargestellten Einstellungen ausgeführt. Wir empfehlen, diese Einstellungen gleich in der ersten Sitzung vorzunehmen.

3.1.5.1 Optionen: Allgemein

Variablenlisten
Mit diesen Einstellungen wird festgelegt, wie und in welcher Reihenfolge Variablen in den Dialogfeldern zur Variablenauswahl angezeigt werden sollen:
⊙ Namen anzeigen (Variablennamen, nicht Variablenbeschriftungen anzeigen)
⊙ Datei (d. h. Reihenfolge der Variablen wie im Fragebogen)

Fenster
☑ Jeweils nur ein Dataset öffnen
Diese Einstellung, die vor allem für Anfänger sinnvoll ist, bewirkt, dass immer

nur ein Dateneditor-Fenster geöffnet und damit nur ein Datensatz in Bearbeitung ist. Die aktuell geöffnete Datendatei wird geschlossen, sobald über die Menüs oder Dialogfelder eine andere Datendatei geöffnet wird.

Ausgabe
Maßeinheit: Zentimeter
Größenangaben von Ausgabeobjekten in Zentimeter

3.1.5.2 Optionen: Sprache

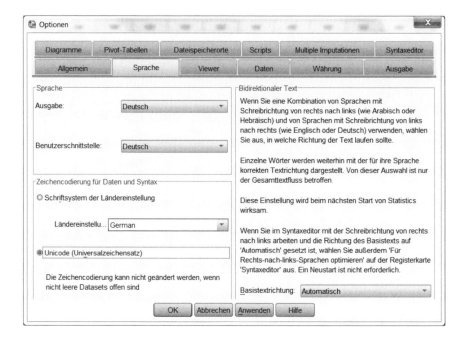

Sprache
Ausgabe: deutsch
Benutzerschnittstelle: deutsch
Falls SPSS Statistics mit mehreren Sprachen installiert wurde, kann jeweils eine andere Sprache gewählt werden.

Zeichencodierung für Daten und Syntax
Es kann das Schriftsystem eines Landes oder der Universalzeichencode „Unicode"

eingestellt werden. Ab Version 21 arbeitet SPSS Statistics standardmäßig im Unicode-Modus (UTF-8).

3.1.5.3 Optionen: Viewer

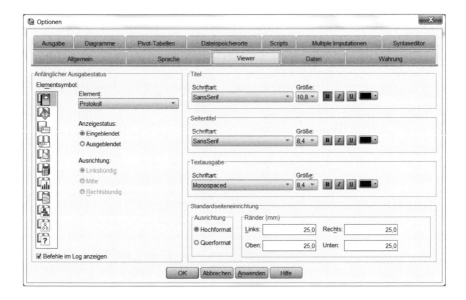

Anfänglicher Ausgabestatus
- Element: Protokoll
- Anzeigestatus: ⊙ Eingeblendet
- ☑ Befehle im Log anzeigen

Die SPSS Statistics-Befehle werden durch diese Einstellung in der Ausgabe protokolliert – ein MUSS für die erfolgreiche Fehlersuche! Standardmäßig sind bis
auf „Anmerkungen" alle Ausgabeelemente des Viewers eingeblendet. Des Weiteren können mit dieser Option Schriftarten und -größen einiger Ausgabeelemente
sowie das Ausgabeseitenformat definiert werden.

3.1.5.4 Optionen: Ausgabe

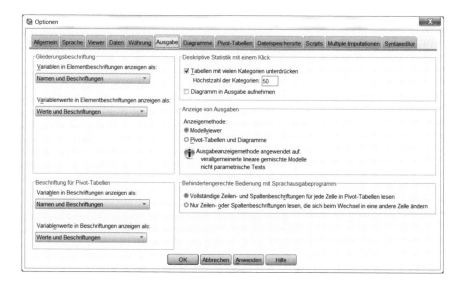

SPSS Statistics gibt bei diesen Beschriftungseinstellungen („Namen und Beschriftungen", „Werte und Beschriftungen") zusätzlich zu den Variablennamen die Variablenbeschriftungen und in Tabellen zu den Datenwerten auch deren Beschriftungen aus:

familienstand Familienstand, Befragte<r>

		Häufigkeit	Prozent	Gültige Prozent	Kumulative Prozente
Gültig	1 verheirat. zusam. leb.	1933	55,5	55,6	55,6
	2 verh. getrennt lebend	52	1,5	1,5	57,1
	3 verwitwet	248	7,1	7,1	64,2
	4 geschieden	286	8,2	8,2	72,4
	5 ledig	953	27,4	27,4	99,8
	6 lebensp. zusam. leb.	7	,2	,2	100,0
	Gesamtsumme	3479	100,0	100,0	
Fehlend	9 keine Angabe	1	,0		
Gesamtsumme		3480	100,0		

Aussagekräftige Beschriftungen erleichtern die Interpretation der Ergebnisse. In manchen Tabellen können lange Beschriftungen jedoch eher stören.

3.1.5.5 Optionen: Dateispeicherorte

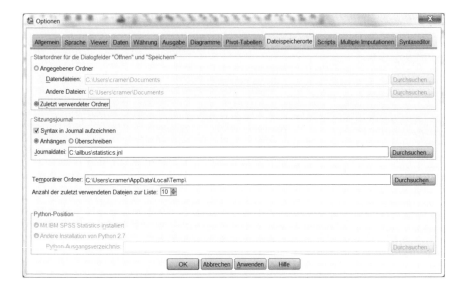

Startordner für die Dialogfelder „Öffnen" und „Speichern"
⊙ Zuletzt verwendeter Ordner (Empfehlenswert)

Sitzungs-Journal
☑ Syntax in Journal aufzeichnen
⊙ Anhängen

Mit diesen Einstellungen werden die vom Benutzer eingegebenen und aus Dialogfeldern erzeugten Befehle in der Journaldatei abgespeichert. Speicherort und Dateiname können frei gewählt werden, der Dateityp sollte .jnl sein.[12] [13] Mit „Anhängen" wird erreicht, dass die Befehle aller SPSS Statistics-Sitzungen gesammelt werden. Die Journaldatei ist eine Textdatei, aus der bei Bedarf Befehlssequenzen kopiert und wieder im Syntaxfenster verwendet werden können.

---

12 Linux, z. B.: /home/BENUTZERNAME/allbus/statistics.jnl
13 Mac OS X, z. B.: /Users/BENUTZERNAME/Desktop/allbus/statistics.jnl
   (BENUTZERNAME = Ihr Benutzername)

3.1.6 Drucken

Die SPSS Statistics-Druckfunktionen sind fensterspezifisch, d. h. auf die Fenster-inhalte abgestimmt. Sie werden über die Dateimenüs der Fenster angesprochen. Drucken kann man u. a. aus den Fenstern des Viewers und denen des Daten- und Syntaxeditors.

3.1.6.1 Viewer

Der Inhalt des Viewer-Fensters kann insgesamt oder es können einzelne Elemente (Ausgewählte Ausgaben) wie Pivot-Tabellen, Diagramme und Texte gedruckt werden:

►Datei ►Drucken

Wie bei anderen Programmen lassen sich vor dem Drucken noch die Drucker-eigenschaften verändern. Vor dem Drucken sollte man sich das Layout der zu druckenden Seiten anzeigen lassen. Die im Ausgabefenster nicht sichtbaren Seiten- und Tabellenumbrüche, die verborgenen Pivot-Tabellen-Schichten und die Kopf- und Fußzeilen werden in der Vorschau dargestellt:

►Datei ►Seitenansicht

Bei Bedarf können vor dem Drucken noch das Papierformat und die Seitenrän-der verändert sowie Kopf- und Fußzeilen mit Seitennummerierung, Datum und Uhrzeit definiert werden. **Pivot-Tabellen** sind häufig zu groß für eine Seite. Der Pivot-Tabellen-Editor bietet Möglichkeiten der Seitengestaltung für Tabellen. So können die Zeilen und Spalten festgelegt werden, an denen die Tabelle aufge-trennt

▶ *Doppelklick auf Pivot-Tabelle*

▶ Haltepunkte anzeigen   ▶ *Klick auf beliebige Zeile (=Umbruchstelle)*

▶ Format   ▶ Haltepunkte   ▶ Horizontaler Haltepunkt

bzw. nicht aufgetrennt werden darf:

▶ Format   ▶ Haltepunkte   ▶ Haltepunkte anzeigen   ▶ Haltepunkt oder Gruppe löschen

Eine Tabelle kann an die Seitengröße angepasst werden:

▶ Format   ▶ Tabelleneigenschaften

Alle mit dem Tabellen-Editor vorgenommenen Änderungen wirken sich nur auf die Druckausgabe und nicht auf das Ausgabefenster aus. Das neue Layout sollte vor dem Drucken mit „▶ Datei ▶ Seitenansicht" überprüft werden.

3.1.6.2 Dateneditor

Daten werden so gedruckt, wie sie im Dateneditor-Fenster dargestellt sind. Über „▶ Ansicht" können Gitterlinien ein- oder ausgeblendet werden, statt der Datenwerte kann man sich deren Beschriftungen anzeigen lassen. Es können alle Daten oder durch vorherige Markierung ausgewählte Daten zum Drucker geschickt werden. Für das Drucken größerer Datendateien, wie z. B. des ALLBUS-Datensatzes, empfehlen wir den SPSS Statistics-Befehl *LIST* (S. 121), mit dem sich Variablen und Fälle für die Datenauflistung auswählen und geeignete Ausgabeformate vergeben lassen.

3.1.6.3 Syntaxeditor

Syntaxdateien oder Teile davon werden über das Dateimenü des Syntaxeditors gedruckt. Nach „▶ Datei ▶ Drucken" kann man „▶ Alles" oder markierte Teile auswählen.

3.2 Eine SPSS Statistics-Beispielsitzung

In dieser Beispielsitzung gehen wir von der SPSS Statistics-Datendatei aus, die aus dem ALLBUS 2012-Datensatz erzeugt wurde (s. Anhang S. 343). Das Programmsystem SPSS Statistics wurde entsprechend den Angaben im Kapitel 3.1.5 („Programmoptionen") konfiguriert.

3.2.1 Lesen einer SPSS Statistics-Datendatei

Wir rufen SPSS Statistics auf, öffnen die SPSS Statistics-Datendatei im Dateneditor-Fenster:[14] [15]

> ►Datei ►Öffnen ►Daten
>
> ►Dateien vom Typ: SPSS Statistics (*.sav)
>
> ►Suchen in: ►C: ►allbus
>
> ►Dateiname: allbus2012.sav
>
> ►Öffnen

und wählen die **Datenansicht**:

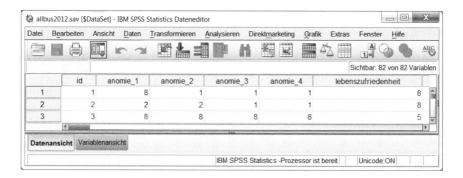

Im Datenfenster werden nun die Namen und Werte der Variablen angezeigt. Vom Gesamtdatensatz kann nur ein Ausschnitt betrachtet werden. Mit Maus und Pfeiltasten, mit Symbolen zum Rauf- und Runterschieben sowie zum Schieben nach rechts und links kann man sich durch die gesamte Datendatei bewegen. Mit der Suchfunktion (►Bearbeiten ►Suchen) kann man gezielt nach einzelnen Werten suchen, mit der Sprungfunktion (►Bearbeiten ►Gehe zu) zu einem bestimmten Fall positionieren. Gleichzeitig öffnet SPSS Statistics ein Ausgabefenster, das den für das Öffnen der Datendatei abgearbeiteten SPSS Statistics-Befehl *GET* enthält:

---

14 Linux, z. B.: ►*BENUTZERVERZEICHNIS* ►allbus
15 Mac OS X, z. B.: ►*BENUTZERVERZEICHNIS* ►Desktop ►allbus

3.2.2 Aufruf einer Statistikprozedur

Im ALLBUS-Fragebogen wurde die sog. Sonntagsfrage gestellt: „Wenn am nächsten Sonntag Bundestagswahl wäre, welche Partei würden Sie dann mit Ihrer Zweitstimme wählen?" Wir untersuchen nun die Antworten der befragten Personen durch eine Häufigkeitsauszählung und lassen uns ein Balkendiagramm ausgeben. Im Dateneditor-Menü wählen wir:

►Analysieren ►Deskriptive Statistiken ►Häufigkeiten

Im linken Fenster der Dialogbox **Häufigkeiten** wählen wir durch Anklicken die gewünschte Variable *politik_2* aus und „schieben" sie mit dem Pfeil in das rechte Fenster.

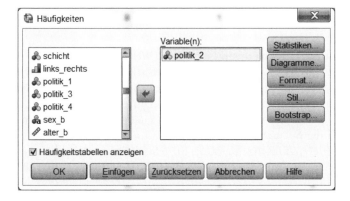

Die Symbole vor den Variablennamem stellen deren Typ und Messniveau dar:

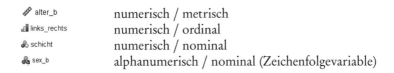

numerisch / metrisch
numerisch / ordinal
numerisch / nominal
alphanumerisch / nominal (Zeichenfolgevariable)

Über die Schaltfläche **Statistiken** werden die zu berechnenden statistischen Kennwerte festgelegt:

Da *politik_2* eine nominalskalierte Variable ist, kann sinnvollerweise nur der Modalwert (der am häufigsten auftretende Wert) berechnet werden. Mit ►Weiter wird das „angekreuzte" Lagemaß übernommen. Zurück in der Dialogbox **Häufigkeiten** wählen wir nun noch über die Schaltfläche **Diagramme** das gewünschte **Balkendiagramm** aus:

Nach ►Weiter sind wir wieder in der Dialogbox **Häufigkeiten**, in der nun mit ►OK die Berechnung angestoßen wird.

3.2.3 Die Ergebnisse im Ausgabefenster

Die durch die Menü-Eingaben erzeugten SPSS Statistics-Befehle, der angeforderte Statistikkennwert, die Häufigkeitstabelle und das Balkendiagramm werden im Ausgabefenster angezeigt.

Im linken Fensterbereich ist die Gliederung der Ausgabe angeordnet, im rechten wird der Inhalt des durch Anklicken ausgewählten Ausgabeobjekts angezeigt. Die vorangestellten Symbole ermöglichen das Ein- [+] und Ausblenden [–] der einzelnen Objekte.

Die Ausgabe enthält unterschiedliche Typen von Objekten. Die Befehle werden als Textobjekt (Protokoll) zusammengefasst, Statistik- und Häufigkeitstabelle sind Pivot-Tabellen, das Balkendiagramm ist vom Typ „SPSS Statistics-Diagramm". Nach Anklicken der Objekte mit der rechten Maustaste öffnen sich objektabhängige Untermenüs zur weiteren Bearbeitung.

Unter **Protokoll** werden alle bisher von SPSS Statistics verarbeiteten Befehle aufgeführt:

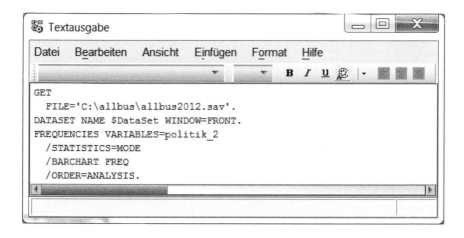

Eine Auflistung der Befehle findet sich nur dann im Ausgabefenster, wenn die von uns empfohlenen Einstellungen bei den Programmoptionen (Kapitel 3.1.5) vorgenommen wurden. Die Auflistung ist hilfreich bei der Fehlersuche, da sich eventuelle Fehlermeldungen auf den ausgeführten Befehl beziehen.

Die Befehle können auch zunächst in ein Syntaxfenster geschrieben, bei Bedarf modifiziert und erst dann zur Ausführung an SPSS Statistics übergeben werden. Diese Vorgehensweise beschreiben wir ausführlich bei der Vorstellung der einzelnen SPSS Statistics-Befehle.

Nach dem Titel **Häufigkeiten** folgen in unserem Beispiel direkt die angeforderten Statistiken, **Anmerkungen** werden nur bei Bedarf von SPSS Statistics ausgegeben.

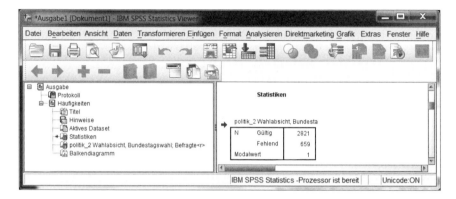

2821 Personen haben eine gültige Antwort gegeben, von 659 liegt keine Antwort vor. Die meisten der Befragten würden CDU/CSU (Modalwert=1) wählen. In der angeforderten Häufigkeitstabelle sind die gültigen und fehlenden Antworten zusammengestellt. Die Häufigkeitstabelle betrachten wir mit dem Pivot-Tabellen-Editor:

►*Klick mit rechter Maustaste auf die Häufigkeitstabelle im Ausgabefenster*

►Inhalt bearbeiten ►In separatem Fenster

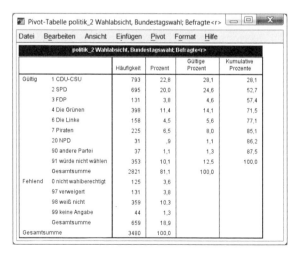

Wir sehen die absoluten und die prozentualen Häufigkeiten der im ALLBUS 2012-Datensatz vorkommenden Werte der Variablen *politik_2*. Häufigkeitstabellen werden ausführlich unter der Statistikprozedur *FREQUENCIES* (S. 142) erläutert.

Im Gliederungsfenster klicken wir das **Balkendiagramm** an, öffnen das Diagramm mit einem Doppelklick im Diagrammeditor-Fenster und sehen nun die absoluten Häufigkeiten der Variablen *politik_2* als Balken dargestellt:

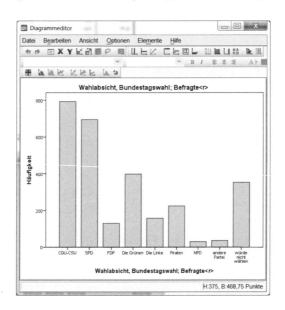

3.2.4 Die Ergebnisse drucken und weiterverarbeiten

Der Drucker wird ähnlich wie in anderen Programmen bedient. Die gesamte Ausgabe oder ausgewählte Objekte daraus werden über das Menü des Ausgabefensters gedruckt: ▶Datei ▶Drucken

Mit „▶Bearbeiten ▶Kopieren" bzw. mit „▶*Rechte Maustaste* ▶Kopieren" können die Ausgabeobjekte in die Zwischenablage gebracht und aus dieser von Textverarbeitungssystemen in das Dokument übernommen werden.

Auch über Dateien ist ein Einbinden in Dokumente möglich. Ein Klick mit der rechten Maustaste auf ein Ausgabeobjekt öffnet ein Menü, das eine Exportfunktion nach Excel-, HTML-, PDF-, PowerPoint-, Text- und Word-Dateien anbietet. Diagramme können in verschiedenen Grafikdateiformaten exportiert und mit dem Diagrammeditor als XML-Dateien abgespeichert werden.

3.3 Grundbegriffe

3.3.1 Datenmatrix

Der vorliegende ALLBUS-Fragebogen enthält für jede befragte Person dieselben und dieselbe Anzahl von Fragen. Nicht beantwortete Fragen wurden mit besonderen Werten, nämlich den fehlenden, versehen. Es ergibt sich folgende rechteckige Datenstruktur, auch Datenmatrix genannt:

```
            Antwort
            1  2  3  4  5  6  7  8  9 10 ... n
    Person
        1   x  x  x  x  x  x  x  x  x  x ... x
        2   x  x  x  x  x  x  x  x  x  x ... x
        3   x  x  x  x  x  x  x  x  x  x ... x
        .   .  .  .  .  .  .  .  .  .  .....
        n   x  x  x  x  x  x  x  x  x  x ... x
```

SPSS Statistics kann auch andere, z. B. hierarchische Datenstrukturen verarbeiten.

3.3.2 Rohdaten

Nach einer Datenerhebung – gleich welcher Art – folgt die Datencodierung, d. h. die Übertragung der Antworten und Werte in eine dem Computer verständliche Form. Die Antworten auf die Fragen des ALLBUS-Fragebogens wurden in Zahlen umgesetzt. Statt Zahlen sind für einige Antworten auch Zeichen verwendet worden, wie 'm' für männlich und 'w' für weiblich zur Codierung des Geschlechts. Zahlen und Zeichen werden als Werte, Daten oder auch Rohdaten bezeichnet. Die Gesamtheit aller Rohdaten ist der Rohdatensatz.

Die Daten wurden mit einem Texteditor in eine Datei – auch Rohdatendatei genannt – geschrieben. Je Person wurde eine Datenzeile angelegt. Die Werte sind in einem festen Format abgespeichert, d. h. sie befinden sich für jede Person in den gleichen Spalten. Ganze Zahlen müssen rechtsbündig, Dezimalzahlen mit Komma können beliebig in ihren Spalten abgelegt werden.

In der folgenden Abbildung sind die Daten der ersten befragten Person des Rohdatensatzes ALLBUS 2012 (s. Kapitel 2) – hier aus Darstellungsgründen in zwei Zeilen – abgedruckt:

ALLBUS 2012: Daten der ersten befragten Person

```
Spalte->
        1         2         3         4         5         6         7      7...
123456789012345678901234567890123456789012345678901234567890123456789012345 6 7...
------------------------------------------------------------------------------...
18111 814338400000000004121211117914 73 31 3w 4551 11 450  000010000100015...

7 8      9        10        11        12        13
890123456789012345678901234567890123456789012345678901234567890
-----------------------------------------------------------------
46,0    ,0 280095 2 800095357331 60 40w5021,210849096
```

Die Spalten 1-4 enthalten die Fragebogennummer '___1', die Spalte 48 das Geschlecht 'w' und die Spalten 49-51 das Lebensalter '_45' der befragten Person.

In den Daten sind auch Dezimalzahlen mit Dezimalkomma enthalten, und zwar für die Variable *arbeitsstunden_1* in den Spalten 78-82 '_46,0' und für die Variable *arbeitsstunden_2* in den Spalten 83-87 '___,0' sowie für die personenbezogenene Ost-West-Gewichtung in den Spalten 120-130 '1,210849096'.

Liegen die Daten noch nicht in einer Datei vor, empfiehlt sich die Eingabe mit dem SPSS Statistics-Dateneditor. Dieses ist bequemer und weniger fehleranfällig als die Erfassung mit einem Texteditor.

3.3.3 Fälle, Variablen und Werte

Die Fragen nach Einkommen und Geschlecht sind für jeden Fragebogen gleich, die Antworten natürlich von Person zu Person verschieden. Ein Fragebogen oder eine Person wird als Fall („case"), eine Frage als Variable („variable") und eine Antwort als Wert („value") bezeichnet. Eine Variable hat für jeden Fall genau einen Wert.

3.4 Datendateien

Die durch die Codierung gewonnenen Zahlen und Zeichenfolgen können mit dem SPSS Statistics-Dateneditor erfasst und als SPSS Statistics-Datendatei (s. Kapitel 3.9) gespeichert werden.

Auch mit Texteditoren, Textverarbeitungssystemen, Tabellenkalkulations- und Datenbankprogrammen erstellte Datendateien können von SPSS Statistics übernommen werden.

Ebenso kann SPSS Statistics die Datendateien anderer Statistik-Programmsysteme wie etwa R[16] und Stata[17] lesen. Näheres dazu findet man in der Programmhilfe und in den Handbüchern.

---

16 R: freie Programmiersprache inkl. Statistikprogramm.
17 Stata: Statistikprogrammsystem von StataCorp LP.

In unserem Fall wurden die mit dem ALLBUS-Fragebogen erhobenen Daten entsprechend dem zugehörigen Codierplan umgesetzt und in einer Textdatei in festem Format abgelegt.

In Abhängigkeit von der Art der Datenerfassung ergeben sich unterschiedliche Vorgehensweisen bei der SPSS Statistics-Datenbeschreibung, d. h. bei der Vergabe der **Variablennamen**, der Festlegung des **Typs** und des **Messniveaus** der Variablen sowie der Definition der **fehlenden Werte**, **Variablen-** und **Wertbeschriftungen**.

Beim Variablentyp ist darauf zu achten, dass SPSS Statistics **numerische Variablen**, die nur Zahlen als Datenwerte annehmen dürfen, und **Zeichenfolgevariablen** (auch **alphanumerische Variablen** genannt), deren Werte aus Buchstaben, Ziffern und Sonderzeichen bestehen können, unterscheidet. Die für die Datenbeschreibung erforderlichen Begriffe werden ausführlich in Kapitel 3.6 („Datenbeschreibung und Datenerfassung") beschrieben.

So wie SPSS Statistics viele verschiedene Datendateien lesen kann, ist es auch möglich, Datendateien für andere Programme zu schreiben, damit sie von diesen weiterverarbeitet werden können.

3.4.1 Erstmalige Datenerfassung

Sind die Daten noch nicht in einer Datei verfügbar, so empfiehlt sich die Datenbeschreibung mit dem SPSS Statistics-Dateneditor. Die Daten werden ebenfalls mit dem Dateneditor eingegeben und zusammen mit den Variableninformationen als SPSS Statistics-Datendatei gespeichert. Die Dateneingabe mit dem SPSS Statistics-Dateneditor ist der Erfassung mit Texteditoren und Textverarbeitungssystemen vorzuziehen, da sie bequemer und weniger fehleranfällig ist. Der Dateneditor achtet u. a. auf den richtigen Typ und das richtige Format der eingegebenen Daten.

3.4.2 Rohdatendateien lesen

Die Daten befinden sich bereits in einer Rohdatendatei. Sie wurden mit einem Texteditor oder einem Textverarbeitungssystem in eine Textdatei in festem (wie der ALLBUS-Datensatz), freiem, trennzeichensepariertem oder tabulatorgetrenntem Format eingegeben.

3.4.2.1 Rohdatendateien in festem Format

Festes Format bedeutet, dass die Werte für jeden Fragebogen in denselben Spalten einer Datenzeile untergebracht sind. Festformatierte Daten können auf zwei Arten von SPSS Statistics gelesen werden:

1. Die Datenbeschreibung wird im Syntaxeditor-Fenster mit den Befehlen *DA-TA LIST, MISSING VALUES, VARIABLE LEVEL, VARIABLE LABELS* und *VALUE LABELS* durchgeführt. Es ist auch möglich, zunächst nur die Variablennamen und den Variablentyp mit *DATA LIST* zu definieren und die fehlenden Werte, das Messniveau und die Beschriftungen nachträglich mit dem Dateneditor einzugeben.

2. Die Daten werden mit Hilfe des Textassistenten im Dateneditor-Fenster gelesen und anschließend mit dem Dateneditor beschrieben:

▶Datei ▶Textdaten lesen

▶Dateien vom Typ: Text(*.txt, *.dat, *.csv, *.tab)

Falls die Rohdatendatei Daten für sehr viele Variablen enthält, empfehlen wir die erste Methode mit vollständiger Datenbeschreibung über die SPSS Statistics-Befehle.

3.4.2.2 Rohdatendateien in freiem Format

In einer freiformatierten Datendatei sind die einzelnen Werte hintereinander, nur durch eine oder mehrere Leerstellen voneinander getrennt, in der Datei angeordnet. Die Daten eines Fragebogens müssen nicht jeweils in einer neuen Datenzeile beginnen. Die Datenbeschreibung wird wie bei festformatierten Dateien mit *DATA LIST* unter Angabe des Schlüsselwortes *FREE* durchgeführt.

3.4.2.3 Rohdatendateien mit Tabulatoren oder speziellen Trennzeichen

Auch diese sind Textdateien. Die Datenwerte liegen, ähnlich wie bei einem Tabellenkalkulationsblatt, in der Datei untereinander, die durch spezielle Trennzeichen wie z. B. Komma und Semikolon (*.csv) oder Tabulatoren (*.tab) voneinander getrennt sind. SPSS Statistics ordnet beim Einlesen dieser Rohdatendateien jeweils die Werte zwischen zwei Trennzeichen einer Variablen zu. Enthält die erste Zeile der Datei Variablennamen, so können diese mitübernommen werden. Der Variablentyp richtet sich jeweils nach dem Wert in der ersten Datenzeile. Ist dies eine Zahl, so wird es eine numerische Variable. Enthält das Feld Buchstaben oder Sonderzeichen, wird eine Zeichenfolgevariable definiert.

Die Daten werden mit Hilfe des Textassistenten im Dateneditor-Fenster gelesen und anschließend mit dem Dateneditor beschrieben:

▶Datei ▶Textdaten lesen

▶Dateien vom Typ: Text(*.txt, *.dat, *.csv, *.tab)

▶Codierung: Lokale Codierung|Unicode (UTF-8)

Die Daten wurden entweder im allgemein gültigen Unicode-Format UTF-8 oder
lokal codiert (z. B. in deutschem Zeichensatz) erfasst.

3.4.3 Datenbankdateien lesen

Das Einlesen von Datendateien, die nicht direkt in SPSS Statistics eingelesen werden können, erfolgt über die ODBC-Schnittstelle.[18] Die Erfassung der Daten erfolgte mit einem Datenbankprogramm. Daten und auch Variablennamen, sofern
sie definiert wurden, können von SPSS Statistics im Dateneditor-Fenster übernommen werden. SPSS Statistics kann Daten von allen Datenbanksystemen und
allen Programmen, für die ein ODBC-Treiber[19] verfügbar ist, übernehmen, z. B.
auch von Access und Oracle. Die ODBC-Schnittstellen der Programme sind im
Dateneditor-Fenster erreichbar über: ▶Datei ▶Datenbank öffnen

Vor der Übernahme einer Datei durch den Datenbank-Assistenten kann eine
Auswahl der von SPSS Statistics zu übernehmenden Tabellen, Felder und Daten
getroffen werden. Die ausgewählten Daten werden im Dateneditor-Fenster angezeigt, die Datenbeschreibung lässt sich ergänzen.

SPSS Statistics bietet vielfältige Möglichkeiten zur Datenübernahme aus Programmen mit ODBC-Schnittstelle, auf die hier aber nicht ausführlicher eingegangen werden kann. Für weitergehende Informationen verweisen wir auf die Befehle *GET CAPTURE*, *GET DATA* und *GET TRANSLATE* im Handbuch „IBM
SPSS Statistics 22 Command Syntax Reference".

3.4.4 SPSS Statistics-Datendateien

SPSS Statistics-Datendateien behandeln wir ausführlich im Kapitel 3.9. Hier soll
nur kurz die Menübenutzung zum Schreiben und Lesen dieser Dateien beschrieben werden. SPSS Statistics hält die Daten sowie die dazugehörigen Variablen
und deren Attribute (Name, Typ, Messniveau, fehlende Werte, Variablen- und
Wertbeschriftungen) in einer temporären Arbeitsdatei, die als permanente SPSS
Statistics-Datendatei abgespeichert und in folgenden Sitzungen wieder verwendet
werden kann.

3.4.4.1 SPSS Statistics-Datendateien schreiben

Das Dateneditor-Fenster zeigt den Inhalt der temporären SPSS Statistics-Datendatei – auch Arbeitsdatei genannt. Diese wird beim Beenden des Programmsys-

---

18 Open Database Connectivity (ODBC): genormte Schnittstelle zum Datenaustausch zwischen Programmen.
19 Programm, das die Verbindung zwischen Datenbanksystem und SPSS Statistics herstellt.

tems gelöscht. Über das Dateimenü des Dateneditors erzeugt man daraus eine permanente SPSS Statistics-Datendatei mit:

▶Datei ▶Speichern unter ▶Speichern als Typ: SPSS Statistics (*.sav)

Diese Menüfolge wird auf den SPSS Statistics-Befehl *SAVE* (s. Kapitel 3.9.1) abgebildet.

3.4.4.2 SPSS Statistics-Datendateien lesen

Eine permanente SPSS Statistics-Datendatei wird über das Dateimenü des Dateneditors zu einer temporären Arbeitsdatei mit:

▶Datei ▶Öffnen ▶Daten ▶Dateien vom Typ: SPSS Statistics (*.sav)

Diese Menüfolge wird auf den SPSS Statistics-Befehl *GET* (s. Kapitel 3.9.2) abgebildet.

3.4.5 Datendateien schreiben

Aus einer Arbeitsdatei können über das Dateneditor-Menü Rohdatendateien und Datendateien für andere Programme erzeugt werden. Rohdaten werden in festem Format in eine Textdatei geschrieben mit:[20]

▶Datei ▶Speichern unter ▶Speichern als Typ: Festes ASCII (*.dat)

Die Variablennamen und die Variableninformationen gehen dabei verloren. Freiformatierte Rohdatendateien kann SPSS Statistics nicht schreiben, wohl aber tabulator- und kommagetrennte Datendateien, in die auf Wunsch zu den Datenwerten auch die Variablennamen übernommen werden können:

▶Datei ▶Speichern unter ▶Speichern als Typ: Tabstoppgetrennt (*.dat)

▶Datei ▶Speichern unter ▶Speichern als Typ: Kommagetrennt (*.csv)

Rohdaten und Variablennamen einer Arbeitsdatei lassen sich über die Menüfolge

▶Datei ▶Speichern unter

auch unter Angabe des gewünschten Dateityps als Dateien für Tabellenkalkulations-, Datenbank- und andere Statistikprogramme schreiben.

Weitere Möglichkeiten zum Schreiben von Rohdatendateien bietet der SPSS Statistics-Befehl *WRITE*. Der SPSS Statistics-Befehl *SAVE TRANSLATE* erlaubt es, Datendateien für weitere Programme zu schreiben.

---

20 ASCII: Amerikanische Norm für Zeichencodierung (Untermenge des Zeichensatzes Unicode UTF-8).

3.5 Die SPSS Statistics-Befehlssprache

Auch wenn die Datenanalyse mit SPSS Statistics durch übersichtliche Menüs und
selbsterklärende Dialogboxen fast zum „Kinderspiel" geworden ist und sich häufig mit wenigen Mausklicks erledigen lässt, sind zumindest grundlegende Kenntnisse der SPSS Statistics-Befehlssprache für ein erfolgreiches Arbeiten mit dem
Programmsystem unbedingt erforderlich.

Alle datenanalytischen Schritte, die über die Menüs und Dialogboxen durchgeführt werden, bildet SPSS Statistics auf seine Befehlssprache ab. Die so erzeugten
Befehle können auf Wunsch in das Syntaxfenster eingefügt und nach Ausführung
im Ausgabefenster protokolliert werden. Fehlermeldungen beziehen sich auf die
ausgeführten Befehle und werden ebenfalls in die Ausgabe geschrieben.

Einige Befehle, wie z. B. die zur Datentransformation, lassen sich manuell bequemer und schneller formulieren als menüunterstützt. Außerdem sind nicht alle
Statistikverfahren und Hilfsroutinen über die Menüs aufrufbar. Aus diesen Gründen beschreiben wir hier die SPSS Statistics-Befehlssprache im Allgemeinen und
die einzelnen Befehle in den folgenden Kapiteln jeweils an Ort und Stelle.

3.5.1 SPSS Statistics-Befehlsdateien

Ein SPSS Statistics-Programm besteht aus einer Folge von Befehlen, die zur Ver-
arbeitung an SPSS Statistics übergeben werden können. Die Befehle müssen den
Regeln (Syntax) der SPSS Statistics-Befehlssprache genügen. Ein SPSS Statistics-
Programm kann Befehle („commands") zur
- Datenbeschreibung („data definition commands"),
- Datentransformation („data transformation commands"),
- Statistikauswertung („procedure commands") und
- Datendateimanipulation

enthalten. SPSS Statistics-Programme können auf zwei Arten im Syntaxeditor-
Fenster – oder auch kurz Syntaxfenster genannt – erstellt werden:
- Durch manuelle Eingabe der einzelnen Befehle und
- mit Hilfe der Menüs und Dialogboxen.

Die Befehle lassen sich auf mehrere Arten im Syntaxeditor-Fenster erstellen; durch:
- Direkte Eingabe per Tastatur,
- Einfügen von Syntaxbefehlen aus Dialogfeldern,
- Kopieren der Syntax aus dem Ausgabeprotokoll und
- Kopieren der Syntax aus der Journaldatei.

Die so erstellten Programme werden in SPSS Statistics-Befehlsdateien – oder auch
SPSS Statistics-Syntaxdateien genannt – gespeichert. Die folgenden Kapitel enthalten die Beschreibung beider Methoden.

3.5.1.1 Neues Syntaxfenster öffnen

Beim Start von SPSS Statistics öffnet sich standardmäßig kein Syntaxfenster, sondern nur ein leeres Datenfenster. Die Menüs des Datenfensters bieten folgende Möglichkeiten, ein neues Syntaxfenster zu öffnen:

- über die Menüfolge ►Datei ►Neu ►Syntax
- durch Aufruf einer Statistikprozedur über das Menü, wie z. B.
  ►Analysieren ►Deskriptive Statistiken ►Häufigkeiten ►Einfügen

3.5.1.2 Befehlsdatei speichern und öffnen

Das in einem Syntaxfenster erstellte SPSS Statistics-Programm wird als SPSS Statistics-Befehlsdatei über das Dateimenü dieses Fensters gespeichert, z. B:

> ►Datei ►Speichern unter
>
> ►Dateiname: beispiel1.sps ►Speichern als Typ: Syntax (*.sps)
>
> ►Codierung ►Lokale Codierung|Unicode(UTF-8)

Bestehende Befehlsdateien können zur erneuten Bearbeitung und Ausführung wieder in das Syntaxfenster geladen werden. Dies erfolgt über das Dateimenü des Datenfensters. Wir öffnen die im obigen Beispiel gespeicherte Datei mit:

> ►Datei ►Öffnen ►Syntax
>
> ►Dateiname: beispiel1.sps ►Dateien vom Typ: Syntax (*.sps)

SPSS Statistics-Befehle können auch außerhalb von SPSS Statistics mit einem Text-Editor in eine Datei (Typ: *.sps) geschrieben, in das Syntaxfenster geladen und ausgeführt werden.

3.5.1.3 SPSS Statistics-Befehle ausführen

Damit die Befehle zur Datenbeschreibung und Datentransformation sowie die eigentlichen Statistik- und Grafikprozeduren ausgeführt werden, müssen sie zur Verarbeitung an SPSS Statistics übergeben werden. Mit „►Ausführen" im Syntaxfenster lassen sich ganze Syntaxprogramme, eine Auswahl von Befehlen und auch einzelne Befehle ausführen.

Mit dem Befehl *INSERT* (s. S. 82) können SPSS Statistics-Befehlsdateien, z. B. häufig benötigte Befehlssequenzen, in das auszuführende Syntaxprogramm eingefügt werden.

SPSS Statistics überprüft zunächst nur die Syntax der Befehle. Die Daten werden erst beim Aufruf einer Statistikprozedur eingelesen und verarbeitet. Sollen z. B. Befehle zur Beschreibung, Transformation und Auswahl von Daten sofort auf die Arbeitsdatei bzw. die Daten wirken, muss diesen der Befehl *EXECUTE* (s. S. 82) folgen.

Die Befehle werden, sofern die von uns vorgeschlagenen Einstellungen bei den SPSS Statistics-Programmoptionen (Kapitel 3.1.5, „Viewer: Befehle im Log anzeigen") eingestellt wurden, im Ausgabefenster, das von SPSS Statistics geöffnet wird, protokolliert. Ebenso zeigt das Ausgabefenster die Ergebnisse der Statistik- und Grafikprozeduren, wo sie mit dem Viewer betrachtet, gedruckt und nachbearbeitet werden können.

3.5.2 Elemente und Syntax der Befehle

SPSS Statistics-Befehle sind in einer Sprache formuliert, die der natürlichen englischen Sprache sehr ähnlich ist. Es werden die Buchstaben a-z (klein und groß, ohne Umlaute und ß), die Ziffern 0-9, die Sonderzeichen wie z. B. + - * ( ) / . , und das Leerzeichen („blank") verwendet. Die folgenden Regeln für den Bau und die Gliederung der SPSS Statistics-Befehle (Syntax) müssen genau eingehalten werden.

Ein **Befehl** („command") beginnt mit dem **Befehlsnamen** („command name"), dem in der Regel weitere **Angaben** („specifications") folgen. Die Befehle darf man beliebig mit Groß- und Kleinbuchstaben schreiben. Die folgenden Befehle sind somit gleichwertig:

```
FREQUENCIES VARIABLES=ALTER_B, SCHULABSCHLUSS, ...
frequencies variables=alter_b, schulabschluss, ...
Frequencies Variables=Alter_B, Schulabschluss, ...
```

Folgende Regeln müssen, die Hinweise sollten bei der Befehlsformulierung beachtet werden:
- Jeder Befehl muss in einer neuen Zeile beginnen – möglichst in der ersten Spalte.
- Jeder Befehl endet mit einem Punkt.
- Jede Zeile darf höchstens 80 Zeichen lang sein.
- Fortsetzungszeilen sollten eingerückt werden.
- Achtung: Leerzeilen wirken wie ein Abschlusspunkt (=Befehlsende)!
- Achtung: Statt Tabulatoren besser Leerzeichen verwenden!

Ein Befehlsname besteht aus einem oder mehreren fest vorgegebenen Schlüsselwörtern. Mehrere Wörter eines Befehlsnamens werden durch ein oder mehrere Leerzeichen getrennt. Jeder Befehl beginnt auf einer neuen Zeile.

Beispiel

```
Spalte   1        2        3        4        5
12345678901234567890123456789012345678901234567890123
-----------------------------------------------------
FREQUENCIES
VARIABLE LABELS
NPAR TESTS
```

Angaben können sich aus den folgenden Elementen zusammensetzen:

3.5.2.1 Unterbefehle

Für Unterbefehle („subcommands") gilt:

- Sie beginnen mit einem fest vorgegebenen Befehlsnamen.
- Sie können nach einem Gleichheitszeichen (=) Angaben haben.
- Mehrere Unterbefehle werden durch einen Schrägstrich (/) getrennt.

Beispiel

```
FREQUENCIES VARIABLES=alter_b
 /STATISTICS=ALL/HISTOGRAM=NORMAL.
```

VARIABLES, STATISTICS und *HISTOGRAM* sind Unterbefehle.

3.5.2.2 Variablennamen

Zur Kennzeichnung von Variablen erhalten sie eindeutige Namen („variable na-
mes") nach den folgenden Regeln:

1. Zeichen:	Buchstabe (Groß- und Kleinbuchstaben)
Folgezeichen:	Buchstaben, Ziffern, Unterstreichungszeichen (_), Punkt (.)
letztes Zeichen:	nicht Unterstreichungszeichen oder Punkt
verboten:	das Leerzeichen („blank") und die anderen Sonderzeichen so-wie von SPSS Statistics verwendete Schlüsselwörter wie z. B. *ALL, AND, BY, EQ, TO, WITH*
Länge:	max. 64 Zeichen

Es wird nicht zwischen Groß- und Kleinbuchstaben unterschieden, die Variablennamen *alter_b*, *Alter_B* und *ALTER_B* z. B. sind für SPSS Statistics identisch.
In der Regel wie auch in diesem Buch werden Variablennamen klein geschrieben.

Beispiel

```
FREQUENCIES VARIABLES=anomie_1, schicht, links_rechts.
```

anomie_1, schicht und *links_rechts* sind gültige Variablennamen.

3.5.2.3 Werte

Werte („values") in SPSS Statistics-Befehlen beziehen sich auf Datenwerte, die die Variablen in der Datendatei annehmen, oder sie werden als Konstanten in Berechnungen verwendet. Es gibt numerische (Zahlen) und alphanumerische Werte (Zeichenfolge).

Zahlen

SPSS Statistics kennt ganze Zahlen („integer numbers") und Dezimalzahlen („decimal numbers"). Zahlen können in den Daten und in SPSS Statistics-Befehlen mit und ohne Vorzeichen (+ oder –) angegeben werden. Bei Weglassen des Vorzeichens ist die Zahl positiv. Bei Dezimalzahlen in SPSS Statistics-Befehlen ist – unabhängig von der gewählten Dateicodierung (Unicode- oder landesspezifische Codierung) – statt des Dezimalkommas immer der Dezimalpunkt zu setzen. Gültige Zahlen sind z. B.: 63 (=+63), -1, +10.5 (=+10,5), -0.75 (=-0,75)

Beispiel

```
SELECT IF (familienstand EQ 5).
```

Dieser Befehl wählt nur die Fälle aus, bei denen die Variable *familienstand* den Wert '5' (ledig) hat.

Zeichenfolgen

Variablen können anstelle von Zahlen auch Zeichenfolgen (d. h. Folgen von Buchstaben, Ziffern und Sonderzeichen) als Datenwerte haben. Zeichenfolgen müssen innerhalb von SPSS Statistics-Befehlen in Apostroph (') oder Anführungszeichen (") eingeschlossen werden. In den Datendateien werden sie nicht in besonderen Zeichen eingeschlossen. Es muss zwischen Groß- und Kleinbuchstaben unterschieden werden, Leerzeichen sind relevant. Gültige Zeichenfolgen für Zeichenfolgevariablen sind z. B.: 'm', 'W', '-', "Big Mac", "M&M", '1', '2', '4711'. Wurde bei der Dateicodierung der Unicode-Modus oder die landesspezifische Codierung für Deutschland („German") gewählt, so sind in diesen Zeichenfolgen auch Umlaute und „ß" erlaubt.

Beispiel

```
SELECT IF (sex_b EQ 'w').
```

Dieser Befehl wählt nur die Fälle aus, bei denen die Variable *sex_b* (Geschlecht)
den Wert 'w' (weiblich) hat.

3.5.2.4 Schlüsselwörter

Schlüsselwörter („keywords") werden für Befehle, Funktionen, Operatoren und
andere Angaben benötigt. Ihre Schreibweise ist fest vorgegeben.

Beispiel

```
RECODE alter_b (MISSING = 9)
               (LOWEST THRU 50 = 1)(50 THRU HIGHEST = 2).
```

RECODE, MISSING, LOWEST, THRU und *HIGHEST* sind Schlüsselwörter.

3.5.2.5 Zeichenfolgen

Zusätzlich zu den Zeichenfolgen für die Angabe von Datenwerten in SPSS Statistics-Befehlen (s. o.) werden Zeichenfolgen zur Formulierung von Überschriften
und Beschriftungen benötigt. Auch diese Zeichenfolgen müssen in Apostroph (')
oder Anführungszeichen (") eingeschlossen werden. Zwischen Groß- und Kleinbuchstaben ist zu unterscheiden, Leerzeichen werden mit übernommen. Wurde
bei der Dateicodierung der Unicode-Modus oder die landesspezifische Codierung
für Deutschland („German") gewählt, so sind in diesen Zeichenfolgen auch Umlaute und „ß" erlaubt.

Beispiel

```
VARIABLE LABELS id 'Identifikationsnummer'.
VALUE LABELS west_ost 1 'alte Bundesländer'
                      2 'neue Bundesländer'.
```

3.5.2.6 Arithmetische Operatoren

SPSS Statistics verwendet die Zeichen + (Addition), – (Subtraktion), * (Multiplikation), / (Division), ** (Exponentiation) und = (Wertzuweisung) für arithmetische Operationen („arithmetic operators").

Beispiel

```
COMPUTE anomie=(anomie_1+anomie_2+anomie_3+anomie_4)/4.
```

Die Werte der Variablen *anomie_1*, *anomie_2*, *anomie_3* und *anomie_4* werden je Person addiert, die Summe durch '4' geteilt und der neue Wert der Variablen *anomie* zugewiesen. Runde Klammern kommen zum Einsatz, um die Abarbeitung des arithmetischen Ausdrucks zu steuern.

3.5.2.7 Trennzeichen

Trennzeichen („delimiters") dienen zur Trennung von Befehlselementen, wie z. B. Werten und Schlüsselwörtern.

Gewöhnliche Trennzeichen

Normalerweise wird das Leerzeichen („blank") benutzt, um eine Angabe von der anderen zu trennen. Anstelle des Leerzeichens kann auch häufig, wie z. B. bei der Aufzählung von Variablen, das Komma – mit und ohne zusätzliche Leerzeichen – eingesetzt werden. Die beiden folgenden Zeilen sind gleichwertig:

```
fremde_1 fremde_2 fremde_3 fremde_4
=
fremde_1,fremde_2,fremde_3,fremde_4
```

Spezielle Trennzeichen

(,), /, ", ' und = haben eine besondere Trennfunktion, vor und nach ihnen können ein oder mehrere Leerzeichen eingefügt werden. Der Schrägstrich (/) dient hauptsächlich der Abtrennung von Unterbefehlen und Variablenlisten. Das Gleichheitszeichen (=) steht zwischen Unterbefehlen und deren Angaben.

Beispiel

```
FREQUENCIES VARIABLES=alter_b
  /STATISTICS=MEAN/HISTOGRAM=NORMAL.
```

3.5.3 Variablen

Zur eindeutigen Kennzeichnung von Variablen („variables") erhalten sie Namen nach den oben beschriebenen Regeln und Empfehlungen (Länge: max. 64 Zeichen; Erstes Zeichen: Buchstabe; Folgezeichen: Buchstaben, Ziffern, Unterstreichungszeichen, Punkt). Jede Variable bekommt einen eindeutigen Namen. Die

Namen sollten so gewählt werden, dass sie den Inhalt der Variablen beschreiben, wie z. B.:

Identifikationsnummer des Fragebogens: *id*

Lebensalter Befragte<r>: *alter_b*

3.5.3.1 Variablentypen

In Abhängigkeit von den Datenwerten, die eine Variable annehmen kann, unterscheiden wir zwei benutzerdefinierbare Variablentypen:

- **Numerische Variablen**
  Sie können nur Zahlen als Datenwerte haben.

- **Zeichenfolgevariablen** (auch alphanumerische Variablen genannt)
  Ihnen können beliebige Zeichen in der Datendatei zugeordnet werden.

Der Variablentyp wird bei der Variablendefinition mit dem Befehl *DATA LIST* oder über das Dateneditor-Menü festgelegt. Numerische Variablen und Zeichenfolgevariablen werden unterschiedlich von SPSS Statistics behandelt. So darf man auf numerische Variablen Rechenoperationen anwenden, während Zeichenfolgevariablen nur ausgezählt und verglichen werden können.

SPSS Statistics definiert in der Arbeitsdatei noch selbst einige Variablen, die sog. Systemvariablen, wie z. B. *$casenum* (laufende Fallnummer), *$date* (Datum) und *$time* (Uhrzeit). Systemvariablen beginnen mit dem Dollarzeichen, sie können nicht in Statistikprozeduren, sondern nur in Datentransformationen angesprochen werden.

3.5.3.2 Variablengruppen

Mehrere aufeinanderfolgende Variablen können mit dem Schlüsselwort *TO* als Variablengruppe definiert werden. So sind die beiden folgenden Variablenangaben gleichwertig:

```
anomie_1, anomie_2, anomie_3, anomie_4
=
anomie_1 TO anomie_4
```

SPSS Statistics erzeugt aus einer Variablengruppe die einzelnen Variablennamen. Der erste Teil des Variablennamens ist ein allgemein gültiger Name, der zweite Teil besteht aus einer oder mehreren Ziffern. Der erste Teil ist für beide Variablen gleich, der Zifferteil wird als Zahl entsprechend hochgezählt. Der Zifferteil der ersten Variablen muss eine kleinere Zahl als der der zweiten ergeben. Führende Nullen des Zifferteils sind relevant.

Beispiel

```
anomie_1 TO anomie_4

=

anomie_1, anomie_2, anomie_3, anomie_4

anomie_01 TO anomie_04

=

anomie_01, anomie_02, anomie_03, anomie_04
```

3.5.3.3 Variablenlisten

Eine Variablenliste besteht aus einem oder mehreren Variablennamen, wobei auch Variablengruppen (TO-Regel) verwendet werden können. Variablenlisten braucht man überall dort, wo Variablen definiert oder angesprochen werden.

Definierende Variablenlisten

Variablen können erst nach ihrer Definition verwendet werden. Dies kann auf verschiedene Weise erfolgen, z. B. mit *DATA LIST*:

```
DATA LIST ...
/id 1-4 anomie_1 TO anomie_4 5-8 lebenszufriedenheit 9-10 ...
```

In diesem Beispiel werden Namen und Reihenfolge für folgende Variablen definiert: *id, anomie_1, anomie_2, anomie_3, anomie_4, lebenszufriedenheit.*

Variablenlisten in Befehlen

Die mit *DATA LIST* definierten Variablen können nun in Statistikprozedurbefehlen und anderen Befehlen in beliebigen Kombinationen und Reihenfolgen verwendet werden:

Variablenliste	Angesprochene Variablen
`lebenszufriedenheit`	*lebenszufriedenheit*
`anomie_1 TO anomie_3`	*anomie_1, anomie_2, anomie_3*
`id TO lebenszufriedenheit`	*id, anomie_1* bis *anomie_4, lebenszufriedenheit*

Beispiel

```
FREQUENCIES VARAIABLES=anomie_1 TO lebenszufriedenheit.
```

Dieser Befehl erzeugt Häufigkeitstabellen für die Variablen *anomie_1* bis *anomie_4* und *lebenszufriedenheit*. Voraussetzung für die Verwendung von Variablengruppen nach der TO-Regel ist hier lediglich, dass die verwendeten Variablen hintereinander liegen.

Variablenlisten in Dialogfeldern

Wird eine Statistik- oder Grafikprozedur über die Menüs aufgerufen, helfen Dialogfelder bei der Zusammenstellung der Variablenlisten.

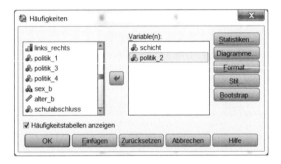

Im linken Fenster der Dialogbox werden die Variablen der Arbeitsdatei (Quellvariablenliste) angezeigt, im rechten Fenster die Variablen, die in die Datenanalyse eingehen (Zielvariablenliste). Die Variablen werden von einem zum anderen Fenster verschoben, in dem man eine oder mehrere markiert und dann den Pfeil in der Mitte anklickt oder die Variablen mit der Maus in das andere Fenster zieht. Die Symbole vor den Variablennamen stellen deren Typ und Messniveau dar:

alter_b	numerisch / metrisch
links_rechts	numerisch / ordinal
schicht	numerisch / nominal
sex_b	alphanumerisch / nominal (Zeichenfolgevariable)

Im obigen Beispiel wird eine Häufigkeitsauszählung für die Variablen *schicht* und *politik_2* vorgenommen:

►Analysieren ►Deskriptive Statistiken ►Häufigkeiten

Informationen zu einzelnen Variablen erhält man durch Anklicken mit der rechten Maustaste und Auswahl von „▶Variablenbeschreibung" im eingeblendeten Popup-Kontextmenü:

3.5.4 Grundlegende SPSS Statistics-Befehle

SPSS Statistics kennt verschiedene Arten von Befehlen, die unterschiedliche Funktionen erfüllen. Sie können in folgende Hauptgruppen unterteilt werden (*in Klammern die Befehle, die in diesem Buch behandelt werden*):

- Hilfsbefehle
  (*COMMENT, TITLE, SUBTITLE, INSERT, EXECUTE*)
- Datenbeschreibung
  (*DATA LIST, MISSING VALUES, VARIABLE LEVEL, VARIABLE LABELS, VALUE LABELS*)
- Datentransformation
  (*TEMPORARY, RECODE, COMPUTE, IF, WEIGHT, COUNT*)
- Datenauswahl
  (*SELECT IF, SAMPLE*)
- SPSS Statistics-Datendateien
  (*SAVE, GET, SYSFILE INFO, DISPLAY, LIST, SORT CASES, SPLIT FILE*)
- Statistikprozeduren
  (*CORRELATIONS, CROSSTABS, DESCRIPTIVES, EXAMINE, FACTOR, FREQUENCIES, NONPAR CORR, NPAR TESTS, ONEWAY, PARTIAL CORR, REGRESSION & LOGISTIC REGRESSION, RELIABILITY, T-TEST*)
- Grafikprozedur
  (*GGRAPH*)

Die Befehle können manuell im Syntaxfenster eingegeben oder dort mit Hilfe der Menüs zusammengestellt werden. In den folgenden Kapiteln werden beide Arten der Befehlseingabe beschrieben und an Hand von Beispielen – auf den vorliegenden Datensatz bezogen – erläutert. Bei der allgemeinen Beschreibung eines Befehls, dem Syntaxdiagramm, werden die wichtigsten Unterbefehle, Schlüsselwörter und sonstigen Angaben aufgeführt, die für den jeweiligen Befehl gültig sind. Beim Lesen eines Syntaxdiagramms ist Folgendes zu beachten:

- Schlüsselwörter sind groß geschrieben; im SPSS Statistics-Programm können sie groß oder klein geschrieben werden.
- Klein geschriebene Teile müssen durch entsprechende eigene Angaben ersetzt werden.
- *varname* steht für eine Variable, *varlist* für eine Variablenliste.
- Die speziellen Trennzeichen (,), /, ” , ' und = sind dort erforderlich, wo sie in den Syntaxdiagrammen angegeben sind.
- Geschweifte Klammern „{ }" zeigen eine Wahlmöglichkeit zwischen mehreren Elementen an.
- Elemente in eckigen Klammern „[ ]" sind optional.
- Voreinstellungen ("defaults") sind bei mehreren möglichen Angaben als erste in „[{ }]" aufgeführt.
- Mögliche Wiederholungen von vorangegangenen Teilen werden mit drei Punkten „..." dargestellt.
- SPSS Statistics-Befehle müssen mit einem Punkt abgeschlossen werden. In den Syntaxdiagrammen ist der Punkt nicht angegeben.

Eine vollständige Dokumentation der SPSS Statistics-Befehlsprache befindet sich im Handbuch „IBM SPSS Statistics 22 Command Syntax Reference", das nach der Installation von SPSS Statistics in der Programmhilfe verfügbar ist:

►Hilfe ►Befehlssyntaxreferenz (Command Syntax Reference)

Im Syntaxfenster ist darüberhinaus die „►Hilfe zur Syntax" nutzbar:

3.5.5 Reihenfolge der SPSS Statistics-Befehle

Die Befehle eines SPSS Statistics-Programms werden von SPSS Statistics in der Reihenfolge der Eingabe abgearbeitet. Einige Befehle müssen zwingend an einer bestimmten Stelle eingegeben werden, andere lassen sich beliebig positionieren. In jedem Fall gilt die Regel, dass Variablen zuerst definiert werden müssen, bevor sie von anderen Befehlen angesprochen werden können.

3.5.6 Hilfsbefehle

Die folgenden Befehle sind von allgemeiner Bedeutung für ein SPSS Statistics-Programm und werden daher vor den eigentlichen Daten- und Statistikbefehlen beschrieben.

3.5.6.1 COMMENT

Ein SPSS Statistics-Programm kann zusätzlich zu den ausführbaren Befehlen auch Kommentare enthalten. Diese dienen der Erläuterung eines Programms. Sie haben keine Auswirkung auf die Statistikauswertung, in der Ausgabe werden sie mit aufgelistet. Kommentare können an beliebiger Stelle eines Programms stehen, jedoch nicht innerhalb eines Befehls.

Befehlssyntax

```
COMMENT text
*text
```

Kommentare beginnen mit *COMMENT* oder * und müssen wie andere Befehle mit einem Punkt abschließen. Der angegebene *text* wird nicht in Apostroph oder Anführungszeichen eingeschlossen und kann auf beliebig vielen Zeilen fortgesetzt werden.

Beispiel

```
*Analyse des ALLBUS-Datensatzes.
*Lebensalter: Häufigkeitsverteilung, Histogramm, statistische Kennwerte.
FREQUENCIES VARIABLES=alter_b
 /HISTOGRAM=NORMAL
 /STATISTICS=ALL.
* Lebensalter: Z-Transformation.
DESCRIPTIVES VARIABLES=alter_b/SAVE.
```

3.5.6.2 TITLE und SUBTITLE

TITLE und *SUBTITLE* dienen der Gestaltung der Druckausgabe. Sie haben keine Auswirkung auf die Statistikauswertung und können an beliebiger Stelle eines Programms stehen.

Befehlssyntax

```
TITLE 'text'
```

Der in Apostroph oder Anführungszeichen angegebene *text* (max. 60 Zeichen) wird als 1. Seitenüberschrift auf jede Seite der Druckausgabe geschrieben.

Befehlssyntax

```
SUBTITLE 'text'
```

Der in Apostroph oder Anführungszeichen angegebene *text* (max. 60 Zeichen) erscheint als 2. Zeile der Seitenüberschrift auf jeder Seite der Druckausgabe.

Beispiel

```
TITLE 'ALLBUS-Datensatz'.
SUBTITLE 'Lebensalter: Häufigkeitsverteilung'.
FREQUENCIES VARIABLES=alter_b
 /HISTOGRAM=NORMAL
 /STATISTICS=ALL.
SUBTITLE 'Z-Transformation'.
DESCRIPTIVES VARIABLES=alter_b/SAVE.
```

3.5.6.3 INSERT

Mit *INSERT* können SPSS Statistics-Befehlsdateien, z. B. Datenbeschreibungsbefehle und häufig benötigte Befehlssequenzen, während der Ausführung in das auszuführende Syntaxprogramm eingefügt werden.

Befehlssyntax (Auswahl)

```
INSERT FILE='datei'
```

FILE='datei'   SPSS Statistics-Befehlsdatei
Vollständige Bezeichnung der Datei in Apostroph oder Anführungszeichen: Laufwerksbuchstabe[21], Verzeichnisname[22], Dateiname, Dateityp (*.sps)
• Voreinstellung: keine Datei

Beispiel: Altersgruppen

```
Linux:     INSERT FILE='$HOME/allbus/altgrup.sps'
Mac OS X:  INSERT FILE='$HOME/Desktop/allbus/altgrup.sps'
Windows:   INSERT FILE='C:\allbus\altgrup.sps'
```

Die SPSS Statistics-Befehlsdatei `altgrup.sps` enthält die Befehle zur Erstellung der Altersgruppen (s. S. 106).

3.5.6.4 EXECUTE

Wie bereits unter „SPSS Statistics-Befehle ausführen" (s. S. 70) beschrieben, überprüft SPSS Statistics zunächst nur die Syntax der Befehle. Die Daten werden erst beim Aufruf einer Statistikprozedur verarbeitet. Sollen z. B. Befehle zur Beschreibung, Transformation und Auswahl von Daten sofort auf die Arbeitsdatei bzw.

---

21 nur unter Windows.
22 Linux/Mac OS X: Die Betriebssystemvariable $HOME zeigt auf Ihr Benutzerverzeichnis.

die Daten wirken, muss diesen der Befehl *EXECUTE* folgen.

Befehlssyntax

EXECUTE

Beispiel

```
* Analyse des Datensatzes ALLBUS 2012.
* Indexberechnung: Anomie.
RECODE anomie_1 TO anomie_4 (2=0).
COMPUTE anomie = anomie_1+anomie_2+anomie_3+anomie_4.
VARIABLE LABELS anomie 'Zukunftsangst'.
VALUE LABELS anomie 0 'keine' 4 'große'.
EXECUTE.
```

Nach Ausführung dieser Befehlssequenz erscheint die neue Variable *anomie* mit ihren Werten im Datenfenster.

3.6 Datenbeschreibung und Datenerfassung

Die sorgfältige Beschreibung der Rohdatenmatrix mit den dafür in SPSS Statistics vorgesehenen Befehlen oder Menüs ist Voraussetzung für eine erfolgreiche Datenanalyse:

- Die Variablen erhalten eindeutige Namen.
- Der Variablentyp (numerisch oder Zeichenfolge) wird festgelegt.
- Fehlende Werte sind als solche gekennzeichnet.
- Das Messniveau der Variablen wird bestimmt.
- Den Variablen werden Variablenbeschriftungen zugeordnet.
- Den Variablen werden Datenwerte zugeordnet.
- Den Datenwerten werden Wertbeschriftungen zugeordnet.

SPSS Statistics speichert diese Informationen und die Rohdaten in der Arbeitsdatei („working file"), aus der eine SPSS Statistics-Datendatei erzeugt werden kann. Wie bereits in Kapitel 3.4 („Datendateien") erwähnt, gibt es mehrere Möglichkeiten der Datenbeschreibung. Hier beschränken wir uns auf die Datenbeschreibung für Rohdaten, die bereits vorliegen, so wie der ALLBUS-Datensatz, und solche, die noch erfasst werden müssen.

1. Die Daten liegen als festformatierte Rohdatendatei vor:
   a) Variablendefinition und Einlesen der Rohdaten mit *DATA LIST*
   b) die weitere Datenbeschreibung mit den Befehlen *MISSING VALUES, VARIABLE LEVEL, VARIABLE LABELS* und *VALUE LABELS*

2. Die Daten sind noch nicht erfasst:

a) Datenbeschreibung menüunterstützt mit dem Dateneditor
b) Dateneingabe mit dem Dateneditor

3.6.1 Befehle zur Datenbeschreibung

Zum besseren Verständnis der Datenbeschreibungsmöglichkeiten werden hier
die Befehle *DATA LIST, MISSING VALUES, VARIABLE LEVEL, VARIABLE
LABELS* und *VALUE LABELS* vorgestellt und anschließend auf den ALLBUS-
Datensatz angewendet. Auch für die menüunterstützte Datenbeschreibung mit
dem Dateneditor sind die im Folgenden erläuterten Grundbegriffe eine wichtige
Hilfe.

3.6.1.1 DATA LIST

DATA LIST definiert Variablen, legt ihren Typ fest und ordnet ihnen Werte in
der Rohdatendatei zu.

Befehlssyntax (Auswahl)

```
DATA LIST   [FILE='datei']   [{FIXED}]   [RECORDS=1]
                                         {n}
  /1 varname spaltenort [(format)]   [varname ...]
[/{2 } ...] [/ ...]
```

FILE='datei'	Rohdaten-Datei
	vollständige Dateibezeichnung in Apostroph oder Anführungszeichen: Laufwerksbuchstabe[23], Verzeichnisname, Dateiname, Dateityp (*.dat)
	• Voreinstellung: keine Datei
FIXED	Rohdatenformat
	Die Rohdaten sind in festem Format abgelegt, d. h. die Werte einer Variablen befinden sich für alle Fälle in den gleichen Spalten einer Datenzeile.
	• Voreinstellung: **FIXED**
RECORDS=n	Anzahl der Datenzeilen pro Fall
	• Voreinstellung: 1
/1 /2	Datenzeilennummer
	Es folgt die Definition der Variablen für die Datenzeilen.
	• Voreinstellung: 1
	(Bei einer Datenzeile pro Fall kann die Angabe '1' entfallen.)

---

[23] nur unter Windows.

varname	Variablenname
	ein Variablenname, auch TO-Variablengruppen
	• Voreinstellung: keine (Angabe erforderlich)
spaltenort	Spalten der Datenzeile
	Spalten, in denen die Werte für die Variablen abgelegt sind;
	in der Form: *anfangsspalte-endspalte,*
	bei einspaltigen Variablen in der Form: *spalte*
	• Voreinstellung: keine (Angabe erforderlich)
(format)	Variablentyp und Datenformat
	• **numerisch – ganze Zahlen:** *(0)*
	• **numerisch – Dezimalzahlen mit Dezimalpunkt:** *(0)*
	Der Zahlenwert wird wegen des gesetzten Dezimalpunkts ohne
	Formatangabe richtig erkannt.
	Damit die Dezimalstellen auch im Dateneditor-Fenster sichtbar
	sind, sollten diese mit *(n)* angegeben werden.
	• **numerisch – Dezimalzahlen ohne Dezimalpunkt:** *(n)*
	Anzahl der nachträglich von SPSS Statistics zu definierenden
	Dezimalstellen
	• **Zeichenfolge:** *(A)*
	• Voreinstellung: *(0)*

Im folgenden Beispiel[24] steht '. . .' stellvertretend für die weiteren zu definierenden Variablen.

Beispiel: Windows

```
DATA LIST FILE="C:\allbus\allbus2012.dat"
/id 1-4
  ...
 sex_b 48(A)
 alter_b 49-51
 schulabschluss 52
  ...
 gewicht 120-130(9)
.
```

SPSS Statistics kennt **numerische** und **Zeichenfolgevariablen**. Mit *(format)* wird
der Variablentyp festgelegt, numerisch *(n)* oder Zeichenfolge *(A)*. Weitere Forma-

---

24 Linux: `DATA LIST FILE="$HOME/allbus/allbus2012.dat"`
   Mac OS X: `DATA LIST FILE="$HOME/Desktop/allbus/allbus2012.dat"`
   Die Betriebssystemvariable `$HOME` zeigt auf Ihr Benutzerverzeichnis.

te wie z. B. Datums-, Währungs- und Fortran[25]-Formate beschreibt das Handbuch „IBM SPSS Statistics 22 Command Syntax Reference".

Falls der Wert jeder Variablen gleich viele Spalten belegt, können Variablen als Variablengruppe zusammengefasst werden. Auch mehrspaltige Variablen lassen sich auf diese Weise mit *TO* definieren.

Die Daten wurden mit einem Texteditor in die Datei `allbus2012.dat` – auch Rohdatendatei genannt – geschrieben. Je Person wurde eine Datenzeile angelegt. Die Werte sind in einem festen Format abgespeichert, d. h. sie befinden sich für jede Person in den gleichen Spalten. Ganze Zahlen müssen rechtsbündig, Dezimalzahlen mit Komma können beliebig in ihren Spalten abgelegt werden.

Es besteht auch die Möglichkeit, Dezimalzahlen ohne Dezimalkomma einzulesen und das Dezimalkomma von SPSS Statistics setzen zu lassen. Es muss sich dabei um Festkommazahlen handeln, die alle dieselbe Anzahl von Dezimalstellen haben, z. B. ein fünfstelliger Preis in Euro und Cent. Die Variable würde dann z. B. mit *preis 1-5 (2)* definiert und SPSS Statistics würde den Wert '72325' der Rohdatendatei in den Wert '723.25' umwandeln, d. h. zwei Dezimalstellen setzen.

3.6.1.2 MISSING VALUES

MISSING VALUES ordnet Variablen fehlende Werte zu. Sie können auch mit dem Dateneditor definiert werden.

Befehlssyntax

```
MISSING VALUES   {varlist} (werteliste) ... [/varlist ...]
                 {ALL    }
```

varlist   eine oder mehrere Variablen
werteliste   ein bis drei Werte, ein Wertebereich mit *THRU, ALL* oder kein Wert;
               ebenso die Schlüsselwörter *LO, LOWEST, HI, HIGHEST*.
               Mehrere Werte werden durch Kommata oder Leerzeichen getrennt
               angegeben.

Fehlende Werte werden nur für die Variablen definiert, für die laut Codierplan auch solche auftreten können. Fehlende Werte bleiben bei statistischen Berechnungen unberücksichtigt, bei Häufigkeitsauszählungen werden sie entsprechend gekennzeichnet.

---

25 Programmiersprache zur Lösung numerischer Aufgaben.

Beispiel

```
MISSING VALUES
 anomie_1 TO anomie_4 (8,9)
/lebenszufriedenheit (99)
/frauenbild_1 TO frauenbild_6 (0,8,9).
```

Wie im Codierplan festgelegt, werden für die Variablen die entsprechenden fehlenden Werte definiert. Eine neue Variablenliste wird jeweils mit einem Schrägstrich von der vorhergehenden getrennt. Um das SPSS Statistics-Programm übersichtlich zu gestalten, beginnt jede Variablenliste auf einer neuen Zeile. In TO-Gruppen muss die mit *DATA LIST* festgelegte Reihenfolge der Variablen eingehalten werden, ansonsten ist sie beliebig.

Schlüsselwörter für die Werteliste sind:

LO, LOWEST   für den kleinsten auftretenden Wert
HI, HIGHEST   für den größten auftretenden Wert
THRU   für einen Wertebereich

Es können **maximal drei Werte in einer Werteliste** aufgeführt werden, die Anzahl der damit definierbaren fehlenden Werte ist jedoch beliebig:

```
MISSING VALUES politik_2 (0, 97 THRU 99).
```

Für die Variable *politik_2* werden '0', '97', '98' und '99' als fehlende Werte erklärt, insgesamt also vier Werte.

Falls die fehlenden Werte für alle Variablen gleich sind, kann anstelle einer Variablenliste das Schlüsselwort *ALL* verwendet werden:

```
MISSING VALUES ALL(9).
```

Damit gilt für alle Variablen '9' als fehlender Wert.

Bei einigen Auswertungen ist es erforderlich, die fehlenden Werte aufzuheben. Dazu bleibt die Werteliste leer:

```
MISSING VALUES politik_2().
```

Bei Dezimalzahlen muss der Dezimalpunkt (nicht das Dezimalkomma) bei den fehlenden Werten verwendet werden:

```
MISSING VALUES arbeitsstunden_1 (0,999.9).
```

Für Zeichenfolgevariablen sind die fehlenden Werte in Apostroph oder Anführungszeichen einzuschließen:

```
MISSING VALUES sex_b("-").
```

Automatisch definierte fehlende Werte

Zusätzlich zu den mit *MISSING VALUES* definierten fehlenden Werten – auch benutzerdefinierte fehlende Werte genannt – gibt es noch die von SPSS Statistics automatisch definierten fehlenden Werte („system-missing values"). Variablen erhalten diesen Wert immer dann von SPSS Statistics, wenn für sie kein gültiger Wert vorhanden ist. Das ist z. B. der Fall, wenn

- in der Rohdatendatei für eine numerische Variable eine ungültige Zahl – z. B. statt der Ziffer '0' der Buchstabe 'o' geschrieben wurde,
- in der Rohdatendatei für eine numerische Variable nur Leerzeichen abgelegt sind,
- einer Ergebnisvariablen mit Befehlen wie z. B. *COMPUTE, COUNT* oder *RECODE* kein definierter Wert zugewiesen wird.

Bei der Definition einer neuen Variablen mit z. B. *COMPUTE, COUNT* und *RECODE* wird diese zunächst für alle Fälle (Personen) mit dem automatisch definierten fehlenden Wert initialisiert. Sie erhält anschließend einen gültigen Wert, falls das Ergebnis des ausgeführten Befehls definiert ist.

Die automatisch definierten fehlenden Werte können in einigen SPSS Statistics-Befehlen über das Schlüsselwort *SYSMIS* angesprochen werden. Nur numerische Variablen haben automatisch definierte fehlende Werte, Zeichenfolgevariablen nicht. Der automatisch definierte fehlende Wert wird in der SPSS Statistics-Ausgabe, z. B. in Häufigkeitstabellen, unter den fehlenden Werten als Wert **Fehlend System** aufgeführt. Im Dateneditor-Fenster erscheinen diese Werte als Punkt.

3.6.1.3 VARIABLE LEVEL

VARIABLE LEVEL (Variablenmessniveau) legt das Messniveau („level") einer Variablen fest. Es kann auch mit dem Dateneditor definiert werden.

Befehlssyntax

```
VARIABLE LEVEL varlist ({SCALE  })    [/varlist...]
                       {ORDINAL}
                       {NOMINAL}
```

varlist   eine oder mehrere Variablen
SCALE   Messniveau: metrisch (Voreinstellung)

ORDINAL Messniveau: ordinal
NOMINAL Messniveau: nominal

Die Variablen, deren Messniveau festgelegt wird, müssen vorher definiert worden sein. Das Messniveau wird u. a. von der Grafikprozedur *GGRAPH* berücksichtigt.

Beispiel

```
VARIABLE LEVEL
 id(NOMINAL)
/frauenbild_1 TO frauenbild_6(ORDINAL)
/sex_b(NOMINAL)
/alter_b(SCALE)
.
```

Die Variablen *id* und *sex_b* sind nominal, die Variablen *frauenbild_1* bis *frauenbild_6* sind ordinal und *alter_b* ist metrisch skaliert.

3.6.1.4 VARIABLE LABELS

VARIABLE LABELS (Variablenbeschriftungen) ordnet einer Variablen eine Beschriftung („label") zu. Variablenbeschriftungen lassen sich auch mit dem Dateneditor definieren.

Befehlssyntax

```
VARIABLE LABELS varname 'label'  [/varname...]
```

varname ein Variablenname
label   Beschriftung
           - beliebige Zeichenfolge in Apostroph oder Anführungszeichen
           - empfohlene Länge: max. 40 Zeichen
           - Fortsetzungszeilen müssen mit „+" beginnen.

Die Variablen, denen eine Beschriftung zugewiesen wird, müssen vorher definiert worden sein. Jeder Variablen kann nur eine Beschriftung zugewiesen werden; eine Beschriftung kann nur zu einer Variablen gehören. Die Variablenbeschriftungen werden mit in die Ausgabe geschrieben, sofern bei „Optionen: Ausgabe" (s. S. 53) die entsprechenden Beschriftungseinstellungen gewählt wurden.

Beispiel

```
VARIABLE LABELS
  id "Identifikationsnummer des Befragten"
/anomie_1 "Lageverschlechterung für einfache Leute"
/anomie_2 "Bei dieser Zukunft keine Kinder mehr"
/anomie_3 "Politiker uninteressiert an einf. Leuten"
/anomie_4 "Mehrheit uninteressiert an Mitmenschen"
/politik_2 "Wahlabsicht, Bundestagswahl; Befragte<r>"
/eink_p1 "Befr.: Nettoeinkommen, offene Abfrage"
/eink_p2 "Befr.: Nettoeinkommen, Listenabfrage"
/gemeindegroesse "Größenklasse der polit. Gemeinde"
/gewicht "Personenbezogenes Ost-West-Gewicht"
.
```

3.6.1.5 VALUE LABELS

VALUE LABELS (Wertbeschriftungen) ordnet Werten einer Variablen eine Beschriftung („label") zu. Wertbeschriftungen können auch mit dem Dateneditor definiert werden.

Befehlssyntax

```
VALUE LABELS varlist wert 'label' wert 'label' ...[/varlist...]
```

varlist	eine oder mehrere Variablen
wert	ein Wert
label	Beschriftung
	- beliebige Zeichenfolge in Apostroph oder Anführungszeichen
	- empfohlene Länge: max. 20 Zeichen
	- Fortsetzungszeilen müssen mit „+" beginnen.

Die Variablen, denen eine Beschriftung zugewiesen wird, müssen vorher definiert worden sein. Die Werte müssen nicht in den Daten vorkommen. Jedem Wert einer Variablen darf nur eine Beschriftung zugewiesen werden. Die Wertbeschriftungen werden mit in die Ausgabe geschrieben, sofern bei „Optionen: Ausgabe" (s. S. 53) die entsprechenden Beschriftungseinstellungen gewählt wurden.

Beispiel

```
VALUE LABELS
  frauenbild_1 TO frauenbild_6
   0 "tnz"
   1 "stimme voll zu"
```

```
    2 "stimme eher zu"
    3 "stimme eher nicht zu"
    4 "stimme gar nicht zu"
    8 "wn"
    9 "kA"
/kontakt_1 TO kontakt_4
    0 "tnz"
    1 "ja"
    2 "nein"
    9 "kA".
```

Nicht für alle Variablen werden Wertbeschriftungen vergeben, wie z. B. für die Identifikationsnummer und für das Alter in Jahren. Fehlende Werte dieser Art von Variablen, wie z. B. das Alter mit dem Wert '999', sollten jedoch eine Beschriftung erhalten. Beim Einkommen in Euro werden für '0' und die fehlenden Werte Beschriftungen definiert:

```
VALUE LABELS
 eink_p1
        0 "kein Einkommen"
    99997 "vw"
    99999 "kA".
```

Die Werte des gruppierten Einkommens erhalten alle eine Beschriftung:

```
VALUE LABELS
 eink_p2
        0 "kein Einkommen"
        1 "unter 200 euro"
        2 "200 - 299 euro"
        3 "300 - 399 euro"
        4 "400 - 499 euro"
      ...
       20 "4000 - 4999 euro"
       21 "5000 - 7499 euro"
       22 "7500 euro und mehr"
       95 "Angabe schon da"
       97 "vw"
       99 "kA".
```

Auch werden nicht unbedingt alle Werte einer Variablen mit Wertbeschriftungen versehen. Häufig reicht die Vergabe einer Beschriftung für den kleinsten und den größten Wert sowie die fehlenden Werte:

```
VALUE LABELS
lebenszufriedenheit
    0 "ganz und gar unzufrieden"
    10 "ganz und gar zufrieden"
    99 "kA".
```

Bei Variablen, die Dezimalzahlen als Werte haben, muss der Dezimalpunkt (nicht das Dezimalkomma) verwendet werden:

```
VALUE LABELS
arbeitsstunden_1, arbeitsstunden_2
    0 "tnz"
    999.9 "kA".
```

Die Werte von Zeichenfolgevariablen müssen in Apostroph oder Anführungszeichen eingeschlossen werden:

```
VALUE LABELS
sex_b
    "m" "männlich"
    "w" "weiblich".
```

3.6.2 Die Befehle zur Beschreibung des ALLBUS-Datensatzes

Die für die Datenbeschreibung des ALLBUS-Datensatzes erforderlichen Befehle sind in der SPSS Statistics-Syntaxdatei `allbus2012.sps` enthalten (s. Anhang S. 343). Hier stellen wir die einzelnen Befehle und ihre Wirkungsweise noch einmal detailliert vor. Dem Anfänger empfehlen wir, diese Schritte selbst nachzuvollziehen. Zunächst werden die Variablen mit *DATA LIST* definiert, anschließend die fehlenden Werte beschrieben, das Messniveau der Variablen festgelegt und die Variablen- und Wertbeschriftungen hinzugefügt.

3.6.2.1 DATA LIST

Die Rohdatendatei `allbus2012.dat` haben wir entsprechend der Anleitung im Anhang (S. 343) im Internet heruntergeladen und im Verzeichnis `allbus` abgespeichert. Wir definieren die Variablen des ALLBUS-Fragebogens an Hand des vorliegenden Codierplans mit *DATA LIST* und fügen als zweiten Befehl *FREQUENCIES* zum Auszählen der Variablen *schicht* hinzu. Dazu rufen wir SPSS Statistics auf und öffnen ein neues Syntaxfenster über das Dateneditor-Menü:

▶Datei ▶Neu ▶Syntax

In dieses Fenster schreiben wir die beiden Befehle und schließen sie jeweils mit einem Punkt ab:[26]

Den Inhalt des Syntaxfensters speichern wir im Dateiverzeichnis `allbus` in der Befehlsdatei `meinallbus.sps` ab:[27]

▶Datei ▶Speichern unter: *(Verzeichnis auswählen)*

▶Speichern als Typ: Syntax (*.sps)

▶Dateiname: `meinallbus.sps`

Unser erstes SPSS Statistics-Programm, das bis jetzt nur aus zwei Befehlen besteht, lassen wir von SPSS Statistics ausführen. Dazu klicken wir im Syntaxeditor-Fenster die Menüfolge „▶Ausführen ▶Alle" an.

Die Rohdaten und Variableninformationen werden gelesen und in der temporären Arbeitsdatei abgelegt. Im Dateneditor-Fenster erscheinen die Variablennamen und die Werte, im Ausgabefenster werden die ausgeführten Befehle aufgelistet. Dies geschieht allerdings nur dann, wenn die von uns empfohlenen Einstellungen bei den Programmoptionen (s. Kapitel 3.1.5) vorgenommen wurden. Die Auflistung ist hilfreich bei der Fehlersuche, da sich eventuelle Fehlermeldungen auf den ausgeführten Befehl beziehen. SPSS Statistics liest die Rohdaten erst dann ein, wenn sie für eine Statistikprozedur, wie hier für *FREQUENCIES*, benötigt werden.

Da wir noch keine fehlenden Werte definiert haben, sind alle Werte gültig. Tatsächlich sind laut Codierplan aber '7', '8' und '9' fehlende Werte.

---

26 Die erste Zeile des *DATA LIST*-Befehls ist im Anhang S. 345 für die Betriebssysteme Linux, Mac OS X und Windows abgedruckt.

27 Damit die heruntergeladene Befehlsdatei `allbus2012.sps` nicht überschrieben wird, wählen wir hier einen anderen Namen für die von uns erstellte Befehlsdatei.

Zum Schluss wird die erwünschte Tabelle mit der Auszählung der Variablen *schicht* zusammengestellt. Wir sehen die absoluten und die prozentualen Häufigkeiten der im ALLBUS-Datensatz vorkommenden Werte der Variablen *schicht*. Eine ausführliche Beschreibung der Tabelleninhalte findet sich unter der Prozedurbeschreibung von *FREQUENCIES*.

Pivot-Tabelle schicht

| Datei | Bearbeiten | Ansicht | Einfügen | Pivot | Format | Hilfe |

schicht

		Häufigkeit	Prozent	Gültige Prozent	Kumulative Prozente
Gültig	1	76	2,2	2,2	2,2
	2	976	28,0	28,0	30,2
	3	2047	58,8	58,8	89,1
	4	313	9,0	9,0	98,0
	5	21	,6	,6	98,6
	6	18	,5	,5	99,2
	7	13	,4	,4	99,5
	8	15	,4	,4	100,0
	9	1	,0	,0	100,0
	Gesamtsumme	3480	100,0	100,0	

Bei Bedarf kann nun die Ausgabe oder eine Auswahl davon gedruckt werden. Wir beenden SPSS Statistics und werden gefragt, ob wir den Inhalt der Fenster speichern möchten. Bis auf den Inhalt des Syntaxfensters, nämlich unser SPSS Statistics-Programm, speichern wir noch nichts ab.

3.6.2.2 Fehlende Werte, Messniveau und Beschriftungen

Den mit *DATA LIST* definierten Variablen ordnen wir fehlende Werte zu, indem wir diese mit *MISSING VALUES* definieren. Es folgen die Angaben zum Messniveau der Variablen sowie die Beschriftungen für die Variablen und deren Werte. Die gültigen und fehlenden Werte sind im Codierplan angegeben, zur Formulierung der Variablenbeschriftungen werden die Texte des Fragebogens als Vorlage genommen.

Wir rufen SPSS Statistics auf und öffnen die bisher erstellte Befehlsdatei über das Dateneditor-Menü mit:

▶Datei ▶Öffnen ▶Syntax

▶Suchen in: *(Verzeichnis auswählen)*

▶Dateien vom Typ: Syntax(*.sps)

▶Dateiname: `meinallbus.sps`

oder

▶Datei ▶Zuletzt verwendete Dateien ▶... meinallbus.sps

Nun fügen wir die Befehle *MISSING VALUES*, *VARIABLE LEVEL*, *VARIABLE LABELS* und *VALUE LABELS* ein. Im Folgenden sind alle für die Datenbeschreibung des ALLBUS-Datensatzes erforderlichen Befehle, allerdings ohne vollständige Angaben (...), aufgelistet.

meinallbus.sps

```
*ALLBUS 2012: Datenbeschreibung.
DATA LIST FILE="C:\allbus\allbus2012.dat"
/id 1-4
 anomie_1 TO anomie_4 5-8
 ...
 gewicht 120-130(9)
.
MISSING VALUES
 anomie_1 TO anomie_4 (8,9)
 ...
/interviewdauer (999)
.
VARIABLE LEVEL
 id(NOMINAL)
/anomie_1 TO anomie_4(NOMINAL)
 ...
/gewicht(NOMINAL)
.
VARIABLE LABELS
 id "Identifikationsnummer des Befragten"
/anomie_1 "Lageverschlechterung für einfache Leute"
 ...
/gewicht "Personenbezogenes Ost-West-Gewicht"
.
VALUE LABELS
 anomie_1 TO anomie_4
   1 "bin derselben Meinung"
   2 "bin anderer Meinung"
   8 "wn"
```

```
    9 "kA"
    ...
/interviewer_schulabschluss
    1 "Volks-, Hauptschulabschluss"
    2 "Mittlere Reife"
    3 "(Fach-)Hochschulreife"
    4 "(Fach-)Hochschulabschluss".
FREQUENCIES VARIABLES=schicht.
```

Mit „▶Datei ▶Speichern" speichern wir den Inhalt des Syntaxfensters erneut in der Befehlsdatei meinallbus.sps ab und lassen das Programm von SPSS Statistics ausführen.

In der Häufigkeitstabelle der Variablen *schicht* sind die fehlenden Werte '7', '8' und '9' jetzt als solche gekennzeichnet und bei den prozentualen Häufigkeiten entsprechend berücksichtigt. Ebenso sind die Variablenbeschriftung (*Subjektive Schichteinstufung, Befr.*) und die Wertbeschriftungen mit ausgegeben.

Pivot-Tabelle schicht Subjektive Schichteinstufung, Befr.

Datei   Bearbeiten   Ansicht   Einfügen   Pivot   Format   Hilfe

schicht Subjektive Schichteinstufung, Befr.

		Häufigkeit	Prozent	Gültige Prozent	Kumulative Prozente
Gültig	1 Unterschicht	76	2,2	2,2	2,2
	2 Arbeiterschicht	976	28,0	28,3	30,5
	3 Mittelschicht	2047	58,8	59,3	89,8
	4 obere Mittelschicht	313	9,0	9,1	98,9
	5 Oberschicht	21	,6	,6	99,5
	6 keiner der Schichten	18	,5	,5	100,0
	Gesamtsumme	3451	99,2	100,0	
Fehlend	7 vw	13	,4		
	8 wn	15	,4		
	9 kA	1	,0		
	Gesamtsumme	29	,8		
Gesamtsumme		3480	100,0		

Die Datenbeschreibung ist nun vollständig und wir sollten die im Dateneditor-Fenster angezeigten Daten und die dazugehörigen Informationen (Variablennamen, fehlende Werte, Messniveau, Variablen- und Wertbeschriftungen), die sich z. Zt. in der temporären Arbeitsdatei befinden, in einer permanenten SPSS Statistics-Datendatei abspeichern:

> ►Datei ►Speichern unter: *(Verzeichnis auswählen)*
>
> ►Speichern als Typ: SPSS Statistics(*.sav)
>
> ►Dateiname: `meinallbus.sav`

In den folgenden Sitzungen brauchen wir dann nur noch die SPSS Statistics-Datendatei zu öffnen und können mit der eigentlichen Datenanalyse beginnen:

> ►Datei ►Öffnen ►Daten
>
> ►Suchen in: *(Verzeichnis auswählen)*
>
> ►Dateien vom Typ: SPSS Statistics(*.sav)
>
> ►Dateiname: `meinallbus.sav`

oder

> ►Datei ►Zuletzt verwendete Daten ►... meinallbus.sav

3.6.3 Datenbeschreibung mit dem Dateneditor

Der Dateneditor ermöglicht die menüunterstützte Datenbeschreibung, also die Vergabe der Variablennamen, die Festlegung des Typs und des Messniveaus der Variablen, die Erklärung der fehlenden Werte und die Beschriftung der Variablen und Werte. Nach der Variablendefinition werden die Daten eingegeben, wobei der Dateneditor auf das richtige Datenformat achtet. Die Arbeitsweise ähnelt der mit Tabellenkalkulations-Programmen.

Für bestehende Rohdatendateien, wie für den ALLBUS-Datensatz, kann die Datenbeschreibung nicht mit dem Dateneditor durchgeführt werden. Zumindest müssen in diesem Fall mit *DATA LIST* die Namen und der Typ der Variablen definiert und die Rohdaten eingelesen werden. Die Informationen über die fehlenden Werte, das Messniveau und die Beschriftungen könnten anschließend mit dem Dateneditor hinzugefügt werden.

Um die Datenbeschreibung per Dateneditor an Hand eines konkreten Beispiels vorführen zu können, gehen wir davon aus, dass die Daten zum ALLBUS-Fragebogen noch nicht erfasst wurden. Grundlage für die Datenbeschreibung des ALLBUS-Fragebogens ist der vorliegende Codierplan. Der Reihe nach müssen nun alle Variablen des Fragebogens definiert werden.

Am Beispiel der numerischen Variablen *lebenszufriedenheit* führen wir die Datenbeschreibung mit dem Dateneditor in SPSS Statistics vor. Wie man bequem eine Variablengruppe, die im *DATA LIST*-Befehl mit *TO* definiert wird, mit dem Dateneditor erstellt, zeigen wir am Beispiel der Variablen *anomie_1* bis *anomie_4*.

3.6.3.1 Datenbeschreibung

Der Dateneditor bietet zwei Ansichten:
1. die **Datenansicht** zum Eingeben, Anzeigen und Ändern der Daten;
2. die **Variablenansicht** zum Definieren, Anzeigen und Ändern der Variablen.

Wir rufen SPSS Statistics auf und beginnen im leeren Dateneditor-Fenster mit der Variablendefinition. Dazu wählen wir die Variablenansicht. Die Variablen werden zeilenweise definiert. Nach dem Namen in der ersten Spalte folgen die Attribute der jeweiligen Variablen. Nach Eingabe des von uns vorgesehenen Variablennamens *lebenszufriedenheit* setzt SPSS Statistics Standardwerte für deren Attribute:

Für die numerische Variable *lebenszufriedenheit* („Allgemeine Lebenszufriedenheit") finden wir im Codierplan folgende Angaben:
- Spalte (=Spaltenformat): 9-10
- Variablenausprägungen (=Werte): ganz und gar unzufrieden=0, ganz und gar zufrieden=10, kA=99
- Fehlender Wert (=Fehlend): 99

Durch Anklicken der Punkte (Numerisch...) bietet sich die Möglichkeit, andere Variablentypen zu definieren. So ist z. B. für die Zeichenfolgevariable *sex_b* der Typ **Zeichenfolge** zu wählen.

Da die Variable *lebenszufriedenheit* laut Codierplan nur ganze, zweistellige Zahlen annimmt, belassen wir den Variablentyp **Numerisch**. Die Anzahl der anzuzeigenden Ziffern (Spaltenformat) und Dezimalstellen wird, beginnend mit den Dezimalstellen, angepasst:

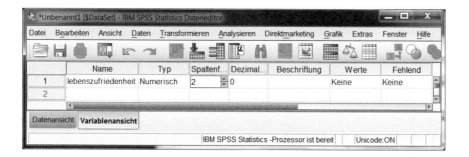

Der Variablentyp **Numerisch** erlaubt die Eingabe beliebiger ganzer Zahlen und Dezimalzahlen mit Komma. Das Komma muss bei Dezimalzahlen immer mit angegeben werden. So ist z. B. der Wert der Variablen *gewicht* für die erste Person in den Spalten 120-130 '1,210849096'.

Die Angaben zu **Spaltenformat** und **Dezimalstellen** wirken sich nur auf die Darstellung im Dateneditor-Fenster aus. Unabhängig von der angezeigten Zahl arbeitet SPSS Statistics immer mit dem exakten Zahlenwert.

Damit die Dateneingabe weniger fehleranfällig ist, empfehlen wir, die Formate an das tatsächliche Zahlenformat anzupassen.

Nach der Variablenbeschriftung (**Beschriftung**) werden die Wertbeschriftungen (**Werte**) eingegeben. Über die Punkte (Keine …) gelangen wir zum Wertbeschriftungseingabefenster. Jeder Wert und jede Beschriftung wird einzeln über die Eingabemaske mit **Hinzufügen** übernommen. Apostroph oder Anführungszeichen entfallen bei der Eingabe, SPSS Statistics setzt die Beschriftungen in Anführungszeichen:

Im nächsten Schritt wird der Variablen *lebenszufriedenheit* unter **Fehlend** der fehlende Wert zugeordnet. Wie bei dem Befehl *MISSING VALUES* können bis zu drei einzelne Werte, ein Wertebereich (*THRU*) oder ein Wertebereich mit einem Einzelwert angegeben werden. Dezimalzahlen müssen anders als beim Befehl ein Komma statt eines Punktes enthalten:

In **Spalten** legen wir die Spaltenbreite der Variablen *lebenszufriedenheit* für das Dateneditor-Fenster fest. Die Spaltenbreite ist unabhängig vom oben definierten **Spaltenformat** und kann auch nachträglich durch Ziehen des Spaltenrahmens verändert werden. Wir übernehmen die vorgeschlagene Spaltenanzahl '8'. Da Zahlen immer rechtsbündig abgelegt werden, belassen wir die **Ausrichtung** mit **Rechts**. Das Messniveau (**Maß**) wird auf **Ordinal** gesetzt:

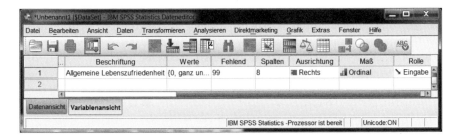

Für **Rolle** übernehmen wir **Eingabe** (*s.* Befehl **VARIABLE ROLE** in der Programmhilfe). Die Variable *lebenszufriedenheit* ist somit vollständig beschrieben. Die Beschreibung einer Variablen kann jederzeit geändert bzw. ergänzt werden.

SPSS Statistics bietet Hilfen für die wiederholte Definition gleicher oder ähnlicher Variablen.

Variablengruppen

Mit den Funktionen **Kopieren** und **Einfügen** des Dateneditor-Menüs **Bearbeiten** oder des Kontextmenüs der rechten Maustaste lassen sich Variablendefinitionen bequem in der Variablenansicht vervielfältigen. So kann z. B. die Variablengruppe

anomie_1 bis *anomie_4*, die wir im *DATA LIST*-Befehl mit *TO* definiert haben,
wie folgt mit dem Dateneditor angelegt werden:
1. Variable *anomie_1* definieren
2. Variable kopieren:
   a. Zeilennummernfeld von *anomie_1* mit rechter Maustaste anklicken
   b. ►Kopieren
3. Variablen einfügen:
   a. 3 leere Variablenzeilen für *anomie_2* bis *anomie_4* markieren
      (durch Anklicken und Ziehen mit der rechten Maustaste im Zeilen-
      nummernfeld)
   b. ►Einfügen
   c. Variablennamen und Variablenbeschriftungen individuell vergeben

SPSS Statistics-Datendatei

Wenn alle Variablen definiert sind, speichern wir den Inhalt des Dateneditor-
Fensters – d. h. die Arbeitsdatei – als SPSS Statistics-Datendatei ab:

►Datei ►Speichern unter: *(Verzeichnis auswählen)*

►Speichern als Typ: SPSS Statistics(*.sav)

►Dateiname: `meinallbus.sav`

3.6.3.2 Dateneingabe

Wir öffnen die SPSS Statistics-Datendatei, die bisher nur die Variablenbeschreibung enthält, und beginnen mit der Dateneingabe:

►Datei ►Öffnen ►Daten

►Suchen in: *(Verzeichnis auswählen)*

►Dateien vom Typ: SPSS Statistics(*.sav)

►Dateiname: `meinallbus.sav`

oder

►Datei ►Zuletzt verwendete Daten ►... meinallbus.sav

Wir wählen die **Datenansicht**. Die Dateneingabe ist ähnlich der von Tabellenkalkulations-Programmen. Die Daten können in beliebiger Reihenfolge eingegeben

werden. Für den ALLBUS-Fragebogen würden wir die fallweise Dateneingabe in der Reihenfolge der Fragebogennummern empfehlen.

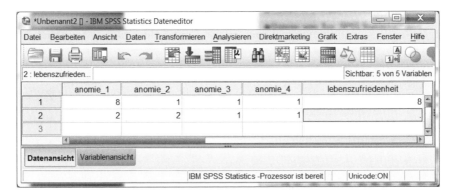

Die Werte werden nicht direkt in die einzelnen Felder, sondern erst in die Dateneingabezeile oberhalb der Variablennamen geschrieben:

1. Gewünschtes Datenfeld anklicken:
   Fallnummer und Variablenname des Datenfeldes werden angezeigt.
2. Wert eingeben und mit der Tabulatortaste in das Datenfeld einfügen.

Durch das Drücken der Tabulatortaste wird der Wert in das Datenfeld eingefügt und das nächste Feld der Zeile für die Eingabe markiert. Auch durch Drücken der Eingabetaste würde der Wert eingefügt, die Eingabemaske jedoch nach unten bewegt. Bei der Dateneingabe achtet SPSS Statistics auf das richtige Eingabeformat:

- Für numerische Variablen können nur Ziffern eingegeben werden. Die Zahlen werden, wie vereinbart, rechtsbündig abgelegt.
- Für Zeichenfolgevariablen sind nicht mehr Zeichen erlaubt als vereinbart.

Nach Eingabe aller Daten erstellen wir wieder eine SPSS Statistics-Datendatei. Der Dateneditor bietet viele Funktionen zur Bearbeitung von Werten und zur Manipulation der Datendatei wie z. B. das Einfügen von Variablen und Fällen und das Sortieren der Fälle in Abhängigkeit von Variablen. Die hier verfügbaren Möglichkeiten der Datentransformation und -selektion werden in den folgenden Kapiteln beschrieben.

Erwähnenswert für den Dateneditor sind hier noch die Funktionen zur Positionierung auf bestimmte Fälle

▶Daten ▶Gehe zu Fall

und zur Suche von Daten

▶Bearbeiten ▶Suchen

3.7 Datentransformation

SPSS Statistics bietet Möglichkeiten, die Datenmatrix nachträglich zu ändern. So können Werte von bekannten Variablen umcodiert und neu berechnet, aber auch neue Variablen definiert und ihnen Werte zugewiesen werden. Auch die Gewichtung von Fällen ist möglich.

Datentransformationsbefehle werden erst mit der nächstfolgenden Statistikprozedur ausgeführt. Sollen die Transformationen ohne Statistikprozedur vorgenommen werden, muss ihnen der Befehl *EXECUTE* folgen.

Die Befehle zur Datentransformation können manuell oder über das Dateneditor-Menü „▶Transformieren" erstellt werden.

Es gibt permanente und temporäre Datentransformationen. Temporäre Transformationen bleiben nur bis zum nächsten Statistikprozedurbefehl erhalten, danach sind die ursprünglichen Variablen und Werte wieder in der Arbeitsdatei vorhanden.

Je nach Änderung der Werte und in Abhängigkeit von der Aufgabenstellung sind auch die Variablen- und Wertbeschriftungen neu zu definieren. Werden fehlende Werte geändert, so verlieren sie die Eigenschaft „fehlend" und müssen ebenfalls neu definiert werden. Alle Änderungen werden von SPSS Statistics in der Arbeitsdatei durchgeführt, die bei Bedarf als neue SPSS Statistics-Datendatei gespeichert werden kann.

Temporäre Datentransformationen

Temporären Transformationen geht der Befehl *TEMPORARY* voran.

Befehlssyntax

```
TEMPORARY
```

Beispiel

```
TEMPORARY.
RECODE berufstaetigkeit (1 THRU 3=1).
FREQUENCIES VARIABLES=berufstaetigkeit.
FREQUENCIES VARIABLES=berufstaetigkeit.
```

Der erste *FREQUENCIES*-Befehl erstellt eine Häufigkeitstabelle von der geänderten, der zweite von der ursprünglichen Variablen *berufstaetigkeit*.

3.7.1 RECODE

RECODE ändert die Werte bekannter Variablen. Der *TEMPORARY*-Befehl kann vorangehen.

Befehlssyntax (Auswahl)

```
RECODE varlist (werteliste=wert)...(werteliste=wert)
  [INTO varlist]
```

varlist	eine oder mehrere bekannte Variablen
werteliste	ein oder mehrere bekannte Werte und Schlüsselwörter
wert	ein neuer Wert
INTO varlist	eine oder mehrere neue Variablen

Die Werte (*werteliste*) der angegebenen Variablen werden in den neuen Wert (*wert*) geändert. Die Werte von Zeichenfolgevariablen müssen in Apostroph oder Anführungszeichen geklammert werden.

SPSS Statistics führt die Änderungen fallweise für den gesamten Datensatz durch. Die Wertelisten arbeitet es je Fall von links nach rechts ab. Die Änderungen werden in der Arbeitsdatei gespeichert und stehen für darauffolgende statistische Auswertungen zur Verfügung. Je nach Änderung der Werte und in Abhängigkeit von der Aufgabenstellung sind auch die Variablen- und Wertbeschriftungen neu zu definieren. Werden fehlende Werte geändert, so verlieren sie diese Eigenschaft und sind bei Bedarf ebenfalls neu zu definieren.

Mit *INTO* können auch neue Variablen definiert und der Variablentyp geändert werden. So lässt sich z. B. eine Zeichenfolgevariable in eine numerische Variable umwandeln. Die wichtigsten Schlüsselwörter für *RECODE*-Wertangaben sind:

LO, LOWEST	für den niedrigsten Wert
HI, HIGHEST	für den höchsten Wert
THRU	für einen Wertebereich
MISSING	für die benutzerdefinierten fehlenden Werte
SYSMIS	für die automatisch definierten fehlenden Werte
ELSE	für alle nicht angegebenen Werte

Für numerische Variablen sind alle Schlüsselwörter verwendbar, für Zeichenfolgevariablen nur *MISSING* und *ELSE*.

Beispiel

```
RECODE schicht (1, 2=1) (3=2) (4, 5=3).
VALUE LABELS schicht
  1 "Unterschicht"
  2 "Mittelschicht"
  3 "Oberschicht"
  6 "keiner der Schichten"
  7 "Einstufung abgelehnt"
  8 "wn"
  9 "kA".
EXECUTE.
```

Die Werte der Variablen *schicht* werden für alle Personen wie folgt geändert:

```
1 > 1      2 > 1
3 > 2
4 > 3      5 > 3
6 = 6      7 = 7      8 = 8      9 = 9
```

Da sich die Bedeutung der Werte geändert hat, sind neue Wertbeschriftungen erforderlich, der Wert '6' und die fehlenden Werte ('7', '8', '9') bleiben unverändert.

```
RECODE schicht (1 THRU 5=1) (6=2) (ELSE=9).
MISSING VALUES schicht (9).
VALUE LABELS schicht
  1 "Schicht"
  2 "keine Schicht"
  9 "kA".
EXECUTE.
```

Die Variable *schicht* hat nach diesem *RECODE*-Befehl nur noch die Werte '1', '2' und '9'. Die Eigenschaft „fehlend" wird nicht auf den Wert '9' übertragen. Er muss daher als fehlender Wert neu definiert werden. Wertbeschriftungen wurden ebenfalls neu vergeben.

Eine Recodierung kann auch über das Dateneditor-Menü mit „▶Transformieren ▶Umcodieren in ..." vorgenommen werden. Da diese Arbeitsweise aber wegen der dafür erforderlichen vielen Klicks sehr umständlich und zeitaufwendig ist, verzichten wir auf die Vorführung eines Beispiels.

Häufig ergibt es sich, dass eine kontinuierliche Variable mit ihren vielen Ausprägungen für eine bestimmte Aufgabenstellung nicht brauchbar ist und ihre Werte daher in Gruppen zusammengefasst werden müssen.

Beispiel

```
RECODE alter_b (MISSING=9)
               (LO THRU 20=1) (20 THRU 30=2) (30 THRU 40=3)
               (40 THRU 50=4) (50 THRU 60=5) (60 THRU HI=6)
        INTO altgrup.
MISSING VALUES altgrup (9).
VARIABLE LABELS altgrup 'Alter in Gruppen'.
VALUE LABELS altgrup
             1 'bis 20 Jahre'    2 '21 bis 30 Jahre'
             3 '31 bis 40 Jahre' 4 '41 bis 50 Jahre'
             5 '51 bis 60 Jahre' 6 'älter 60 Jahre'
             9 'kA'.
FREQUENCIES VARIABLES=alter_b altgrup.
```

Für die Variable *alter_b* werden Gruppen gebildet und die neuen Werte der Variablen *altgrup* zugewiesen. Die Variable *altgrup* wird neu definiert und an die bereits bekannten Variablen angehängt. Der fehlende Wert '999' wird zu dem neuen fehlenden Wert '9'. Für *altgrup* werden der fehlende Wert sowie die Variablen- und Wertbeschriftungen definiert, mit *FREQUENCIES* zählt man anschließend beide Variablen aus.

Einige Aufgabenstellungen erfordern ein Umordnen der Werte:

```
RECODE anomie_1 TO anomie_4 (2=0).
COMPUTE anomie = anomie_1+anomie_2+anomie_3+anomie_4.
VARIABLE LABELS anomie 'Zukunftsangst'.
VALUE LABELS anomie 0 'keine' 4 'große'.
EXECUTE.
```

Der Wert '2' der Variablen *anomie_1* bis *anomie_4* wird zu '0' umgepolt, d. h. je höher der Summenwert[28] für *anomie* ist, desto größer ist die Zukunftsangst.

Zeichenfolgevariablen können mit *INTO* in numerische Variablen umgewandelt werden:

```
RECODE sex_b ('m'=1) ('w'=2) INTO sex_bn.
VARIABLE LABELS sex_bn 'Geschlecht numerisch'.
VALUE LABELS sex_bn 1 'männlich' 2 'weiblich'.
EXECUTE.
```

---

28 s. *COMPUTE* im folgenden Kapitel.

3.7.2 COMPUTE

COMPUTE berechnet Variablen. Der *TEMPORARY*-Befehl kann vorangehen.

Befehlssyntax

```
COMPUTE zielvariable = ausdruck
```

zielvariable   eine bekannte oder neue Variable
ausdruck   ein arithmetischer Ausdruck

COMPUTE weist der Zielvariablen den Wert des arithmetischen Ausdrucks zu. Ist die Zielvariable bekannt, so werden ihre Werte entsprechend geändert. Ist sie unbekannt, so definiert SPSS Statistics sie zunächst und weist ihr dann die Werte des arithmetischen Ausdrucks zu. Eine neue Variable wird in der Arbeitsdatei hinten an den bekannten Variablensatz angefügt und für alle Fälle der Arbeitsdatei mit dem automatisch definierten fehlenden Wert (*SYSMIS*) initialisiert.

Ein arithmetischer Ausdruck kann bekannte Variablen, Konstanten, arithmetische Operatoren, Funktionen und runde Klammern enthalten. Für die Zielvariablen können Variablen- und Wertbeschriftungen definiert werden.

Beispiel

```
RECODE anomie_1 TO anomie_4 (2=0).
COMPUTE anomie = (anomie_1+anomie_2+anomie_3+anomie_4)/4.
VARIABLE LABELS anomie 'Zukunftsangst'.
VALUE LABELS anomie 0 'keine' 1 'große'.
EXECUTE.
```

Die Werte der Variablen *anomie_1* bis *anomie_4* werden recodiert und dann addiert. Damit das Ergebnis im Wertebereich '0' - '1' liegt, wird die Summe durch die Anzahl der addierten Variablen ('4') geteilt. Für die richtige Abarbeitung des arithmetischen Ausdrucks sorgen runde Klammern. Der errechnete Wert wird der neuen Variablen *anomie* zugewicsen, für die anschließend eine Variablenbeschriftung und Wertbeschriftungen zu vergeben sind.

SPSS Statistics berechnet der Reihe nach, beginnend mit dem ersten Fragebogen, die Variable *anomie* für jeden Fragebogen (jeden Fall). Die neue Variable wird mit den berechneten Werten an die bestehende Datenmatrix, die in der Arbeitsdatei abgespeichert ist, angehängt und ist für nachfolgende Auswertungen innerhalb derselben SPSS Statistics-Sitzung verfügbar. Soll auf die Variable *anomie* in nachfolgenden Analysen zugegriffen werden können, muss eine neue SPSS Statistics-Datendatei erzeugt werden.

Das Ergebnis eines arithmetischen Ausdrucks wird auf den automatisch definierten fehlenden Wert (*SYSMIS*) gesetzt, falls

- eine der Variablen des arithmetischen Ausdrucks einen fehlenden Wert hat;
- eine arithmetische Operation einen nicht definierten Wert liefert, wie z. B. die Division durch Null;
- eine Funktion einen nicht definierten Wert liefert, wie z. B. die Quadratwurzel aus einer negativen Zahl.

Die Variable *anomie* erhält bei all den befragten Personen den automatisch definierten fehlenden Wert (*SYSMIS*), bei denen eine oder mehrere der Variablen *anomie_1* bis *anomie_4* einen fehlenden Wert ('8' oder '9') haben. Die Befehlssequenz des obigen Beispiels kann auch über das Dateneditor-Menü mit „▶Transformieren ▶Variable berechnen" erstellt werden, was aber sehr umständlich ist.

In arithmetischen Ausdrücken können die **arithmetischen Operatoren** + (Addition), - (Subtraktion), ⋆ (Multiplikation), / (Division) und ⋆⋆ (Exponentiation) verwendet werden.

SPSS Statistics kennt eine Vielzahl von Funktionen. Hier erwähnen wir nur die arithmetischen und statistischen Funktionen. Die wichtigsten **arithmetischen Funktionen** sind:

`ABS(arg)`	absoluter Wert
`EXP(arg)`	potenzieren zur Basis e (e^{arg})
`LG10(arg)`	dekadischer Logarithmus
`LN(arg)`	natürlicher Logarithmus
`MOD(arg1,arg2)`	Rest von *arg1* geteilt durch *arg2*
`RND(arg)`	kaufmännisch gerundeter Wert
`SQRT(arg)`	Quadratwurzel
`TRUNC(arg)`	anzzahliger Teil des Wertes

Bei der Schreibweise ist zu beachten, dass die Angaben zu den Funktionen – Argumente genannt – in Klammern übergeben und durch Kommata voneinander getrennt werden:

```
RECODE anomie_1 TO anomie_4 (2=0).
COMPUTE anomie = RND((anomie_1+anomie_2+anomie_3+anomie_4)/4).
VARIABLE LABELS anomie 'Zukunftsangst'.
VALUE LABELS anomie 0 'keine' 1 'große'.
EXECUTE.
```

Die Werte der Variablen *anomie* werden zusätzlich mit der RND-Funktion zu ganzen Zahlen gerundet, so dass diese nur noch die Werte '0', '1' und 'SYSMIS' annimmt.

Nützlich für viele Aufgabenstellungen sind die **statistischen Funktionen**:

`SUM[.n](arglist)`	Summe mehrerer Variablen eines Falles
`MEAN[.n](arglist)`	arithm. Mittel mehrerer Variablen eines Falles
`SD[.n](arglist)`	Standardabweich. mehrerer Variablen eines Falles
`VARIANCE[.n](arglist)`	Varianz mehrerer Variablen eines Falles

Die statistischen Funktionen können beliebig viele Argumente haben. Sind die Argumente Variablen, so können auch *TO*-Variablengruppen angegeben werden. *.n* gibt die Mindestanzahl der Argumente an, die pro Fall einen gültigen Wert haben müssen, damit die Funktion einen gültigen Wert liefert:

```
RECODE anomie_1 TO anomie_4 (2=0).
COMPUTE anomie = SUM.4((anomie_1 TO anomie_4)/4).
VARIABLE LABELS anomie 'Zukunftsangst'.
VALUE LABELS anomie 0 'keine' 1 'große'.
EXECUTE.
```

Es wird die Summenfunktion anstelle der arithmetischen Addition (+) verwendet. Der Variablen *anomie* wird auch hier nur dann ein gültiger Wert zugewiesen, falls alle vier Variablen *anomie_1* bis *anomie_4* eines Fragebogens einen gültigen Wert haben (*SUM.4*). Statt der Summenfunktion lässt sich im obigen Beispiel auch die Mittelwertfunktion verwenden, so dass die Division durch '4' entfallen kann:

```
RECODE anomie_1 TO anomie_4 (2=0).
COMPUTE anomie = MEAN.4(anomie_1 TO anomie_4).
VARIABLE LABELS anomie 'Zukunftsangst'.
VALUE LABELS anomie 0 'keine' 1 'große'.
EXECUTE.
```

Zusätzlich zu den oben aufgeführten gibt es noch weitere statistische Funktionen, trigonometrische Funktionen (z. B. Sinus), Funktionen für fehlende Werte, fallübergreifende Funktionen, Zeichenfolgefunktionen sowie Datums- und Zeitfunktionen. Mit letzteren kann z. B. aus zwei Datumsangaben die Differenz in Tagen berechnet werden.

Die **Abarbeitungsreihenfolge** der Elemente in arithmetischen Ausdrücken ist: Klammern, Funktionen, **, * / und als Letzte + -. Operatoren gleicher Priorität werden von links nach rechts abgearbeitet.

3.7.3 IF

IF berechnet Variablen in Abhängigkeit von einer Bedingung. Der *TEMPORA-RY*-Befehl kann vorangehen.

Befehlssyntax

```
IF (logischer ausdruck) zielvariable=ausdruck
```

logischer ausdruck   eine Bedingung
zielvariable   eine bekannte oder neue Variable
ausdruck   ein arithmetischer Ausdruck

IF weist, wie *COMPUTE*, der Zielvariablen den Wert des arithmetischen Ausdrucks zu. Die Zuweisung erfolgt jedoch nur dann, wenn die mit einem logischen Ausdruck formulierte Bedingung erfüllt ist.

Ein logischer Ausdruck besteht meistens aus bekannten Variablen sowie relationalen und logischen Operatoren. Er kann zusätzlich – wie ein arithmetischer Ausdruck – Konstanten, Funktionen, arithmetische Operatoren und runde Klammern enthalten. Sein Ergebnis ist wahr („true") oder falsch („false"), d. h. die Bedingung ist erfüllt oder nicht erfüllt. Für die Wertzuweisung an die Zielvariable gilt daher:

Zielvariable	Ist die Bedingung erfüllt?	
	ja	nein
Bekannte Variable =	neuer Wert	alter Wert
Neue Variable =	Wert	*SYSMIS*

Für die Berechnung des arithmetischen Ausdrucks und die Zuweisung des automatisch definierten fehlenden Wertes (*SYSMIS*) gelten dieselben Regeln wie für *COMPUTE*. In Abhängigkeit vom Inhalt der Zielvariablen können Variablen- und Wertbeschriftungen folgen.

Beispiel

```
IF (familienstand EQ 1) eink_hh1=eink_hh1+200.
EXECUTE.
```

Falls der Wert der Variablen *familienstand* gleich (*EQ*) '1' (verheiratet zusammenlebend) ist, wird zu dem alten Wert der Variablen *eink_hh1* (Haushaltsnettoeinkommen: Offene Abfrage) der Betrag von '200' (Euro) hinzuaddiert. Nach Abarbeitung des *IF*-Befehls haben alle verheiratet zusamenlebenden Befragten ein um

200 Euro höheres Einkommen. Das Einkommen aller anderen Personen hat sich nicht geändert.

Zur Formulierung logischer Ausdrücke können die folgenden **relationalen Operatoren (Vergleichsoperatoren)** genutzt werden:

EQ	=	EQual to	wahr, falls linker Wert gleich rechtem Wert
NE	<>	Not Equal to	wahr, falls linker Wert nicht gleich rechtem Wert
LT	<	Less Than	wahr, falls linker Wert kleiner als rechter Wert
LE	<=	Less than or Equal to	wahr, falls linker Wert kleiner oder gleich rechtem Wert
GT	>	Greater Than	wahr, falls linker Wert größer als rechter Wert
GE	>=	Greater than or Equal to	wahr, falls linker Wert größer oder gleich rechtem Wert

Relationale Operatoren vergleichen Werte und liefern als Ergebnis die logischen Werte wahr („true") oder falsch („false"). Für die Operatoren können sowohl deren Namen und als auch deren Symbole verwendet werden.

Die mit relationalen Operatoren formulierten Vergleiche können durch **logische Operatoren** miteinander verknüpft werden. Das Ergebnis ist wieder wahr oder falsch. Die logischen Operatoren sind:

AND	&	logisches Und	wahr, falls linker und rechter Wert wahr sind
OR	|	logisches Oder	wahr, falls linker, rechter oder beide Werte wahr sind
NOT		logisches Nicht	kehrt einen logischen Wert um, von wahr nach falsch und umgekehrt

Die **Abarbeitungsreihenfolge** der Elemente logischer Ausdrücke ist: Relationale Operatoren, *NOT*, *AND* und als Letztes *OR*.

Arithmetische Ausdrücke werden nach den unter *COMPUTE* beschriebenen Regeln vor den logischen abgearbeitet. Die relationalen und logischen Operatoren müssen durch mindestens ein Leerzeichen von den links- und rechtsstehenden Ausdrücken getrennt werden. Die Abarbeitungsfolge kann durch runde Klammern gesteuert werden:

Beispiel

```
IF ((schulabschluss EQ 1 OR schulabschluss EQ 2) AND (eink_hh1 LE 3000)) osi=1.
IF ((schulabschluss EQ 3) AND (eink_hh1 GT 3000 AND eink_hh1 LE 4500)) osi=2.
IF ((schulabschluss EQ 4 OR schulabschluss EQ 5) AND (eink_hh1 GT 4500)) osi=3.
FREQUENCIES VARIABLES=osi.
```

In Abhängigkeit von den Werten der Variablen *schulabschluss* und *eink_hh1* (Haushaltsnettoeinkommen: Offene Abfrage) wird die neue Variable *osi* (Objektiver Schichtindex) berechnet und anschließend mit *FREQUENCIES* ausgezählt. Sie ist für alle befragten Personen definiert, die eine der drei mit *IF* formulierten Bedingungen erfüllen, für alle anderen nicht (*SYSMIS*). SPSS Statistics arbeitet die *IF*-Befehle in der gegebenen Reihenfolge für jede befragte Person ab, d. h. nacheinander den ersten, den zweiten und den dritten Befehl für die erste Person, für die zweite Person usw. Das Haushaltsnettoeinkommen wurde vorher mit

```
FREQUENCIES VARIABLES=eink_hh1/NTILES=3.
```

in drei gleich große Bereiche bezüglich der Anzahl der Fälle (3-er-Quantile) aufgeteilt.

Mit „▶Transformieren ▶Variable berechnen ▶Falls..." können *IF*-Befehle auch über das Dateneditor-Menü„ zusammengeklickt" werden.

3.7.4 WEIGHT

WEIGHT gewichtet Fälle in Abhängigkeit von den Werten einer Variablen. Der *TEMPORARY*-Befehl kann vorangehen.

Befehlssyntax

```
WEIGHT   {BY varname}
         {OFF       }
```

varname   eine bekannte numerische Variable
OFF   Gewichtung zurücknehmen

Beispiel

```
DESCRIPTIVES VARIABLES=alter_b.
FREQUENCIES VARIABLES=sex_b.
RECODE sex_b (MISSING=9) ('m'=1) ('w'=2) INTO sex_bn.
MISSING VALUES sex_bn (9).
WEIGHT BY sex_bn.
DESCRIPTIVES VARIABLES=alter_b.
FREQUENCIES VARIABLES=sex_b.
```

In diesem Beispiel werden zum Vergleich statistische Kennwerte der Variablen *alter_b* ohne und mit Gewichtung berechnet. Als Gewichtungsvariable wird die Geschlechtszugehörigkeit *sex_b*, die erst in die numerische Variable *sex_bn* umgewandelt werden muss, benutzt. Durch die Gewichtung hat sich die Anzahl der Frauen (*sex_bn=2*) verdoppelt. Zur Kontrolle werden die Häufigkeitstabellen von *sex_b* vor und nach der Gewichtung ausgegeben.

Gleich nach dem Setzen einer Gewichtung wird in der Statusleiste des Dateneditor-Fensters der Gewichtungsstatus mit „Gewichtung aktiv" angezeigt.

Alternativ kann der *WEIGHT*-Befehl mit „▶Daten ▶Fälle gewichten" im Dateneditor-Fenster erstellt werden.

3.7.5 COUNT

COUNT zählt bestimmte Werte von Variablen. Der *TEMPORARY*-Befehl kann vorangehen.

Befehlssyntax

```
COUNT varname= varlist(werteliste)
```

varname   eine bekannte oder neue (Ziel-)Variable
varlist   eine oder mehrere bekannte Variablen
werteliste ein Wert oder mehrere Werte und Schlüsselwörter

Hat eine der angegebenen Variablen einen der aufgeführten Werte, so wird die Zielvariable um eins hochgezählt. Die Zählung erfolgt fallweise. Wird in einem Fall kein Wert gefunden, so erhält die Zielvariable für diesen Fall den Wert Null. Die Werteliste kann beliebig viele, durch Kommata voneinander getrennte Werte, enthalten. Schlüsselwörter für die Werteliste sind:

LO, LOWEST   für den niedrigsten Wert
HI, HIGHEST   für den höchsten Wert
THRU   für einen Wertebereich
MISSING   für die benutzer- und automatisch definierten fehlenden Werte
SYSMIS   für die automatisch definierten fehlenden Werte

Diese Schlüsselwörter gelten nur für numerische Variablen, für Zeichenfolgevariablen sind keine vorgesehen.

Beispiel

```
COUNT anomie = anomie_1 TO anomie_4 (1).
VARIABLE LABELS  anomie 'Anomieempfinden pro Person'.
FREQUENCIES VARIABLES=anomie.
```

Die Variable *anomie* wird neu definiert und erhält für jede befragte Person als Wert, wie oft diese mit „bin derselben Meinung=1" bei den Fragen zur Anomie geantwortet hat. Die Variable wird beschriftet und mit *FREQUENCIES* ausgezählt. Bei Bedarf können für die Zielvariable auch Wertbeschriftungen vergeben werden.

Mit „►Transformieren ►Werte in Fällen zählen" kann der *COUNT*-Befehl auch im Dateneditor-Fenster erstellt werden.

3.8 Datenauswahl

SPSS Statistics speichert die gesamte Datenmatrix in der Arbeitsdatei ab, d. h. es werden alle Fälle in die statistischen Berechnungen einbezogen. Für die Auswahl von Fällen aus der Arbeitsdatei bietet SPSS Statistics mehrere Möglichkeiten. Zwei davon beschreiben wir hier.

Eine Datenauswahl reduziert das Datenmaterial und damit die Rechenzeit. Für das Testen von umfangreichen Auswertungen ist daher – vor allem dann, wenn sie auf nicht sehr leistungsstarken Rechnern durchgeführt werden – eine Datenauswahl mit z. B. *SAMPLE* zu empfehlen. Für die endgültige Auswertung muss allerdings der gesamte Datensatz verwendet werden.

Die Datenauswahl kann wie die Datentransformationen permanent oder temporär durchgeführt werden. Für die temporäre Auswahl ist der *TEMPORARY*-Befehl voranzustellen. Soll die Datenauswahl ohne Statistikprozedur vorgenommen werden, muss der Befehl *EXECUTE* folgen.

Die Datenauswahlbefehle können manuell oder über das Dateneditor-Menü mit „►Daten ►Fälle auswählen" erstellt werden.

3.8.1 SELECT IF

SELECT IF wählt in Abhängigkeit von einer Bedingung Fälle aus dem Datensatz aus. Der *TEMPORARY*-Befehl kann vorangehen.

Befehlssyntax

```
SELECT IF (logischer ausdruck)
```

logischer ausdruck   Bedingung

Die Bedingung wird als logischer Ausdruck formuliert, es gelten dieselben Regeln
wie beim *IF*-Befehl. Ist das Ergebnis des logischen Ausdrucks wahr, wird der Fall
für die Bearbeitung ausgewählt, anderenfalls wird er in der Arbeitsdatei gelöscht.
Für eine temporäre Auswahl muss der *TEMPORARY*-Befehl vorangehen.

Beispiel

```
SELECT IF (sex_b EQ 'w' AND alter_b GT 50).
FREQUENCIES VARIABLES=konfession_2.
```

In der Auswertung mit *FREQUENCIES* wird die Kirchgangshäufigkeit (*konfessi-
on_2*) von Frauen, die älter als 50 Jahre sind, untersucht.
    Eine bedingte Datenauswahl kann auch über das Dateneditor-Menü durchge-
führt werden:

▶Daten ▶Fälle auswählen ... ▶Falls Bedingung zutrifft ▶Falls ...

Hiermit wird allerdings nicht der entsprechende *SELECT-IF*-Befehl, sondern eine
Befehlssequenz, die mit einer Filtervariablen und dem Befehl *FILTER* (s. ▶Hilfe
▶Themen und ▶Befehlssyntaxreferenz) arbeitet, erstellt.

3.8.2 SAMPLE

SAMPLE wählt eine zufällige Anzahl von Fällen aus. Der *TEMPORARY*-Befehl
kann vorangehen.

Befehlssyntax

```
SAMPLE  {prozentsatz}
        {n FROM m}
```

prozentsatz   prozentualer Anteil auszuwählender Fälle (0.0 - 1.0)
n FROM m   Auswahl von genau *n* aus den ersten *m* Fällen

Beispiel

```
SAMPLE 0.1 .
FREQUENCIES VARIABLES=politik_2.
```

Nur ca. 10% der Fälle bleiben in der Arbeitsdatei erhalten und gehen in die Häufigkeitsauszählung ein.
    Eine zufällige Datenauswahl über das Dateneditor-Menü erfolgt mit:

▶Daten ▶Fälle auswählen ... ▶Zufallsstichprobe ▶Stichprobe ...

Es wird eine *FILTER*-Befehlssequenz zusammengestellt.

3.9 SPSS Statistics-Datendateien

In Kapitel 3.4 („Datendateien") haben wir kurz beschrieben, wie SPSS Statistics-Datendateien über das Menü gelesen und geschrieben werden können. Hier werden nun ausführlich der Inhalt und das Format sowie die Befehle zum Lesen, Schreiben und Manipulieren von SPSS Statistics-Datendateien besprochen. Außerdem zeigen wir, wie man Informationen über den Inhalt dieser Dateien abrufen und sich die Daten auflisten lassen kann.

SPSS Statistics legt nach dem Start eine **temporäre Arbeitsdatei** („working file") an, in der die Daten, die Variablennamen und die Variableninformationen gehalten werden. Die Arbeitsdatei wird bei Sitzungsende wieder gelöscht, wenn man sie nicht vorher als **permanente SPSS Statistics-Datendatei** („SPSS Statistics data file") gespeichert hat.

Sind die Rohdaten vollständig erfasst und die Variablen richtig definiert und beschrieben, ist es sinnvoll, möglichst bald, d. h. nach einer ersten inhaltlichen Datenprüfung, eine SPSS Statistics-Datendatei zu erzeugen. In der sich anschließenden Datenanalyse hat man dann einen schnellen und bequemen Zugriff auf seine Variablen und deren Werte, nachdem SPSS Statistics diese Datendatei gelesen und daraus wieder eine Arbeitsdatei generiert hat.

Eine SPSS Statistics-Datendatei enthält zusätzlich zu den Rohdaten folgende Informationen:

- die Variablennamen
- den Variablentyp
- das Messniveau der Variablen
- die für eine Variable möglichen fehlenden Werte
- die Variablen- und Wertbeschriftungen
- das Datum und die Uhrzeit der Dateierstellung
- die Gesamtanzahl der Fälle und Variablen

Diese Informationen werden im Datenlexikon („dictionary") einer SPSS Statistics-Datendatei zusammengefasst. Wurden vor dem Erstellen der Datei permanente Datentransformationen, Datenselektionen oder eine Gewichtung durchgeführt, so werden die geänderten und neuen Variablen mit ihren Werten in diese aufgenommen.

SPSS Statistics-Datendateien enthalten nicht die Befehle wie *DATA LIST* und *MISSING VALUES* selbst, sondern nur die damit vermittelten Informationen. Auch werden keine Tabellen, Grafiken und statistischen Kennwerte darin abgespeichert.

SPSS Statistics-Datendateien (*.sav) werden im Gegensatz zu Rohdatendateien (*.dat), die als Textdateien angelegt werden, in einem speziellen, vom Software-Hersteller IBM festgelegten Format geschrieben. Sie können nur von SPSS

Statistics – mittlerweile auch unter einem anderen Betriebssystem – gelesen werden. SPSS Statistics für Mac OS X z. B. „versteht" auch SPSS Statistics-Datendateien, die unter Windows erzeugt wurden.

Für die Analyse eines Datensatzes auf verschiedenen Rechnerplattformen empfehlen wir jedoch, von der Original-Rohdatendatei und der dazugehörigen SPSS Statistics-Syntaxdatei zur Datenbeschreibung auszugehen. Vom Austausch der Dateien über portable SPSS Statistics-Datendateien per *EXPORT/IMPORT* raten wir ab, da bei diesem Vorgang Variablennamen, die länger als acht Zeichen sind, auf achtzeichenlange Namen abgebildet werden.

Auf keinen Fall sollten SPSS Statistics-Datendateien mit einem Texteditor oder Textverarbeitungsprogramm angesehen werden; der Dateiinhalt würde beim Zurückspeichern der Datei zerstört werden. Auch sei davor gewarnt, diese Dateien zu drucken, man bekäme nur einen Papierstapel unleserlicher Hieroglyphen.

3.9.1 SPSS Statistics-Datendateien schreiben (SAVE)

SAVE erzeugt aus der temporären Arbeitsdatei eine permanente SPSS Statistics-Datendatei.

Befehlssyntax (Auswahl)

```
SAVE OUTFILE='datei'
  [/KEEP= {ALL     }] [/DROP=varlist]
          {varlist}
  [/RENAME=(alte varlist=neue varlist)...]
  [/MAP]
```

OUTFILE='datei'	SPSS Statistics-Datendatei Vollständige Dateibezeichnung in Apostroph oder Anführungszeichen: Laufwerksbuchstabe[29], Verzeichnisname, Dateiname, Dateityp (`*.sav`) • Voreinstellung: keine Datei
KEEP=varlist	Nur die hier aufgeführten Variablen werden in die SPSS Statistics-Datendatei übernommen. • Voreinstellung: *ALL*, d. h. alle Variablen
DROP=varlist	Die hier aufgeführten Variablen werden nicht übernommen.
RENAME=(alte varlist = neue varlist)	Die Variablen erhalten in der SPSS Statistics-Datendatei einen neuen Namen.

---

29 nur unter Windows.

MAP   Die Namen der übernommenen Variablen werden im
                                         Ausgabefenster (Protokoll) aufgelistet.

Beispiel

```
SAVE OUTFILE="c:\allbus\allbus2012.sav"/MAP.
```

Die SPSS Statistics-Datendatei `allbus2012.sav` wird im Verzeichnis `allbus` abgespeichert. Der Unterbefehl *MAP* bewirkt die Auflistung der in die Datei übernommenen Variablen. Alternativ kann auch über das Dateimenü des Dateneditors eine permanente SPSS Statistics-Datendatei erzeugt werden:

►Datei ►Speichern unter: *(Verzeichnis auswählen)*

►Speichern als Typ: SPSS Statistics(*.sav)

►Dateiname: *(Dateinamen festlegen)*

3.9.2 SPSS Statistics-Datendateien lesen (GET)

GET liest eine permanente SPSS Statistics-Datendatei und stellt diese als temporäre Arbeitsdatei bereit.

Befehlssyntax (Auswahl)

```
GET FILE='datei'
    [/KEEP= {ALL     }] [/DROP=varlist]
           {varlist}
    [/RENAME=(alte varlist=neue varlist)...]
    [/MAP]
```

FILE='datei'   SPSS Statistics-Datendatei
                                         Vollständige Dateibezeichnung in Apostroph oder Anführungszeichen:
                                         Laufwerksbuchstabe[30], Verzeichnisname, Dateiname,
                                         Dateityp (*.sav)
                                         • Voreinstellung: keine Datei
KEEP=varlist   Nur die hier aufgeführten Variablen werden in die Arbeitsdatei übernommen.
                                         • Voreinstellung: *ALL*, d. h. alle Variablen
DROP=varlist   Die hier aufgeführten Variablen werden nicht übernommen.

---

30 nur unter Windows.

RENAME=(alte varlist	Die Variablen erhalten in der Arbeitsdatei einen neuen
= neue varlist)	Namen.
MAP	Die Namen der übernommenen Variablen werden im
	Ausgabefenster (Protokoll) aufgelistet.

Beispiel

```
GET FILE="c:\allbus\allbus2012.sav"/MAP.
```

GET liest die SPSS Statistics-Datendatei allbus2012.sav im Verzeichnis allbus und erstellt daraus die temporäre Arbeitsdatei, deren Inhalt wir im Dateneditor-Fenster sehen. Der Unterbefehl *MAP* bewirkt die Auflistung der in der SPSS Statistics-Datendatei vorhandenen Variablen.

Eine permanente SPSS Statistics-Datendatei wird über das Menü des Dateneditors zu einer temporären Arbeitsdatei mit:

►Datei ►Öffnen ►Daten

►Suchen in: *(Verzeichnis auswählen)*

►Dateien vom Typ: SPSS Statistics(*.sav)

►Dateiname: *(Datei auswählen)*

oder

►Datei ►Zuletzt verwendete Daten ►*(Datei auswählen)*

3.9.3 Variableninformationen

Die im Datenlexikon einer SPSS Statistics-Datendatei zusammengefassten Variableninformationen sind über Befehle und Menüs abrufbar.

3.9.3.1 SYSFILE INFO

Mit *SYSFILE INFO* erhält man eine vollständige Auflistung aller Datei- und Variableninformationen einer nicht geöffneten SPSS Statistics-Datendatei.

Befehlssyntax:

```
SYSFILE INFO FILE='datei'
```

| *FILE='datei':* | SPSS Statistics-Datendatei |
| | (vollständige, betriebssystemspezifische Dateibezeichnung) |

Beispiel

```
SYSFILE INFO FILE="c:\allbus\allbus2012.sav".
```

Mit diesem Befehl werden die Dateiinformationen, die Variablennamen und die Variablenattribute der SPSS Statistics-Datendatei allbus2012.sav ausgegeben.

Dateneditor-Menü:
►Datei ►Datendateiinformationen anzeigen ►Externe Datei...

►Dateien vom Typ: SPSS Statistics(*.sav) ►Dateiname:

3.9.3.2 DISPLAY

Mit *DISPLAY* können Informationen über eine geöffnete SPSS Statistics-Datendatei (Arbeitsdatei) abgerufen werden – sowohl zu einzelnen Variablen als auch über die gesamte Arbeitsdatei.

Befehlssyntax (Auswahl)

```
DISPLAY [{DICTIONARY}] [/VARIABLES=varlist]
        {VARIABLES }
```

• Voreinstellung	Auflistung der Variablennamen
DICTIONARY	vollständige Auflistung aller Variableninformationen
VARIABLES	tabellarische Variablenliste
VARIABLES=varlist	Variablenauswahl für *DICTIONARY* bzw. *VARIABLES*

Beispiel

```
GET FILE="c:\allbus\allbus2012.sav".
DISPLAY DICTIONARY.
```

Die Datendatei allbus2012.sav wird mit *GET* gelesen, mit *DISPLAY DICTIONARY* werden die Variablen und deren Attribute aufgelistet.

Dateneditor-Menü: Informationen über einzelne Variablen
►Extras ►Variablen

Dateneditor-Menü: Informationen über die gesamte Arbeitsdatei
►Datei ►Datendatei-Informationen anzeigen ►Arbeitsdatei

3.9.4 Daten auflisten (LIST)

Die Daten einer Arbeitsdatei finden sich im Dateneditor-Fenster. Möchte man nur die Werte einzelner Variablen und Fälle auflisten, so empfiehlt sich der SPSS Statistics-Befehl *LIST*, der die ausgewählten Daten im Ausgabefenster auflistet.

Befehlssyntax (Auswahl)

```
LIST VARIABLES= {ALL    }]
                {varlist}
     [/FORMAT= [{UNNUMBERED}]
              {NUMBERED   }
     [/CASES= FROM n TO n    ]
```

• Voreinstellung	Auflistung der Werte aller Variablen und Fälle ohne Fallnummer
VARIABLES=varlist	Variablenauswahl
FORMAT=NUMBERED	interne Fallnummer (*$CASENUM*) wird ausgegeben
CASES=FROM n TO n	Fallauswahl

Beispiel

```
SELECT IF (eink_p1 ge 10000).
LIST VARIABLES=id, sex_b, eink_p1 /FORMAT=NUMBERED.
```

Mit *SELECT IF* wählen wir alle Personen mit einem persönlichen Nettoeinkommen (*eink_p1*) ab 10000 Euro aus. Das Einkommen dieser Personen listen wir mit der laufenden Fallnummer (*/FORMAT=NUMBERED*), der Identifikationsnummer (*id*) und dem Geschlecht (*sex_b*) auf:

```
        id sex_b eink_p1
    1  849 m       20000
    2  986 m       10000
    3 1069 m       60000
    4 2159 m       33000
    5 2764 m       10000
Number of cases read:  5    Number of cases listed:  5
```

Diese fünf aufgelisteten Personen (alle Männer) verdienen persönlich netto 10000 Euro und mehr.

3.9.5 SPSS Statistics-Datendateien manipulieren

SPSS Statistics bietet mehrere Möglichkeiten zur Manipulation einer Arbeitsdatei. So können nicht benötigte Variablen gelöscht, die Daten können sortiert und zusammengefasst, die Arbeitsdatei kann in Unterdateien aufgeteilt und um Variablen und Fälle erweitert werden. Auch das Transponieren von Zeilen und Spalten der Arbeitsdatei, also das Vertauschen von Fällen und Variablen, ist möglich. Wir beschreiben hier das Sortieren und Aufteilen einer Arbeitsdatei.

3.9.5.1 SPSS Statistics-Datendateien sortieren

Einige Prozeduren wie z. B. *AGGREGATE* und *SPLIT FILES* setzen voraus, dass die Daten sortiert nach den Werten einer oder mehrerer Variablen vorliegen. *SORT CASES* sortiert eine Arbeitsdatei.

Befehlssyntax
```
SORT CASES BY varlist [({A})] [varlist...]
                       {D}
```

varlist   eine oder mehrere Variablen
A   aufsteigend (Voreinstellung)
D   absteigend

Beispiel
```
SORT CASES BY schulabschluss.
```

Die Arbeitsdatei wird aufsteigend nach den Werten der Variablen *schulabschluss* sortiert. Die Sortierung können wir im Dateneditor-Fenster kontrollieren. Die Sortierung ist für das Aufteilen der Datei erforderlich.

Dateneditor-Menü: ▶Daten ▶Fälle sortieren...

3.9.5.2 SPSS Statistics-Datendateien aufteilen

Für einige Analysen ist die Aufteilung der Daten in mehrere Gruppen erforderlich. *SPLIT FILE* kann eine Arbeitsdatei so aufteilen, dass die Ergebnisse für die erzeugten Gruppen (z. B. Häufigkeitstabellen) separat oder für Vergleichszwecke zusammen angezeigt werden.

Befehlssyntax

```
SPLIT FILE              {OFF}
             [{LAYERED }] {BY varlist}
             {SEPARATE}
```

varlist	eine oder mehrere Variablen
LAYERED	Gruppenvergleich: Ergebnisse werden zusammen angezeigt (Voreinstellung)
SEPARATE	getrennte Anzeige der Ergebnisse
OFF	Aufteilung zurücknehmen

Die Arbeitsdatei muss vor der Aufteilung nach der oder den Variablen, nach deren Werten die Aufteilung vorgenommen werden soll, sortiert werden.

Beispiel

```
SORT CASES BY schulabschluss.
SPLIT FILE BY schulabschluss.
DESCRIPTIVES VARIABLES=eink_p1.
```

Für jeden Wert der Variablen *schulabschluss* wird eine eigenständige Berechnung der statistischen Kennwerte für die Variable *eink_p1* (Persönliches Nettoeinkommen: Offene Abfrage) durchgeführt.

Dateneditor-Menü: ▶Daten ▶Aufgeteilte Datei…
Beim Menüaufruf wird der nötige Sortierbefehl automatisch eingefügt.

Direkt nach der Aufspaltung der Arbeitsdatei wird in der Statusleiste des Dateneditor-Fensters der Aufspaltungsstatus mit „Aufteilen nach" angezeigt.

4 Theoretische und methodische Vorarbeiten der Datenanalyse

Nach der Einführung in die grundlegenden Funktionen und Prozesse von IBM SPSS Statistics 22 wenden wir uns nun der konkreten Analyse von Daten aus dem Beispieldatensatz ALLBUS 2012 zu. Dieser bietet uns die bereits im Kapitel 2 beschriebenen sieben theoretisch und methodisch mehr oder weniger ausgearbeiteten Gegenstandsbereiche der Sozialforschung.

Zu diesen Gegenstandsbereichen liegen uns Individualdaten vor, die aus den Antworten eines **repräsentativen Querschnitts** der bundesdeutschen Bevölkerung des Jahres 2012 gewonnen wurden.[1] Im Folgenden soll anhand dieser Gegenstandsbereiche – hier exemplarisch mit dem Schwerpunkt auf dem Thema „Rollenbilder in der Familie" – zunächst ein theoretisch-methodischer Rahmen, der in der „Definitionsphase" eines Forschungsprojektes verortet ist, abgesteckt werden. Anschließend und darauf aufbauend, stellen wir die Schritte der eigentlichen Analyse solcher durch Befragung generierter Individualdaten nacheinander und beispielhaft vor.

4.1 Erkenntnisinteresse

Empirische Forschung wird nicht ohne Anlass begonnen und durchgeführt. Im Rahmen der Analyse der ALLBUS-Daten kann sich ein solcher Anlass auf die Erkundung, Beschreibung und Erklärung eines „sozialen Problems", auf die Überprüfung bestehender und Bildung neuer Theorien, auf „Sozialberichterstattung" oder gegebenenfalls sogar auf einen internationalen Vergleich beziehen. Gerade bei aktuellen gesellschaftlichen Themen sind die Anlässe oft miteinander verknüpft, da bspw. ein Wandel in den vorherrschenden sozialen Strukturen zu Überprüfung bestehender Theorien führt und eine entsprechende Sozialberichterstattung mit sich bringt. Dies ist auch beim Thema „Rollenbilder in der Familie" zu beobachten. An der öffentlichen Diskussion über Geschlechtergerechtigkeit und dem Wandel der gesellschaftlichen Rollen von Frauen und Männern arbeiten sich sowohl die Medien als auch die Forschung seit Jahren ab. Schlag-

---

1 Vgl. dazu Kapitel 2.1.3: Für Vergleiche zwischen Befragten aus Ost- und Westdeutschland ist der *ungewichtete*, sonst der *gewichtete Datensatz* zu verwenden!

zeilen wie *„Vereinbarkeit von Familie und Beruf"*[2] oder *„Kinder, Küche, Karriere? Nicht bei uns"*[3] flankieren die dazugehörige Berichterstattung, die durch Daten aus Bevölkerungs- und Meinungsumfragen unterfüttert wird. Wie lange der Wandel der familiären Rollenbilder und seine Konsequenzen auf das gesellschaftliche Zusammenleben schon thematisiert wird, kann man u. a. daran sehen, dass die Frage nach der „Einstellung zur Berufstätigkeit der Frau" bereits 1982 in das ALLBUS-Programm aufgenommen wurde und seit 1992 in jeder zweiten Erhebungswelle erneut abgefragt wird.

Im Zusammenhang mit einerseits einer konstant zu niedrigen Geburtenrate, andererseits einem zumindest branchenspezifischen Fachkräfteengpass betrachtet, scheint das „männliche Ernährermodell" auch in Deutschland überholt zu sein (Marold 2009: 54). Dieses in sog. konservativen Wohlfahrtstaaten[4] wie der BRD jahrzehntelang dominierende Geschlechter-Arrangement der Arbeitsteilung führte zum allgemein anerkannten Leitbild, für verheiratete Frauen sei die Rolle der Hausfrau und Kindererzieherin die „richtige" und „angemessene" gesellschaftliche Integration (Pfau-Effinger 2001: 493). Auch heute noch ist die gesellschaftliche Akzeptanz für Frauen, die Kleinkinder und Beruf zu vereinbaren versuchen und dafür außerhäusliche Betreuungsangebote in Anspruch nehmen, immer noch verhältnismäßig gering – und das trotz politisch unterstützter Ausbaupläne der Kinderbetreuung für unter Dreijährige und verschiedener Programme zur Förderung des Wiedereinstiegs in den Beruf. Zwar stieg die Erwerbsquote der deutschen Frauen von weniger als der Hälfte in 1984 auf knappe 72 Prozent in 2011 (Bundesagentur für Arbeit 2013: 6),[5] parallel dehnte sich aber die Teilzeitquote auf die zweithöchste im europäischen Vergleich aus (Marold 2009: 60). Das belegt einen gesellschaftlichen Wandel hin zum aktuell vorherrschenden „1,5-Verdienermodell", bei dem Frauen ihre Erwerbstätigkeit zugunsten der Kindererziehung reduzieren, sich jedoch wegen der immer noch monopolen Stellung bei den Familienaufgaben mit einer Doppelrolle belasten.

Trotz der noch vorhandenen strukturellen Hindernisse zeigt sich bei der jungen Frauengeneration eine Trendwende hin zu einem modernen Rollen- und Familienbild: Laut einer vom Wissenschaftszentrum Berlin für Sozialforschung (WZB) für die Zeitschrift BRIGITTE konzipierten Umfrage[6] würden nur noch

---

2 Das Bundesministerium für Familie, Senioren, Frauen und Jugend (BMFSFJ) veröffentlicht zum Thema Vereinbarkeit von Familie und Beruf regelmäßig Statistiken im „Familienreport".

3 DIE ZEIT, 11.08.2005, Nr. 33: "Kinder, Küche, Karriere? Nicht bei uns" von Susanne Gaschke, siehe http://www.zeit.de/2005/33/Emanzipationsfalle.

4 Vgl. die Länderklassifizierung nach Esping-Andersen (1990).

5 Dabei darf nicht vergessen werden, dass ein Recht auf die selbstbestimmte Erwerbstätigkeit beider Ehegatten erst 1977 gesetzlich verankert wurde.

6 Die Studie „Frauen auf dem Sprung!" der Zeitschrift BRIGITTE wurde in Zusammenarbeit mit dem Wissenschaftszentrum Berlin für Sozialforschung (WZB) und dem Institut für angewandte

30% der jungen Frauen ihren Job für ein Kind aufgeben. Die Frau, die für ihren Partner auf eine Erwerbstätigkeit verzichten würde, gibt es bei dieser Alterskohorte laut Allmendinger (2009) quasi nicht mehr.

In jüngster Zeit wird das Augenmerk aber nicht nur allein auf die Trendwende des Rollen- und Familienverständnisses aus der Sicht der jungen Frauen gerichtet; auch die Rolle des Mannes und Vaters wird in Hinblick auf die Aufteilung der Erwerbs- und Familienarbeit auf den Prüfstand gestellt. Als Reaktion darauf wurden im ALLBUS 2012 erstmalig neben den ursprünglichen Fragen nach den „Einstellungen zur Rolle der Frau in der Familie" in einem Fragebogensplit[7] auch die „Einstellungen zur Rolle der Eltern in der Familie" erhoben. Die Aussagen der Befragten zu Rollenbildern in der Familie bieten sich für eine eigene Überprüfung der Veränderung des Rollenverständnisses bei allen Altersgruppen an. Auch ein Vergleich zwischen ost- und westdeutschen Befragten fördert wegen der historisch unterschiedlichen Sozialisation weitere Erkenntnisse zutage. Die Auswahl der sozioökonomischen und demografischen Merkmale, die die individuelle Einstellung zu gesellschaftlichen Themen beeinflussen, ist im Beispieldatensatz ALLBUS 2012 ebenfalls hinreichend groß.

4.2 Literaturrecherchen

Unabhängig davon, ob für das zu untersuchende Thema eine **explorative** (erkundende), eine **deskriptive** (beschreibende) oder eine **Hypothesen testende**, also **konfirmative** (bestätigende) Untersuchung angemessen ist: Zur Beantwortung einer – aus welchem Anlass auch immer gestellten – Forschungsfrage ist es unerlässlich, die vorhandene Literatur, einschlägige Datenbanken und anderweitig vorhandene Dokumentation zu recherchieren. Die gründliche Kenntnis der bereits vorhandenen Ergebnisse hilft, den theoretischen Analyserahmen zu konstruieren und zu verfeinern, Hypothesen abzuleiten und zu formulieren sowie die spätere Datenanalyse vorzubereiten. Bereits getestete und vorläufig bestätigte Theorien und Gesetzesaussagen, die wiederum neue Fragestellungen aufwerfen, verhelfen so zu einem globalen Erkenntnisfortschritt – oder, wie Robert Merton (1980) ein altes Sprichwort zitiert: „Sie lassen uns wie Zwerge auf den Schultern von Riesen stehend, durch ihre Größe emporgehoben, weiter als diese blicken und Neues erkennen."

Sozialwissenschaften (infas) durchgeführt. Befragt wurden 1020 Frauen und 1018 Männer im Alter von 17-19 und 27-29 Jahren in der ersten Welle im Herbst 2007 und davon nochmal 533 Frauen und 445 Männer in der zweiten Panelwelle im Mai 2009. Die Stichprobenziehung erfolgte nach einer zweistufigen Quotenauswahl.

7 Bei einem Fragebogensplit oder auch einer Gabelung wird die Stichprobe in zwei oder mehr Gruppen aufgeteilt, die dann unterschiedliche Versionen der Befragung erhalten.

Über das Thema der gesellschaftlichen Rolle der Frau, welches uns zur exemplarischen Entwicklung eines theoretischen Analyserahmens dienen soll, wurde bereits viel geforscht und geschrieben. Konzentriert man sich bei der Recherche zuerst auf Informationen, die auf Grundlage gesellschaftlicher Dauerbeobachtung zustande kommen, so wäre z. B. die ALLBUS-Bibliografie[8] der GESIS zu sichten, die bibliografische Angaben zu Veröffentlichungen mit den ALLBUS-Daten inklusive ihrer Kurzzusammenfassungen (engl.: „abstracts") enthält. Hier wird man bspw. auf den zweimal jährlich erscheinenden „Informationsdienst Soziale Indikatoren" (ISI)[9] stoßen, der thematisch geordnete Ergebnisse der GESIS-Umfragen veröffentlicht.

Neben einer Vielzahl von Forschungberichten verschiedener Institute und Ministerien sowie thematisch einschlägiger Fachliteratur befassen sich auch soziologische Zeitschriften, wie die „Kölner Zeitschrift für Soziologie und Sozialpsychologie", mit speziellen Gesellschaftsthemen: Dort wurde z. B. 2001 ein Sonderheft zur Geschlechtersoziologie herausgegeben. Aber auch in den regulären Ausgaben der verhaltenswissenschaftlichen Zeitschriften können einzelne Artikel zum gesuchten Thema über Online-Datenbanken gefunden werden. Daneben gibt es eine Reihe von fachspezifischen Zeitschriften, wie z. B. die „Zeitschrift für Familienforschung", die sich gezielt mit bestimmten gesellschaftlichen Themen befassen. Über die Literaturliste der bereits gefundenen Artikel gelangt man dann rasch zu einer umfassenden Informationssammlung, die einen Überblick über den bereits vorhandenen Erkenntnisstand zum Untersuchungsthema liefert.

4.3 Theoretischer Analyserahmen

Unter der Entwicklung eines theoretischen Analyserahmens ist zu verstehen, dass die Begriffe und Variablen ausgewählt, definiert und miteinander in Beziehung gesetzt werden, die man als bedeutsam für die Lösung des Forschungsproblems ansieht. Diese Bedeutsamkeit sollte sich aus den Recherchen und etwaigen Gesprächen mit Experten und Betroffenen ableiten. Ziel der Entwicklung eines theoretischen Analyserahmens ist es, vermutete oder aus einer Theorie abgeleitete Zusammenhänge zwischen Variablen oder Variablengruppen herauszuarbeiten. Bei einer explorativen oder deskriptiven Untersuchung sollten diese Zusammenhänge schließlich in eine mit den Werkzeugen der empirischen Forschung überprüfbare Hypothesenform gegossen werden können. Werden dagegen bereits vorliegende Hypothesen auf Konfirmation getestet, so steht eine **vorläufige Verifizierung** und Weiterentwicklung oder **Falsifikation** und Einschränkung der Hypothesen am Ende des Untersuchungsprozesses.

---

8 Siehe http://www.gesis.org/allbus/recherche/allbus-bibliographie/
9 Siehe http://www.gesis.org/publikationen/zeitschriften/isi/

Unser Forschungsinteresse richtet sich im vorliegenden Fall auf die Frage, welche Faktoren das Rollenbild der Frau in der heutigen Gesellschaft beeinflussen. Bspw. geben die Arbeiten von Marold (2009), Pfau-Effinger (2001) sowie Henninger et al. (2008) Hinweise darauf, dass die gesellschaftliche Rolle der Frau durch das vorherrschende „Geschlechter-Arrangement", also die tatsächlich realisierten weiblichen Erwerbsmuster, determiniert wird. Dieses ist wiederum abhängig von den Komponenten „Geschlechterkultur" – sprich den individuellen Einstellungen gegenüber der innerfamiliären Arbeitsteilung und Erwerbsbeteiligung – und „Geschlechterordnung" – also der institutionellen Ausgestaltung der nationalen Familienpolitik, die durch ordnungspolitische Maßnahmen die Vereinbarkeit von Familie und Beruf regelt.

Beide Komponenten hängen ihrerseits von weiteren Faktoren ab. Die „Geschlechterkultur" geht aus einer Reihe soziodemografischer und ökonomischer Merkmale wie u. a. der sozialen Herkunft oder auch der finanziellen Lage der Untersuchungseinheit hervor. Zur „Geschlechterordnung" ist der Literatur zu entnehmen, dass sich einzelne Länder zu bestimmten Wohlfahrtsregimen einordnen lassen, welche die (familien-)politische Richtung im Land vorgeben. Sie wirken sozusagen auf der gesellschaftlichen Ebene auf die Einstellung gegenüber der weiblichen Gesellschaftsintegration. Durch die Schaffung von Rahmenbedingungen sowie sozialen Transferleistungen wird einerseits die Realisierbarkeit der Frauenerwerbstätigkeit, andererseits der Ausgleich sozialer Ungleichheit gesteuert. So kann es sein, dass politische Anreize für die Vereinbarkeit von Familie und Beruf nur bestimmten Bevölkerungsschichten zugänglich sind (Henninger et al. 2008), was aus schichtspezifisch unterschiedlichen Rollenbildern resultieren könnte.

Die drei hier genannten Faktoren, die zur Entwicklung eines bestimmten Rollenverständnisses führen, sind einerseits sicherlich nicht abschließend, andererseits zeigen sie die hohe Komplexität des Forschungsthemas. Um trotz der verschachtelten und zunächst verstrickt wirkenden Zusammenhänge überhaupt die Forschungsfrage beantworten zu können, muss der Forscher ein **Modell** der angesprochenen Realität entwickeln. Ein Modell kann aber selbstverständlich nur einen – meist stark vereinfachten – Teilbereich der Sachverhalte abbilden. Daher gilt es stets, zwischen einem möglichst sparsamen und eindeutigen Modell und solch einem mit einer möglichst hohen Erklärungskraft abzuwägen.

Eine weitere Überlegung widmet sich schon an dieser Stelle des Forschungsprozesses den Daten, welche zur Beantwortung der Forschungsfrage herangezogen werden sollen. Plant man eine Primärerhebung, sollte das Befragungsinstrument auf der Grundlage des theoretischen Modells entwickelt werden, um später alle Zusammenhänge auch mit Datenmaterial belegen zu können. Betreibt man hingegen – wie in unserem Fall – eine Sekundäranalyse, ist man auf die vorliegenden Variablen beschränkt. Da der ALLBUS 2012 aber keinerlei Informationen zu bspw. der aktuellen nationalen Familienpolitik oder dem vorherrschenden Wohlfahrtsregime liefert, können diese Faktoren in unserem Modell zur Erklärung der Einstellung zur Rolle der Frau nicht berücksichtigt werden.

Unser Modell kann sich also nur auf vorhandene Variablen stützen, wie die soziodemografischen Merkmale, das Haushaltseinkommen, den Berufsstatus oder die Religiosität der Befragten, die sich zum theoretisch abgeleiteten Begriff der „Geschlechterkultur" und des „Geschlechter-Arrangements" zusammenfassen lassen. Die Zusammenhänge zwischen diesen Variablen, die hier als elementar für einen Erklärungsansatz herausgearbeitet wurden, sollten in einem grafischen Modell, dem sog. **Pfadmodell**, veranschaulicht werden.[10] Wie in Abb. 4.1 dargestellt, bezeichnen die Pfeile die theoretisch begründete Einflussrichtung der Variablen.

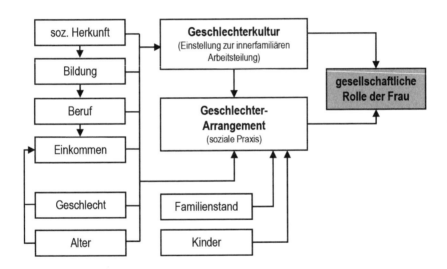

Abbildung 4.1: Pfadmodell zur Erklärung der gesellschaftlichen Rolle der Frau (eigene Darstellung)

Anhand dieses Pfadmodells sollte deutlich werden, dass die **zu erklärende Variable** „gesellschaftliche Rolle der Frau" – auch **abhängige Variable** genannt – in Abhängigkeit von der im jeweiligen Fall vorliegenden Ausprägung der miteinander

---

10 Ein solches rekursives Pfadmodell veranschaulicht die Struktur kausaler Beziehungen zwischen Variablen. Die Stärke der Wirkungen einer Variablen auf eine oder mehrere andere würde bei der (späteren) Datenanalyse anhand von Pfadkoeffizienten dargestellt, die den b-Koeffizienten der Multiplen Regression entsprechen.

verschieden verbundenen **unabhängigen Variablen** variiert. Mit anderen Worten: Es ist theoretisch begründet zu vermuten, dass ein komplexes Beziehungsgeflecht zwischen dem Ausmaß der Einstellung zu den Geschlechterrollen auf der einen und einer Vielzahl von unabhängigen Variablen auf der anderen Seite existieren dürfte. Um abzuschätzen, ob die behaupteten, theoretisch ableitbaren Zusammenhänge zwischen den verschiedenen Variablen nicht nur in Büchern oder Köpfen von Forschern auftauchen, sondern sich tatsächlich im wirklichen Leben dieser Tage nachweisen lassen, müssen sie als überprüfbare Aussagen formuliert werden, nämlich in Form von sogenannten „Hypothesen".

4.4 Hypothesenbildung und -prüfung

Wenn von Hypothesenbildung und -prüfung gesprochen wird, dann ist die Rede davon allerdings nur im Rahmen konfirmativer Untersuchungen bedeutsam: Diese sind speziell auf die Überprüfung von Theorien – und damit auf Hypothesenprüfung – angelegt, während explorative und deskriptive Untersuchungen „nur" – wenn überhaupt – zur **Hypothesengenerierung** beitragen sollen.

Anders ausgedrückt: Es gibt Untersuchungen, mit denen **keine** Hypothesenüberprüfungen durchgeführt werden sollen, die also nicht Urteile über Wahrheit oder Falschheit von Aussagen liefern sollen; sie werden als explorative und als deskriptive Untersuchungen bezeichnet. **Erkundende Untersuchungen** finden, wie schon der Name sagt, im Rahmen der explorativen Phase einer Forschung statt. Sie dienen fast immer der Vorbereitung weiterer Untersuchungsschritte und weisen in diesem Sinne keinen Selbstzweck auf. **Beschreibende Untersuchungen** werden durchgeführt, um einen Überblick der ausgewählten Merkmale einer Untersuchungsgesamtheit und der Zusammenhänge zwischen ihnen zu erhalten.

Eine konstitutive Grundvoraussetzung der **Hypothesen testenden Untersuchungen** ist es dagegen, dass **vor Beginn** der jeweiligen Untersuchung eine oder mehrere eindeutige und prinzipiell überprüfbare Hypothesen formuliert wurden, die dann empirisch falsifiziert oder (vorläufig) verifiziert werden, die sich also als „falsch" oder als (vorläufig) „wahr" erweisen können.[11] Gerade in der potenziellen Falsifizierbarkeit einer Hypothese liegt im Gegensatz zu rein analytischen Aussagen ihr empirischer Gehalt. Zur Überprüfung des Wahrheitsgehalts von Hypothesen werden statistische Testverfahren – wie wir sie in den folgenden Kapiteln noch kennenlernen werden – angewendet.

---

11 Die prinzipielle Vorläufigkeit der Verifizierung von wissenschaftlichen Aussagen resultiert daraus, dass nie gänzlich auszuschließen ist, dass in Zukunft ein Ereignis eintritt, welches die bestehenden Verhältnisse auf den Kopf stellt. Mit anderen Worten: Ein irgendwann irgendwo fliegender weißer Rabe widerlegt den Satz, „alle Raben sind schwarz".

Was versteht man eigentlich im wissenschaftlichen Sprachgebrauch unter einer Hypothese? „Eine *Hypothese* ist eine Aussage, die, ohne mit Sicherheit als wahr erkannt zu sein, für bestimmte Zwecke angenommen wird, z. B. für wissenschaftliche Erklärungen oder Voraussagen" (Stegmüller 1980: 284). Aus dieser Definition ist ableitbar, dass solcherart wissenschaftliche Aussagen zunächst vorläufigen Charakter aufweisen, zweckgebunden sind und prinzipiell empirisch überprüfbar sein müssen, sich demzufolge als zutreffend oder unzutreffend erweisen können. Hypothesen werden aus Theorien abgeleitet (deduziert) und führen, wenn sie (vorläufig) bestätigt werden, zu Sätzen, die ihrerseits Teile von Theorien sind. Wir müssen uns also verdeutlichen, dass es für die Überprüfung von kausalen Zusammenhängen der Realität nicht ausreicht, Hypothesen mit hohem Informationsgehalt und empirisch präziser Logik aufzustellen, sondern dass diese auch inhaltlich brauchbar und auf sachlichen Überlegungen basierend sein müssen.[12]

Die durch eine Untersuchung zu überprüfenden Hypothesen lassen sich prinzipiell in drei Gruppen einteilen: In **Forschungs-**, **operationale** und **statistische Hypothesen**.[13]

- Für **Forschungshypothesen** charakteristisch ist, dass sie allgemein formuliert sind: Sie drücken ein generelles Gesetz aus, das für die Grundgesamtheit einer Untersuchungspopulation gilt – sie beziehen sich demzufolge nicht nur auf die Untersuchungsgesamtheit. Ihre Aussagen müssen sich prinzipiell in der Form von „Wenn – dann"- oder „Je – desto"-Sätzen formulieren lassen. Die Hypothesen müssen zwar nicht explizit in dieser *konditionalen* Form aufgestellt, jedoch zumindest gleichbedeutend und in solche leicht umformulierbar sein (Opp 2005: 48).

- **Operationale Hypothesen** hingegen beziehen sich nicht auf die Grundgesamtheit, sondern ausschließlich auf die konkrete Untersuchungsgesamtheit. Sie stellen meist eine Prognose dar, wie die Ergebnisse einer Untersuchung ausfallen werden. Man nutzt sie auch, um vor Untersuchungsbeginn Ergebnisse zu definieren, die die Forschungshypothesen bestätigen oder verwerfen sollen.

- **Statistische Hypothesen** schließlich werden verwendet, um durch formale mathematische Überprüfung von zwei sich ausschließenden statistischen Entscheidungen die Zuverlässigkeit einer Aussage über die Grundgesamtheit zu ermitteln. Diese zwei sich ausschließenden Hypothesen sind die

  H_1 **Alternativhypothese** (entspricht inhaltlich der Forschungs- oder operationalen Hypothese): Es besteht eine wie auch immer geartete Beziehung zwischen den untersuchten Variablen und die

---

12 Eine ausführliche Diskussion zur Überprüfung des Wahrheitsgehalts von sozialwissenschaftlichen Hypothesen bietet Opp (2005).
13 Vgl. zum folgenden Bortz und Döring (2005: 492ff.).

H_0 **Nullhypothese** (entspricht inhaltlich *nicht* der Forschungs- oder operationalen Hypothese!): Es besteht *keine* Beziehung zwischen den untersuchten Variablen.

Die Nullhypothese ist demzufolge eine formale Gegenhypothese, mit der behauptet wird, dass die in der Alternativhypothese postulierte Beziehung zwischen den Variablen gerade nicht existiert, dass sie „null und nichtig" ist, wie Kuckartz et al. (2010: 136) schreiben.

Beim statistischen Hypothesentest wird nun geprüft, ob eine in den erhobenen Daten zu beobachtende Beziehung rein zufälliger Natur ist – oder nicht. Ausgangsannahme ist also, dass die Nullhypothese zutrifft. Die Ergebnisse der statistischen Überprüfung von Hypothesen sind Signifikanzwerte für die Nullhypothese. „Signifikant" heißt, dass, falls die Nullhypothese zuträfe, ein von der Nullhypothese abweichender Befund mit weniger als z. B. fünfprozentiger Wahrscheinlichkeit zustande käme (vgl. Krämer 2008: 48). Signifikanzwerte beziehen sich nicht nur auf die untersuchte Stichprobe, sondern vielmehr und insbesondere auch auf die Grundgesamtheit. Schließlich geht es dem Forscher gerade darum, Hypothesen und letztendlich Theorien, die für die gesamte Population gültig sind, aufzustellen. Solche inferenzstatistischen Hypothesentests oder auch Signifikanztests werden insbesondere im Kapitel 6 vorgestellt.

Die drei Hypothesengrundformen lassen sich des Weiteren jeweils dreifach kategorisieren, und zwar in **Zusammenhangs-, Unterschieds- und Veränderungshypothesen**:

- **Zusammenhangshypothesen** behaupten einen Zusammenhang zwischen zwei oder mehr Variablen der Grundgesamtheit. Zur Überprüfung einer solchen Behauptung werden statistische Signifikanztests durchgeführt sowie korrelations- und regressionsstatistische Verfahren angewandt. Ein einfaches Beispiel für eine Zusammenhangshypothese ist die Annahme, es bestünde ein Zusammenhang zwischen dem Bildungsstand einer Person und ihrer Einstellung zur gesellschaftlichen Rolle der Frau: „Je höher der allgemeinbildende Schulabschluss ist, desto eher wird ein modernes Rollenbild vertreten."
- **Unterschiedshypothesen** behaupten, dass zwei oder mehr Teilgruppen der Grundgesamtheit, die die Ausprägung von einer oder mehreren unabhängigen Variablen repräsentieren, sich im Hinblick auf die abhängige Variable unterscheiden. Die Überprüfung dieser Hypothesen erfolgt mit statistischen Signifikanztests des Unterschieds von Mittelwerten und Varianzen (Streuungen). Ein Beispiel für eine Unterschiedshypothese ist die Annahme, dass sich Personen aus Ost- und Westdeutschland bezüglich ihrer Einstellung zur Berufstätigkeit von Müttern unterscheiden: „Wenn Personen

in Ostdeutschland bzw. der früheren DDR aufgewachsen sind, dann finden sie die Vereinbarung von Mutterschaft und Berufstätigkeit erstrebenswerter als Personen, die in Westdeutschland aufgewachsen sind."

- **Veränderungshypothesen** berücksichtigen den Zeitverlauf und behaupten, dass die über die Zeit variierende Ausprägung einer oder mehrerer unabhängiger Variablen die Werte der abhängigen Variablen einer oder mehrerer Populationen verändert. Die statistische Überprüfung ist häufig komplex und wird mit den Verfahren der Zeitreihenanalyse bei wechselnden Untersuchungsgesamtheiten oder mit der Panelanalyse im Fall einer wiederholt befragten Untersuchungsgesamtheit durchgeführt. Ein Beispiel für eine Veränderungshypothese ist die folgende Annahme: „Der Anteil an Personen, die meinen, dass eine verheiratete Frau auf die Berufstätigkeit verzichten sollte, hat in Deutschland seit 1980 deutlich abgenommen."[14]

4.5 Begriffe, Indikatoren und Operationalisierung

Ungeachtet dessen, ob wir es mit einer Hypothesen testenden Untersuchung zu tun haben oder nicht: Es stellt sich immer das Problem, die empirische Realität mit Begriffen zu verknüpfen bzw. die Beobachtungsebene mit der Theorieebene zu verbinden. Dieses wissenschaftstheoretisch anspruchsvolle Unterfangen können wir hier nur für datenanalytisch relevante Fragen, und somit sehr verkürzt, behandeln.

Begriffe, die in wissenschaftlichen Untersuchungen verwendet werden, stellen ein gedankliches Instrumentarium dar, mit dem bestimmte Sachverhalte gegenüber anderen abgegrenzt und wiedergegeben werden. Begriffe müssen dementsprechend definiert werden, d. h. der mit einem Begriff gemeinte empirische Sachverhalt muss expliziert werden. Dies mag bei **Begriffen mit *direktem* empirischen Bezug** wie Geschlechtszugehörigkeit, Körpergröße oder Haarfarbe, die also unmittelbar an einer Untersuchungseinheit beobachtet und gemessen werden können, auf den ersten Blick recht einfach erscheinen; bei **Begriffen mit *indirektem* empirischen Bezug** wie Einstellungen zum Rechtsextremismus, Anomie etc., mit denen sogenannte „dispositive" oder „latente Eigenschaften" erfasst werden sollen, erweist sich das meist als deutlich schwieriger.

Betrachten wir zur Verdeutlichung dieses Problems, wie bspw. im Datenreport 2006 der Bundeszentrale für politische Bildung die „Rolle der Frau in der Familie" beschrieben wird: „Hinsichtlich der Einstellung zur Rolle der Frau können

---

14 Die Überprüfung von statistischen Hypothesen wird uns ausführlich in Kapitel 6.2 beschäftigen. Veränderungshypothesen müssen dabei allerdings ausgespart bleiben, da die ALLBUS-Studie „nur" eine Querschnittuntersuchung darstellt und die Komplexität der Überprüfung solcher Hypothesen die vorliegende Einführung in die Datenanalyse mit SPSS Statistics übersteigen würde.

zwei Dimensionen unterschieden werden: die Vorstellung zur Rollenverteilung zwischen Mann und Frau und die Einstellung zu den Konsequenzen der Frauenerwerbstätigkeit. Erstere bezieht sich auf Vorstellungen über die Arbeitsteilung (…) sowie den Stellenwert der Berufstätigkeit der Frau. Letztere betrifft die Einstellung über die Konsequenzen ihrer Berufstätigkeit, z. B. für die Erziehung der Kinder" (ebd.: 516). Die Autoren identifizieren dabei zwei Rollenbilder: Ein „traditionelles" Rollenverständnis liegt dann vor, wenn sich die Frau hauptsächlich um den Haushalt und die Erziehung der Kinder kümmert und keine berufliche Karriere verfolgt. Dem gegenüber steht das „moderne" Rollenbild für eine erwerbsorientierte Frau, die Kinder, Haushalt und Berufstätigkeit vereinbart, indem sie dafür ggf. institutionalisierte Leistungen in Anspruch nimmt.

Die „Rolle der Frau in der Familie" ist ein typischer **Begriff mit** *indirektem* **empirischen Bezug**: Es ist einer Person eben nicht anzusehen, ob sie eher von einem modernen oder einem traditionellen Rollenverständnis überzeugt ist. Was wir in solchen Fällen latenter, nicht direkt beobachtbarer Eigenschaften benötigen, um Aussagen darüber treffen zu können, ob eine Untersuchungsperson dem Rollenbild gegenüber eher modern eingestellt ist oder nicht, sind **Indikatoren**: Sie sind ein messbarer Ersatz für die latenten, nicht beobachtbaren Eigenschaften. Sie sind empirische oder manifeste Äquivalente, welche die latenten Eigenschaften im Erhebungsprozess repräsentieren. Mit Hilfe von Indikatoren lässt sich aussagen, ob, und wenn ja, inwieweit eine latente Eigenschaft bei einer bestimmten Untersuchungseinheit vorliegt.

Nur: Welche Indikatoren sind geeignet, einen theoretischen Begriff mit indirektem empirischen Bezug im Messprozess zu repräsentieren? Und: Wie viele Indikatoren benötigt man dazu? Das bis heute übliche Verfahren, darauf eine Antwort zu finden und theoretische Begriffe durch Indikatoren zu ersetzen, geht auf Lazarsfeld (1968) zurück und wird „typologisch-induktive Zuordnung von Indikatoren zu theoretischen Konstrukten" genannt. „Typologisch" bedeutet dabei, dass versucht wird, möglichst alle Dimensionen, die der Begriff umfasst, zu spezifizieren. „Induktiv" bedeutet, dass man die Indikatoren, die in Folge der typologischen Dimensionierung gesammelt wurden, erst nach einer „Überprüfung auf Tauglichkeit", also *ex post*, endgültig zu einem Messinstrument zusammenstellt.

Im Fall der Einstellung zur „Rolle der Frau in der Familie" können folgende Dimensionen als für die Indikatorenauswahl bedeutsam unterschieden werden: Eine Untersuchungsperson wird in ihrem Rollenverständnis als „traditionell" bezeichnet, wenn nach deren Verständnis eine verheiratete Frau

- primär Aufgaben im Haushalt und die Erziehung der Kinder übernehmen,
- ihren Ehemann bei seiner Karriere unterstützen,
- anderen ihren Arbeitsplatz überlassen,
- jederzeit und immer für ihre Kinder präsent sein soll.

Was uns abschließend zu tun bleibt, um die theoretische Ebene unserer Begriffe mit der Beobachtungsebene der Realität zu verknüpfen, ist, Verfahrensregeln anzugeben, mit derer Hilfe entschieden werden kann, ob, und wenn ja, in welchem Ausmaß der mit dem Begriff bezeichnete Sachverhalt in der Realität tatsächlich vorliegt. Regeln, die eine solche Beziehung zwischen Theorie- und Beobachtungsebene herstellen, werden **Korrespondenzregeln** genannt. Sie legen fest, wie man einmal definierte Begriffe in Forschungsoperationen übersetzt. Dieser Vorgang wird auch **Operationalisierung** genannt.

Auf unser Beispiel „Rolle der Frau in der Familie" bezogen, sieht die Operationalisierung dieses Begriffs wie folgt aus (vgl. die entsprechende Frage im abgebildeten Fragebogenausschnitt auf Seite 15): Man entwickelt ein Befragungsinstrument mit einer Liste, die Befragten überreicht wird, auf der sechs Sätze über die Arbeitsteilung zwischen Männern und Frauen sowie die Konsequenzen der Erwerbstätigkeit von Müttern formuliert sind. Mittels einer vierstufigen Skala geben die Befragten an, inwieweit sie diesen Sätzen jeweils zustimmen.

Diese „Operation" kann man dem theoretischen Ausdruck „Rolle der Frau in der Familie" derart zuordnen, dass der Grad der Zustimmung zu jedem einzelnen Item sowie deren Summe als Maß für die Art des Rollenbilds interpretiert werden kann. Jedoch ist dem aufmerksamen Leser sicher aufgefallen, dass manche Items gegenläufig zu den anderen formuliert sind – in diesem Zustand erscheint eine Aufsummierung der Antwortwerte unsinnig. Die sog. **„Umpolung"** der Skala wird verwendet, um die Aufmerksamkeit der Befragten zu testen. Würde ein Befragter überall den Wert 1 ankreuzen, so würde er ein inkonsistentes Rollenverständnis an den Tag legen bzw. sich widersprechen. Die Umpolung hilft, eine Antwortverzerrung zu identifizieren und ggf. aus der Analyse auszuschließen. Für eine Auswertung der Daten muss aber die Skala zunächst zurückgepolt werden. Im konkreten Fall muss also bei den Items A und E der Wert '4' in '1', der Wert '3' in '2' usw. recodiert werden, um eine Skala zu erhalten, bei die Zustimmung zu den Items mit einem traditionellen und die Ablehnung der Items mit einem modernen Rollenverständnis einhergeht.

Nach diesem Schritt lautet die entsprechende Korrespondenzregel: „Für alle Personen gilt: Wenn sie die Items A bis F mit dem Skalenwert '4' beantworten, dann haben diese Personen ein moderneres Rollenverständnis als Personen, die die Items A bis F mit Skalenwerten '<4' beantworten". Man kann nun jede Person gemäß ihren Antworten in einem Wertebereich platzieren, der die Spannweite von '6' – sechsmal Skalenwert '1' genannt, d. h. völlig traditionell – bis '24' – sechsmal Skalenwert '4' genannt, d. h. völlig modern – annimmt. Damit ist das theoretische Konstrukt „Rolle der Frau in der Familie" empirisch interpretiert – man kann entscheiden, welche der befragten Personen die latente Eigenschaft „modernes" oder „traditionelles" Rollenverständnis in höherem Maße aufweist als eine andere befragte Person oder ob sich zwei Personen diesbezüglich nicht voneinander unterscheiden.

Die Formulierung von Fragen und die Konstruktion von Fragebögen ist, wie schon das vorangehende Beispiel verdeutlicht, eine höchst anspruchsvolle wissenschaftliche Tätigkeit. Wissenschaftliche Naivität versperrt allerdings häufig den Blick auf den Sachverhalt, dass jede einzelne Frage eines Fragebogens eine Operationalisierung eines Begriffs darstellt, die bewusst vorgenommen werden muss, um mittels einer Korrespondenzregel überhaupt theoretische Annahmen und Aussagen mit der beobachteten Realität verbinden zu können. Denn gerade Einstellungsfragen sind häufig emotional unterschiedlich besetzte Themenfelder, bei denen die Überprüfung ihrer Validität kaum möglich ist. Forschungsartefakte sind dementsprechend leider kein allzu seltenes Ereignis.[15]

Damit der „Sekundäranalytiker" möglichen Fallen misslungener Operationalisierungen aus dem Wege gehen kann, muss er die Operationalisierungen der originären Forscher anhand eigener theoretischer Überlegungen qualitativ evaluieren. Darüber hinaus kann er auch im Rahmen der Datenanalyse versuchen, Operationalisierungen theoretischer Konstrukte im Hinblick auf Zuverlässigkeit und Gültigkeit zumindest in Teilbereichen zu problematisieren und zu quantifizieren.[16]

---

15 Es ist demzufolge zu raten, möglichst Operationalisierungen zu verwenden, die sich bereits in der Vergangenheit bewährt haben. Einen Zugang zu solchen ausgetesteten Skalen vermittelt das von GESIS bereitgestellte elektronische Handbuch „*Zusammenstellung sozialwissenschaftlicher Items und Skalen (ZIS)*", das online verfügbar ist unter `http://www.gesis.org/dienstleistungen/methoden/spezielle-dienste/zis-ehes/zis/`.

16 Darauf wird im Kapitel 5.1 eingegangen.

5 Univariate Analyseschritte

Nach der Datenerhebung ist die Datenanalyse im idealtypischen Ablauf eines empirischen Forschungsunternehmens die zweite Phase des „Begründungszusammenhangs", wie wir in Kapitel 1.1 ausgeführt hatten. Ob, und wenn ja, welche statistischen Verfahren zur Datenauswertung herangezogen werden, hängt insbesondere von der grundlegenden Fragestellung des Forschungsprojektes ab: Während man bei der „qualitativen" Forschung traditionellerweise auf statistische Analysen weitgehend verzichtet – obwohl mittlerweile auch ernstzunehmende Statistik-Software zur computerunterstützten Textanalyse angeboten wird –,[1] setzt man im Kontext „quantitativer" Untersuchungen – und nur die stehen hier zur Debatte – im Fall experimenteller (kausalanalytischer) Forschungsdesigns andere Verfahren ein als im Fall nicht experimenteller (korrelationsanalytischer) Umfrageforschung. Bei zeitbezogenen Untersuchungen wie Ereignisdaten-, Zeitreihen-, Follow-Up- und Panelstudien (*time series data* und *longitudinal data*) greift man auf andere Prozeduren zurück als bei reinen Querschnittsuntersuchungen (*cross-sectional data*). Innerhalb des durch das grundlegende Forschungsdesign vorgegebenen Rahmens hängt die Auswahl angemessener statistischer Datenanalyseverfahren des Weiteren von drei Faktoren ab:

1. Handelt es sich um eine hypothesen**generierende** oder um eine hypothesen-**testende** Untersuchung?
2. Wie ist es um die Qualität der erhobenen Daten bestellt?
3. Wie viele Variablen sollen simultan in einen Analysegang einbezogen werden?

Unabhängig davon, welches Auswahlkriterium man im Einzelfall heranziehen mag: In aller Regel wird sich Datenanalyse von der Exploration über die Deskription hin zur Konfirmation bewegen; sie wird außerdem mit einfachen, univariaten Analysen beginnen (in diesem Kapitel behandelt), mit bivariaten Analysen fortfahren (Kapitel 6) und bei multivariaten Analysen enden (Kapitel 7). Diesen forschungslogischen Arbeitsschritten folgend, stellen wir zuerst die Frage nach der Qualität der involvierten Variablen in den Vordergrund.[2]

---

1 Z. B. MAXqda (`http://www.maxqda.de`) oder IBM SPSS Text Analysis for Surveys (`http://www-03.ibm.com/software/products/en/spss-text-analytics-surveys`).

2 Im Online-Zusatzmaterial sind ausführliche Erläuterungen zu dem in diesem Kapitel angesprochenen Verfahren, Tests und Koeffizienten zu finden: ⇒`http://www.utb-shop.de/9783825242251`.

5.1 Univariate explorative Datenanalyse

Die (univariate) explorative Datenanalyse (**EDA**) soll in erster Linie helfen, Antworten auf Fragen nach der **formalen Qualität** der Daten zu finden:

1. Treten im Datensatz Werte zutage, die laut Codierplan dort nicht auftreten dürften – gibt es also **Fehler** in den Daten?
2. Welches **Skalenniveau** und welche **Verteilungsform** weisen die einzelnen Variablen auf?
3. Sind Einflüsse zu beobachten, die – wie etwa sog. **Ausreißer** – die gesamte Verteilung einer Variablen und damit statistische Kennwerte und Testergebnisse verzerren?
4. Sind im Datensatz generell oder bei bestimmten Themenbereichen Untersuchungseinheiten zu finden, für die **keine Angaben** vorliegen?

Wenn sich diese Fragen auch schon seit einiger Zeit gestellt haben: EDA hat erst die rechte Aufmerksamkeit bei vielen Forschern gefunden, nachdem die verbesserte Rechnerleistung eine komfortable und ansprechende grafische Umsetzung ihrer Ergebnisse auch bei großen Datensätzen ermöglichte.

5.1.1 Datenprüfung und Datenbereinigung

Jeder Forscher muss den ihm vorliegenden Datensatz, auch bei einer Sekundäranalyse, zuerst einmal der EDA unterziehen – zumindest zu dem Zweck, **fehlerhafte Daten** ausfindig zu machen und sie näher zu identifizieren, um sie schließlich zu korrigieren oder zu eliminieren. Hierbei lernt er auch die Eigenheiten des vorliegenden Datensatzes kennen.

Das Auftreten von Datenfehlern ist nicht gänzlich zu vermeiden: Bereits im Erhebungsprozess bilden Interviewer, Beobachter und Codierer die Realität in den Erhebungsinstrumenten Fragebogen, Beobachtungsschema oder inhaltsanalytischer Codierbogen nicht völlig „wahrheitsgetreu" ab.[3] Auch bei der Übertragung der erhobenen Informationen von den Erhebungsinstrumenten auf digitale Datenträger kommt es zu Ungenauigkeiten. Datenprüfung muss daher stets der erste Schritt bei der Auswertung eines Datensatzes sein.

Unproblematisch, weil mittels EDA gut zu erkennen, sind Fehler, die darauf beruhen, dass sich im Datensatz Werte befinden,

- die außerhalb des durch den Codierplan vorgegebenen gültigen Wertebereichs liegen: Dies wäre im ALLBUS 2012 z. B. dann der Fall, wenn etwa bei der Variable *frauenbild_1* die Werte '5', '6', '7' oder '8' aufträten, die bei dieser Variablen überhaupt nicht vorgesehen sind;

---

3 Die Gründe hierfür sind vielfältig und nicht nur im (bewussten) Fehlverhalten der Mitarbeiter des Forschungsinstitutes zu suchen. Vgl. zur Problematik z. B. Schnell et al. (2013).

- die nicht dem definierten Variablentyp entsprechen: In unserem Datensatz ALLBUS 2012 haben wir es mit Ausnahme der alphanumerischen Variablen Geschlechtszugehörigkeit (*sex_b, sex_i*) ausschließlich mit numerischen Variablen zu tun, Variablen also, deren Werte nur aus Zahlen bestehen. Fände sich bei einer dieser Variablen ein alphanumerischer Wert, dann wäre dies ein Fehler. Verbreitet tritt z. B. die Eingabe des (falschen) alphanumerischen Zeichens 'O' statt des (richtigen) numerischen Wertes 'O' auf.

Solcherart „logisch unzulässige" Werte sind leicht dadurch zu explorieren, dass man sämtliche Spalten eines Datensatzes als Variable definiert und sich eine **Häufigkeitsauszählung** dieser Variablen unter Berechnung von Minima, Maxima, Schiefe und arithmetischem Mittel erstellen lässt. Anhand der Ausgabe dieser „Grundauszählung" kann man unter Zuhilfenahme des Codierplans eventuell aufgetretene Fehler leicht entdecken.

Hat man einen Fehler lokalisiert, folgt die **Identifizierung des Falles**, bei dem er zu verzeichnen ist. Auch hierbei bietet SPSS Statistics Hilfe an, indem es erlaubt, mehr oder minder komplexe Bedingungen zu formulieren, bei deren Eintreffen bestimmte Operationen durchzuführen sind. Einfaches Beispiel: In Spalte 48 der Rohdatenmatrix dürfen im ALLBUS 2012 bei der Geschlechtszugehörigkeit nur die Werte 'm' für 'Mann' und 'w' für 'Frau' auftreten. Angenommen, wir fänden hier das – unzulässige – Zeichen 'A' und wollten den Fall ausfindig machen, bei dem dieser Fehler auftritt, dann würde man den Rechner folgende Operation – allerdings nur temporär! – ausführen lassen: „Schreibe mir die Identifikationsnummer des Falles heraus, bei dem die Variable *sex_b* den Wert 'A' annimmt." Folgendes Syntaxprogramm wäre dafür geeignet:

```
TEMPORARY.
SELECT IF (sex_b = "A").
FREQUENCIES VARIABLES= id.
```

Es bestünde nun die Möglichkeit, das Urmaterial – also die Fragebögen – zu sichten, anhand der Identifikationsnummer den entsprechenden Fragebogen herauszusuchen, nachzuschauen, welcher Wert dort tatsächlich abgetragen ist, und schließlich in der Rohdatenmatrix den Wert 'A' durch den gefundenen gültigen Wert mittels eines Editors zu **korrigieren**.[4] Ist auch im Fragebogen keine eindeutige Information über das Geschlecht des in Frage stehenden Falles enthalten,

---

4 Da die Korrektur fehlerhafter Werte in der Rohdatenmatrix selbst fehleranfällig ist, verzichtet man besser auf diesen Weg der Fehlerbereinigung und wählt die in SPSS Statistics vorhandenen Möglichkeiten zur sog. „Recodierung" von Werten, bei der die Rohdatenmatrix unverändert bleibt, dennoch aber das fehlerhafte Datum bereinigt wird.

wäre er aus dem Datensatz zu **eliminieren** – oder das Datum durch den für die Variable vorgesehenen bzw. zu definierenden „fehlenden Wert", bspw. ' - ' im Fall der vorliegenden alphanumerischen Variablen zu ersetzen. Solcherart „logisch unzulässige" Werte sind leicht dadurch zu explorieren, dass man – wie in Kapitel 3.6.1.1 demonstriert – die Daten mittels *DATA LIST* und *MISSING VA-LUES* beschreibt und sich von SPSS Statistics eine Häufigkeitsauszählung aller Variablen, eine sog. **Grundauszählung** erstellen lässt. Anhand der dadurch produzierten Ausgabe kann man unter Zuhilfenahme des Codierplans und/oder des Fragebogens etwaige Eingabefehler leicht entdecken.

5.1.1.1 Statistikprozeduren DESCRIPTIVES und FREQUENCIES

Sofern nur numerische Variablen vorliegen, kann für die Grundauszählung die *DESCRIPTIVES*-Prozedur mit der Berechnung von Minimal- und Maximalwerten mittels */STATISTICS = MIN, MAX* verwendet werden.

DESCRIPTIVES berechnet für **numerische** Variablen automatisch die univariaten deskriptiven statistischen Kennwerte arithmetisches Mittel, Standardabweichung, Minimum und Maximum sowie, auf Anforderung, Standardfehler des Mittelwertes, Varianz, Steilheit, Schiefe, Spannweite und Summe. Die Prozedur bietet außerdem die Möglichkeit, Variablen zu standardisieren (z-Transformation).

Die Befehlssyntax für die Statistikprozedur *DESCRIPTIVES* ist hier zu finden:

►Hilfe ►Befehlssyntaxreferenz (Command Syntax Reference) ►DESCRIPTIVES

Falls auch alphanumerische Werte auftreten können, muss die *FREQUENCIES*-Prozedur für die Auszählung eingesetzt werden. Wir haben es beim ALLBUS 2012 bekanntlich mit beiden Wertearten zu tun, wählen also die Prozedur *FREQUENCIES*:

FREQUENCIES erstellt Häufigkeitstabellen für **numerische** und **alphanumerische** Variablen. Wenn man nichts anderes anfordert, werden Tabellen mit absoluten, relativen und bereinigten relativen Häufigkeiten sowie kumulierten Häufigkeiten erzeugt. Die Ergebnisse der Häufigkeitsauszählungen können mittels Histogrammen und Balkendiagrammen visualisiert werden. Eine Reihe von zusätzlichen Möglichkeiten steuert die Lesbarkeit des Protokolls. Eine Vielzahl statistischer Koeffizienten lässt sich auf Anforderung berechnen.

Die Befehlssyntax für die Statistikprozedur *FREQUENCIES* ist hier zu finden:

▶Hilfe ▶Befehlssyntaxreferenz (Command Syntax Reference) ▶FREQUENCIES

Beim erstmaligen Zugang zum Datensatz schreiben wir für unsere Fragestellung das folgende, aus Kapitel 3.6.1.1 bereits bekannte und durch *FREQUENCIES VARIABLES=ALL* ergänzte Programm. Es führt dazu, dass eine Grundauszählung, also eine Häufigkeitsauszählung aller Variablen über alle Fälle durchgeführt wird.

```
DATA LIST="c:\allbus\allbus2012.dat"/
id 1-4 anomie_1 TO anomie_4 5-8 lebenszufriedenheit 9-10 frauenbild_1 TO
frauenbild_6 11-16 elternbild_1 TO elternbild_10 17-26 fremde_1 TO fremde_4
27-30 kontakt_1 TO kontakt_4 31-34 antisemitismus_1 TO antisemitismus_4 35-38
schicht 39 links_rechts 40-41 politik_1 42 politik_2 43-44 politik_3 45
politik_4 46-47 sex_b 48(A) alter_b 49-51 schulabschluss 52
staatsangehoerigkeit 53 staatsbuergerschaft 54-55 familienstand 56
alter_ehepartner 57-59 lebenspartner 60 alter_lebenspartner 61-63
beruf_1 TO beruf_12 64-75 berufstaetigkeit 76 berufsstellung 77
arbeitsstunden_1 78-82(1) arbeitsstunden_2 83-87(1) eink_p1 88-92
eink_p2 93-94 haushaltsgroesse 95-96 eink_hh1 97-101 eink_hh2 102-103
konfession_1 104 konfession_2 105 wohnungstyp 106 wohngebaeude 107
gemeindegroesse 108 west_ost 109 bundesland 110-112 interviewdauer 113-115
sex_i 116(A) alter_i 117-118 interviewer_schule 119 gewicht 120-130(9).
FREQUENCIES VARIABLES=ALL .
```

Auf diese Weise können prinzipiell alle Fehler sukzessive erkannt und behandelt werden, die auf der fälschlichen Eingabe logisch unzulässiger Werte beruhen – nicht aber solche Fehler, die innerhalb der Grenzen der logisch zulässigen Wertebereiche begangen werden: Etwa indem bei der Variablen *politik_1* statt des richtigen Wertes '2' (politisches Interesse 'stark') der zwar gültige, dennoch falsche Wert '4' ('wenig' politisches Interesse) eingegeben wird. Solche fehlerhaften Daten sind nur entweder durch den Vergleich einer jeden Datenzeile mit dem entsprechenden Urbeleg oder durch das Verfahren der doppelten Datenerfassung und des Abgleichs der dadurch entstehenden zwei Rohdatenmatrizen zu erkennen – beides allerdings sehr zeit- und kostenaufwendige Verfahren.

Erst wenn die Datenprüfung und -bereinigung erfolgreich abgeschlossen sind, ist es sinnvoll, sich an die weiteren Schritte univariater EDA zu begeben und sich Gedanken über das Skalenniveau der involvierten Variablen zu machen sowie sich Informationen über ihre Verteilungsform zu besorgen.

5.1.2 Skalenniveau und Verteilungsform der Variablen

Wenn wir im Kontext der Datenanalyse von **Daten** sprechen, dann meinen wir damit Zeichen, die die Ausprägungen operationalisierter Eigenschaften bzw. Merkmale von Untersuchungseinheiten in der „Rohdatenmatrix" zum Zwecke ihrer Analyse repräsentieren.[5] Eigenschaften resp. Merkmale mit mindestens zwei Ausprägungen nennen wir **Variablen**.

Daten werden mittels eines „Messvorgangs" generiert. **Messung** bedeutet nach dem Biophysiker Stevens (1951: 1) „die Zuordnung von Zahlen zu Objekten oder Ereignissen nach bestimmten Regeln". Merkmalsausprägungen von Objekten könnte man z. B. so feststellen, dass ein Untersuchungsobjekt einem Stimulus ausgesetzt wird (etwa einer Frage), und die Reaktion darauf mit einer Zahl versehen wird, die die infrage stehende Merkmalsausprägung widerspiegeln soll. Diese Zuordnung würde man analog als Messung bezeichnen.

Die Daten sollen die Variablen im Datensatz allerdings „angemessen", nach bestimmten Regeln repräsentieren und damit die realen Eigenschaften bzw. Merkmale von Untersuchungseinheiten **isomorph** abbilden. Darunter ist zu verstehen, dass die realen Relationen zwischen den Ausprägungen einer Variablen sich auch in den ihnen zugeordneten Zeichen – wobei es sich zumeist um Zahlen handelt – im Datensatz widerspiegeln sollen.

Hier ein Beispiel: Die „subjektive Schichtzuordnung" (*schicht*) im ALLBUS 2012 wird eingeteilt in: 'Unterschicht', 'Arbeiterschicht', 'Mittelschicht', 'Obere Mittelschicht' und 'Oberschicht'. Wenn wir diese Variable, deren Eigenschaftsausprägungen wir, einiges Wohlwollen vorausgesetzt,[6] nach dem Aspekt „kleiner/größer" unterscheiden können, in unserem Datensatz abbilden wollten, dann wäre die Zuordnung der Zahlen 1 - 2 - 3 - 4 - 5 zu den Schichtausprägungen isomorph, die Zuordnung der Zahlen 3 - 1 - 2 - 5 - 4 dagegen nicht isomorph zu nennen, da die letztgenannten Zahlen nicht den tatsächlich gegebenen Aspekt des „kleiner/größer" adäquat repräsentieren.

Um Isomorphie gewährleisten zu können, ist es erforderlich, dass man zwischen einigen Variablentypen zu unterscheiden weiß: nämlich zwischen qualitativen und quantitativen, diskreten und stetigen sowie zwischen nominal-, ordinal-, intervall- und ratioskalierten Variablen.[7]

- Hinsichtlich einer **qualitativen** oder **kategorialen Variablen** kann man die Untersuchungsobjekte der **Art** nach unterscheiden, z. B.: Geschlecht, Nationalität, Familienstand.

---

5 Damit ist nichts über Sinn oder Relevanz solcher Daten ausgesagt – im Kontrast zum Anliegen von Atteslander (1990) in seinem Zeitungsartikel über „Missbrauch der Demoskopie": „Wie aber muss man heute die Ergebnisse demoskopischer Umfragen bewerten? Als Futter für Propaganda oder als Anlass zur Erkenntnis? Werden Antworten auf Fragen politischen Gehalts allzu unkritisch und unkontrolliert zu Daten hochstilisiert, vermag kein noch so ausgeklügeltes mathematisches Verfahren über die Armseligkeit des Zustandekommens solcher Daten hinwegzutäuschen."

6 Da die Kategorie 'Arbeiterschicht' nicht einer Rangordnung von 'unten' über 'mittel' nach 'oben' entspricht, wird man eher die Auffassung vertreten, bei der Schichtzuordnung handele es sich vielmehr um eine Nominalskala, nicht um eine Ordinalskala.

7 Intervall- und Ratioskalen werden häufig unter den Begriff „metrisch" subsumiert.

- Hinsichtlich einer **quantitativen Variablen** können die Untersuchungsobjekte der **Größe** nach unterschieden werden, z. B.: Lebensalter, Körpergröße.

- Als **diskrete** oder **diskontinuierliche Variable** bezeichnet man eine Variable, die nur bestimmte Werte annehmen kann, die also innerhalb eines bestimmten Bereiches **Lücken** aufweist, z. B.: Kinderzahl – eine Frau kann ein, zwei oder mehr Kinder gebären, nicht aber 1,3 Kinder.

- Als **stetige** oder **kontinuierliche Variable** bezeichnet man eine Merkmalsdimension, deren Ausprägungen keine „Sprünge" machen, bei denen also ein **lückenloses Kontinuum** vorhanden ist, z. B.: Lebensalter, Zeit.

Anzumerken ist, dass es sich bei diesen Unterscheidungen eher um graduelle als um prinzipielle handelt – zumindest in einer Richtung: So kann man quantitative Variablen z. B. durch Dichotomisierung[8] in qualitative und stetige Variablen in diskrete[9] transformieren, nicht aber umgekehrt qualitative in quantitative und diskrete in stetige – jedenfalls nicht ohne Weiteres.

Je nachdem, ob, und wenn ja, inwieweit die empirischen Eigenschaften es erlauben, sie **numerisch** abzubilden und mit ihnen Rechenoperationen durchzuführen, lässt sich eine **Hierarchie aus vier verschiedenen Mess- oder Skalenniveaus** unterscheiden.

1. Auf der untersten Stufe dieser Hierarchie steht die **Nominalskala**. Für sie ist konstitutiv, dass die Zahlen, die wir den Merkmalen der Objekte zuordnen, ausschließlich eine klassifikatorische, eben „namengebende" Funktion haben. Welche Zahlen (oder Symbole) das sind, ist beliebig: Sie müssen nur die Unterscheidung von Objekten im Hinblick auf verschiedene Ausprägungen einer Eigenschaft ermöglichen. Sie müssen darüber hinaus die verschiedenen Ausprägungen vollständig zu erfassen erlauben. Zuordnungen von Personen zu den Eigenschaftsausprägungen `'männlich'`, `'weiblich'` (*sex_b*) oder `'evangelisch'`, `'katholisch'`, `'ohne Konfession'` etc. (*konfession_1*) sind Beispiele für nominales Messniveau im ALLBUS 2012. Modus sowie absolute und relative Häufigkeiten geben Aufschluss über die Verteilung nominalskalierter Variablen; mathematische Operationen verbieten sich bei solchen Variablen.

2. **Ordinalskalen** oder **Rangskalen** stehen auf der zweiten Stufe der Skalenhierarchie. Für sie ist konstitutiv, dass die den Eigenschaften zuzuordnen-

---

8 Darunter ist die Zusammenfassung mehrerer (polynomer) Merkmalsausprägungen einer Variable zu zwei sich gegenseitig ausschließenden Merkmalsgruppen zu verstehen: Bspw. kann die quantitative Variable *haushaltsgroesse* in die zwei alternativen Kategorien „Einpersonen-" und „Mehrpersonenhaushalt" dichotomisiert werden.

9 So wird häufig die Variable „Einkommen" nicht stetig in Euro und Cent erfasst, sondern in Einkommensklassen. Im ALLBUS 2012 z. B. bei *eink_p2*: `'unter 200'`, `'200-299'`, `'300-399'`, `'400-499'`, `'500-624'`, `'625-749'` € etc.

den Zahlen außer der „namengebenden" zusätzlich eine „ordnende", Rangreihen bildende Funktion haben. Welche Zahlen den Eigenschaftsauspra-
gungen zugeordnet werden, ist nicht mehr völlig beliebig: Können wir Eigenschaftsausprägungen nach dem Aspekt „kleiner/größer" bzw. „mehr/
weniger" unterscheiden, dann muss sich dies auch in den zuzuordnenden
Zahlen widerspiegeln. Die Abstände zwischen den Zeichen sind allerdings
beliebig wählbar. Zuordnungen von Untersuchungsobjekten zu den Eigenschaftsausprägungen 'geringes', 'mittleres', 'hohes Einkommen'
(*eink_hh2*) oder Kirchgangshäufigkeit 'mehr als 1x die Woche', 1x
die Woche',..., 'nie' (*konfession_2*) sind Beispiele für ordinales Messniveau im ALLBUS 2012. Ob wir z. B. den Eigenschaftsausprägungen 'geringes', 'mittleres', 'hohes Einkommen' die Zahlen '1', '2', '3',
oder aber '2', '5', '33', oder gar '200', '700', '3000' zuordnen, ist
bei Rangskalen prinzipiell beliebig. Es kommt ausschließlich darauf an, eine Rangreihe isomorph abzubilden, nicht aber das Ausmaß der Differenz
zwischen den Ausprägungen – denn die ist unbekannt! Dies gilt selbstverständlich auch für sog. Likertskalen, wie wir sie im ALLBUS 2012 z. B. bei
den Fragen *frauenbild_1* bis *frauenbild_6* finden. Auch mit ordinalskalierten Variablen lässt sich keine Arithmetik betreiben. Über das bei nominals-
kalierten Variablen Gesagte hinaus können jedoch Median und Quantile
angegeben werden.

3. **Intervallskalen** stehen auf der nächst höheren Stufe der Skalenhierarchie.
   Für sie ist konstitutiv, dass die den Eigenschaften zuzuordnenden Zahlen
   nicht nur eine „namengebende" und „ordnende" Funktion haben, sondern
   auch Aussagen über die – empirisch sinnvollen – Abstände zwischen Skalenwerten erlauben. Eine Intervallskala kann man sich als einen Maßstab
   vorstellen, der an die Eigenschaftsausprägungen von Objekten angelegt
   wird. Die Maßeinheit eines solchen Maßstabs ist festgelegt. Die Beliebigkeit
   der Zuordnung von Zahlen ist aufgehoben. Ein gegebenes Intervall ist an
   jeder Position des Maßstabs gleich: Die Differenz zwischen 1010 und 1000
   ist gleich der Differenz zwischen 110 und 100. Diese **Äquidistanz** der einzelnen Eigenschaftsausprägungen ermöglicht es, die mathematischen Operationen von Addition, Subtraktion, Multiplikation und Division anzu-
   wenden, sowie im Gegensatz zu nominal- und ordinalskalierten Variablen
   einen arithmetischen Mittelwert sinnvoll zu berechnen und zu interpretieren. Typische Beispiele für intervallskalierte Variablen sind „Temperatur"
   und „Kalenderrechnung". Aber selbst bei Intervallskalen gibt es zwei **will-
   kürliche Momente**, „nämlich die Wahl der Intervallgröße (Maßeinheit)
   und die Wahl des Nullpunktes. Bspw. ist unsere Kalenderrechnung eine
   Intervallskala, deren Einheit ein Jahr (oder zwölf Monate) und deren Null-

punkt das Geburtsjahr Christi (nicht etwa das Geburtsjahr Mohammeds) ist" (Benninghaus 2007: 25).

4. **Ratioskalen** oder **Verhältnisskalen** schließlich stehen auf der höchsten Stufe der Skalenhierarchie. Sie weisen alle Eigenschaften der vorhergehenden Skalentypen auf und haben darüber hinaus einen **invarianten Nullpunkt**. Zu den bei Intervallskalen zulässigen mathematischen Operationen tritt dadurch die Möglichkeit hinzu, Aussagen über Quotienten je zweier Zahlen zu treffen. Auch ist die Berechnung des geometrischen Mittels möglich. Beispiele für Ratioskalen in unserem Datensatz sind die Variablen „Lebensalter" (*alter_b*) und „Nettoeinkommen" (*eink_p1*, *eink_hh1*) sowie die (Absolut-)Skala der „Kardinalzahlen", die wir verwenden, um z. B. Häufigkeiten wie die Anzahl von Personen je Haushalt (*haushaltsgroesse*) zu zählen.

In Tabelle 5.1 auf den nächsten zwei Seiten sind die Voraussetzungen sowie zulässige Transformationen, zulässige Verteilungscharakteristika, zulässige Prüf- und Korrelationsverfahren der verschiedenen Skalentypen synoptisch aufgeführt.

Ratio- und intervallskalierte Variablen werden häufig in der Literatur unter die Begriffe **metrische** oder **quantitative Variablen** subsumiert. Dies deutet an, dass man bereit ist, beide Variablentypen mathematisch-statistisch nahezu gleich zu behandeln, den fehlenden invarianten Nullpunkt intervallskalierter Variablen also zu vernachlässigen. Nominal- und ordinalskalierte Variablen werden analog als nicht metrische oder, häufiger, **qualitative Variablen** bezeichnet, für die es sich verbietet, mathematisch-statistische Transformationen und Berechnungen vorzunehmen – allerdings gilt dies nur mit Einschränkungen, womit ein weiterer, für die praktische Datenanalyse bedeutsamer Sachverhalt avisiert ist: Nämlich jener nach der angemessenen mathematisch-statistischen Behandlung ordinalskalierter Variablen.

Unbestritten ist, dass die vier genannten Skalentypen eine **kumulative Hierarchie** bilden, bei der die Ratioskala zugleich sämtliche Eigenschaften von Intervall-, Ordinal- und Nominalskalen aufweist, die Intervallskala jene von Ordinal- und Nominalskalen sowie die Ordinalskala jene der Norminalskalen. Es ist also immer möglich, eine „höherwertige" Skala zu einer „niedrigeren" **herabzutransformieren** – wobei jedoch zwangsläufig Informationsverluste in Kauf zu nehmen sind.

Der umgekehrte Weg, nämlich der Versuch, insbesondere ordinalskalierte Variablen in metrische Variablen **hinaufzutransformieren**, also anzunehmen, es bestünde Äquidistanz zwischen Variablenausprägungen wie „sehr häufig, häufig, selten, sehr selten", ist, aus puristischer mathematisch-statistischer Blickrichtung betrachtet, als „Holzweg" einzustufen. Dennoch wird er – v. a. von Geistes- und Sozialwissenschaftlern, deren tägliches Datengut zumeist aus nominalen und or-

Tabelle 5.1: Skalierungsarten

Skalentyp	Voraussetzungen	zulässige Transformationen	zulässige Verteilungscharakteristika	zulässige Prüfverfahren	zulässige Korrelationsverfahren
		„homograder Fall"			
Nominalskala (qualitative Klassifizierung)	Bestimmbarkeit der Gleichheit oder Ungleichheit von Elementen, ihrer Zugehörigkeit zu einer Klasse z.B. $x_a \in A$ $x_b \in B$	Permutation, Umbenennung	absolute Häufigkeiten f_i, relative Häufigkeiten f_i/n, prozentuale Häufigkeiten 100 f_i/n, Modalwert	χ^2 - Verfahren	Kontingenzkoeffizienten C oder K, Vierfelderkoeffizienten Φ, Q
Ordinalskala (topologische Skala)	zusätzlich: Bestimmbarkeit von Größer-Kleiner-Unterschieden und entsprechende Ordnung der Elemente in einer Rangfolge, z. B. $x_a < x_b < x_c$	Y=f (x), wobei f (x) eine monoton wachsende („isotonische") Funktion ist	zusätzlich: kumulierte Häufigkeiten f_c, Rangpositionen, Prozentrangwerte, Zentile, Median, Quartile	zusätzlich: auf Rangdaten beruhende verteilungsfreie Verfahren, z. B. H-Test, Kolmogorov-Smirnov-Test, U-Test	Rangkorrelationskoeffizient R

Skalentyp	Voraussetzungen	zulässige Transformationen	zulässige Verteilungscharakteristika	zulässige Prüfverfahren	zulässige Korrelationsverfahren
		„homograder Fall"			
Intervallskala (Einheitenskala)	zusätzlich: Bestimmbarkeit von Einheiten (gleichen Intervallen) und Festlegung eines Nullpunktes, z. B. $x_1 - x_0 = x_2 - x_1 = x_3 - x_2$	lineare Transformation $y = a + bx$, wobei $b < 0$, Streckung, Verschiebung	zusätzlich: arithmetisches Mittel, Standardabweichung, Varianz, Schiefe, Exzeß	zusätzlich: parametrische, auf der Normalverteilung beruhende Verfahren, z. B. t-Test, F-Test, Varianzanalyse	Maßkorrelationskoeffizient r, biseriale Koeffizienten r_{bis}, r_{pbis}, Regressionskoeffizienten b
Ratioskala (Proportional-, Verhältnis-, Absolutskala)	zusätzlich: Bestimmbarkeit von Einheiten, (gleichen Proportionen), z. B. $x_1 - x_0 = x_2 - x_1 = x_3 - x_2$, Existenz eines invarianten Nullpunktes	Ähnlichkeitstransformation $y = cx$, wobei $c < 0$, Streckung	zusätzlich: geometrisches Mittel, Variabilitätskoeffizient		

Quelle: Büschges und Lütke-Bornefeld (1977: 214), nach Gutjahr (1971)

dinalen Variablen besteht – immer wieder eingeschlagen. Ob dies aus datenanalytischer Sicht zu verantworten ist – darüber streitet sich die Fachwelt seit Anfang des vorletzten Jahrhunderts. Wenn es sich auch erübrigen muss, auf diese Kontroverse, die sowohl mit technischen als auch mit theoretischen Argumenten geführt wird, an dieser Stelle näher einzugehen,[10] soll doch eine wichtige, wenn auch grobe (technische) Entscheidungshilfe in Tabelle 5.1 dargestellt werden.

Wenn eine ordinalskalierte Variable eine ungerade Anzahl von vielen, wenigstens aber fünf Merkmalsausprägungen aufweist und ihre Verteilungsform die Annahme untermauert,[11] sie stamme aus einer hinsichtlich dieser Variablen annähernd normalverteilten Grundgesamtheit, dann spricht datenanalytisch nichts dagegen, sie wie eine metrische Variable zu behandeln.

Der Grund dafür, dass es vielen Forschern erstrebenswert erscheint, es mit metrischen Variablen zu tun zu haben, liegt darin, dass auf Daten dieses Skalenniveaus alle mathematischen Transformationen und nahezu alle statistischen Verfahren angewandt werden können, während für die Analyse ordinalskalierter Daten häufig „nur" nicht parametrische Surrogate zur Verfügung stehen, die die in den Variablen enthaltenen Informationen unter Umständen nicht voll ausschöpfen.[12]

Letztlich bleibt die Entscheidung darüber, ob ordinalskalierte als solche oder wie metrische Variablen behandelt werden, dem Forscher überantwortet. Er sollte den Adressaten seiner Forschungsergebnisse jedoch darüber nicht im Unklaren lassen und seine Entscheidung begründen. Es ist eine theorieabhängige Entscheidung,[13] die ihm kein Computer und keine Statistik-Software abnehmen kann. So berechnet auch SPSS Statistics für nominalskalierte Variablen wie „Geschlechtszugehörigkeit" ein harmonisches Mittel, wenn der Nutzer es denn will.

Hard- und Software können allerdings helfen, die den Daten angemessene (theoriegeleitete) Entscheidung über die „Skalendignität", und, davon abhängig, über die geeigneten statistischen Maßzahlen und Prüfverfahren zu treffen: Die **Verteilungsform** von Variablen inklusive der für sie verantwortlichen **Lage-** und **Streuungsparameter** bieten dafür nützliche Hinweise.

Und jetzt, bei der Bestimmung dieser Parameter, sind wir schließlich bei der computerunterstützten univariaten EDA angelangt. Wie gesagt, ist für die Auswahl vieler statistischer Maßzahlen, Korrelationen und multivariater Verfahren nicht nur das Messniveau der Variablen als Entscheidungskriterium heranzuziehen, sondern auch die Verteilungsform der Variablen. So ist bspw. die Anwendung des t-Tests und der Varianzanalyse in der Regel nur dann sinnvoll, wenn

---

10 Der von Zweifeln Geplagte findet die Problematik bspw. bei Allerbeck (1978), Bortz (2005: 31ff.) und Benninghaus (2007: 20ff.) lesenswert behandelt.
11 Dazu mehr auf den folgenden Seiten.
12 Vgl. Allerbeck (1978).
13 Vgl. Bortz (2005: 25ff.)

die Häufigkeitsverteilung der abhängigen Variablen zumindest annähernd einer Normalverteilung gleicht (vgl. Abbildung 5.1).

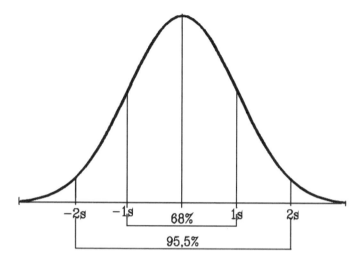

Abbildung 5.1: Normalverteilung

Eine **Normalverteilung** ist unimodal, symmetrisch und weist zudem einen annähernd glockenförmigen Verlauf auf. Rund zwei Drittel (68,3%) aller Beobachtungen fallen bei normalverteilten Variablen in den Bereich von $\bar{x} \pm 2s$, und mehr als neun Fünftel (95,4%) in den Bereich $\bar{x} \pm 2s$.[14] „Wenn also in einem Kollektiv die Intelligenzquotienten mit einem Mittelwert von $\bar{x}=90$ und einer Streuung von $s=8$ angenähert normalverteilt sind, befinden sich im Bereich von 82 bis 98 IQ ca. 68% aller Fälle" (Bortz 2005: 42).

Die Normalverteilung ist die wichtigste theoretische Verteilung in der Statistik. Viele naturwissenschaftlich relevante, aber leider nur wenige sozialwissenschaftlich bedeutsame, mindestens intervallskalierte Variablen sind annähernd „normalverteilt": Normalverteilt in dem Sinne, dass die meisten Beobachtungswerte einer Variablen nahe um die Mitte einer Verteilung oszillieren; je weiter man von dieser Mitte nach unten oder oben resp. links oder rechts abweicht, desto seltener treten Beobachtungswerte auf. Wenn man bspw. eine repräsentative Stichprobe aus der (erwachsenen) Bevölkerung der Bundesrepublik im Hinblick auf die Verteilung der Variablen Körpergewicht und Körpergröße untersuchen würde, erhielte man – aller Wahrscheinlichkeit nach – eine solche glockenförmige Normalverteilung.

---

14 $\bar{x}$ = arithmetisches Mittel; s = Standardabweichung.

Viele metrische Variablen weisen nun allerdings eine Häufigkeitsverteilung auf, die mehr oder minder deutlich von einer Normalverteilung abweicht. Einige typische Verteilungsformen sind in nachstehenden Abbildungen 5.2 bis 5.5 wiedergegeben (Bortz 2005: 32).

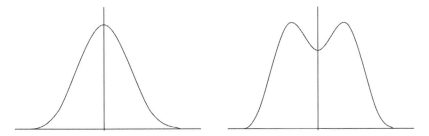

Abbildung 5.2: Unimodale und bimodale Verteilung

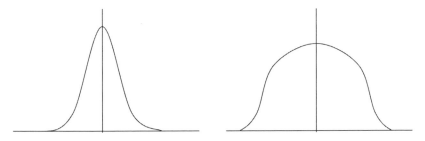

Abbildung 5.3: Schmalgipflige und breitgipflige Verteilung

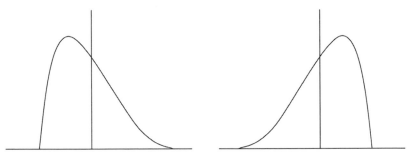

Abbildung 5.4: Linkssteile und rechtssteile Verteilung

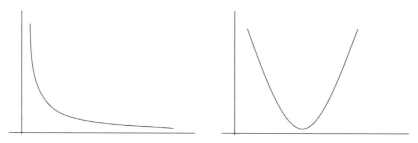

Abbildung 5.5: Abfallende und u-förmige Verteilung

Welche Form der Häufigkeitsverteilung eine Variable aufweist, darüber geben die in SPSS Statistics abrufbaren univariaten Grafikoptionen – **Histogramme, Balken-** und **Kastendiagramme** – einen ersten Aufschluss. Daneben sind vor allem auch **Wahrscheinlichkeitsdiagramme** geeignet, Auskunft über die Verteilungsform metrischer Variablen zu geben. Die meisten dieser Diagramme können sowohl im Grafiken-Menü als auch im Rahmen der Statistikprozedur *EXAMINE* erzeugt werden.

5.1.2.1 Statistikprozedur EXAMINE

> *EXAMINE* erzeugt explorative und deskriptive Statistiken für numerische Variablen, darunter sog. „robuste" Statistikwerte, führt Tests auf Normalverteilung durch und stellt verschiedene Formen von Grafiken her.

Die Befehlssyntax für die Statistikprozedur *EXAMINE* ist hier zu finden:

►Hilfe ►Befehlssyntaxreferenz (Command Syntax Reference) ►EXAMINE

Wir fragen uns, ob es sich beim Lebensalter der Befragten um eine in der Grundgesamtheit (annähernd) normalverteilte Variable handelt. Um darauf eine Antwort geben zu können, nutzen wir – wenn auch nur einen kleinen Teil der dort vorhandenen Optionen – die Prozedur *EXAMINE* und schreiben folgendes Syntaxprogramm:

```
WEIGHT BY gewicht.
EXAMINE VARIABLES=alter_b
  /PLOT BOXPLOT HISTOGRAM NPPLOT
  /STATISTICS DESCRIPTIVES.
```

Da wir keine Ost-West-Vergleiche anstellen wollen, wird der Datensatz gewichtet (*WEIGHT*). Die Analyse wird für das Lebensalter der Befragten durchgeführt (*VARIABLES*=alter_b). Per Unterbefehl /*PLOT* werden mit den Schlüsselworten *BOXPLOT*, *HISTOGRAM* und *NPPLOT* ein Kasten-Diagramm erstellt, ein Histogramm gezeichnet und zwei Wahrscheinlichkeits-Diagramme produziert. Mit dem Unterbefehl /*STATISTICS DESCRIPTIVES* werden folgende statistischen Koeffizienten berechnet: Arithmetischer Mittelwert, 95%iges Konfidenzintervall des Mittelwerts, 5% getrimmter Mittelwert, Median, Varianz, Standardabweichung, Minimum, Maximum, Bereich, Interquartilbereich, Schiefe und Kurtosis sowie schließlich die Standardfehler von Mittelwert, Schiefe und Kurtosis.

Betrachten wir zuerst das Histogramm. Bei einem **Histogramm** – ebenso bei einem Balkendiagramm – wird die Spannweite der beobachteten Werte meist in Intervalle (Klassen) gleicher Breite – hier zwei Lebensaltersjahre – geteilt, die dann mit der Anzahl der ihnen jeweils zugehörigen Beobachtungen gefüllt werden.

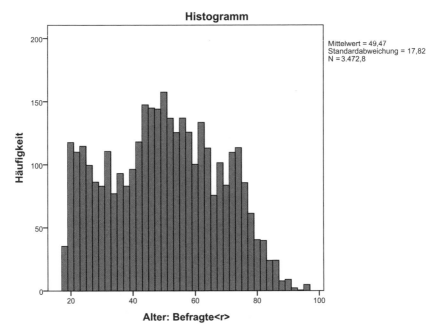

Fälle gewichtet nach Personenbezogenes Ost-West-Gewicht

Leider bietet die Prozedur *EXAMINE* nicht die Möglichkeit, in das Histogramm die erwartete Normalverteilung einzuzeichnen. Diese Option eröffnet uns jedoch die Prozedur *FREQUENCIES* mit folgendem einfachen Syntaxprogramm:

```
WEIGHT BY gewicht.
FREQUENCIES VARIABLES=alter_b
  /HISTOGRAM NORMAL.
```

Das Programm erzeugt folgende Abbildung:

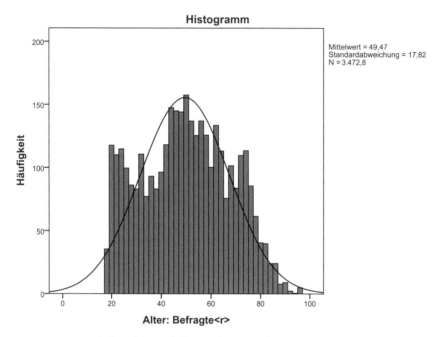

Fälle gewichtet nach Personenbezogenes Ost-West-Gewicht

Das Histogramm mit der eingezeichneten erwarteten Normalverteilung untermauert den bereits bei der Inspektion des ersten Histogramms gewonnenen Eindruck, dass wir es beim Lebensalter im Jahr 2012 weder mit einer „Alterspyra-
mide" noch mit einer annähernden Normalverteilung zu tun haben: Die Mitte 20- und die Mitte 70-Jährigen sind z. B deutlich über-, die Mitte 30- bis Mitte
40-Jährigen dagegen deutlich unterrepräsentiert. Die Verteilung ist zudem nicht
eingipflig, sondern eher dreigipflig.

Genauere grafische Auskunft auf die Frage, ob das Lebensalter der Befragten aus einer in dieser Hinsicht normalverteilten Grundgesamtheit stamme, geben uns Wahrscheinlichkeitsdiagramme: Das **Normalverteilungs-** und das **trendbereinigte Normalverteilungsdiagramm**.[15] Beim „Normalverteilten Q-Q-Diagramm" wird jeder beobachtete z-transformierte Wert[16] verglichen mit dem Wert, der zu erwarten wäre, wenn die Variable normalverteilt wäre. Wenn das Lebensalter unserer Befragten normalverteilt wäre, dann müssten die Punkte im Normalverteilungsdiagramm annähernd auf die (Diagonal-)Gerade fallen.

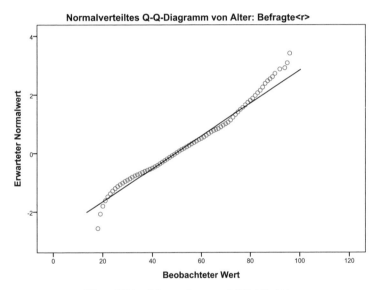

Fälle gewichtet nach Personenbezogenes Ost-West-Gewicht

---

15 Diese Diagramme werden auch als „Q-Q-Diagramme" bezeichnet, wobei der Buchstabe 'Q' für „Quantile" steht.
16 Zur z-Transformation vgl. S. 182 ff.

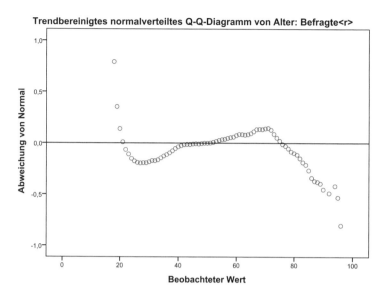

Trendbereinigtes normalverteiltes Q-Q-Diagramm von Alter: Befragte<r>

Fälle gewichtet nach Personenbezogenes Ost-West-Gewicht

Beim „Trendbereinigten normalverteilten Q-Q-Diagramm" werden dagegen die Abweichungen der beobachteten Werte von dieser (gedachten) Geraden gezeichnet. Wenn unsere Stichprobe aus einer annähernd normalverteilten Grundgesamtheit käme, dann müssten die Punkte im trendbereinigten Wahrscheinlichkeitsdiagramm sich um die waagerechte Linie durch den Nullpunkt herum anordnen, und zwar ohne ein bestimmtes Muster anzunehmen.

Wie anschaulich zu sehen ist, stützen beide Grafiken die Vermutung, dass es sich beim Lebensalter **nicht** um eine annähernd normalverteilte Variable handelt.

Eine weitere aussagekräftige grafische Darstellung metrischer Verteilungen liefert das **Kastendiagramm** (engl.: „boxplot"). Mittels der „Fünf-Zahlen-Charakteristik"[17] von Median, erstem und drittem Quartil sowie den beiden Grenzwerten einer Variablen vermag das Kastendiagramm einen informativen Überblick auf Lage und Variabilität einer Datenmenge zu vermitteln: Der untere Querstrich zeigt den Minimal- (18 Jahre), der obere den Maximalwert (96 Jahre). Die Lage des Medians (49 Jahre) wird durch den dicken Querstrich in der Mitte des Kastens symbolisiert; die obere Begrenzung des Kastens stellt den Wert des dritten Quartils (63 Jahre), die untere Begrenzung jenen des ersten Quartils (35 Jahre) dar. Die

---

17 Vgl. Moore (1989).

Hälfte der Befragten ist demzufolge zwischen 35 und 63 Jahren alt, jeweils ein Viertel ist entweder jünger als 35 oder älter als 63 Jahre.[18]

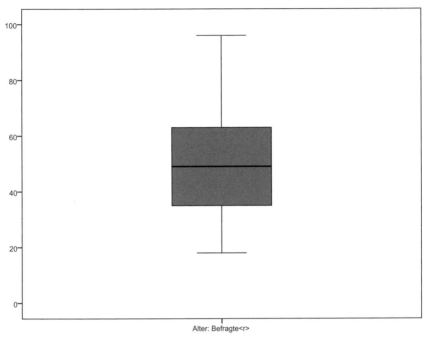

Alter: Befragte<r>
Fälle gewichtet nach Personenbezogenes Ost-West-Gewicht

Neben der grafischen Darstellung von Verteilungsformen einzelner Variablen geben uns einige statistische Kennwerte und Verfahren detaillierte Auskunft darüber, ob eine metrische Variable aus einer normalverteilten Grundgesamtheit stammt. Dazu geeignete Kennwerte sind neben **arithmetischem Mittel** ($\bar{x}$), **Median** ($\tilde{x}$) und **Modus** (h) insbesondere **Steilheit** (Exzess oder Wölbung, engl.: „kurtosis") und **Schiefe** (engl: „skewness") einer Verteilung. Ein noch geeigneteres, jedoch äußerst „konservatives" Verfahren stellt, allerdings nur bei *stetigen* Variablen, der **Kolmogorov-Smirnov-Anpassungstest** dar. Unsere obige Beispielsyntax für die Prozedur EXAMINE gibt für die genannten – und weitere – statistischen Kennwerte zwei Tabellen aus: „Deskriptive Statistik", S. 159, und „Tests auf Normalverteilung", S. 161.

---

18 Wie wir weiter unten – siehe S. 190 und S. 252 – noch sehen werden, sind Kastendiagramme vor allem auch bezüglich des Vergleichs der Lageparameter mehrerer Gruppen bestens geeignet.

Deskriptive Statistik

			Statistik	Standardfehler
alter_b Alter: Befragte<r>	Mittelwert		49,74	,301
	95 % Konfidenzintervall für Mittelwert	Untergrenze	49,15	
		Obergrenze	50,34	
	5% getrimmter Mittelwert		49,60	
	Median		50,00	
	Varianz		314,756	
	Standardabweichung		17,741	
	Minimum		18	
	Maximum		96	
	Bereich		78	
	Interquartilbereich		27	
	Schiefe		,028	,042
	Kurtosis		-,887	,083

Steilheit und **Schiefe** weisen bei völlig normalverteilten Variablen jeweils den Kennwert '0' auf. Je nach gewähltem Signifikanzniveau geben bei Stichproben n > 120 die Standardnormalverteilung, bei Stichproben n < 120 die t-Verteilung Aufschluss darüber, ob Kennwerte der Schiefe und Steilheit, die von '0' abweichen, die Annahme der Normalverteilung einer Variablen aufrechtzuerhalten erlauben oder nicht.[19]

Bleiben wir beim Beispiel Lebensalter, dann lautet die Nullhypothese: „Die Variable 'Lebensalter der Befragten' entstammt einer annähernd normalverteilten Grundgesamtheit." Sie wird nur dann akzeptiert, wenn die von '0' abweichenden errechneten Kennwerte für Steilheit und Schiefe den bei einem gewählten Signifikanzniveau in den jeweiligen Tabellen ausgewiesenen Wertebereich nicht überschreiten, sich also innerhalb eines von „kritischen" Werten begrenzten Bereichs bewegen.

Im Fall des ALLBUS 2012 haben wir es mit einer Stichprobe n > 120 zu tun; Testverteilung ist dementsprechend die Standardnormalverteilung. Wählen wir für den Test der Nullhypothese „Die Variable 'Lebensalter' ist annähernd normalverteilt" konventionellerweise ein Signifikanzniveau von alpha < .05%, dann wird sie nicht verworfen, sofern der errechnete Wert von Steilheit und/oder Schiefe sich in dem Bereich von $z = -1,96 < 0 < +1,96$ bewegte.[20] Das heißt: Wenn Kurtosis und Skewness um weniger als ±1,96 von z = 0 abweichen, dann können wir die Variable mit 95%iger Sicherheit als annähernd normalverteilt bezeichnen.

---

19 Vgl. zu Problemen der Signifikanz vor allem Mohr (1990), zur Darstellung der genannten theoretischen Verteilungen in Tabellenform ein beliebiges Statistik-Lehrbuch.
20 Wenn wir eine Stichprobe von n=10 hätten, läge der kritische Wertebereich zwischen $t = -2,23 < 0 < t = +2,23$.

Dies ist in unserem Fall gegeben: Schiefe $= 0,043$ und Kurtosis $= -0,893$. Die eben genannte Bedingung für das Vorliegen einer annähernd normalverteilten Variablen: $z = -1,96 < 0 < +1,96$ ist erfüllt.

Dieser Befund steht allerdings im Gegensatz zum Ergebnis unserer zuvor vorgenommenen Normalverteilungsprüfung mittels Histogrammen und Wahrscheinlichkeitsdiagrammen. Die Ursache für diesen Widerspruch ist darin zu suchen, dass Schiefe und Kurtosis nur dann zu verlässlichen Urteilen führen, wenn wir es mit unimodalen, also eingipfligen Verteilungen zu tun haben – und dies ist beim „Lebensalter der Befragten" nicht gegeben. Wir lernen daraus, dass der Visualisierung von Verteilungen eine erhebliche Bedeutung zukommt.[21]

Wäre Unimodalität gegeben, wären festgestellte Abweichungen wie folgt zu interpretieren, und zwar unabhängig davon, ob sie innerhalb oder außerhalb des von kritischen Werten begrenzten Bereichs liegen:

- Wenn der Wert der **Steilheit**
  > 0 ist, dann ist die Verteilung *steiler* als eine Normalverteilung;
  < 0 ist, dann ist sie *flacher* als eine Normalverteilung.

- Wenn der Wert der **Schiefe**
  > 0 ist, dann ist die Verteilung *rechtsschief* bzw. *linkssteil*;
  < 0 ist, dann ist sie *linksschief* bzw. *rechtssteil*.

- Wenn beide Werte $= 0$ sind, dann ist die Variable exakt normalverteilt und symmetrisch; arithmetisches Mittel, Median und Modus weisen in diesem Fall zudem identische Werte auf.

Beim **Kolmogorov-Smirnov-Anpassungstest** wird eine empirisch ermittelte Verteilung einer (stetigen!) Variablen mit der theoretischen Normalverteilung verglichen. Er sollte tunlichst nur für Stichproben $n < 100$ verwendet werden, denn bei größeren Stichproben führen häufig selbst geringste Abweichungen der empirischen Verteilung von der theoretischen Normalverteilung dazu, dass die Annahme, eine Stichprobe entstamme einer annähernd normalverteilten Grundgesamtheit, zurückgewiesen wird. Insofern ist der Kolmogorov-Smirnov-Test ein weitaus „härterer" Test auf Normalverteilung einer Variablen als jener unter Verwendung von Steilheit und Schiefe, den man auch als eine Art mehr oder weniger grober „Daumenpeilung" bezeichnen könnte.[22]

Zur Illustration des Ergebnisses eines Kolmogorov-Smirnov-Anpassungstests folgt die Ausgabe für das „Lebensalter":

---

21 Dies trifft nicht nur auf die univariate, sondern auch auf die bi- und multivariaten Analyseverfahren zu, bspw. im Rahmen der linearen Korrelation und Regression, wie wir weiter unten z. B. in Kapitel 6.2.2.2 sehen werden.

22 Im Online-Zusatzmaterial ⇒http://www.utb-shop.de/9783825242251 wird darauf verwiesen, dass diese „Daumenpeilung" erheblich verbessert würde, wenn man die ermittelten empirischen Werte von Schiefe und Steilheit durch ihren Standardfehler dividierte.

Tests auf Normalverteilung

	Kolmogorow-Smirnow[a]		
	Statistik	df	Sig.
alter_b Alter: Befragte<r>	,054	3473	,000

a. Signifikanzkorrektur nach Lilliefors

Hier nur soviel: Falls die Bedingungen zum sinnvollen Einsatz des Tests erfüllt wären – unimodale Verteilung mit n < 120 Beobachtungen –, würde die Nullhypothese: „Die Variable „Lebensalter" ist annähernd normalverteilt", verworfen, da Sig. < .05.

Der Kolmogorov-Smirnov-Anpassungstest wird im Übrigen nicht nur bei der Produktion des Wahrscheinlichkeitsdiagramms unter *EXAMINE* automatisch mit erstellt, sondern kann auch gesondert über die Prozedur *NPAR TESTS /K-S* angefordert werden.[23]

5.1.2.2 Statistikprozedur NPAR TESTS

> Unter *NPAR TESTS* verbirgt sich eine Sammlung nicht parametrischer Signifikanztests. Als solche stellen sie minimale Anforderungen dahingehend, welche Verteilungsannahmen die involvierten Variablen erfüllen sollten. Sie beinhalten Anpassungstests für eine Stichprobe sowie für zwei und mehr unabhängige und abhängige (=„gepaarte") Stichproben.

Die Befehlssyntax für die Statistikprozedurensammlung *NPAR TESTS* ist hier zu finden:

▶Hilfe ▶Befehlssyntaxreferenz (Command Syntax Reference) ▶NPAR TESTS

Das Syntaxprogramm für unseren K-S-Test der Normalverteilung des Lebensalters unserer Befragten ist ganz simpel und sieht wie folgt aus:

Beispielsyntax für NPAR TESTS K-S

```
WEIGHT BY gewicht.
NPAR TESTS
  /K-S(NORMAL)=alter_b.
```

---

23 Ausführlicher wird auf den Kolmogorov-Smirnov-Anpassungstests im Online-Zusatzmaterial eingegangen: ⇒http://www.utb-shop.de/9783825242251.

Das Ergebnis des eigens durchgeführten K-S-Tests entspricht in den Grundlagen der von oben bekannten Tabelle. Hier ist das wesentliche Ergebnis ergänzt durch die „extremsten Differenzen" (=Abstände) zwischen erwarteter (=theoretischer) und empirisch beobachteter Verteilung des Lebensalters.

Kolmogorov-Smirnov-Test bei einer Stichprobe

		alter_b Alter: Befragte<r>
H		3473
Parameter der Normalverteilung[a,b]	Mittelwert	49,74
	Standardabweichung	17,741
Extremste Differenzen	Absolut	,055
	Positiv	,055
	Negativ	-,041
Teststatistik		,055
Asymp. Sig. (2-seitig)		,000[c]

a. Die Testverteilung ist normal.

b. Aus Daten berechnet.

c. Signifikanzkorrektur nach Lilliefors.

5.1.3 Univariate „Ausreißer"-Analyse

Zur univariaten EDA gehört es auch, in den vorliegenden Daten nach sog. „Ausreißern" zu recherchieren. Dabei handelt es sich um Fälle, deren Beobachtungswerte bei einzelnen Variablen weit außerhalb der ansonsten zu beobachtenden Verteilung liegen, also extrem kleine oder extrem große Werte darstellen. Solche Extremwerte beeinflussen weitergehende Analysen des Datenmaterials u. U. stark und können etwa die Güte der Prognosen, die man mit Regressionen machen will, stark verzerren und die Überprüfung von Hypothesen negativ beeinflussen. Zu erwägen ist dabei stets, ob Ausreißer in den Analysen berücksichtigt oder nicht berücksichtigt, also aus dem jeweiligen Analysemodell eliminiert werden sollten. Ausreißer lassen sich im Rahmen der univariaten Datenanalyse mit der Statistik Prozedur *EXAMINE* identifizieren. Mit dem folgenden Programm überprüfen wir, ob sich beim Umfang der wöchentlichen Arbeitsstunden, die die Befragten beschäftigt sind (*arbeitsstunden_1*), Ausreißer befinden:

```
WEIGHT BY gewicht.
EXAMINE VARIABLES=arbeitsstunden_1
  /PLOT BOXPLOT
  /STATISTICS DESCRIPTIVES EXTREME.
```

Die erste Ergebnistabelle dieses Programms – „Zusammenfassung der Fallverarbeitung" – gibt einen Überblick auf die Anzahl der gültigen und fehlenden Werte. Die hohe Anzahl fehlender Werte kommt insbesondere dadurch zustande, dass doch ein erheblicher Anteil, nämlich 46,5% der Befragten, keiner Arbeit nachgeht.

Zusammenfassung der Fallverarbeitung

	Fälle					
	Gültig		Fehlend		Gesamtsumme	
	H	Prozent	H	Prozent	H	Prozent
arbeitsstunden_1 Befragter: Arbeitsstunden pro Woche	1862	53,5%	1618	46,5%	3480	100,0%

Für die verbleibenden 1862 Befragten wird danach die „Deskriptive Statistik" der geleisteten Arbeitsstunden ausgegeben. Wenn wir uns auf die wesentlichen Parameter beschränken, zeigt sich, dass sie im Schnitt $\bar{x} = 39,7$ Stunden arbeiten (s = 11,3), der Median beträgt $\tilde{x} = 40,0$ Stunden. Es liegt eine breite Spannweite vor: Bereich = 91,0 (entspricht Maximum - Minimum, also 96,0 - 5,0). Der Interquartilbereich, also Q_3 - Q_1, ist hingegen sehr schmal und auf 10 Arbeitsstunden begrenzt: 50% der Befragten arbeiten zwischen 35 und 45 Stunden in der Woche, wie die 25- und 75-Perzentile in der nächsten Tabelle belegen.[24]

Deskriptive Statistik

			Statistik	Standardfehler
arbeitsstunden_1 Befragter: Arbeitsstunden pro Woche	Mittelwert		39,700	,2628
	95 % Konfidenzintervall für Mittelwert	Untergrenze	39,185	
		Obergrenze	40,215	
	5% getrimmter Mittelwert		39,506	
	Median		40,000	
	Varianz		128,553	
	Standardabweichung		11,3381	
	Minimum		5,0	
	Maximum		96,0	
	Bereich		91,0	
	Interquartilbereich		10,0	
	Schiefe		,287	,057
	Kurtosis		1,889	,113

Die Tabelle mit den „Perzentilen", die hier auszugsweise wiedergegeben ist, zeigt darüber hinaus, dass 25% der arbeitenden Personen maximal 22,5 Stunden wö-

---

24 Q_1 = 25-Perzentil, Q_3 = 75-Perzentil der Verteilung.

chentlich arbeiten – und „nur" 10% der Befragten wöchentlich 50 Stunden und
mehr beschäftigt sind.

Perzentile

	Perzentile				
	10	25	50	75	90
Empirisch	22,500	35,000	40,000	45,000	50,000

In der Tabelle „Extremwerte" finden wir nun jeweils fünf Personen mit ihrer Fallnummer benannt, die bezüglich der geleisteten Arbeitsstunden pro Woche die
längsten bzw. die kürzesten Zeiten aufweisen.[25]
  Das an- und abschließende Kastendiagramm visualisiert die Ausreißerproble-
matik. Wie weiter oben auf S. 157 bereits ausgeführt, liegt der Median der Verteilung beim Querbalken durch den Kasten; Maximum und Minimum der Verteilung werden durch den oberen bzw. unteren Querstrich bezeichnet; die Begren-
zungen des Kastens sind zugleich die Werte des 1. (unten) und 3. Quartils (oben).

Extremwerte

			Fallnummer	Wert
arbeitsstunden_1 Befragter: Arbeitsstunden pro Woche	Größter	1	2927	96,0
		2	221	90,0
		3	986	90,0
		4	2697	90,0
		5	335	80,0[a]
	Kleinster	1	3013	5,0
		2	2910	8,0
		3	2517	8,0
		4	1847	10,0
		5	1302	10,0

a. Es wird nur eine Teilliste von Fällen mit dem Wert 80,0 in der Tabelle mit höheren Extremwerten angezeigt.

---

25 Anhand der Fallnummer könnten wir recherchieren, um welchen Personenkreis es sich dabei jeweils handelt: Geschlechtszugehörigkeit, Lebensalter, Berufsstatus, Schichtzugehörigkeit etc.

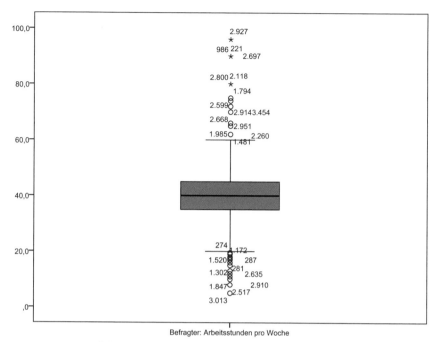

Befragter: Arbeitsstunden pro Woche

Fälle gewichtet nach Personenbezogenes Ost-West-Gewicht

Extremfälle, deren Arbeitsstundenzahl mehr als drei Quartilsabstände (Q_3 - Q_1) vom oberen oder unteren Ende des Kastens entfernt sind, werden durch einen Stern ('*') symbolisiert; sie werden dadurch unterschieden von solchen Ausreißern, die „nur" zwischen 1,5 und drei Quartilsabständen außerhalb der Box liegen und mit 'o' wie „outlier" markiert sind. Beide Ausreißerarten werden mit der Fallnummer gekennzeichnet, was, wie gesagt, weitergehende Recherchen über die Charakteristika dieser besonderen Fälle außerordentlich erleichtert.

Für die Durchführung weitergehender Analysen besteht nun eine gutc Datengrundlage, um zu entscheiden, ob, und wenn ja, inwieweit man die identifizierten Ausreißer dafür eliminieren sollte. Dies kann primär eine inhaltliche Frage sein. Statistisch gesehen findet sich häufig die – etwas rigide – Regel, jene Untersuchungseinheiten von weiteren Analysen auszuschließen, deren Beobachtungswerte mehr als zwei Standardabweichungen vom Mittelwert entfernt liegen, in unserem Beispiel der Arbeitsstunden demzufolge jene, für die folgende Bedingung gilt: $x_i = \bar{x} \pm 2s$, also $x_i = 39{,}7 \pm 22{,}6$. Dies geschieht temporär (*TEMPORARY*) z. B. mit dem folgenden Syntaxprogramm, bei dem nur jene Fälle in die Berechnung der bei *EXAMINE* zur Verfügung stehenden statistischen Kennwerte einbezogen werden, deren Werte zwischen $\pm$ 19,1 (GE)[26] und $\pm$ 62,3 (LE)[27] Arbeitsstunden liegen.

```
WEIGHT BY gewicht.
TEMPORARY.
SELECT IF arbeitsstunden_1 GE 17.1 AND arbeitsstunden_1 LE 62.3.
EXAMINE VARIABLES=arbeitsstunden_1
  /PLOT BOXPLOT
  /STATISTICS DESCRIPTIVES.
```

Anhand von *Minimum* und *Maximum* im – auszugsweise wiedergegebenen – Ergebnis erkennen wir, dass unsere formulierten Bedingungen erfüllt sind. Der Mittelwert entspricht nahezu völlig jenem, den wir vor der Eliminierung der Ausreißer beobachtet hatten. Die Standardabweichung hingegen hat sich sachlogisch deutlich verringert: Von s=11,3 nach s=9,9. Das – hier nicht wiedergegebene – Kastendiagramm zeigt, dass es keine „extreme Ausreißer" mehr gibt. Besonders darauf hinzuweisen ist, dass wir durch die „rigide" Ausreißer-Behandlung selbstverständlich unsere ursprüngliche Stichprobe verkleinert haben, und zwar um immerhin 97 Fälle.

Deskriptive Statistik

			Statistik	Standardfehler
arbeitsstunden_1 Befragte<r>: Arbeitsstunden pro Woche	Mittelwert		39,666	,2202
	95 % Konfidenzintervall für Mittelwert	Untergrenze	39,234	
		Obergrenze	40,098	
	5% getrimmter Mittelwert		39,665	
	Median		40,000	
	Varianz		85,620	
	Standardabweichung		9,2531	
	Minimum		17,5	
	Maximum		62,0	
	Bereich		44,5	
	Interquartilbereich		8,0	
	Schiefe		-,242	,058
	Kurtosis		,342	,116

---

26 "greater equal".
27 "less equal".

5.1.4 Univariate „item nonresponse"-Analyse

In der Umfrageforschung ist es sehr unwahrscheinlich, dass alle wie auch immer ausgewählte Zielpersonen auch tatsächlich an der Befragung teilnehmen. Es kommt nahezu immer zu Ausfällen, zur Nichtteilnahme (engl.: „unit nonresponse") von eigentlich für die Erhebung vorgesehenen Personen. Beim ALLBUS 2012 konnten nur 37,6% der aus Einwohnerregistern gezogenen Zielpersonen letztlich auch interviewt werden.[28] Für diese geringe Ausschöpfung sind insbesondere drei Aspekte ausschlaggebend: Nichterreichbarkeit, Teilnahmeverweigerung und Nichtbefragbarkeit der Zielperson aufgrund von Sprachproblemen und Krankheit.

Wir wollen uns hier jedoch nicht dem „unit nonresponse", sondern dem „item nonresponse" zuwenden. „Item nonresponse" liegt dann vor, wenn eine in die Stichprobe gelangte Zielperson zwar grundsätzlich an der Umfrage teilnimmt, die Antwort auf Fragen jedoch teilweise verweigert. Auch dafür sind im Wesentlichen drei Aspekte ausschlaggebend: Antwortverweigerung, Verständnis- und Meinungslosigkeit. „Item nonresponse" ist insbesondere bei „sensitiven" Fragen wie bspw. solchen zum sexuellen Verhalten zu beobachten.

Mit der folgenden univariaten „item nonresponse"-Analyse verschaffen wir uns zunächst einen Überblick darüber, wie es um das Ausmaß der Nichtbeantwortung einzelner Fragen im ALLBUS 2012 bestellt ist. Dazu lassen wir mittels *COUNT* zählen, wie viele Fragen die Umfrageteilnehmer nicht beantwortet haben. Dabei müssen wir berücksichtigen, dass es bei einer Reihe von Variablen zwei verschiedene Arten von „fehlenden Werten" bzw. „ungültigen Angaben" gibt: Solche, die in der Verantwortung der Befragten infolge von Nichtbeantwortung einer Frage stehen, und solche, die nicht in ihrer Verantwortung stehen, und zwar deswegen, weil den Befragten infolge von „splits" oder von sog. „Filtern" bestimmte Fragen gar nicht gestellt wurden.

Zu „splits": Im ALLBUS 2012 hat ein Teil der Teilnehmer die Fragen zum „Frauenbild" – Variablen *frauenbild_1* bis *frauenbild_6* – vorgelegt bekommen, nicht aber die Fragen zum „Elternbild" – Variablen *elternbild_1* bis *elternbild_6* – und umgekehrt. Diejenigen Personen, die von der Beantwortung der Fragen infolge des Untersuchungsdesigns ausgeschlossen sind, erhalten automatisch den fehlenden Wert '0' für 'trifft nicht zu' zugewiesen.

Zu „Filtern": Personen, die zur Bundestagswahl nicht wahlberechtigt sind, z. B. weil sie kein EU-Bürger sind, kann logischerweise auch keine Frage bspw. nach Wahlbeteiligung und -absicht gestellt werden. Auch in einem solchen Fall wird im ALLBUS 2012 automatisch der fehlende Wert '0' für 'trifft nicht zu' zugewiesen.

---

28 Beim Start des ALLBUS-Projekts im Jahr 1980 betrug der Ausschöpfungsgrad 69,5%.

Diesem Sachverhalt trägt das nachfolgende Syntaxprogramm Rechnung, in dem die *MISSING VALUES*-Liste aus der *DATA LIST*-Anweisung aus Kapitel 3 so modifiziert wird, dass ausschließlich die tatsächlich nur von den Befragten zu verantwortenden Nichtantworten berücksichtigt und gezählt werden.

```
WEIGHT BY gewicht.
TEMPORARY.
COUNT item_nonresponse = anomie_1 TO anomie_4, frauenbild_1
TO elternbild_10 (8,9) lebenszufriedenheit, links_rechts,
staatsbuergerschaft, haushaltsgroesse (99)
fremde_1 TO antisemitismus_4, politik_1, schulabschluss,
staatsangehoerigkeit, familienstand, lebenspartner, berufstaetigkeit,
berufsstellung, konfession_2 (9) schicht, konfession_1 (7 THRU 9)
politik_2 (97 THRU 99) politik_3 (6 THRU 9) politik_4, eink_p2,
eink_hh2 (95 THRU 99) alter_b, alter_ehepartner,
alter_lebenspartner (999) beruf_1 TO beruf_12 (9) arbeitsstunden_1,
arbeitsstunden_2 (999.9) eink_p1, eink_hh1 (99997 THRU 99999).
FREQUENCIES VARIABLES=item_nonresponse
 /STATISTICS=ALL.
```

Statistiken

item_nonresponse

N	Gültig	3480
	Fehlend	0
Mittelwert		3,9882
Standardfehler des Mittelwerts		,03498
Median		4,0000
Modalwert		4,00
Standardabweichung		2,06354
Varianz		4,258
Schiefe		2,132
Standardfehler der Schiefe		,042
Kurtosis		9,555
Standardfehler der Kurtosis		,083
Bereich		22,00
Minimum		,00
Maximum		22,00
Summe		13878,92

item_nonresponse

		Häufigkeit	Prozent	Gültige Prozent	Kumulative Prozente
Gültig	,00	1	,0	,0	,0
	1,00	55	1,6	1,6	1,6
	2,00	919	26,4	26,4	28,0
	3,00	405	11,6	11,6	39,7
	4,00	1130	32,5	32,5	72,2
	5,00	402	11,6	11,6	83,7
	6,00	265	7,6	7,6	91,3
	7,00	114	3,3	3,3	94,6
	8,00	68	2,0	2,0	96,6
	9,00	49	1,4	1,4	98,0
	10,00	22	,6	,6	98,6
	11,00	19	,5	,5	99,2
	12,00	11	,3	,3	99,5
	13,00	3	,1	,1	99,6
	14,00	2	,1	,1	99,6
	15,00	4	,1	,1	99,7
	16,00	1	,0	,0	99,8
	17,00	2	,1	,1	99,8
	18,00	2	,1	,1	99,9
	20,00	1	,0	,0	99,9
	21,00	1	,0	,0	100,0
	22,00	1	,0	,0	100,0
	Gesamtsumme	3480	100,0	100,0	

Wir entnehmen den beiden damit erzeugten Tabellen zunächst, dass nur eine einzige Untersuchungsperson alle ihr gestellten Fragen beantwortet hat: Minimum = 0. Eine Person hat dagegen bei immerhin 22 von insgesamt 70 ihr gestellten Fragen nicht geantwortet: Maximum = 22, was einem Anteil von 31,4% verweigerter oder nicht gewusster Antworten entspricht. Im Schnitt sind Ausfälle bei vier Fragen zu verzeichnen: $\bar{x} = \tilde{x} = h = 4$.

Auch hier stellt sich wie bei den „Ausreißern" – s. S. 165 – die Frage, ob, und wenn ja, welche Nichtantwortenden man u. U. aus dem Datensatz eliminieren sollte. Man könnte sich hier etwa dafür entscheiden, jene Untersuchungseinheiten von weiteren Analysen auszuschließen, deren Anzahl fehlender Werte mehr als zwei Standardabweichungen oberhalb des Mittelwertes entfernt liegen, in unserem Fall also jene, für die folgende Bedingung gilt: $x_i = \bar{x} + 2s$, also $x_i = 4,0 + 4 = 8$. Dementsprechend würden wir insgesamt n = 110 oder 3,2% unserer Befragten von weiteren Analysen ausschließen, also jene, bei denen wir neun und mehr fehlende Antworten registrieren.

5.2 Univariate deskriptive und konfirmative Datenanalyse

Die **deskriptive Datenanalyse** dient zur Reduktion des Datenmaterials und seiner Komplexität, indem man mit statistischen Maßzahlen – wie etwa einem arithmetischen Mittelwert, einer Prozentsatzdifferenz oder einem Korrelationskoeffizienten – die uni-, bi- und multivariate Verteilung von Eigenschaften, Merkmalen und Variablen in der Untersuchungsgesamtheit darstellt, zusammenfasst und interpretiert sowie u. U. einen Rückschluss auf die Grundgesamtheit zieht. Erst durch diesen Vorgang werden Forschungsergebnisse überhaupt mitteil- und mit Ergebnissen anderer Untersuchungen vergleichbar.

Dies stellt sich bei **konfirmativer Datenanalyse** ganz anders dar. Mit ihr sollen

- entweder **Rückschlüsse** von einer Stichprobe auf die **Grundgesamtheit gezogen**, und / oder
- **Hypothesen getestet**, und / oder
- **Ursache-Wirkungs-Zusammenhänge** (kausale Beziehungen zwischen Variablen) **überprüft** werden.

Das Datenmaterial, das für derlei Ansprüche geeignet ist, muss daher besonderen Anforderungen genügen. Diese Anforderungen sind verschieden, und zwar vor allem in Abhängigkeit davon, ob eine **experimentelle** oder eine **nicht experimentelle Untersuchungsanordnung** vorliegt.

Bei **experimentellen Untersuchungen**[29] geht es darum, postulierte Ursache-Wirkungs-Zusammenhänge zu überprüfen. Aus einer Grundgesamtheit werden zu diesem Zweck zunächst mindestens zwei Stichproben gezogen, die im Hinblick auf zentrale Fragen des Projektes **homogen** sein sollen und die die **Experimental- und Kontrollgruppe** bilden. Von besonderer Bedeutung ist dabei das Zustandekommen der homogenen Zusammensetzung der Versuchs- und Kontrollgruppe: Als dafür geeignete Verfahren kommen **Randomisierung**, bei dem zwei Zufallsstichproben aus der Grundgesamtheit gezogen werden, oder **Matching** in Betracht, bei dem einer Stichprobe von Untersuchungseinheiten, der Versuchsgruppe, jeweils ein „eineiiger Zwilling", der zusammen mit anderen die Kontrollgruppe bildet, zugeordnet wird. Im einfachsten experimentellen Design können mit dem Vergleich der Reaktionen der Experimentalgruppe auf einen erfolgten Stimulus resp. der Reaktionen der Kontrollgruppe auf einen ausbleibenden Stimulus dann **Hypothesen kausal getestet** werden.

Bei Experimenten ist die **interne Validität** der Ergebnisse aufgrund der Kontrollierbarkeit der Untersuchungsbedingungen und der Manipulierbarkeit der Stimuli im allgemeinen **hoch**, die **externe Validität**, also die Generalisierbarkeit der Ergebnisse, aufgrund des meist kleinen Umfangs der Untersuchungsgruppen

---

29 Vgl. z. B. Stelzl (1974) oder Häder (2006: 339ff.).

und der meist herrschenden künstlichen Rahmenbedingungen, hingegen **niedrig** (Diekmann 2007: 344f.).

Bei **nicht experimentellen Untersuchungen** ist dieses Verhältnis umgekehrt: Externe Validität ist hoch, interne niedrig. **Hypothesen** wie „Je-desto" und „Wenn-dann"-Aussagen können allenfalls „quasi-kausal" getestet werden, wenn die involvierten Variablen einer experimentellen Manipulation aus natürlichen Gründen nicht offenstehen oder eine solche Manipulation sich aus ethischen Gründen verbietet oder Aussagen über umfangreiche Gesamtheiten angestrebt werden. In solchen Fällen – und sie sind die Regel – wird **Kausalität** durch **Korrelation** ersetzt;[30] Ursache- Wirkungszusammenhänge werden nicht experimentell-kontrolliert überprüft, sondern „nur" modellhaft („als ob") simuliert getestet. Daneben steht in diesen Fällen in aller Regel der **Rückschluss** von Stichprobenverteilungen auf die Grundgesamtheit („Schließende" oder „Inferenzstatistik") im Zentrum wissenschaftlichen Interesses.

Um hohe externe Validität für anstehende Hypothesentests bei nicht experimentellen Untersuchungen zu gewährleisten und zuverlässige Rückschlüsse von der Stichprobe auf die Grundgesamtheit zu ermöglichen, ist es jedoch unabdingbar, dass diesem Unterfangen ausreichend umfangreiche Untersuchungsgesamtheiten zugrunde liegen, die mittels eines wahrscheinlichkeitstheoretischen Auswahlverfahrens gebildet wurden. **Repräsentative Zufallsstichproben** sind für dieserart Hypothesentests und für Rückschlüsse von einer Stichprobe auf eine Grundgesamtheit **unerlässlich**.[31]

Ob es sich um experimentelle oder nicht experimentelle Untersuchungen handelt: Unabhängig davon können nahezu alle statistischen Verfahren für Zwecke **deskriptiver Datenanalyse**, und zwar ohne Berücksichtigung der Art der Stichprobenziehung, eingesetzt werden. Die Aussagekraft der so gewonnenen Ergebnisse ist aber auf die Untersuchungsgesamtheit begrenzt. Im Fall nicht experimenteller Untersuchungen zum Zwecke **hypothesentestender, konfirmativer Datenanalyse** sind **Signifikanztests** und **inferenzstatistische Verfahren** nur im Fall (hinreichend großer) **repräsentativer Auswahlen** sinnvoll. Nur dann können die Grenzen der Untersuchungsgesamtheit überwunden und Aussagen über die Grundgesamtheit angestellt werden.[32]

Dem wird im folgenden Abschnitt Rechnung getragen: Die univariaten Koeffizienten, die hier zuerst erörtet werden, dienen der Beschreibung von jedem wie auch immer erhobenem quantitativen Datenmaterial. Wir können also bei

---

30 Vgl. zum Problembereich „Korrelation und Kausalität" Hummel und Ziegler (1976).
31 „Auswahlen nach Gutdünken" wie „Quotenstichproben" liegt kein wahrscheinlichkeitstheoretisches Auswahlmodell zugrunde. Auch ist kein Repräsentationsgrad ermittelbar, der etwas über die Güte der Stichprobe aussagen könnte. Ein Rückschluss von der Quotenstichprobe auf die Grundgesamtheit verbietet sich hier demnach.
32 Vgl. die lesenswerten Ausführungen von Mohr (1990: 67-74).

jeder Untersuchungsgesamtheit bspw. den Mittelwert des Einkommens und seine Streuung beschreiben. Da wir es mit dem ALLBUS 2012 mit einer großen repräsentativen Zufallsauswahl zu tun haben, sind diese auch auf die Grundgesamtheit übertragbar.[33] Dabei müssen wir jedoch beachten, dass der ALLBUS 2012 bei Auswertungen für Gesamtdeutschland zu gewichten ist, bei angestrebten Vergleichen zwischen den Erhebungsgebieten Ost- und Westdeutschland jedoch nicht. Die folgenden Analysen berücksichtigen diesen Sachverhalt: Die auf den kommenden Seiten vorgestellten Beispiele beruhen meist auf dem *gewichteten* Datensatz.[34]

Die n = 3.480 in unserem Beispieldatensatz ALLBUS 2012 repräsentierten Personen haben eine Vielzahl von Fragen beantwortet, darunter auch eine zu ihrem Lebensalter (*alter_b*). Wenn wir die Zahlenwerte, die in den für die Variable Lebensalter vorgesehenen Spalten ausgewiesen sind, nun, wie in der nachfolgenden Tabelle, von oben nach unten lesen, dann ist bereits intuitiv einsehbar, dass wir die Zahlenwerte zusammenfassen müssen, um sie überhaupt mitteilbar und u. U. vergleichbar zu machen.

Tabelle 5.2: Häufigkeitstabelle des Lebensalters der Befragten

		Häufigkeiten	Prozent	Gültige Prozent	Kumulative Prozente
Gültig	18	35	1,0	1,0	1,0
	19	64	1,8	1,8	2,9
	20	54	1,6	1,6	4,4
	21	67	1,9	1,9	6,3
	22	43	1,2	1,2	7,6
	23	57	1,6	1,7	9,2
	24	57	1,6	1,7	10,9
	25	47	1,4	1,4	12,2
	26	52	1,5	1,5	13,7
	27	41	1,2	1,2	14,9
	28	45	1,3	1,3	16,2
	29	53	1,5	1,5	17,7
	30	30	,9	,9	18,6
	31	52	1,5	1,5	20,1
	32	58	1,7	1,7	21,8
	33	40	1,1	1,1	22,9
	34	37	1,1	1,1	24,0
	35	45	1,3	1,3	25,3

33 Aus diesen Ausführungen sollte auch deutlich geworden sein, dass Signifikanztests im Fall von Voll- oder Totalerhebungen völlig sinnlos sind.

34 Der Gewichtungsfaktor beträgt im ALLBUS 2012 für in Ostdeutschland Befragte $W_O = 0{,}556878638$, für in Westdeutschland Befragte $W_W = 1{,}210849096$; siehe auch Kapitel 2.1.3.

	Häufigkeiten	Prozent	Gültige Prozent	Kumulative Prozente
36	48	1,4	1,4	26,7
37	40	1,2	1,2	27,9
38	42	1,2	1,2	29,1
39	38	1,1	1,1	30,2
40	59	1,7	1,7	31,9
41	53	1,5	1,5	33,4
42	65	1,9	1,9	35,3
43	73	2,1	2,1	37,3
44	75	2,2	2,2	39,5
45	64	1,8	1,8	41,3
46	81	2,3	2,3	43,7
47	79	2,3	2,3	46,0
48	65	1,9	1,9	47,8
49	77	2,2	2,2	50,1
50	80	2,3	2,3	52,4
51	69	2,0	2,0	54,3
52	68	2,0	2,0	56,3
53	60	1,7	1,7	58,0
54	65	1,9	1,9	59,9
55	67	1,9	1,9	61,8
56	70	2,0	2,0	63,8
57	53	1,5	1,5	65,4
58	73	2,1	2,1	67,5
59	55	1,6	1,6	69,0
60	45	1,3	1,3	70,4
61	64	1,8	1,8	72,2
62	70	2,0	2,0	74,2
63	66	1,9	1,9	76,1
64	47	1,4	1,4	77,5
65	50	1,4	1,4	78,9
66	25	,7	,7	79,6
67	43	1,2	1,3	80,9
68	58	1,7	1,7	82,5
69	46	1,3	1,3	83,9
70	38	1,1	1,1	85,0
71	47	1,3	1,3	86,3
72	63	1,8	1,8	88,1
73	69	2,0	2,0	90,1
74	44	1,3	1,3	91,4
75	51	1,5	1,5	92,8
76	35	1,0	1,0	93,8
77	27	,8	,8	94,6

	Häufigkeiten	Prozent	Gültige Prozent	Kumulative Prozente
78	35	1,0	1,0	95,6
79	23	,6	,7	96,3
80	18	,5	,5	96,8
81	18	,5	,5	97,3
82	22	,6	,6	97,9
83	12	,3	,3	98,3
84	12	,3	,3	98,6
85	15	,4	,4	99,0
86	9	,3	,3	99,3
87	4	,1	,1	99,4
88	4	,1	,1	99,5
89	3	,1	,1	99,6
90	6	,2	,2	99,8
92	2	,1	,1	99,8
94	1	,0	,0	99,9
95	4	,1	,1	100,0
96	1	,0	,0	100,0
Gesamtsumme	3.473	99,8	100,0	
Fehlend keine Angabe	7	,2		
Gesamtsumme	3.480	100,0		

Diese sich über mehrere Buchseiten erstreckende Tabelle macht es unmittelbar einsichtig, dass tabellarische Ergebnisdarstellungen bei Variablen mit vielen Ausprägungen wenig erhellend sind. Hier können, wie weiter oben gesehen, **Balken-** und **Histogramme** sowie sonstige **Diagramme** helfen, unübersichtliche Ergebnisse grafisch zu veranschaulichen.

Noch konzentrierter sind **Maßzahlen der zentralen Tendenz** (auch Mittelwerte oder Lageparameter genannt) und der **Dispersion** (auch Streuungswerte oder Streuungsparameter genannt) dazu geeignet, über die spezifischen Charakteristika von Häufigkeitsverteilungen einzelner Variablen Auskunft zu geben. Tabelle 5.3 gibt Aufschluss darüber, welche Maßzahlen, auch Kennwerte oder Koeffizienten genannt, in SPSS Statistics enthalten sind, und welches Skalenniveau der Variablen ihre Berechnung und Interpretation voraussetzt.

Maße der zentralen Tendenz sind insbesondere dazu geeignet, eine gegebene Häufigkeitsverteilung durch einen einzigen Wert zu kennzeichnen. Dazu stehen drei verschiedene Maßzahlen zur Verfügung, nämlich der **Modus** (=Modalwert), der **Median** und das **arithmetische Mittel**.

Tabelle 5.3: Maßzahlen zur Beschreibung univariater Häufigkeitsverteilungen und vorausgesetztes Skalenniveau

Messzahlen	Skalenniveau
Mittelwerte	
Modus	Nominal
Median	Ordinal
Arithmetisches Mittel	Metrisch
Streuungswerte	
Absolute Häufigkeiten	Alle Niveaus
Relative Häufigkeiten	"
Bereinigte relative Häufigkeiten	"
Kumulierte relative Häufigkeiten	"
Minimum	Ordinal
Maximum	"
Range (R)	"
Quartile (Q)	"
Quartilsabstand $(Q_3 - Q_1)$	"
Mittlerer Quartilsabstand $(Q_3 - Q_1)/2$	"
Perzentile (P)	"
Summe	"
Standardabweichung	Metrisch
Varianz	"
Steilheit („kurtosis")	"
Schiefe („skewness")	"

Das nachfolgende Syntaxprogramm erzeugt alle hier in Frage stehenden statistischen Kennwerte:

```
WEIGHT BY gewicht.
FREQUENCIES VARIABLES=alter_b
  /NTILES=4
  /STATISTICS=ALL
/FORMAT=NOTABLE.
```

Der **Modus** oder **Modalwert** (h) ist definiert als die am häufigsten vorkommende Variablenausprägung einer Häufigkeitsverteilung. Im ALLBUS 2012 lautet der Modus beim *alter_b h = 46*: 81 unserer Befragten sind 46 Jahre alt.[35]

---

35 Der Modus ist jedoch nicht immer eindeutig bestimmbar, und zwar oft dann nicht, wenn eine Verteilung zwei- oder mehrgipflig ist, also mehrere Variablenausprägungen gleich häufig besetzt sind.

Statistiken

alter_b Alter: Befragte<r>

N	Gültig	3473
	Fehlend	7
Mittelwert		49,47
Standardfehler des Mittelwerts		,302
Median		49,00
Modalwert		46
Standardabweichung		17,820
Varianz		317,544
Schiefe		,043
Standardfehler der Schiefe		,042
Kurtosis		-,893
Standardfehler der Kurtosis		,083
Bereich		78
Minimum		18
Maximum		96
Summe		171785
Perzentile	25	35,00
	50	49,00
	75	63,00

Die Wahrscheinlichkeit dafür, dass eine beliebig ausgewählte Person aus unserem Datensatz ein bestimmtes Lebensalter aufweist, ist für die am häufigsten besetzte Ausprägung, also den Modalwert, am größten. Anders ausgedrückt: Wenn wir das Alter einer beliebigen Person des ALLBUS 2012 voraussagen sollten, machten wir am wenigsten Fehler, wenn wir als ihr Alter immer 46 Jahre angeben würden.

Der Modus ist das einzige Maß der zentralen Tendenz, das auch für **nominalskalierte** Variablen als „Mittelwert" verwendet werden kann.

Der **Median** ($\tilde{x}$) ist definiert als jene Maßzahl, die eine nach der Größe geordnete Reihe von Werten einer Häufigkeitsverteilung genau in der Mitte halbiert. Er ist also jener Wert, von dem alle sonstigen gemessenen Werte einer Variablen am wenigsten abweichen. Der Median der Altersverteilung unserer Untersuchungspopulation beträgt $\tilde{x} = 49,00$ Jahre.

Aus der Definition des Medians ist ersichtlich, dass seine Berechnung **Ordinalskalenniveau** voraussetzt.

Das **arithmetische Mittel** ($\bar{x}$) schließlich, das wohl am häufigsten verwandte Maß der zentralen Tendenz, ist definiert als die Summe aller Werte einer Häufigkeitsverteilung dividiert durch die Anzahl der Werte. Die Summe der quadrierten Abweichungen der beobachteten Werte vom arithmetischen Mittel ergibt ein Minimum. Das arithmetische Mittel des Lebensalters beträgt 49,47 Jahre. Die Berechnung des arithmetischen Mittels setzt **metrisches** Skalenniveau voraus.

Modus, Median und arithmetisches Mittel sind bei unimodalen und symmetrischen Häufigkeitsverteilungen identisch; in der Regel bedeutet dies zugleich, dass wir es mit einer Variablen zu tun haben, die, zumindest was die Schiefe anbelangt, aus einer annähernd normalverteilten Grundgesamtheit stammt. Ob dies im Fall der Variablen „Lebensalter" (*alter_b*) zutrifft, mussten wir bereits weiter oben – vgl. S. 160 – verneinen: Zwar liegen Modus (h = 46), Median ($\tilde{x}$ = 49,00) und arithmetisches Mittel ($\bar{x}$ = 49,47) nahe beieinander – jedoch haben wir es nicht mit einer eingipfligen, sondern mehrgipfligen Verteilung zu tun.

Grundsätzlich gilt, dass für den Fall, dass h $< \tilde{x} < \bar{x}$ ist, es sich um eine **linkssteile (rechtsschiefe) Verteilung** handelt – bezogen auf das Lebensalter gäbe es mehr jüngere als ältere Befragte. Und: Der Kennwert für Schiefe ist dann positiv. Im umgekehrten Fall, wenn also h $> \tilde{x} > \bar{x}$ ist, läge eine **rechtssteile (linksschiefe) Verteilung** vor. Der Kennwert für Schiefe hätte dann ein negatives Vorzeichen.

Bei Abweichungen von der symmetrischen Glockenform weist jede der drei Maßzahlen der zentralen Tendenz spezifische Stärken zur summarischen Charakterisierung einer Verteilung auf (abgesehen davon, dass das Skalenniveau in jedem Fall zu berücksichtigen ist): Der Modus bewährt sich vor allem bei mehrgipfligen Häufigkeitsverteilungen, der Median bei schiefen, unvollständigen und mit Extremwerten behafteten Verteilungen, das arithmetische Mittel schließlich bei annähernd symmetrischen und unimodalen Verteilungen.

Mittelwerte kennzeichnen die zentrale Tendenz der Häufigkeitsverteilung einer Variablen, nicht aber die Heterogenität der Messwerte. Folgendes Beispiel möge dies verdeutlichen: Die Aufenthaltsdauer von jeweils fünf Patienten in zwei Suchtkliniken [in Tagen] weise folgende Verteilung auf:

Klinik A	0,	1,	10,	14,	20
Klinik B	8,	8,	9,	10,	10

Beim ersten Blick auf diese Verteilungen stellt sich heraus, dass das Klientel beider Kliniken sich deutlich unterscheidet: Patienten der Klinik A sind bezüglich ihrer Aufenthaltsdauer völlig verschieden, während Patienten der Klinik B sich dort annähernd gleich lange aufhalten. Beim zweiten Blick zeigt sich, dass sich die Patientenkollektive beider Kliniken sich hinsichtlich der durchschnittlichen Aufenthaltsdauer nicht unterscheiden: Sie beträgt in beiden Kliniken $\bar{x}$ = 9 Tage. Die in solcherart Verteilungen zum Ausdruck kommende unterschiedliche **Streuung (Dispersion) der Beobachtungswerte**, die Ausdruck dafür ist, „wie gut (oder schlecht) eine Verteilung durch ein Maß der zentralen Tendenz repräsentiert werden kann" (Bortz 1985: 54), kann ebenso wie der Mittelwert in einer einzigen Maßzahl beschrieben werden, und zwar durch Spannweite (engl.:

„range"), Quartils- und Perzentilswerte, Standardabweichung und Varianz sowie durch Steilheit und Schiefe.

Die **Varianz** (s^2) ist definiert als die Summe der quadrierten Abweichungen aller Beobachtungswerte von ihrem arithmetischen Mittel dividiert durch die Anzahl aller Beobachtungswerte. Die Quadrierung erfolgt deswegen, um den sich gegenseitig aufhebenden Effekt negativer und positiver Vorzeichen zu umgehen. Ein solcher Wert, der beim Lebensalter $s^2 = 317{,}544$ beträgt, ist inhaltlich allerdings kaum interpretierbar. Die **Standardabweichung** (s), die definiert ist als die Quadratwurzel der Varianz, weist diesen Nachteil der Varianz nicht auf: Sie drückt die Streuung in denselben Maßeinheiten wie die Beobachtungswerte aus. So besagt die Standardabweichung des Lebensalters, dass die beobachteten Werte des Lebensalters um 17,820 Jahre um das arithmetische Mittel von 49,47 Jahren streuen.

Je größer die Variabilität der Beobachtungswerte ist, desto größer sind auch Varianz bzw. Standardabweichung. Wenn alle Beobachtungswerte gleich sind, also wenn keine Streuung vorliegt, dann nehmen Varianz und Standardabweichung den Wert 0 an. Anders ausgedrückt: Je kleiner die Streuung, desto besser ist die Gesamtheit der Beobachtungen durch das arithmetische Mittel repräsentiert.

Die **Spannweite** (R), im SPSS Statistics-Deutsch als „Bereich" mehr schlecht als recht bezeichnet, stellt die Differenz zwischen Maximal- und Minimalwert einer Häufigkeitsverteilung dar. Sie beträgt für die Verteilung des Lebensalters unserer Untersuchungspopulation R = 78. Weil die Spannweite anhand von Maximum und Minimum einer Verteilung berechnet wird, ist unmittelbar verständlich, dass sie in Abhängigkeit von Extremwerten stark variiert.

Die Spannweite erlaubt nicht, die Streuung der Beobachtungswerte zwischen den Extremwerten zur Charakterisierung einer Verteilung zu berücksichtigen. Dies ist anders bei **Quartilen** (Q) und **Perzentilen** (P) sowie **Dezilen** (D), die eine Verteilung in vier bzw. einhundert oder zehn Teile schneiden. Quartile geben den Wert an, bei dem jeweils 25% der Beobachtungen kumulieren: Rund ein Viertel unserer Befragten ist zwischen 18 und 35 Jahre alt (1. Quartil), die Hälfte zwischen 18 und 49 (2. Quartil = **Median**), drei Viertel zwischen 18 und 63 (3. Quartil). Perzentile oder Dezile sind anlog zu interpretieren.

Insbesondere der **(mittlere) Quartilsabstand** vermag die Streubreite einer Verteilung unter Vernachlässigung der möglichen Extremwerte gut zu kennzeichnen. Für das Lebensalter der Befragten unseres Datensatzes ergibt sich ein mittlerer Quartilsabstand von 28 Jahren ($Q_3 - Q_1$).

Während Spannweite und Quartile etc. zuweilen auch bei Ordinalskalen berechnet werden, ist unumstritten, dass der Berechnung von **Varianz** und **Standardabweichung** sowie von **Schiefe** und **Steilheit** metrische Variablen unterliegen müssen.

Über **Schiefe** und **Steilheit** haben wir bereits im Zusammenhang mit der Überprüfung der Normalverteilungsannahme einer Variablen im Rahmen der EDA Informationen erhalten. Um das Wesentliche zu wiederholen: Eine **perfekte Normalverteilung** liegt dann vor, wenn Steilheit und Schiefe = 0 sind. Positive Werte der Schiefe weisen auf das Vorliegen einer linkssteilen bzw. rechtsschiefen Verteilung hin, negative dementsprechend auf das Vorliegen einer rechtssteilen bzw. linksschiefen Verteilung. Positive Werte der Steilheit indizieren, dass die Verteilung steiler als eine erwartete Normalverteilung verläuft, negative Werte dementsprechend, dass sie „gestaucht" ist und flacher als erwartet verläuft.

Die errechneten Werte für Schiefe = ,043 und Steilheit = −,893 deuten an, dass die beobachtete Verteilung des Lebensalters geringfügig linkssteiler, aber deutlich flacher als eine „perfekte Normalverteilung" verläuft. Da beide Werte allerdings innerhalb des von kritischen Werten begrenzten Bereichs liegen[36] – der bei einem Signifikanzniveau von 95% (also einer Irrtumswahrscheinlichkeit von 5%) und großer Stichprobe durch z = -1,96 und +1,96 markiert wird –, wäre die **Nullhypothese: „Unsere Stichprobe des Lebensalters entstammt einer bezüglich dieser Variablen normalverteilten Grundgesamtheit"**, aufrechtzuerhalten.[37]

Mit diesem **Signifikanztest** – das heißt der Überprüfung einer statistischen Hypothese auf Wahr- oder Falschheit – haben wir die univariate deskriptive Datenanalyse verlassen und die Grenze zu **univariater konfirmativer Datenanalyse** überschritten. Ein Gedanke, der für konfirmative Datenanalyse konstitutiv ist, beinhaltet das Problem des Rückschlusses von einer Erhebungsauswahl (Stichprobe) auf die „wahren" Verhältnisse in der Grundgesamtheit, das Problem der **statistischen Signifikanz.**

Signifikanztests werden durchgeführt, um zu überprüfen, welche von zwei sich einander ausschließenden (theoretischen) Behauptungen – **Null**hypothese (H$_0$) versus **Alternativ**hypothese (H$_1$) – über die (beobachtbare) Wirklichkeit richtig ist.[38] Da wir zur Überprüfung solcher Aussagen nahezu nie alle Einheiten, für die sie Geltung beanspruchen, einvernehmen können, also keine **Totalerhebung** realisieren wollen und/oder können, versuchen wir, ihre Tragfähigkeit anhand von **Stichprobenerhebungen** abzuschätzen. Wenn wir es mit Stichproben zu tun haben, ist aber nie völlig auszuschließen, „dass das Ergebnis der Untersuchung auf Grund der Stichprobenauswahl zufällig die Alternativhypothese

---

36 Vgl. dazu Kapitel 5.1.1.
37 Zur Erinnerung: „Normalverteilungs-" und „Trendbereinigtes Normalverteilungsdiagramm" im Rahmen der EDA, das „Histogramm" des Lebensalters sowie der Kolmogorov-Smirnov-Anpassungstest führen zu einem anderen Ergebnis! Schiefe- und Steilheitswerte sind nur grobe „Daumenpeilungen" und sollten im Allgemeinen durch weitere Abschätzungen grafischer und statistischer Art ergänzt werden. Vor allem muss die erwartete und erforderliche „Eingipfligkeit" der Verteilung gegeben sein, um diese Kennwerte sinnvoll verwenden und interpretieren zu können.
38 Vgl. Kapitel 4.4.

bestätigt, wenngleich in „Wahrheit", d. h. bezogen auf die gesamte Population, die Nullhypothese zutrifft. Umgekehrt können stichprobenspezifische Zufälle für die Annahme der Nullhypothese sprechen, während in der Population die Alternativhypothese richtig ist" (Bortz 2005: 110).

Man kann also sowohl „Treffer" beim Hypothesentest erzielen als auch „Fehler" begehen, und zwar zwei verschiedene:

- Einerseits kann eine eigentlich **zutreffende Nullhypothese** aufgrund der Stichprobenergebnisse **fälschlicherweise verworfen** und die **Alternativhypothese fälschlicherweise** als „wahr" erachtet werden; diesen Fehler nennt man den **Fehler 1. Art** oder α**-Fehler.**

- Andererseits kann eine eigentlich **nicht zutreffende Nullhypothese** aufgrund der Stichprobenergebnisse **fälschlicherweise aufrechterhalten** und die **Alternativhypothese fälschlicherweise** als „falsch" **erachtet** werden; diesen Fehler bezeichnet man als **Fehler 2. Art** oder β**-Fehler.**

Für die Entscheidung, ob Null- oder Alternativhypothese aufgrund des Stichprobenergebnisses gelten soll, muss man demzufolge im Fall von Stichprobenerhebungen bereit sein, **Irrtümer** in Kauf zu nehmen. Eingebürgert haben sich in Statistik und angewandter Datenanalyse für die Akzeptanz des Fehlerausmaßes drei verschiedene Toleranzschwellen und Sprachregelungen, die in Tabelle 5.4 zusammengestellt sind.

Tabelle 5.4: Sprachregelungen für die Signifikanz von Hypothesentests

1.	Ist die **Irrtumswahrscheinlichkeit**, die man in Kauf zu nehmen bereit ist, eine **Null-hypothese fälschlicherweise zu verwerfen, also die Alternativhypothese fälschli-cherweise anzunehmen,** < **5 %** (= α-**Fehler-Wahrscheinlichkeit**), dann bezeichnen wir das Ergebnis eines Signifikanztests als statistisch **signifikant.**
2.	Ist die **Irrtumswahrscheinlichkeit** < **1 %,** dann sprechen wir von einem statistisch **sehr** oder **hoch signifikanten** Ergebnis.
3.	Ist die **Irrtumswahrscheinlichkeit** < **0,1 %,** dann sprechen wir von einem statistisch **höchst signifikanten** Ergebnis.
4.	Ist das Ergebnis eines Signifikanztests $\geq$ **5 %** (resp. $\geq$ 1 %; $\geq$ 0.1 %), ist die Irrtums-wahrscheinlichkeit also außerhalb des zuvor festgelegten Bereichs, dann nennen wir es ein statistisch **nicht signifikantes** Ergebnis.

Die Festlegung der Höhe des α**-Fehler-Niveaus** *muss* vor Beginn einer Untersuchung, spätestens aber zu Beginn der Datenanalyse, an Hand **inhaltlicher** und **auswahltheoretischer Kriterien,**[39] und zwar generell für alle geplanten Signi-

---

39 Wie wir im Rahmen der bivariaten konfirmativen Tabellenanalyse noch sehen werden, ist vor allem der Stichprobenumfang für die Wahl des Fehler-Niveaus bedeutsam.

fikanztests erfolgen. Eine von Fall zu Fall variierende *Ad-hoc*-Festlegung des zu tolerierenden α-Fehlers wäre ein Kunstfehler.

Im Fall der – anhand von Schiefe- und Steilheitswerten – vorgenommen Überprüfung der Nullhypothese, dass das Lebensalter einer in dieser Hinsicht annähernd normalverteilten Grundgesamtheit entstammt, hatten wir ein α-Fehler-Niveau von 5% festgelegt. Wir können also formulieren: „**Mit 95%iger Wahrscheinlichkeit (=Sicherheit) entstammt unsere Stichprobe einer bezüglich des Lebensalters normalverteilten Grundgesamtheit.**"

Neben dem Signifikanztest auf Normalverteilung metrischer Variablen ist es üblich, im Rahmen der univariaten konfirmativen Datenanalyse – sofern ausreichend große Zufallsstichproben vorliegen – das Intervall zu berechnen, in dem sich der „wahre Wert" (=Parameter) einer mittels Stichprobenerhebung gemessenen metrischen und annähernd normalverteilten Variablen in der Grundgesamtheit bewegt. Dieses Intervall wird als **Konfidenz-** oder **Vertrauensintervall des arithmetischen Mittelwertes** bezeichnet.

Zur Berechnung des **Konfidenzintervalls** werden wiederum die Standardnormalverteilung sowie der **Standardfehler des Mittelwertes** herangezogen. Der **Standardfehler** ist ein Maß für die Güte der Anpassung (engl.: „goodness of fit") einer in einer Stichprobe beobachteten Verteilung an die „wahre" Verteilung des Merkmals in der Grundgesamtheit; je kleiner der Standardfehler, desto besser die Anpassung. Aus der Standardnormalverteilung sind die kritischen Grenzen normalverteilter Variabler zu entnehmen, in denen sich zum Beispiel 95% oder 99% der Grundgesamtheit bewegen: $z_{(95\%)} = \pm 1,96$ oder $z_{(99\%)} = \pm 2,58$.

Obere bzw. untere Grenze des Konfidenzintervalls werden berechnet, indem zum arithmetischen Mittelwert das Produkt aus (positivem) kritischem z-Wert und Standardfehler addiert resp. vom arithmetischen Mittel das Produkt aus (negativem) kritischem z-Wert und Standardfehler subtrahiert wird. Für die Variable Lebensalter können wir demzufolge bei einem 95%igen Signifikanzniveau folgendes Konfidenzintervall bestimmen:

```
KI Untergrenze:   x̄ - 1,96 · s_x̄  =   49,47 - 1,96 · 0,302   = 48,88
KI Obergrenze:    x̄ + 1,96 · s_x̄  =   49,47 + 1,96 · 0,302   = 50,06
```

Das entsprechende SPSS Statistics-Programm dafür sieht so aus:

```
COMPUTE ki_untergrenze=49.74 - 1.96 * .301.
COMPUTE ki_obergrenze=49.74 + 1.96 * .301.
FREQUENCIES VARIABLES=ki_untergrenze, ki_obergrenze.
```

ki_untergrenze

		Häufigkeit	Prozent	Gültige Prozent	Kumulative Prozente
Gültig	48,88	3480	100,0	100,0	100,0

ki_obergrenze

		Häufigkeit	Prozent	Gültige Prozent	Kumulative Prozente
Gültig	50,06	3480	100,0	100,0	100,0

Bei einem Rückschluss von den beobachteten Werten auf den Bereich, in dem sich der „wahre" Mittelwert in der Grundgesamtheit befindet, können wir – allerdings nur unter der Voraussetzung, das Lebensalter wäre annähernd normalverteilt! – folgende Interpretation vornehmen: „**Mit 95%iger Sicherheit befindet sich der „wahre" Mittelwert des Lebensalters der volljährigen, deutsch sprechenden Einwohner Deutschlands im Jahr 2012 in den Grenzen zwischen 48,9 und 50,4 Jahren.**" Da dieses Konfidenzintervall sehr eng ist, könnte man davon ausgehen, dass das mittlere Alter von 49,5 Jahren ein „guter Schätzer" der „wahren" Verhältnisse in der Grundgesamtheit ist.

Im Zusammenhang mit der Standardnormalverteilung – nicht aber mit der schließenden (konfirmativen) Datenanalyse – ist auf eine wichtige, häufig angewandte Möglichkeit hinzuweisen, beliebige metrische Variablen zu **standardisieren**, indem man sie datenanalytisch einer **Transformation** unterzieht, die aus ihnen standardnormalverteilte Variablen macht. Die entstehenden **z-Werte** geben Auskunft über die relative Position eines Beobachtungswertes innerhalb der gesamten Verteilung. Diese Relativierung erfolgt, indem vom Beobachtungswert das arithmetische Mittel subtrahiert und durch die Standardabweichung dividiert wird. Der Mittelwert der z-Werte aller Beobachtungswerte einer Verteilung ist $\bar{x}$ = 0, die Standardabweichung ist s = 1.

Diese **Standardisierung** oder **z-Transformation** von Variablen erlaubt es insbesondere, Beobachtungswerte solcher Verteilungen miteinander zu vergleichen oder zu verknüpfen, deren Maßeinheit verschieden ist. Wollte man bspw. aus den Variablen „persönliches Nettoeinkommen" (*eink_p1* (in €)), „Lebensalter" (*alter_b* (in Jahren)) und „Haushaltsgröße" (*haushaltsgroesse* (in Personenzahl)) einen additiven Index zur „Versorgungschance im Alter" bilden, würde man bei der Addition der unveränderten Quellvariablen in Kauf nehmen, dass das persönliche Einkommen weitaus stärker die Verteilung des Indexes bestimmte als das Alter. Dieses schlüge wiederum stärker zu Buch als die Anzahl der Personen im Haushalt. Das „Gewicht" der Variablen wäre in diesem Fall sehr ungleich verteilt. Gleiches gilt für die Addition einzelner Summenwerte von Likertskalen, die unterschiedlich viele Skalenausprägungen aufweisen. Sofern die automatisch entstehende Gewichtung unerwünscht ist, wäre mittels z-Transformation eine Homogenisierung der Gewichte der Quellvariablenverteilungen zu erzielen – die Variablen erhielten so dieselbe Basis. Eine anschließende mathematische Operation würde mit identischen Variablengewichten erfolgen.

Die Bildung des (fiktiven) Indices „Versorgungschance im Alter" mit vorhergehender z-Transformation wird mit der Statistikprozedur *DESCRIPTIVES* angestoßen. Im ersten Schritt schreiben wir das folgende Syntaxprogramm:

```
WEIGHT BY gewicht.
MISSING VALUES eink_p1 (0, 10000 THRU HIGHEST).
DESCRIPTIVES VARIABLES=eink_p1, alter_b, haushaltsgroesse
 /SAVE.
```

Dadurch werden zunächst die – voreingestellten – statistischen Kennwerte für die involvierten Variablen berechnet: Arithmetisches Mittel ($\bar{x}$), Standardabweichung (s), Minimum und Maximum.

Deskriptive Statistiken

	N	Minimum	Maximum	Mittelwert	Standardabwei chung
eink_p1 Befr.: Nettoeinkommen, offene Abfrage	2534	30	9300	1492,54	1052,541
alter_b Alter: Befragte<r>	3473	18	96	49,47	17,820
haushaltsgroesse Anzahl der Haushaltspersonen	3461	1	9	2,49	1,240
Gültige Anzahl (listenweise)	2524				

Der Befehl */SAVE* bewirkt, dass die drei in das Modell einbezogenen Quellvariablen standardisiert werden. Dadurch werden drei neue, z-transformierte Variablen gebildet, wobei den urspünglichen Variablennamen ein 'Z' vorangestellt wird, um sie von den Quellvariablen zu unterscheiden.[40] Um zu überprüfen, ob die z-Transformation zum gewünschten Ergebnis geführt hat: Alle drei Variablen sollen jeweils den Mittelwert $\bar{x} = 0$ und die Standardabweichung s = 1 aufweisen, lassen wir das folgende Syntaxprogramm ausführen:

---

40 Sollten dadurch Namen bereits vorhandener Variablen entstehen, werden feste Ausweichnamen vergeben. Die neu gebildeten Variablen werden der Arbeitsdatei hinzugefügt und können bei Bedarf dauerhaft gespeichert werden.

```
WEIGHT BY gewicht.
DESCRIPTIVES VARIABLES=zeink_p1, zalter_b, zhaushaltsgroesse.
```

Das Ergebnis entspricht unseren Erwartungen: Bei allen drei Variablen gilt $\bar{x} =$ 0 und s = 1.

Deskriptive Statistiken

	N	Minimum	Maximum	Mittelwert	Standardabwei chung
Zeink_p1 z-Faktorwert: Befr.: Nettoeinkommen, offene Abfrage	2534	-1,38953	7,41773	,0000000	1,00000000
Zalter_b z-Faktorwert: Alter: Befragte<r>	3473	-1,76576	2,61140	,0000000	1,00000000
Zhaushaltsgroesse z-Faktorwert: Anzahl der Haushaltspersonen	3461	-1,20033	5,25263	,0000000	1,00000000
Gültige Anzahl (listenweise)	2524				

Die rechnerischen Basen sind durch die z-Transformation nunmehr identisch und Haushaltsgröße, persönliches Nettoeinkommen sowie Lebensalter infolgedessen gleichgewichtig. Nun können wir den „Versorgungsindex" mittels *COMPUTE* berechnen. Jene Personen, die einen hohen Wert auf diesem Index aufweisen, wären demnach am besten versorgt.

```
WEIGHT BY gewicht.
COMPUTE versorgungs_idx=SUM.3(zeink_p1, zalter_b, zhaushaltsgroesse).
RECODE versorgungs_idx (10 THRU HIGHEST=99).
MISSING VALUES versorgungs_idx (99).
FREQUENCIES VARIABLES=versorgungs_idx
 /FORMAT=NOTABLE
 /STATISTICS=ALL
 /HISTOGRAM=NORMAL .
```

SUM.3 bewirkt dabei, dass nur Personen zur Indexberechnung herangezogen werden, die bei allen drei z-standardisierten Variablen einen gültigen Wert aufweisen. Der *RECODE*-Befehl führt dazu, dass die Werte von drei Ausreißern zum Wert '99' recodiert werden, der anschließend mit dem Befehl *MISSING VALUES* die Eigenschaft „fehlender Wert" erhält. */FORMAT=NOTABLE* unterdrückt den Ausdruck der Häufigkeitstabelle. Mittels */STATISTICS=ALL* werden alle in der

Statistikprozedur *FREQUENCIES* verfügbaren statistischen Kennwerte erzeugt. Mit */HISTOGRAM=NORMAL* wird ein Histogramm der Verteilung einschließlich der erwarteten Normalverteilung gedruckt.

Das Histogramm visualisiert eine unimodale Verteilung, die gut eine Normalverteilung approximiert. Allerdings ist eine relativ stark ausgeprägte Wölbung der Verteilung zu erkennen.

Wie die nachfolgende Tabelle mit den statistischen Kennwerten des „Versorgungsindexes" belegt, liegt die Steilheit jedoch innerhalb der kritischen Grenzen von z = ±1,96: *Kurtosis = 1,462*. Für das Vorliegen einer annähernd normalverteilten Variablen spricht auch die Schiefe, die den Wert *0,599* annimmt. Alles in allem handelt es sich bei der (fiktiven) Variablen *versorgungs_idx* also um eine linkssteile bzw. rechtsschiefe und etwas gewölbte Normalverteilung.

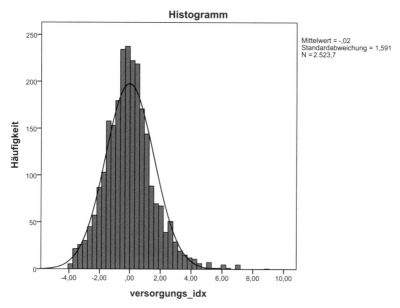

Histogramm

Mittelwert = -,02
Standardabweichung = 1,591
N = 2.523,7

Häufigkeit

versorgungs_idx

Fälle gewichtet nach Personenbezogenes Ost-West-Gewicht

Statistiken

versorgungs_idx

N	Gültig	2524
	Fehlend	956
Mittelwert		-,0249
Standardfehler des Mittelwerts		,03168
Median		-,1027
Modalwert		-1,82
Standardabweichung		1,59134
Varianz		2,532
Schiefe		,599
Standardfehler der Schiefe		,049
Kurtosis		1,462
Standardfehler der Kurtosis		,097
Bereich		12,81
Minimum		-4,03
Maximum		8,78
Summe		-62,79

5.3 Übungsaufgaben

Schalten Sie für die Lösung der folgenden Übungsaufgaben jeweils die Gewichtung ein (*WEIGHT BY gewicht*).

5.3.1 Normalverteilung

Handelt es sich bei der Interviewdauer (*interviewdauer*) um eine Variable, die aus einer diesbezüglich normalverteilten Grundgesamtheit stammt?

Verwenden Sie zur Beantwortung dieser Frage die Statistikprozeduren *EXAMINE* und *FREQUENCIES*. Lassen Sie sich mittels *EXAMINE* das „Normalverteilte Q-Q-Diagramm" und das „Trendbereinigte normalverteilte Q-Q-Diagramm" (*/PLOT*) sowie die deskriptiven statistischen Kennwerte (*/STATISTICS*) ausgeben. Nutzen Sie *FREQUENCIES*, um sich ein Histogramm der Verteilung der Interviewdauer inklusive Einzeichnung der erwarteten Normalverteilung (*/HISTOGRAM*) ausdrucken zu lassen. Unterdrücken Sie die Ausgabe der Häufigkeitstabelle (*/FORMAT*). Und lassen Sie sich den Modus berechnen (*/STATISTICS*).

5.3.2 Nettoeinkommen nach Geschlechtszugehörigkeit

Wählen Sie aus der von Ihnen erstellten SPSS-Datendatei mit dem Befehl *SELECT IF* temporär (*TEMPORARY*) alle Personen aus, die sich der „Mittelschicht" zuordnen. Nehmen Sie für Frauen und Männer getrennt mit *FREQUENCIES* jeweils eine Häufigkeitsanalyse des persönlichen Nettoeinkommens vor. Berechnen Sie außer den voreingestellten statistischen Kennwerten zusätzlich den Median (*/STATISTICS*). Unterdrücken Sie den Ausdruck einer Häufigkeitstabelle (*/FORMAT*).

Was können Sie anhand dieser statistischen Kennwerte über die Einkommenssituation männlicher und weiblicher Mittelschichtsangehöriger aussagen?

5.3.3 Berechnung eines „objektiven Schichtindexes"

Berechnen Sie aus den Variablen *eink_p1*, *schicht* und *schulabschluss* einen „objektiven Schichtindex". Zuvor sollen bei *eink_p1* die Ausprägungen 'kein Einkommen' und die Ausreißer mit mehr als € 10000 temporär (*TEMPORARY*) als fehlende Werte gekennzeichnet werden (*MISSING VALUES*). Bei *schicht* soll die Ausprägung '6': „keiner der Schichten", bei *schulabschluss* sollen die Ausprägungen '6': „anderer Abschluss" und '7': „noch Schüler" jeweils zu '9': „keine Angabe" recodiert werden (*RECODE*).

Anschließend verwenden Sie die Statistikprozedur *DESCRIPTIVES*, um die drei Variablen mittels einer z-Transformation zu standardisieren (*/SAVE*).

Berechnen Sie danach mittels *COMPUTE* aus den drei z-transformierten Variablen den „objektiven Schichtindex" namens *osi*.

Mit FREQUENCIES lassen Sie sich abschließend für den Schichtindex *osi* die voreingestellten deskriptiven statistischen Kennwerte ausgeben (*/STATISTICS*) und ein Histogramm mit Einzeichnung der erwarteten Normalverteilung drucken (*/HISTOGRAM*). Unterdrücken Sie erneut die Ausgabe der Häufigkeitstabelle (*/FORMAT*).

6 Bivariate Analyseschritte

Im vorhergehenden Kapitel haben wir die univariate Häufigkeitsverteilung verschiedener Variablen behandelt und einige Maßzahlen kennengelernt, die geeignet sind, diese Häufigkeitsverteilungen mit einem einzigen Kennwert zusammenfassend explorativ, deskriptiv und konfirmativ zu charakterisieren. Wir haben also jeweils **eine einzige Variable** in Augenschein genommen. Eine solche **univariate Datenanalyse** ist oft nicht Selbstzweck, sondern häufig nur Vorstufe zur bi- und multivariaten Auswertung von Daten, um insbesondere Aufschluss über die Verteilungen erhobener Variablen und damit über ihre potenzielle Verwendung im Rahmen mehr oder minder komplexer statistischer Verfahren zu gewinnen.

Bei der **bivariaten (zweidimensionalen) Datenanalyse** dagegen handelt es sich darum, **Beziehungen zwischen zwei verschiedenen Variablen** zu untersuchen. Solche Beziehungen kann man in Form von **Zusammenhängen** oder in Form von **Unterschieden**[1] ausdrücken und analysieren, indem man den verschiedenen Formen der **Hypothesenbildung** folgt.[2] Bevor wir damit beginnen, zunächst einige Ausführungen über explorative Fragestellungen bivariater Datenauswertung.[3]

6.1 Bivariate explorative Datenanalyse

Gut geeignet für bivariate explorative Analysen sind **Kasten-** (engl.: „boxplots") und **Streudiagramme** (engl.: „scatterplots"). Bivariate Kastendiagramme bieten sich vor allem für den Fall an, dass wir es mit einer dichotomen oder polynomen „unabhängigen" und einer metrischen „abhängigen" Variablen zu tun haben. „Dichotom" nennt man Variablen, die nur zwei Ausprägungen aufweisen – wie Geschlechtszugehörigkeit –, „polynom" jene, die mindestens drei Werte haben – wie politisches Interesse. „Unabhängig" werden Variablen genannt, die einen Einfluss oder Effekt auf eine „abhängige" Variable ausüben können. Im nachfolgenden Beispiel haben wir es mit der dichotomen unabhängigen Variablen „Erhebungs-

---

1 oder in Form von **Veränderungen** im Ablauf der Zeit, die wir in diesem Einführungsbuch jedoch nicht behandeln.
2 Vgl. dazu ⇒ Kapitel 4.4.
3 Es sei daran erinnert, dass im Online-Zusatzmaterial ausführliche Erläuterungen zu dem in diesem Kapitel angesprochenen Verfahren, Tests und Koeffizienten zu finden sind: ⇒http://www.utb-shop.de/9783825242251.

gebiet" (*west_ost*) und der abhängigen metrischen Variablen „Arbeitsstunden pro Woche" (*arbeitsstunden_1*) zu tun.[4]

```
WEIGHT OFF.
EXAMINE VARIABLES=arbeitsstunden_1 BY west_ost
  /PLOT BOXPLOT
  /COMPARE GROUPS
  /STATISTICS DESCRIPTIVES.
```

Dieses Programm generiert das folgende Kastendiagramm und die dazugehörigen – voreingestellten – statistischen Kennwerte (s. S. 192).

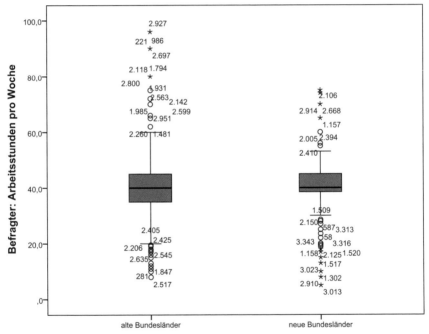

Erhebungsgebiet <Wohngebiet>: West - Ost

Kastendiagramm und statistische Kennwerte zeigen deutlich, dass die pro Woche geleisteten Arbeitsstunden unter den im Westen Befragten stärker streuen als un-

---

4 Es sei daran erinnert, dass wir bei einem Vergleich zwischen Befragten aus Ost- und Westdeutschland den *ungewichteten*, bei einem Rückschluss von der Stichprobe auf die Grundgesamtheit aller volljährigen, in der Bundesrepublik lebenden deutschsprachigen Einwohner den *gewichteten* Datensatz verwenden.

ter denen im Osten: Einerseits fällt der „Kasten" – begrenzt durch das erste und dritte Quartil - größer aus,[5] andererseits ist die Streuung insgesamt größer.[6]

Insbesondere bemerkt man am Kastendiagramm, dass unter den Westdeutschen die Zahl der „Ausreißer" *oberhalb* des Kastens, unter den Ostdeutschen hingegen die Zahl der „Ausreißer" *unterhalb* des Kastens jeweils größer als im Vergleichsgebiet ist. Wie weiter oben – vgl. S. 164 – bereits ausgeführt, werden Extremfälle, deren Arbeitsstundenzahl mehr als drei Quartilsabstände (Q_3 - Q_1) vom oberen oder unteren Ende des Kastens entfernt sind, durch einen Stern ('*') symbolisiert, Ausreißer, die „nur" zwischen 1,5 und drei Quartilsabständen außerhalb der Box liegen, sind mit 'o' wie „outlier" markiert. Beide Ausreißerarten werden mit der Fallnummer gekennzeichnet, was, wie gesagt, weitergehende Recherchen über die Charakteristika dieser besonderen Fälle außerordentlich erleichtert.

Bei einem **Streudiagramm** werden die Werte, die eine Untersuchungseinheit bei zwei **metrischen Variablen** hat, in einem Koordinatenkreuz abgetragen. Die Punkte im unten abgedruckten Streudiagramm dokumentieren die Verteilung des persönlichen monatlichen Nettoeinkommens (*eink_p1*) in Abhängigkeit von den pro Woche geleisteten Arbeitsstunden (*arbeitsstunden_1*).

```
WEIGHT BY gewicht.
GRAPH
    /SCATTERPLOT(BIVAR)=arbeitsstunden_1 WITH eink_p1.
```

Mit Hilfe des durch dieses Syntaxprogramm erstellten Streudiagramms lassen sich tatsächlich einige Ausreißer identifizieren: Es sind auf jeden Fall jene Befragten, die bei einer wöchentlichen Arbeitszeit zwischen rund 50 und 60 Stunden über ein Nettoeinkommen von deutlich über 10.000 Euro verfügen können.

Solche Ausreißer verzerren den generellen Zusammenhang zwischen Arbeitsstunden und Einkommen erheblich. Dies lässt sich bereits „per Augenschein" erkennen, wenn wir dieses Streudiagramm mit jenem vergleichen, das nach Eliminierung der drei Ausreißer gedruckt wird.[7] Folgendes Programm führt dort hin:

---

5 Der Interquartilsbereich beträgt im Westen IQR=10,0, im Osten IQR=6,6.

6 Im Westen beträgt die Standardabweichung s=11,6, im Osten s=9,7; der „Bereich", also die Spannweite, beläuft sich im Osten auf R=70,0 Stunden, im Westen auf R=88,0 Stunden.

7 Unter Vorgriff auf die Ausführungen zur OLS-Regression – S. 221 ff. – und zum Determinationskoeffizienten R^2 – S. 227 – lässt sich auch statistisch zeigen, dass die Güte der Schätzung des Nettoeinkommens, die sog. „erklärte Varianz" von $R^2 = .09$ auf $R^2 = .19$ steigt, wenn wir die drei Ausreißer bei der Berechnung der linearen Regression des Einkommens auf die Arbeitsstunden nicht berücksichtigen.

```
WEIGHT BY gewicht.
TEMPORARY.
MISSING VALUES eink_p1 (10000 THRU HIGHEST).
GRAPH
   /SCATTERPLOT(BIVAR)=arbeitsstunden_1 WITH eink_p1.
```

Deskriptive Statistik

	west_ost Erhebungsgebiet <Wohngebiet>: West - Ost			Statistik
arbeitsstunden_1 Befragte<r>: Arbeitsstunden pro Woche	1 alte Bundesländer	Mittelwert		39,334
		95 % Konfidenzintervall für Mittelwert	Untergrenze	38,690
			Obergrenze	39,978
		5% getrimmter Mittelwert		39,091
		Median		40,000
		Varianz		135,644
		Standardabweichung		11,6466
		Minimum		8,0
		Maximum		96,0
		Bereich		88,0
		Interquartilbereich		10,0
		Schiefe		,327
		Kurtosis		1,859
	2 neue Bundesländer	Mittelwert		41,351
		95 % Konfidenzintervall für Mittelwert	Untergrenze	40,580
			Obergrenze	42,123
		5% getrimmter Mittelwert		41,338
		Median		40,000
		Varianz		93,449
		Standardabweichung		9,6669
		Minimum		5,0
		Maximum		75,0
		Bereich		70,0
		Interquartilbereich		6,6
		Schiefe		,203
		Kurtosis		1,907

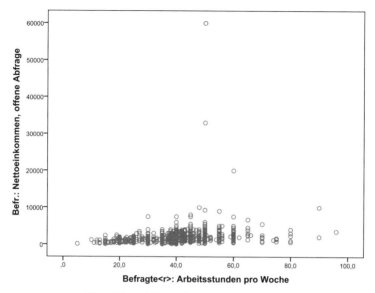

Fälle gewichtet nach Personenbezogenes Ost-West-Gewicht

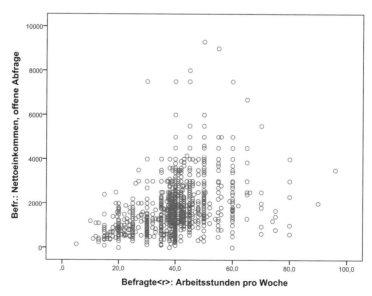

Fälle gewichtet nach Personenbezogenes Ost-West-Gewicht

Generell können mit Streudiagrammen vor allem drei explorative Fragen beantwortet werden: (1) Gibt es „Ausreißer", die unter Umständen auf fehlerhafte Eingaben zurückzuführen sind und die erheblichen Einfluss auf statistische Analysen haben können? (2) Ist ein Zusammenhang ersichtlich, in dem die beiden dargestellten Variablen miteinander stehen? (3) Wenn ja: Ist das ein linearer oder ein kurvenlinearer Zusammenhang? Die Beantwortung der letzten Frage ist dabei von erheblicher Bedeutung für die potenzielle Anwendung weiterführender statistischer Verfahren; z. B. dahingehend, ob mit diesen Variablen – wenn überhaupt – eine lineare oder nicht lineare Regression, wie in Abbildung 6.1 dargestellt, durchgeführt werden kann.[8]

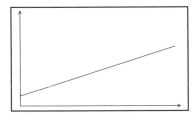 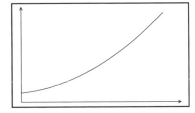

Abbildung 6.1: Linearer und kurvenlinearer bivariater Zusammenhang

Frage 1 lässt sich für den Zusammenhang zwischen Arbeitsstunden und Nettoeinkommen leicht beantworten: Es existieren auf jeden Fall einige Untersuchungspersonen, die erheblich von allen anderen abweichen. Sie wären in Analogie zum oben bereits Ausgeführten zu recherchieren und zu behandeln. Auf die Fragen 2 und 3 findet man jedoch anhand dieses Streudiagramms keine eindeutige Antwort: Ein Zusammenhangsmuster linearer oder kurvenlinearer Art ist nicht klar erkennbar.

6.2 Bivariate deskriptive und konfirmative Datenanalyse

Bivariate Beziehungen zwischen Variablen lassen sich in Form von **Zusammenhängen** bzw. von **Unterschieden** zwischen ihnen untersuchen. Die Wahl des geeigneten Analyseverfahrens hängt dabei zunächst von theoretischen Erwägungen ab. Von größerer Bedeutung sind aber häufig die mathematisch-statistischen Voraussetzungen der zwei jeweils involvierten Variablen: Handelt es sich bei ihnen um **qualitative Variablen** oder um **metrische Variablen mit wenigen Variablenausprägungen,** dann werden eventuelle bivariate Zusammenhänge oder

---

8 Es gibt selbstverständlich weitere Formen nicht linearer Zusammenhänge – vgl. etwa ⇒ Abbildungen 5.2 bis 5.5 auf S. 152 f.

Unterschiede zwischen ihnen mit anderen statistischen Verfahren untersucht als wenn wir es mit **quantitativen Variablen** und **vielen Variablenausprägungen** zu tun haben.

Bivariate Datenanalyse kann deskriptiven oder konfirmativen Zwecken dienen. Für **konfirmative Datenanalyse**, also **hypothesentestende Zwecke**, sind verschiedene Gesichtspunkte zu beachten, will man aus der Vielfalt und Vielzahl der in den Datenanalysepaketen angebotenen Signifikanztests den geeigneten auswählen. Die gebräuchlichsten werden im folgenden Abschnitt vorgestellt.

6.2.1 Voraussetzungen bei der Anwendung statistischer Signifikanztests

Um das mathematisch korrekte Verfahren zur Prüfung auf Signifikanz einer statistischen Hypothese zu ermitteln, müssen eine Reihe von Eigenschaften der zu untersuchenden Stichproben und Variablen berücksichtigt werden: Das geeignete Verfahren muss anhand der Anzahl der Kategorien der unabhängigen Variablen, der Art der Messung sowie anhand des Messniveaus und der Verteilungsform der untersuchten Variablen bestimmt werden. In Tabelle 6.1 werden die entsprechenden Signifikanztests für die verschiedenen Kombinationen dieser Bedingungen aufgeführt.

In den Spalten bedeuten:

- **Anzahl der Kategorien der unabhängigen Variablen:**

  Jede zu untersuchende Variable stellt eine Stichprobe aus der Grundgesamtheit dar.

  Eine Kategorie wird in Tests auf die **Verteilungsparameter** und ihre Signifikanz für die Grundgesamtheit einer Variablen ohne Einbeziehung eventueller Kovariaten berücksichtigt.[9] Beispiel: Prüfung der Frage, ob die Variable Lebensalter (*alter_b*) – wie oben dargestellt – tatsächlich aus einer diesbezüglich annähernd normalverteilten Grundgesamtheit stammt.

  Zwei Kategorien sind gegeben, wenn eine abhängige Variable auf die Unterschiede zwischen zwei Gruppen (nach einer dichotomen, unabhängigen Gruppierungsvariablen) untersucht wird. Beispiel: Prüfung der Frage, ob Männer und Frauen (*sex_b*) sich tatsächlich bezüglich der durchschnittlichen Höhe ihres persönlichen Einkommens signifikant voneinander unterscheiden.

  Mehrere Kategorien treten auf, wenn diese unabhängige Gruppierungsvariable nicht dichotom, sondern polynom vorliegt, d. h. mehrere, zumindest

---

9 Die Unterscheidung von „abhängiger" und „unabhängiger" Variablen ist in diesem Fall gegenstandslos.

Tabelle 6.1: Signifikanztests

Anzahl der Kategorien der **unabhängigen** Variablen	Art der Messung	**Signifikanztests**		
			Messniveau der **abhängigen Variablen**	
		nominal	*ordinal* (oder metrisch, aber nicht normalverteilt)	*metrisch und normalverteilt*
eine		Chi-Quadrat-Test	Iterations-Test	Kolmogorov-Smirnov-Test
zwei	abhängige	McNemar-Test	Vorzeichen-Test Wilcoxon-Test	t-Test
mehrere	abhängige	Cochran's Q-Test	Friedman's Rangvarianzanalyse Kendall's Konkordanz-Koeffizient W	Varianzanalyse
zwei	unabhängige	Fisher's exakter Test Chi-Quadrat-Test	Median-Test Mann-Whitney-U-Test Kolmogorov-Smirnov-Test Wald-Wolfowitz-Test	t-Test Randomisierungs-Test
mehrere	unabhängige	Chi-Quadrat-Test	Median-Test Kruskal-Wallis' Rangvarianzanalyse	Varianzanalyse

drei Ausprägungen aufweist. Beispiel: Prüfung der Frage, ob die „subjektive Schichtzugehörigkeit" (*schicht*) mit u. a. den Ausprägungen „Unter-", „Mittel"- und „Oberschicht" sich tatsächlich bezüglich der durchschnittlichen Höhe des persönlichen Einkommens signifikant niederschlägt.

- **Art der Messung:**

Bei **abhängigen Messungen** sind die zwei (oder mehr) untersuchten Variablen zeitverschoben jeweils bei derselben Untersuchungseinheit ermittelt worden. Dies ist bei **Experimenten** und **Paneluntersuchungen** der Fall. Beispiel: Für eine Stichprobe von n Personen wird für jede Person das Gewicht bei der Krankenhausaufnahme (Gewicht[t_0]) und bei der Krankenhausentlassung (Gewicht[t_1]) gemessen. Diese beiden Variablen stellen insofern abhängige Messungen dar, als Gewicht[t_1] sich nicht unabhängig vom (Ursprungs-) Gewicht[t_0] verändern kann.

Bei **unabhängigen Messungen** werden Untersuchungseinheiten nur ein einziges Mal in die Stichprobe einbezogen. Beispiel: Die Variablen unseres Beispieldatensatzes ALLBUS 2012 sind – typisch für eine Querschnittsuntersuchung – jeweils nur ein einziges Mal mittels Stichproben aus der Grundgesamtheit erhoben worden.

- **Messniveau der abhängigen Variablen:**

Hier machen sich die in ⇒ Abschnitt 5.1.2, S. 143 ff. beschriebenen Unterschiede erstmals voll bemerkbar: Auch vom Messniveau hängt es ab, welcher Hypothesentest möglich ist. Zwei Hinweise, die Unterscheidung von ordinalem und metrischem Messniveau betreffend, sind hier bedeutsam:

1. Wie oben ausgeführt, ist in der Praxis die statistische Auswertung (abhängiger) ordinaler Variabler, als wären sie metrischskaliert, zwar gebräuchlich, dennoch strittig.[10] Unter datenanalytischen Gesichtspunkten spricht allerdings wenig dagegen, Rangskalen mit vergleichsweise vielen Merkmalsausprägungen, bspw. Likertskalen mit fünf und mehr Ausprägungen, wie metrische Variablen zu behandeln, sofern ihre Verteilungsform als annähernd normalverteilt gelten kann.

2. Umgekehrt zeigen sich statistische Signifikanztests, die in Tabelle 6.1 für (abhängige) metrische Variablen ausgewiesen sind, unterschiedlich sensibel gegen Abweichungen von der Normalverteilungsforderung.[11] Will man dagegen gefeit sein, wegen fehlender Normalverteilung einer metrischen Variablen eventuell ein fehlerhaftes Signifi-

---

10 Vgl. zum Beispiel Allerbeck (1978).
11 Bei der Vorstellung einzelner Testverfahren gehen wir gesondert darauf ein.

198 Bivariate Analyseschritte

kanztestresultat zu erhalten, bietet es sich an, auf ein geeignetes Testverfahren für ordinalskalierte Variablen zurückzugreifen. Zeigt dieses das gleiche Testergebnis wie das Verfahren für metrische Variablen, kann man – wegen der größeren Informationsausschöpfung – die Ergebnisse des letztgenannten Verfahrens verwenden; ist das Testergebnis ungleich, sollte auf jeden Fall nur das für ordinalskalierte Variablen geeignete Testverfahren verwendet und interpretiert werden.

6.2.2 Variablenzusammenhänge

Neben der reinen Deskription bivariater Zusammenhänge zwischen Variablen sind drei Fragen konfirmativer Bedeutung zu stellen:

1. Ist ein hypothetisch formulierter Zusammenhang zwischen zwei Variablen tatsächlich statistisch **signifikant**?
2. Wenn ja: Wie **stark** ist dieser Zusammenhang?
3. Bei mindestens ordinalskalierten Variablen: Welche **Richtung** weist der Zusammenhang auf?

Die Beantwortung dieser drei Fragen kann im Rahmen der Kontingenz- oder Kreuztabellenanalyse sowie der Korrelations- und Regressionsanalyse mit Hilfe entsprechender Signifikanzprüfungen und Koeffizientenberechnungen erfolgen.

Zuvor muss allerdings noch einmal allgemein auf die Formulierung und den Test von **Zusammenhangshypothesen** eingegangen werden. Wie in ⇒ Kapitel 4.4 dargestellt, unterscheidet man zwei verschiedene statistische Hypothesen: Die **Alternativhypothese** (H_1), die dem in der Forschungshypothese formulierten, für die Grundgesamtheit theoretisch erwarteten Zusammenhang zwischen den Variablen entspricht, und die **Nullhypothese** (H_0), die **nicht** diesem erwarteten Zusammenhang entspricht, sondern das Gegenteil beinhaltet.

Bei der statistischen Signifikanzprüfung wird immer die Frage gestellt, ob die **Nullhypothese** beizubehalten oder zu verwerfen ist. Zuvor ist das Signifikanzniveau resp. die Irrtumswahrscheinlichkeit festzulegen, mit denen der Test der Nullhypothese durchgeführt werden soll. Wir entscheiden uns im folgenden bei „inhaltlichen" Hypothesen für ein 99,9%iges Signifikanzniveau (= 0,1% Irrtumswahrscheinlichkeit), bei der Überprüfungen der Voraussetzungen von Testverfahren für ein 95%iges Signifikanzniveau (= 5% Irrtumswahrscheinlichkeit).

Bei Zusammenhangshypothesen lautet die Nullhypothese: In der Population, aus der die Stichprobe entnommen wurde, ist die Korrelation Kor[12] gleich Null:

---

12 Kor steht hier als Prüfgröße stellvertretend für verschiedene Korrelations- oder Assoziationskoeffizienten.

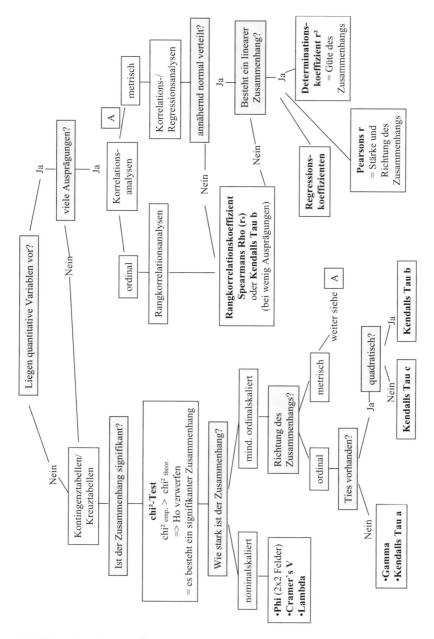

Abbildung 6.2: Tests zur Überprüfung von Zusammenhangshypothesen

$$H_0: \text{Kor} = 0$$

Die Alternativhypothese lautet: Die Korrelation ist ungleich Null:

$$H_1: \text{Kor} \neq 0$$

Die Alternativhypothesen lassen sich zusätzlich danach unterscheiden, ob sie *einseitig* (gerichtet) oder *zweiseitig* (ungerichtet) sowie *spezifisch* oder *unspezifisch* formuliert sind:

- Die H_1 der **zweiseitigen unspezifischen** Hypothese lautet einfach: Die Korrelation Kor ist ungleich Null, eben H_1: Kor $\neq$ 0.
- Die H_1 der **einseitigen unspezifischen** Hypothese lautet, dass die Korrelation Kor größer Null ist, also positiv (H_1: Kor > 0); die entsprechende H_0 lautet: Kor ist kleiner/gleich Null (H_0: Kor $\leq$ 0).[13]
- Die H_1 der **einseitigen spezifischen** Hypothese lautet, dass die Korrelation Kor größer Null ist und außerdem bspw. mindestens den Wert Kor = .70 erreicht (H_1: Kor $\geq$ .70). Die entsprechende H_0 heißt: Kor ist kleiner als .70 (H_0: Kor < .70).[14]

Tabelle 6.2: Formen statistischer Zusammenhangshypothesen

	einseitig	zweiseitig
spezifische Hypothese	H_0: Kor < .70 H_1: Kor $\geq$ .70	
unspezifische Hypothese	H_0: Kor $\leq$ 0 H_1: Kor > 0	H_0: Kor = 0 H_1: Kor $\neq$ 0

Lässt sich der in der H_0 formulierte Sachverhalt beim gewählten Signifikanzniveau an den Daten falsifizieren, d. h. wird die Nullhypothese verworfen, dann gilt der in H_1 formulierte Sachverhalt als (vorläufig) verifiziert, d. h. die Alternativhypothese wird angenommen.

6.2.2.1 Kontingenztabellen und die Statistikprozedur CROSSTABS

Eine Möglichkeit der bivariaten Analyse und Überprüfung von Hypothesen stellt die Tabellenanalyse dar. Sie ist insbesondere für nominale, aber auch für ordinale

---

13 Die einseitige Hypothese kann selbstverständlich auch einen negativen Ausgang behaupten, etwa: Kor ist kleiner Null. Die Nullhypothese lautet dann: Kor $\geq$ 0 .

14 Die letzte Fußnote gilt entsprechend.

und metrische Variablen heranzuziehen, sofern diese in wenigen Ausprägungen vorliegen. Die dafür geeignete SPSS-Statistikprozedur lautet *CROSSTABS*.

> *CROSSTABS* berechnet zwei- bis zehndimensionale Häufigkeitsverteilungen für Zeichenfolge- und numerische Variablen. Die erzeugten bivariaten Tabellen können individuellen Anforderungen entsprechend gestaltet werden. Es werden die wichtigsten Signifikanztests und Koeffizienten der Tabellenanalyse berechnet.

Die Befehlssyntax für die Statistikprozedur *CROSSTABS* ist hier zu finden:

►Hilfe ►Befehlssyntaxreferenz (Command Syntax Reference) ►CROSSTABS

Anhand der nachfolgenden Kreuztabelle wollen wir exemplarisch folgende **einseitige Forschungshypothese** überprüfen: „Je höher der Schulabschluss der Befragten, desto höher fällt ihre Schicht-Selbsteinstufung aus" (formal: H_1: Kor > 0).

Da wir nicht die Forschungshypothese, sondern die Nullhypothese auf statistische Signifikanz testen, formulieren wir folgende **einseitige statistische Nullhypothese**: „Die Höhe der Schicht-Selbsteinstufung hängt nicht oder wenn doch, dann negativ mit der Höhe des Schulabschlusses der Befragten zusammen" (formal: H_0: Kor $\leq$ 0).

Das folgende Syntaxprogramm erzeugt die entsprechende Tabelle inklusive einiger weiter unten besprochener statistischer Tests und Koeffizienten:

```
WEIGHT BY gewicht.
TEMPORARY.
RECODE schulabschluss (1,6,7=9)
 /schicht (1=2) (5=4) (6=9).
CROSSTABS TABLES=schicht BY schulabschluss
 /CELLS=COUNT, COLUMN, ROW, TOTAL
 /STATISTICS=CHISQ, PHI, CC, LAMBDA, CTAU.
```

Kreuztabellen drücken die gemeinsame Häufigkeitsverteilung der Ausprägungen zwei verschiedener Variablen aus.[15] In der mit obigem Syntaxprogramm generierten Tabelle sind senkrecht die Häufigkeit der Variablen „Schulabschluss"

---

15 Kreuztabellen lassen sich im Übrigen danach unterscheiden, wieviel Zellen sie beinhalten. Man kann die Anzahl der Zellen einfach berechnen, indem die Anzahl der Ausprägungen der Spaltenvariablen mit jener der Zeilenvariablen multipliziert wird. Die vorliegende Tabelle ist demnach eine 3×4-Tabelle mit 12 Zellen. Allgemein spricht man von „R×C"-Tabellen (für „Row"דColumn"). Die einfachste Kreuztabelle ist eine 2×2- oder Vier-Felder-Tabelle.

(*schulabschluss*) und waagerecht die Häufigkeit der Variablen „Subjektive Schicht-einstufung" (*schicht*) abgetragen.[16] Die **senkrecht** angeordnete Variable wird auch als **Spaltenvariable** (engl.: „column"), die **waagerecht** angeordnete als **Zeilenva-riable** (engl.: „row") bezeichnet. In der Regel schreibt man die „**unabhängige**" Variable – also jene, von der man annimmt, sie übe einen Effekt auf die Vertei-lung der „**abhängigen**" Variablen aus – in den Tabellenkopf, ihre Häufigkeits-werte werden dementsprechend senkrecht abgetragen.[17]

Tabelle 6.3: Schicht-Selbsteinstufung in Abhängigkeit vom allgemeinen Schulab-schluss – *Kontingenztabelle*

		Abschluss				
		Haupt-schule	Real-schule	Fachhoch-schulreife	Hoch-schulreife	Σ
AS	**Anzahl**	**468**	**353**	**29**	**71**	**921**
	% Schicht	50,8%	38,3%	3,1%	7,7%	100,0%
	% Abschluss	42,3%	31,5%	11,9%	8,3%	27,7%
	% Gesamtergebnis	14,1%	10,6%	10,9%	2,1%	27,7%
MS	**Anzahl**	**604**	**702**	**185**	**547**	**2.038**
	% Schicht	29,6%	34,4%	9,1%	26,8%	100,0%
	% Abschluss	54,6%	62,7%	76,1%	64,1%	61,3%
	% Gesamtergebnis	18,2%	21,1%	5,6%	16,5%	61,3%
OMS	**Anzahl**	**35**	**65**	**29**	**235**	**364**
	% Schicht	9,6%	17,9%	8,0%	64,6%	100,0%
	% Abschluss	3,2%	5,8%	11,9%	27,5%	11,0%
	% Gesamtergebnis	1,1%	2,0%	0,9%	7,1%	11,0%
Σ	**Anzahl**	**1.107**	**1.120**	**243**	**853**	**3.323**
	% Schicht	33,3%	33,7%	7,3%	25,7%	100,0%
	% Abschluss	100,0%	100,0%	100,0%	100,0%	100,0%
	% Gesamtergebnis	33,3%	33,7%	7,3%	25,7%	100,0%

Aufgrund dieser kreuzweisen Anordnung von zwei Variablen entstehen **Tabel-lenzellen**, in denen die **gemeinsam auftretenden** (absoluten und/oder relativen) **Häufigkeitswerte** der Variablenausprägungen der zwei Variablen zu finden sind.

Wie noch zu zeigen sein wird, sind Tabellengröße und -form wichtige Kriterien für die sachge-rechte Auswahl geeigneter Zusammenhangsstärkemaße.

16 Dabei haben wir aus Gründen geringer Zellenbesetzungen Personen, die „keinen" oder einen „sonstigen Schulabschluss" genannt hatten bzw. „noch Schüler/-in" waren, zum „fehlenden Wert" '9' recodiert, und jene, die sich der „Unter-" resp. der „Oberschicht" zugeordnet hatten, durch Re-codieren mit der „Arbeiter-" (AS) bzw. der „Oberen Mittelschicht" (OMS) zusammengefasst.

17 Die von SPSS Statistics erzeugte Tabelle ist zu groß, um sie hier unbearbeitet in den Text einzufü-gen. Tabelle 6.3 ist daher „per Hand" erstellt worden.

So haben zum Beispiel n = 468 Personen (= 14,1% aller Befragten) angegeben, sie hätten einen „Hauptschulabschluss" aufzuweisen und ordneten sich der „Arbeiterschicht" zu.

Die gemeinsamen Häufigkeiten der Zellenbesetzungen addieren sich zu **Randverteilungen** der Spalten und Zeilen auf. So berichten etwa n = 853 Personen, ihnen sei die „Hochschulreife" bescheinigt, und n = 364 Personen, sie fühlten sich der „Oberen Mittelschicht" zugehörig. Die Randverteilungen der Spalten und Zeilen addieren sich jeweils zur Gesamthäufigkeit auf, im vorliegenden Fall n = 3.323.[18]

SPSS Statistics berechnet nicht nur die gemeinsamen **absoluten Häufigkeiten** zweier Variablen („Anzahl"), sondern weist auf Anforderung auch **relative Häufigkeiten** aus, und zwar bezogen auf die Gesamthäufigkeit („% Gesamtergebnis"), auf die Zeilen (% *schicht*) und auf die Spalten (% *schulabschluss*). Insbesondere bei großen Fallzahlen erleichtern Prozentwerte die Interpretation von Kreuztabellen außerordentlich. Die „richtige" Richtung der Prozentuierung zu wählen, ist allerdings von großer Bedeutung für die Interpretation bivariater Zusammenhänge; letztlich hängt eine Entscheidung darüber von der jeweiligen Fragestellung ab. Die folgende Vorgehensweise ist jedoch die Regel: Ist es bei einer bivariaten Beziehung zwischen Variablen eindeutig, welche von ihnen als „unabhängige" und welche als „abhängige" zu gelten hat, dann sollte in Richtung der „unabhängigen" Variablen prozentuiert werden. Wenn also die „unabhängige" Variable die (senkrecht abgetragene) Spaltenvariable ist, sollte man senkrecht prozentuieren, also die „column percentage" wählen, ist sie waagerecht abgetragen, entsprechend auch waagerecht prozentuieren, also die „row percentage" wählen.

Zur Interpretation der Kreuztabelle zwischen Schulabschluss und Schichteinstufung ist Folgendes zu sagen: „Hauptschulabschluss" haben n = 1.107 Personen (33,3%), „Mittlere Reife" n = 1.120 (33,7%), „Fachhochschulreife" n = 243 (7,3%), „Hochschulreife" n = 853 (25,7%). Von den Hauptschulabsolventen ordnen sich n = 468 (42,3%) der „Arbeiterschicht", n = 604 (54,6%) der „Mittelschicht" und n = 35 (3,2%) der „Oberen Mittelschicht" zu. Vergleicht man die relativen Tabellenhäufigkeiten mit der relativen Spaltenrandverteilung, kommt man zu dem Ergebnis, dass Hauptschulabsolventen sich überproportional der „Arbeiterschicht" zuordnen: 42,3% vs. 27,7%, während sie bei der „Mittelschicht": 54,6% vs. 61,3% und erst recht bei der „Oberen Mittelschicht": 3,2% vs. 11,0% unterrepräsentiert sind. Wie man leicht sehen kann, ist diese Beziehung bei Befragten mit Hochschulreife genau umgekehrt: Sie sind bei der „Oberen Mittelschicht" (27,5% vs.

---

18 Wir haben es demzufolge mit (gewichteten) n = 157 resp. 4,5% „fehlenden Werten" zu tun: Von soviel Befragten haben wir also keine Angaben über Schichtzuordnung und/oder Schulabschluss vorliegen.

11,0%) und der „Mittelschicht" (64,1% vs. 61,3%) über-, bei der „Arbeiterschicht"
(8,3% vs. 27,7%) dagegen deutlich unterrepräsentiert.

Bei der Interpretation der **waagerechten Prozentuierung** kann man wie folgt
vorgehen: n = 921 Personen (27,7%) stufen sich als Angehörige der „Arbeiterschicht", n = 2.038 (61,3%) als Angehörige der „Mittelschicht" und n = 364
(11,0%) als Angehörige der „Oberen Mittelschicht" ein. Wenn wir die „Arbeiterschicht" herausgreifen, zeigt sich, dass n = 468 (50,8%) einen Hauptschulabschluss
aufweisen, n = 353 (38,3%) Mittlere Reife, n = 29 (3,1%) Fachhochschulreife und
n = 71 (7,7%) Allgemeine Hochschulreife bescheinigt bekommen haben. Der Vergleich von relativen Tabellenhäufigkeiten mit der relativen Zeilenrandverteilung
führt zu dem Ergebnis, dass „Arbeiterschichtsangehörige" demzufolge weit überproportional die Hauptschule erfolgreich beendet haben (50,8% vs. 33,3%). Ähnlich sieht es bei der Mittleren Reife aus: 38,3% vs. 33,7%. Bei den „höheren" Ab-
schlüssen sind sie dagegen deutlich unterrepräsentiert: Fachhochschulreife 3,1%
vs. 7,3% und Hochschulreife 7,7% vs. 25,7%. Bei Angehörigen der „Oberen Mittelschicht" verhält sich dies wiederum nahezu umgekehrt.

Aus dem Gesagten lässt sich bereits intuitiv schließen, dass wohl unsere Alternativhypothese zutreffen und die Nullhypothese nicht zutreffen dürfte. Hat
dieser intuitive Schluss aber auch Bestand nach einer statistischen Überprüfung?
Dazu wenden wir uns jetzt der ersten der oben auf S. 198 angeführten Fragen zu,
nämlich

**1. Ist der hypothetisch formulierte Zusammenhang zwischen den beiden
Variablen tatsächlich statistisch *signifikant*?**
Für die Beantwortung dieser Frage gibt SPSS Statistics eine Reihe von Tests auf
Unabhängigkeit zweier Variablen an die Hand. Wir wollen die Frage mit Hilfe
des **Chi-Quadrat-Tests** (χ^2) von Pearson, des in der – zumindest sozialwissenschaftlichen – Datenanalyse wohl am häufigsten eingesetzten Unabhängigkeits-
tests, beantworten. Im Syntaxprogramm auf S. 201 wird die Berechnung des Chi-
Quadrat-Tests in der letzten Zeile durch die Anweisung *CHISQ* für (engl.) „chi-
square" angestoßen.

```
...
/STATISTICS=CHISQ, ... .
```

Dieser Unabhängigkeitstest untersucht, inwieweit die beobachteten (empirischen)
Häufigkeiten, die die sog. **Kontingenztabelle** bilden, von den erwarteten (theoretischen) Häufigkeiten, die sich ergäben, wenn keinerlei Zusammenhang (Abhängigkeit) zwischen zwei Variablen existierte, und die die sog. **Indifferenztabelle**
bilden, abweichen.

Die Kontingenztabelle entspricht den absoluten Häufigkeiten in Tabelle 6.3
auf S. 202, ergibt sich also aufgrund der Befragungsergebnisse. Welche Werte sind

es aber, die man erwarten würde, wenn überhaupt kein Zusammenhang zwischen *schicht* und *schulabschluss*, also Unabhängigkeit zwischen beiden bestünde?

Unabhängigkeit zwischen den zwei in Frage stehenden Variablen würde dann bestehen, wenn auch in den einzelnen Tabellenzellen die relativen Spalten- und Zeilenrandhäufigkeiten zu finden wären; wenn also bspw. Hauptschulabsolventen sich ihrem Anteil entsprechend genauso häufig der „Mittelschicht" zuordneten wie Real- und Oberschulabsolventen. In diesem Fall gäbe es keinerlei Einfluss der unabhängigen Variablen auf die abhängige.

Dieser **Erwartungswert einer Tabellenzelle** lässt sich errechnen, indem man die für diese Zelle zugehörige absolute Spaltenrandhäufigkeit multipliziert mit der ebenfalls für diese Zelle zugehörigen absoluten Zeilenrandhäufigkeit und dieses Produkt dividiert durch die Anzahl aller Beobachtungen.

Aus den beobachteten absoluten Häufigkeiten der **Kontingenztabelle** auf S. 202 ergäben sich dadurch die folgenden erwarteten absoluten Häufigkeiten („Exp Val" = „expected value") der Indifferenztabelle:

Tabelle 6.4: Schicht-Selbsteinstufung in Abhängigkeit vom allgemeinen Schulabschluss - *Indifferenztabelle*

| | Abschluss | | | | |
Schicht	Haupt-schule	Real-schule	Fachhoch-schulreife	Hochschul-reife	Σ
AS	306,8	310,4	67,3	236,4	921,0
MS	678,9	686,9	149,0	523,1	2.038,0
OMS	121,3	122,7	26,6	93,4	364,0
Σ	1.107,0	1.120,0	243,0	853,0	3.323,0

Die Prüfgröße χ^2 errechnet sich dann aus der Summe der quadrierten Abweichungen zwischen den Indifferenzwerten und den beobachteten Werten dividiert durch den erwarteten Indifferenzwert jeder Tabellenzelle. Wollte man dies von Hand berechnen, täte man dies am besten mit Hilfe einer Arbeitstabelle (s. Tabelle 6.5).

Die Berechnung ergibt einen Wert von $\chi^2 = 549,9$. Diesen (empirisch) ermittelten χ^2-Wert vergleicht man mit einem χ^2-Wert, der äußerstenfalls (theoretisch) zu erwarten wäre, bestünde **kein** Zusammenhang zwischen den beiden Variablen. **Ist der empirisch ermittelte χ^2-Wert *größer* als der in jedem Statistik-Lehrbuch zu findende kritische χ^2-Wert, ist die Nullhypothese zu verwerfen und die Alternativhypothese anzunehmen.**

Tabelle 6.5: Arbeitstabelle zur Berechnung des χ^2 - Wertes

Zeile	Spalte	f_b	f_e	$f_b - f_e$	$(f_b - f_e)^2$	$(f_b - f_e)^2/f_e$
1	1	468	306,8	161,2	25985,4	84,7
1	2	353	310,4	42,6	1814,8	5,9
1	3	29	67,3	-38,3	1466,9	21,8
1	4	71	236,4	-165,4	27357,2	115,7
2	1	604	678,9	-74,9	5610,0	8,3
2	2	702	686,9	15,1	228,0	0,3
2	3	185	149,0	36,0	1296,0	8,7
2	4	547	523,1	23,9	571,2	1,1
3	1	35	121,3	-86,3	7447,7	61,4
3	2	65	122,7	-57,7	3329,3	27,1
3	3	29	26,6	2,4	5,8	0,2
3	4	235	93,4	141,6	20050,6	214,7
Σ		3.323	3.323,0	0		549,9*

* Rundungsfehler
f_b: der beobachtete Zellenwert
f_e: der erwartete Zellenwert

Die Suche des kritischen χ^2-Wertes ist einfach: Man muss das **Signifikanzniveau** festlegen, auf dem man die Nullhypothese testen will – wir hatten uns grundsätzlich für ein 99,9%iges Sicherheitsniveau entschieden, d. h. die Wahrscheinlichkeit, die Nullhypothese irrtümlicherweise zu verwerfen, auf 0,1% festgelegt. Und man muss die zutreffende **Anzahl der Freiheitsgrade [DF]** (engl.: „degrees of freedom") bestimmen:[19] Diese ergibt sich aus der Anzahl der Spalten minus 1 multipliziert mit der Anzahl der Zeilen minus 1; in unserem Fall also DF = (c-1) × (r-1) = (4-1) × (3-1) = 6. Der kritische χ^2-Wert bei 99,9%igem Signifikanzniveau und 6 Freiheitsgraden beträgt $\chi^2_{(99,9;6)} = 22,5$. Unser empirisch ermittelter

---

19 Die Zahl der Freiheitsgrade ist ein bedeutender Parameter vieler Wahrscheinlichkeitsverteilungen. Sie drückt aus, wie viele Ausprägungen einer Variablen unabhängig von den Ausprägungen einer anderen Variablen bei gegebener Spalten- und Zeilenrandverteilung frei variieren können. Bei Vier-Felder-Tabellen ist die Anzahl der Freiheitsgrade DF = 1, wie man leicht nachvollziehen kann: Wenn die Randverteilungen fixiert sind, hat man nur die Freiheit, eine einzige Tabellenzelle zu füllen; die anderen drei Tabellenzellen sind damit determiniert:

60	10	70
20	10	30
80	20	100

χ^2-Wert ist aber deutlich größer als der theoretisch erwartete: $549,9 > 22,5$. Damit können wir die Nullhypothese mit nahezu 100%iger Sicherheit verwerfen und entsprechend die Alternativhypothese annehmen: **Zwischen der Höhe des Schulabschlusses und der Höhe der Schicht-Selbsteinstufung besteht demzufolge ein statistisch höchst signifikanter Zusammenhang.**

Der χ^2-Test ergibt allerdings nicht in jedem Fall ein zutreffendes Ergebnis. Voraussetzung für seine adäquate Anwendung sind zwei Bedingungen:

1. Alle erwarteten Häufigkeiten der Indifferenztabelle müssen der Bedingung $f_e \geq 1$ entsprechen.
2. Nur in maximal 20% der Tabellenzellen darf $f_e < 5$ sein.

Ist eine dieser Bedingungen nicht erfüllt, muss entweder auf die Durchführung des Chi-Quadrat-Tests verzichtet oder versucht werden, die Ausprägungen der jeweiligen Variablen so zusammenzufassen, dass die Bedingungen für die Durchführung des χ^2-Tests erfüllt sind. Dies erweist sich besonders bei kleinen Stichproben häufig als notwendig.[20] Als Alternative zum Chi-Quadrat-Test steht im Falle kleiner Stichproben im übrigen **Fisher's exakter Test** zur Verfügung.

Das Ergebnis des von SPSS Statistics durchgeführten Chi-Quadrat-Tests gibt die nachfolgende Tabelle wieder.

Chi-Quadrat-Tests

	Wert	df	Asymp. Sig. (zweiseitig)
Pearson-Chi-Quadrat	549,638[a]	6	,000
Likelihood-Quotient	553,206	6	,000
Zusammenhang linear-mit-linear	498,790	1	,000
Anzahl der gültigen Fälle	3323		

a. 0 Zellen (0,0%) haben die erwartete Anzahl von weniger als 5.
Die erwartete Mindestanzahl ist 26,62.

Der von SPSS Statistics berechnete Chi-Quadrat-Wert ist etwas genauer als der von uns „per Hand" berechnete. Neben dem Chi-Quadrat-Wert von $\chi^2 = 549,638$ sind die Anzahl der Freiheitsgrad: df = 6 und die „Asymptotische Sigifikanz (zweiseitig)" abgetragen: Letztere drückt die Irrtumswahrscheinlichkeit aus, fälschlicher Weise die Nullhypothese zu verwerfen. Hier entspricht die Irrtumswahrscheinlichkeit, fälschlicherweise die Nullhypothese: „Es gibt keinen Zusammenhang zwischen Schulabschluss und subjektiver Schichteinstufung" zu verwerfen, p < .001. Die Wahrscheinlichkeit, dass die Alternativhypothese zutrifft, ist demzufolge sehr hoch bzw. „statistisch höchst signifikant".

---

20 Damit ist zwar eine Manipulation verbunden, aber eine zulässige: Wenn man Variablenwerte zusammenfasst, verzichtet man auf einen Teil des ursprünglich vorhandenen Informationsgehalts; die erzielten Aussagen werden notgedrungen vergröbert, so dass die H_0 seltener verworfen wird.

Unterhalb der Tabelle finden wir zwei Aussagen, aus denen wir schließen können, dass die Bedingungen zur Durchführung des Chi-Quadrat-Tests erfüllt sind:

1. Für keine Tabellenzelle trifft $f_e < 5$ zu.
2. Die erwartete Mindestanzahl von Fällen in der Indifferenztabelle beträgt $f_e = 26,62$.

Damit ist unsere erste Frage, und zwar jene, ob ein **signifikanter Zusammenhang** zwischen den beiden Variablen *schicht* und *schulabschluss* besteht, nicht nur intuitiv, sondern statistisch abgesichert beantwortet. Gewarnt werden muss allerdings vor der unangenehmen – aber erklärlichen – Eigenschaft des χ^2-Wertes, in Abhängigkeit von der Anzahl der Untersuchungseinheiten zu variieren: **Bei gleichen relativen Tabellenzellenhäufigkeiten führt die Verdoppelung der absoluten Zellenbeträge zu einer Verdoppelung des χ^2-Wertes bzw. die Halbierung der Stichprobe zu einer Halbierung des χ^2-Wertes.**[21]

Insbesondere bei größeren Stichproben ist der χ^2-Test auf Unabhängigkeit zweier Variablen daher zwar notwendige, aber nicht hinreichende Bedingung, um mit substanziellen Interpretationen statistisch belegter Zusammenhänge beginnen zu können. Wir müssen uns vielmehr der zweiten der auf S. 198 aufgeworfenen Fragen zuwenden, nämlich der Frage nach der Stärke des Zusammenhangs.

2. Wenn ein statistisch signifikanter Zusammenhang zwischen zwei Variablen zu beobachten ist: Wie *stark* ist dieser Zusammenhang?

Um über die Stärke des Zusammenhanges zwischen zwei Variablen Aussagen machen zu können, berechnen wir **Korrelationskoeffizienten**, auch **Assoziations-, Konkordanz-** oder **Kontingenzkoeffizienten** genannt.[22] Diese Korrelationskoeffizienten geben in der Regel die Stärke eines (bivariaten) Zusammenhangs in einem Bereich von Kor = 0 (keinerlei Zusammenhang) bis Kor = 1 (völliger Zusammenhang) an.

Um für unsere Fragestellung das richtige Zusammenhangsmaß auszuwählen, müssen wir das **Mess-** bzw. **Skalenniveau** der involvierten Variablen und die **Tabellenform** berücksichtigen.

Nominalem Messniveau angemessen – implizit also auch den höheren Messniveaus, dabei allerdings Informationsverluste in Kauf nehmend – sind die drei herkömmlichen, auf dem χ^2-Wert basierenden Koeffizienten **Phi (Φ)**, **Cramer's V** und der **Kontingenzkoeffizient C**; außerdem **Lambda (λ)** als sog. **PRE-Maß**.

---

21 Dies ist insofern erklärlich, als mit jeder Vergrößerung einer (Zufalls-) Stichprobe eine Annäherung an die „wahren" Verhältnisse in der Grundgesamtheit erzielt wird, während eine Verkleinerung derselben die Treffgenauigkeit verringert.

22 Der Sprachgebrauch ist uneinheitlich: „Zuweilen wird der Begriff der Korrelation auf Zusammenhänge zwischen metrischen Variablen beschränkt, während bei topologischen (= nominalen oder ordinalen, d. V.) Merkmalen von Assoziation, Kontingenz oder Konkordanz gesprochen wird" (Kriz und Lisch 1988: 146).

In SPSS Statistics wird ihre Berechnung im Syntaxprogramm von S. 201 wie folgt bewirkt:

```
...
/STATISTICS= ... , PHI, CC, LAMBDA, ... .
```

Phi errechnet sich aus der Wurzel des durch die Anzahl der Fälle geteilten χ^2-Wertes. Phi ist wegen seiner Eigenschaft, bei größeren Tabellen unter Umständen Werte > 1 anzunehmen, nur für Vier-Felder-Tabellen geeignet. Bei größeren Tabellen, wie in unserem Beispiel, ist Phi durch Cramer's V zu ersetzen.

Cramer's V wird wie Phi berechnet, nur dass die Zahl der Fälle im Zähler noch mit der kleineren Zahl von entweder der Anzahl der Spalten minus 1 (c-1) oder der Anzahl der Zeilen minus 1 (r-1) multipliziert wird. Durch diese Gewichtung wird die unangenehme Eigenschaft von Phi, bei größeren Tabellen den zwischen 0 und 1 normierten Bereich überschreiten zu können, vermieden. Cramer's V kann für Tabellen jeder Form und Größe berechnet werden. Für die Stärke des Zusammenhangs zwischen *schicht* und *schulabschluss* in Tabelle 6.3 auf S. 202 ergibt sich Cramer's V = .29.[23]

Der **Kontingenzkoeffizient C** berechnet sich aus der Wurzel des durch χ^2 plus N geteilten χ^2-Wertes. Auch C hat jedoch den Nachteil, von der Tabellengröße beeinflusst zu werden. Er erreicht praktisch nie 1: Selbst dann, wenn nur die diagonalen Tabellenzellen Werte aufweisen, also ein völliger Zusammenhang zwischen zwei Variablen besteht, beträgt C bspw. bei 4×4 Felder Tabellen maximal C = .87. Er sollte deswegen nur zum Vergleich von Tabellen gleicher Größe und Form benutzt werden.[24] In unserem Fall beträgt C = .38.

Wenn die verschiedenen Koeffizienten zwischen 0 und 1 variieren können, wie kann man eine Korrelation von Cramer's V = .29 resp. C = .38 bewerten? Haben wir es nun mit einem starken, mittleren oder schwachen Zusammenhang zwischen *schicht* und *schulabschluss* zu tun?

Bezüglich der Frage nach der Interpretation der Zusammenhangsstärke hat sich keine so eindeutige Sprachregelung eingebürgert wie hinsichtlich des Signifikanzniveaus. Dies ist darauf zurückzuführen, dass die Untersuchungsbedingungen, unter denen Studien wie der ALLBUS oder Laboratoriumsexperimente durchgeführt werden, im Hinblick auf ihre externe und interne Validität gänzlich verschieden sind und „natürlich" unterschiedliche Zusammenhangsstärken produzieren. Die nachfolgende, auf Zöfel (1985: 210) zurückgreifende Konventi-

---

23 Wir nehmen bei der Verwendung von Koeffizienten für nominalskalierte Variablen im vorliegenden Fall allerdings einen Informationsverlust in Kauf, kann man doch annehmen, dass sich – zumindest in den Köpfen der Befragten – eine Rangordnung der Schulabschlüsse und der Schicht-Selbsteinstufungen feststellen ließe.

24 Um C mit anderen Kontingenzkoeffizienten vergleichbar zu machen, kann eine Korrektur nach Tschurpow vorgenommen werden (Bortz und Döring 2005).

on zur sprachlichen Beschreibung der Stärke von Korrelationen ist deshalb nur als grober Anhaltspunkt zu verstehen:

Tabelle 6.6: Sprachregelungen für die Stärke von Zusammenhängen

$0 <$	Kor	$\leq .20$	sehr geringer Zusammenhang
$.20 <$	Kor	$\leq .50$	geringer Zusammenhang
$.50 <$	Kor	$\leq .70$	mittlerer Zusammenhang
$.70 <$	Kor	$\leq .90$	starker Zusammenhang
$.90 <$	Kor	≤ 1	sehr starker Zusammenhang

(wobei Kor für beliebige bivariate Koeffizienten steht)

Folgen wir dieser Konvention, dann wäre der Zusammenhang zwischen Höhe des Schulabschlusses und Höhe der Schicht-Selbsteinstufung zwar statistisch höchst signifikant, in seiner **Stärke** jedoch nur als **gering** ausgeprägt (Cramer's V = .29; C = .39) zu bezeichnen.

Hätten wir anstelle unserer **einseitigen** *unspezifischen* Hypothese: „Je höher der Schulabschluss, desto höher auch die Schicht-Selbsteinstufung der Befragten", die wir ja als (vorläufig) bestätigt annehmen können, eine **einseitige** *spezifische* Hypothese: „Es besteht ein starker positiver Zusammenhang zwischen Schulabschluss und Schicht-Selbsteinstufung" formuliert, so wäre diese Hypothese abzulehnen und die Nullhypothese aufrecht zu erhalten.

Neben Phi bzw. Cramer's V und dem Kontingenzkoeffizienten C, die alle auf dem χ^2-Wert beruhen, kann man für den Zusammenhang **nominalskalierter Variablen** ein weiteres Maß, nämlich **Lambda**, berechnen, das jedoch der Logik sog. **PRE-Maße** folgt. PRE steht für „**Proportional Reduction in Error Measurements**", die englische Bezeichnung für diese Kenngrößen, die, wie ihr Name andeutet, angeben, um wie viel die Fehlerwahrscheinlichkeit bei der Vorhersage der abhängigen Variablen vermindert werden kann, wenn uns die Verteilung der unabhängigen Variablen bekannt ist.

Diese PRE-Maße haben verschiedene Eigenschaften und verschiedene Voraussetzungen für ihre Anwendbarkeit. Sie bewegen sich zwischen '0' für keinerlei Fehlerreduktion durch Kenntnis der unabhängigen Variablen und '1' für die Möglichkeit, die abhängige Variable mit hundertprozentiger Sicherheit aus der unabhängigen Variablen vorhersagen zu können. Es handelt sich also bei den PRE-Maßen nicht um die Interpretation der Stärke von Zusammenhängen, sondern um das (prädiktive) Potenzial, die Verteilung einer abhängigen Variablen in Kenntnis einer unabhängigen prognostizieren zu können.[25]

Die PRE-Maße haben den großen Vorteil, dass sie, obwohl sie jeweils ein anderes Messniveau der involvierten Variablen voraussetzen, allesamt gleich inter-

---

25 Die u. E. informativste Darstellung dieser Maße gibt Benninghaus (2007: 92ff.).

pretierbar sind. Dabei ist **Lambda** (λ) für **nominalskalierte**, **Gamma** (γ) für **ordinalskalierte** und der **Determinationskoeffizient** (r^2) für **metrische Variablen** als PRE-Maß interpretierbar. **Eta^2** (η^2) ist für jene Variablenkonstellation die richtige Wahl, in der die unabhängige Variable nominal- oder ordinal-, die abhängige dagegen metrischskaliert vorliegt.

Lambda ist für **nominalskalierte** Variablen und damit für alle Skalenniveaus geeignet. Die Berechnung von Lambda und seine Interpretation lässt sich am besten verstehen, wenn man sich das **Ziel der Prognose** und die sich dabei möglicherweise ergebenden Fehlerquellen vor Augen führt.

Im Rahmen einer Prognose ist die Verteilung einer Variablen – hier der abhängigen Variablen Schicht-Selbsteinstufung – vorherzusagen. Betrachten wir zunächst nur die Variable *schicht* allein, so machen wir am wenigsten Fehler bei der Vorhersage, wie sich eine Befragungsperson auf ihr wohl einstufte, wenn wir als optimale Prognose dafür die Wahrscheinlichkeit für das Auftreten des häufigsten Wertes (Modalwert h) angäben: Bei unserer Tabelle von S. 202 tritt die Ausprägung 3 („Mittelschicht") in 61,3% der Fälle auf. Wir können also sagen, dass eine zufällig ausgewählte Person aus unserer Stichprobe mit einer Wahrscheinlichkeit von .613 diese Ausprägung aufweisen wird. Das Fehlerrisiko bei dieser Vorhersage beträgt 1 - .613 = .387. Diese Fehlerquelle, die ohne Berücksichtigung des Einflusses der unabhängigen Variablen existiert, kann man – in Absolutzahlen errechnet – als 1. Fehlerquelle (engl.: „error 1"; $[E_1]$) bezeichnen und zur Berechnung von Lambda heranziehen:

$$E_1 = n_{total} - n_{zeile}$$
$$\text{hier:} \quad E_1 = 3.323 - 2.038 = 1.285$$

Die 2. Fehlerquelle („error 2"; $[E_2]$), die auftritt, wenn wir die Wirkung der unabhängigen Variablen auf die abhängige Variable mitberücksichtigen, entsteht durch die Verteilungsform der unabhängigen Variablen in den einzelnen Spalten. Wäre unsere Kreuztabelle nur diagonal besetzt, so könnten wir unter Kenntnis der unabhängigen Variablen *schulabschluss* die abhängige Variable *schicht* mit hundertprozentiger Sicherheit vorhersagen. Dem ist aber nicht so, und so lässt sich die 2. Fehlerquelle aus dem Verhältnis des Spaltenmodalwertes zur jeweiligen Spaltenrandhäufigkeit errechnen:

$$E_2 = \quad n_{spalte1} \quad -\; h_{spalte1}$$
$$+ \quad n_{spalte2} \quad -\; h_{spalte2}$$
$$+ \quad \cdots$$
$$+ \quad n_{spaltej} \quad -\; h_{spaltej}$$

hier: E_2 = (1.107 - 604) + (1.120 - 702)
      + (243 - 185) + (853 - 547) = 1.285

Lambda errechnet sich nun aus der durch Error 1 dividierten Differenz von Error 1 und Error 2:

Lambda = $\quad (E_1 - E_2) \quad / \; E_1$
hier: Lambda = (1.285 - 1.285) / 1.285 = 0

Der Wertebereich von Lambda liegt zwischen '0' (kein prädiktiver Zusammenhang) und '1' (totaler prädiktiver Zusammenhang), wobei der Wert mit 100 multipliziert angibt, um wie viel Prozent das Fehlerrisiko bei der Vorhersage der abhängigen Variablen verringert werden kann, wenn die Ausprägung der unabhängigen Variablen bekannt ist. In unserem Fall wird die Vorhersage nicht verbessert.[26]

Es kommt im Übrigen nicht selten vor, dass die herkömmlichen Kontingenzkoeffizienten Phi, Cramer's V und C beachtliche Zusammenhangsstärke zwischen zwei Variablen indizieren, Lambda aber den Wert '0' aufweist. Dies ist auf die völlig unterschiedliche Interpretationslogik von χ^2-bezogenen und PRE-Maßen zurückzuführen.[27]

Für **ordinalskalierte** und **metrische Variablen** wird schließlich auch die dritte Ausgangsfrage von S. 198 beantwortbar:

3. Bei mindestens ordinalen Variablen: *Welche Richtung* weist der Zusammenhang auf?

Für die Antwort stehen wiederum mehrere Koeffizienten zur Verfügung, die jeweils verschiedene Vor- und Nachteile aufweisen und deren Verwendung von unterschiedlichen Voraussetzungen abhängt. Grundsätzlich erstreckt sich der Wertebereich der Koeffizienten für ordinal- und metrischskalierte Variablen nicht nur auf den Bereich zwischen '0' und '1', sondern er umfasst den Wertebereich von -1 bis +1: Negative Werte treten bei negativem Zusammenhang auf – je höher die Ausprägung der unabhängigen Variablen, desto niedriger die der abhängigen Variablen –, positive Werte entsprechend bei positivem Zusammenhang –

---

26 Bei unserer Berechnung ist die Zeilenvariable die abhängige Variable. Falls die abhängige Variable in den Spalten abgetragen ist, muss man analog E_1 mit dem Spaltenmodalwert und E_2 mit den Zeilenmodalwerten berechnen.

27 Vgl. auch dazu ausführlich Benninghaus (2007).

je höher die Ausprägung der unabhängigen Variablen, desto höher auch die der abhängigen Variablen. Der Wert -1 tritt bei totalem negativem Zusammenhang auf, 0, wenn keinerlei Zusammenhang besteht, und +1 bei totalem positivem Zusammenhang zwischen den betrachteten Variablen.

Ein geeignetes, weil einfaches Maß für die Zusammenhangsstärke und -richtung (mindestens) ordinalskalierter Variablen stellt, jedenfalls auf den ersten Blick, **Gamma** (γ) dar. Gamma ist darüber hinaus auch als PRE-Maß interpretierbar, wobei der mit 100 multiplizierte Absolutwert – wie bei Lambda – angibt, um wie viel Prozent der Fehler bei der Vorhersage der abhängigen ordinalskalierten Variablen in Kenntnis der unabhängigen ordinalskalierten Variablen verringert werden kann.

Zur Berechnung von Gamma werden alle vorstellbaren **konkordanten** und **diskordanten Wertepaare** aus den Zellen der Kreuztabelle gebildet. **Konkordant** (oder gleichsinnig) werden jene Paare genannt, die sowohl auf der einen als auch auf der anderen Variablen einen niedrigen oder einen hohen Wert aufweisen. **Diskordant** (oder gegensinnig) werden im Gegensatz dazu jene Paare genannt, die auf der einen Variablen einen niedrigen und auf der anderen Variablen einen hohen Wert aufweisen.

Um die Logik der Vorgehensweise verständlicher darstellen zu können, haben wir in der folgenden Tabelle die Ursprungstabelle zwischen *schulabschluss* und *schicht* **dichotomisiert**, und zwar dergestalt, dass wir die beim Schulabschluss die Kategorien „Haupt-" und „Realschulabschluss" bzw. „Fachhoch-" und „Hochschulreife" zusammengefasst haben. Bei der subjektiven Schichteinstufung haben wir die „Obere Mittelschicht" und die „Mittelschicht" zusammengefasst. Um das zu bewirken, schreiben wir das folgende Syntaxprogramm:

```
WEIGHT BY gewicht.
TEMPORARY.
RECODE schulabschluss (1,6,7=9) (3=2)(4=5)
 /schicht (1=2) (3,5=4) (6=9).
VALUE LABELS schulabschluss 2 "HS + RS" 5 "FHS + Abi"
 /schicht 2 "AS" 4 "MS + OMS".
CROSSTABS TABLES=schicht BY schulabschluss
 /CELLS=COUNT, COLUMN
 /STATISTICS=GAMMA, BTAU, D.
```

Kreuztabelle schicht Subjektive Schichteinstufung, Befr.*schulabschluss Allgemeiner Schulabschluss

| | | | schulabschluss Allgemeiner Schulabschluss | | Gesamtsumme |
			2 HS + RS	5 FHS + Abi	
schicht Subjektive Schichteinstufung, Befr.	2 AS	Anzahl	821	101	922
		% in schulabschluss Allgemeiner Schulabschluss	36,8%	9,2%	27,7%
	4 MS + OMS	Anzahl	1407	995	2402
		% in schulabschluss Allgemeiner Schulabschluss	63,2%	90,8%	72,3%
Gesamtsumme		Anzahl	2228	1096	3324
		% in schulabschluss Allgemeiner Schulabschluss	100,0%	100,0%	100,0%

In unserer 2×2-Felder-Tabelle lassen sich die möglichen konkordanten (gleichsinnigen) Paare aus den Zellen a und d, die diskordanten (gegensinnigen) Paare aus den Zellen b und c durch Multiplikation bilden.

| Schicht | Abschluss | | Σ |
	HS + RS	FHS + Abitur	
AS	821 (a)	101 (b)	922
MS + OMS	1.407 (c)	995 (d)	2.402
Σ	2.228	1.096	3.324

Die Anzahl der konkordanten Paare (P) beträgt dementsprechend

$$P = a \cdot d = 821 \cdot 995 = 816.895,$$

jene der diskordanten Paare (Q)

$$Q = b \cdot c = 101 \cdot 1.407 = 142.107.$$

Gamma berechnet sich nun aus der Differenz von konkordanten und diskordanten Paaren dividiert durch die Summe der beiden:

$$Gamma = \frac{(P-Q)}{(P+Q)},$$

hier:

$$Gamma = \frac{(816.895 - 142.107)}{(816.895 + 142.107)} = +.70$$

Bei einer 2x2-Felder-Tabelle, wie im vorliegenden Fall, entspricht Gamma im Übrigen dem Koeffizienten Yule's Q.

Aus diesem Ergebnis lassen sich zwei Aussagen ableiten:

1. Zwischen *schulabschluss* und *schicht* besteht ein starker positiver Zusammenhang; mit zunehmender Höhe des Schulabschlusses nimmt auch die Schicht-Selbsteinstufung zu.

2. In Kenntnis der unabhängigen Variablen *schulabschluss* lässt sich der Fehler bei der Vorhersage der abhängigen Variablen *schicht* um 70% reduzieren.

Sofern wir Gamma nicht als PRE-Maß, sondern als üblichen Korrelationskoeffizienten für ordinalskalierte Variable verwenden, stellt sich ein statistisches Problem: Bei der Berechnung von Gamma werden keine **Ties** (Verknüpfungen) berücksichtigt. Ties liegen dann vor, wenn keine reinen Rangreihen gebildet werden können, weil es mehr Fälle als Ausprägungen einer ordinalen Variablen gibt; mindestens eine Variablenausprägung ist also von zwei oder mehr Fällen belegt.[28] Diese Situation ist allerdings tägliches Brot in den Erfahrungswissenschaften.

Um das Problem im Fall von Kreuztabellen näher zu betrachten, muss auf die Paarbildung rekurriert werden: Zur Summe aller möglichen Paare addieren sich fünf Möglichkeiten der Paarbildung auf:

1. Konkordante Paare (P)
2. Diskordante Paare (Q)
3. Verknüpfte Paare (Ties) bei der unabhängigen Variablen (Tx)
4. Verknüpfte Paare (Ties) bei der abhängigen Variablen (Ty)
5. Verknüpfte Paare (Ties) bei beiden Variablen (Txy)
6. Summe aller Paare = P + Q + Tx + Ty + Txy,

wobei für das im Folgenden Ausgeführte nur Tx und Ty bedeutsam sind und wie folgt berechnet werden:

$$Tx = (a \cdot c) + (b \cdot d)$$

$$Ty = (a \cdot b) + (c \cdot d)$$

Für unsere Vierfeldertabelle ergibt sich:

$$Tx = (821 \cdot 1.407) + (101 \cdot 995) = 1.255.642$$

---

28 An den Noten von Schulzeugnissen kann man das gut erläutern: Bei sechs Notenstufen und sieben Schülerinnen und Schülern muss mindestens eine Note von zwei Personen belegt sein. Diese zwei Schüler/innen bilden dann ein Tie.

$$Ty = (821 \cdot 101) + (1.407 \cdot 995) = 1.482.886$$

Kendall's Tau$_a$ berücksichtigt ebenso wenig wie Gamma das Auftreten von Ties. Während allerdings der Tau$_a$-Wert im Falle von Ties verringert wird, fällt Gamma bei vorliegenden Ties systematisch höher aus. Tau$_a$ sollte nur dann verwendet werden, wenn keinerlei Ties vorhanden sind.[29]

Im Gegensatz zu Gamma werden bei der Berechnung von **Kendall's Tau$_b$** und **Kendall's Tau$_c$** Verknüpfungen berücksichtigt. Im vorliegenden Fall ist **Kendall's Tau$_b$** der Koeffizient der Wahl, weil er die prinzipiell erreichbaren Extremwerte -1 und +1 bei einem totalen Zusammenhang zwischen zwei Variablen im Fall des Vorliegens von **quadratischen Tabellen**, also bei gleicher Spalten- und Zeilenzahl, erreicht. Kendall's Tau$_b$ berechnet sich wie folgt:

$$Tau_b = \frac{(P-Q)}{\sqrt{(P+Q+Tx)(P+Q+Ty)}}$$

Nach Einsetzen der oben berechneten Werte ergibt sich für unsere Tabelle auf S. 214 Tau$_b$ = +.29.[30] Der Zusammenhang zwischen *schulabschluss* und *schicht* ist dementsprechend als positiv, dennoch gering zu kennzeichnen.

Für Tabellen mit einer **großen Anzahl von Ties** – die Anzahl ist umso größer, je kleiner die Tabelle und je größer die Anzahl der Untersuchungseinheiten ist – ist bei **ordinalem** Skalenniveau auch **Somers' D** als Assoziationskoeffizient geeignet. Somers' D kann (wie Lambda) sowohl asymmetrisch – eine der beiden Variablen ist abhängig – als auch symmetrisch berechnet werden. Bei der Interpretation muss man also berücksichtigen, ob wir die Zeilen oder die Spaltenvariable als abhängige ansehen. Falls sich dies nicht klären lässt, ist Somers' D symmetrisch zu berechnen. Somers' D weist allerdings wiederum die unangenehme Eigenschaft auf, bei nicht quadratischen Tabellenformen niemals den Maximalwert ± 1 zu erreichen.

Bei unserer Tabelle auf S. 214 haben wir es mit einer kleinen quadratischen Vier-Felder-Tabelle mit vielen Beobachtungen und entsprechend vielen Verknüpfungen zu tun; die Bedingungen für die Anwendung von Somers' D sind damit bestens erfüllt. *schicht* ist als abhängige, *schulabschluss* als unabhängige Variable zu betrachten. Somers' D = +.28.

Als Pendant zu Kendall's Tau$_b$ für **nicht quadratische, beliebig große Tabellen** gilt **Kendall's Tau$_c$**. Für unsere 3x4-Ausgangstabelle auf S. 202 ist Tau$_c$ = +.31.

---

29 Ties sind aber selbst bei relativ kleinen Stichproben die Regel. Tau$_a$ kommt deshalb in der empirischen Sozialforschung eigentlich keine Bedeutung zu. Sind Ties jedoch ausgeschlossen, gilt Tau$_a$ = Tau$_b$ = Tau$_c$.

30 Im vorliegenden Fall einer 2x2-Felder-Tabelle gilt Tau$_b$ = Phi = r.

Welcher Koeffizient sollte im Falle ordinalskalierter Variablen für die Kennzeichnung der Stärke und Richtung ihres Zusammenhangs gewählt werden? Eine allgemein gültige, abschließende Antwort auf diese Frage kann nicht gegeben werden: Tabellengröße und -form sowie die Anzahl von Verknüpfungen sind dafür im Einzelfall ausschlaggebend. Wer statistisch „konservativ" vorgehen und eine „sichere" Interpretationsgrundlage haben will, wird jedoch in der Regel bei quadratischen Tabellen Tau_b, im Fall nicht quadratischer Tabellenformen auf Tau_c zurückgreifen.

Ein PRE-Maß, das auch anwendbar ist, wenn die unabhängige Variable nur **nominal-** oder **ordinalskaliert** vorliegt und die abhängige Variable **metrisches Messniveau** aufweist, ist **Eta^2**. Die Interpretation des errechneten Eta^2-Wertes ist identisch zu jener von Lambda und Gamma.

Was noch fehlt, ist ein Koeffizient, der Zusammenhänge zwischen zwei **metrischen Variablen** ausdrückt. Hierfür am besten geeignet ist **Pearson's r**, „der" Korrelationskoeffizient schlechthin. r^2, **Bestimmtheitsmaß** oder **Determinationskoeffizient** genannt, ist wiederum als PRE-Maß interpretierbar. Weil Zusammenhänge zwischen metrischen Variablen in aller Regel nicht mit der Tabellenanalyse, sondern der Korrelations- bzw. Regressionsanalyse untersucht werden, wird auf Pearson's r und r^2 im nachfolgenden Abschnitt eingegangen.

6.2.2.2 Korrelationen und Regressionen sowie die Statistikprozeduren REGRESSION, CORRELATIONS und NONPAR CORR

Neben der Tabellenanalyse stellt die Korrelationsanalyse die zweite Möglichkeit dar, Zusammenhänge zwischen zwei Variablen zu beschreiben und eventuelle Hypothesen über diesen Zusammenhang auf ihren Wahrheitsgehalt hin zu überprüfen. Während die **Tabellenanalyse** geeignet ist, Zusammenhänge zwischen – vor allem nominalen und ordinalen – **Variablen mit wenigen Ausprägungen** zu beschreiben und zu überprüfen, ist die **Korrelationsanalyse** einsetzbar, um Zusammenhänge zwischen **ordinalen** und **metrischen Variablen mit vielen Ausprägungen** zu untersuchen. Die (einfache) **Regressionsanalyse**[31] dient als dritte Variante bivariater Zusammenhangsanalyse darüber hinaus der Beantwortung der Frage, inwieweit die Variabilität einer abhängigen Variablen durch die Variabilität der unabhängigen bestimmt wird. Dabei ist der bereits erwähnte **Determinationskoeffizient r^2** von Bedeutung.

Für bivariate Beziehungen **metrischer Variablen** – etwa zwischen Geburtenrate und Urbanitätsgrad, zwischen Einkommenshöhe und Ausgaben für Mieten – ist insbesondere **Pearson's r** als Maß entwickelt worden, das Enge und Rich-

---

31 Multivariate Regressionsanalysen werden im Kapitel 7.2.2, ab S. 283 behandelt.

tung eines bivariaten Zusammenhangs auch im Vergleich mit anderen bivariaten Korrelationen in einem einzigen Kennwert zu charakterisieren erlaubt. Für
die gleiche Fragestellung bei **ordinalskalierten Variablen mit vielen Variablenausprägungen** ist vor allem **Spearman's Rangkorrelationskoeffizient Rho** (ρ)
geeignet.

Wenden wir uns zuerst den Zusammenhängen zwischen **metrischen Variablen** zu. Bedingung für die Verwendung von **Pearson's r** und dem **Determinationskoeffizienten r²** ist es, dass die involvierten Variablen einer (annähernd)
bivariat normalverteilten Grundgesamtheit[32] entstammen und in einem **linearen Zusammenhang** stehen. Das Vorliegen beider Bedingungen kann mit Hilfe
der EDA kontrolliert werden,[33] wobei die Anfertigung eines **Streudiagrammes**
im Rahmen von Korrelation und Regression unverzichtbar ist, wie Abbildung
6.3 belegt.[34]

Die Visualisierung der Zusammenhänge zwischen der unabhängigen (x-) und
der abhängigen (y-) Variablen zeigt, dass die Verwendung der linearen Regressionsrechnung und entsprechend des Korrelationskoeffizienten r auf jeden Fall für
die bivariaten Verteilungen im II. und IV. Quadranten unzulässig wäre.

Bei Streudiagrammen bildet die y-Variable die (vertikale) Ordinatenachse, die
x-Variable die (horizontale) Abszissenachse. Jeder Punkt in diesem Koordinaten-
system repräsentiert den Wert, den eine Untersuchungseinheit auf der bivariaten
Häufigkeitsverteilung beider Variablen aufweist. Lineare Zusammenhänge liegen
dann vor, wenn mit Zunahme der Werte der einen Variablen auch eine Zunahme
der Werte der anderen Variablen verbunden ist – dann sprechen wir von einem
positiven linearen Zusammenhang – oder wenn mit der Zunahme der Werte der einen Variablen eine Abnahme der Werte der anderen Variablen verbunden ist – dann sprechen wir von einem **negativen linearen Zusammenhang**.
Entspricht eine bivariate Beziehung nicht diesem Algorithmus, haben wir es mit
keinem oder mit einem nicht linearen Zusammenhang zu tun. Der Einfachheit
halber wollen wir uns in diesem Einführungsbuch auf die Darstellung linearer
Beziehungen beschränken.

---

32 Eine bivariat normalverteilte Grundgesamtheit setzt voraus, dass die beiden beteiligten Variablen
   für sich genommen jeweils normalverteilt sind. „In der zweidimensionalen Darstellungsweise erhalten wir einen Punkteschwarm, dessen Umhüllende eine elliptische Form hat" (Bortz 1985: 229).
33 Vgl. ⇒ Kapitel 5.1 (Normalverteilung) und ⇒ S. 194 f. (Linearität).
34 Das Beispiel ist aus Tufte (1983: 13 f.) entnommen, der eine Arbeit von Anscombe (1973) zitiert.

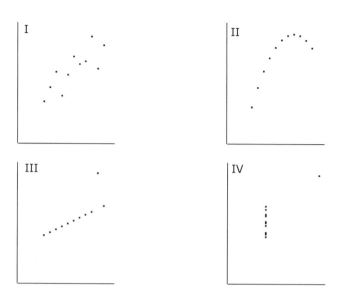

Abbildung 6.3: Formen bivariater Verteilungen bei gleichen Stichprobengrößen und statistischen Maßzahlen

Schauen wir uns diesbezüglich noch einmal den Zusammenhang zwischen Arbeitsstunden und persönlichem Nettoeinkommen an, den wir bereits im Rahmen der explorativen bivariaten Datenanalyse diskutiert hatten, und lassen uns das dort bereits diskutierte Streudiagramm erneut erstellen.

```
WEIGHT BY gewicht.
TEMPORARY.
MISSING VALUES eink_p1 (10000 THRU HIGHEST).
GRAPH
  /SCATTERPLOT(BIVAR)=arbeitsstunden_1 WITH eink_p1.
```

Als Erstes stellt sich die Frage, wie man die Struktur dieser komplexen „Punktwolke" mathematisch-statistisch reduzieren und inhaltlich interpretieren kann. Unter der Annahme, dass die zugrunde liegenden Variablen „persönliches Nettoeinkommen" (*eink_p1* als abhängige Variable) und „Arbeitsstunden" (*arbeitsstunden_1* als unabhängige Variable) einer annähernd normalverteilten Grundgesamtheit entnommen sind, bieten sich dazu die Berechnung der linearen Regression, des Korrelationskoeffizienten r und des Bestimmtheitsmaßes r^2 an.

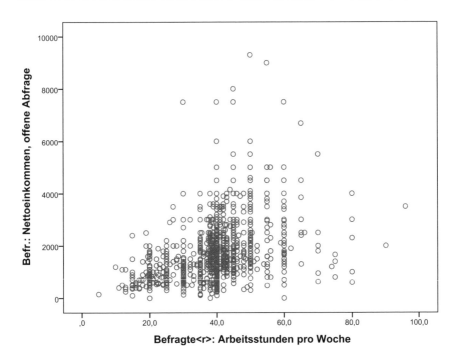

Befragte<r>: Arbeitsstunden pro Woche

Fälle gewichtet nach Personenbezogenes Ost-West-Gewicht

Drei „Auffälligkeiten" sind an diesem Streudiagramm zu erkennen:

1. Die Beobachtungen konzentrieren sich stark auf den Bereich um 40 Arbeitsstunden pro Woche und Einkommen zwischen 1.000 und 2.000 €.

2. Bei der Angabe der Arbeitsstunden ist gut zu erkennen, dass Nennungen „runder" Stunden – beginnend mit 15, endend mit 60 Stunden – deutlich hervorstechen.

3. Es sind weiterhin „Ausreißer" ersichtlich, und zwar einerseits solche, die mit geringem Arbeitsaufwand ein recht hohes Einkommen erzielen – z. B. die Person, die mit 30 Arbeitsstunden wöchentlich ein Einkommen von knapp 7.500 € angibt –, und andererseits auf jeden Fall jene drei Personen, die trotz geleisteter Arbeit von 20, 38 und 60 Stunden überhaupt kein Einkommen beziehen.[35]

---

35 Mit Hilfe einer – allerdings sehr großen – Kreuztabelle können wir die einzelnen Punkte eindeutig hinsichtlich ihrer Arbeitsstunden und ihres Einkommens bestimmen:

```
WEIGHT BY gewicht.
TEMPORARY.
MISSING VALUES eink_p1 (10000 THRU HIGHEST).
CROSSTABS TABLES=eink_p1 BY arbeitsstunden_1.
```

Wir entscheiden uns dafür, die drei Fälle, die trotz geleisteter Arbeit keine Vergütung erhalten, aus den weiteren Analyseschritten zu eliminieren.

Bei der **Regressionsanalyse** handelt es sich um ein statistisches Verfahren aus dem 19. Jahrhundert, das auf Francis Galton zurückgeht, der die Beziehung der Körpergröße von Vätern und Söhnen untersuchte. „Er fand, dass Söhne von großen Vätern im Durchschnitt weniger von der durchschnittlichen Größe aller männlichen Personen abweichen als die Väter. Dieses Phänomen nannte er 'Regression zum Mittelwert'... Die Bezeichnung Regression wurde im Laufe der Zeit mit der Bestimmung von Funktionsgleichungen zwischen zwei Variablen, die nicht perfekt, sondern nur stochastisch zusammenhängen, allgemein verknüpft" (Bortz 1985: 217). Die Gerade, die die funktionale Beziehung zwischen zwei Merkmalen kennzeichnet, wird **Regressionsgerade**, der Schnittpunkt der Regressionsgeraden mit der Ordinate bei $x = 0$ und die Steigung der Regressionsgeraden werden **Regressionskoeffizienten** genannt".[36]

Diese Regressionsgerade repräsentiert bei einem linearen Zusammenhang zwischen zwei metrischen und annähernd normalverteilten Variablen die bivariate Verteilung am besten. Sie wird ermittelt, indem man – ähnlich wie bei der Erzeugung von Kreuztabellen, aber kontinuierlich – die beiden Variablen zweidimensional aufträgt: Auf der Abszissenachse die unabhängige, im Kontext der Regression auch **Prädiktorvariable** oder **Regressor** genannte x-Variable, auf der Ordinatenachse die abhängige, auch **Kriteriumsvariable** oder **Regressand** genannte y-Variable. Jedem Fall wird nach seinen beiden Ausprägungen ein Ort in diesem Quadranten zugewiesen. Durch die dadurch entstehende „Punktwolke", die die Fälle darstellt, legt man eine Gerade so hindurch, dass das Quadrat der Abstände jedes dieser Punkte von der Geraden minimiert wird. Dies wird als das **Verfahren der kleinsten Quadrate**, engl. „ordinary least square", und demzufolge OLS-Regression bezeichnet.[37]

Haben wir aus dem Streudiagramm geschlossen, dass wir es tatsächlich mit einem linearen Zusammenhang der infrage stehenden Variablen zu tun haben, stellt die lineare Regression das angemessene Analysemodell zur weiteren Überprüfung dar.

---

36 Eine weiterführende, dabei verständliche Einführung in die Regressionsanalyse geben Urban und Mayerl (2011).
37 Die Abstände der Punkte zur Regressionsgeraden werden deshalb quadriert, weil sich sonst positive und negative Abstände gegenseitig aufheben würden.

REGRESSION schätzt die lineare Abhängigkeit zwischen einer abhängigen und einer oder mehreren unabhängigen Variablen oder Kovariaten. Vorausgesetzt werden metrisches, u. U. ordinales Skalenniveau und annähernde Normalverteilung der Variablen. Als unabhängige Variablen lassen sich auch binär codierte (Dummy-) Variablen einsetzen.

Die Befehlssyntax für die Statistikprozedur *REGRESSION* ist hier zu finden:

►Hilfe ►Befehlssyntaxreferenz (Command Syntax Reference) ►REGRESSION

Unsere Forschungs- bzw. Alternativhypothese H_1 lautet: „Je mehr Arbeitsstunden pro Woche, desto höher das monatliche persönliche Nettoeinkommen." Aus den weiter auf S. 198 f. genannten Gründen prüfen wir jedoch die Nullhypothese H_0: „Die Höhe des monatlichen persönlichen Nettoeinkommens hängt nicht oder wenn doch, dann negativ mit der Anzahl der pro Woche geleisteten Arbeitsstunden zusammen (formal: H_0: r ≤ 0)."

Aus der umfangreichen Befehlssyntax für *REGRESSION* wählen wir die für unsere Hypothesenprüfung notwendigen Bestandteile aus:

```
WEIGHT BY gewicht.
TEMPORARY.
MISSING VALUES eink_p1 (0, 10000 THRU HIGHEST).
REGRESSION
    /DESCRIPTIVES MEAN STDDEV CORR SIG N
    /STATISTICS COEFF R ANOVA
    /DEPENDENT eink_p1
    /METHOD=ENTER arbeitsstunden_1.
```

Die Komponenten dieses Programms haben folgende Funktionen:

- Zunächst werden deskriptive statistische Kennwerte (*/DESCRIPTIVES*) berechnet, und zwar die Mittel- und Streuungswerte (*MEAN, STDDEV*) und der Korrelationskoeffizient r (*CORR*). Letzterer wird auf statistische Signifikanz geprüft (*SIGN*). Außerdem wird ausgegeben, wie viele Fälle in die Regressionsanalyse einbezogen werden (*N*).
- Die */STATISTICS*-Anweisung bewirkt, dass die Regressionskoeffizienten (*COEFF*) und der (multiple) Korrelationskoeeffizient (*R*) berechnet und ausgegeben werden. Mittels Varianzanalyse (*ANOVA*) bestimmt man die statistische Sigifikanz des gesamten Regressionsmodells.
- */DEPENDENT* deklariert die (abhängige) Kriteriumsvariable, */METHOD =ENTER* die (unabhängige) Prädiktorvariable.

Als Erstes erfolgt die Erstellung einer Tabelle mit den deskriptiven statistischen Kennwerten für die beiden involvierten Variablen *arbeitsstunden_1* und *eink_p1*. Wir sehen, dass die Befragten im Schnitt $\bar{x} = 39{,}3$ Stunden in der Woche arbeiten ($s = 10{,}9$) und dabei durchschnittlich $1.815{,}58 \in$ verdienen ($s = 1.118{,}64$).

Deskriptive Statistiken

	Mittelwert	Standardab-weichung	H
eink_p1 Befr.: Nettoeinkommen, offene Abfrage	1815,58	1118,641	1435
arbeitsstunden_1 Befragte<r>: Arbeitsstunden pro Woche	39,284	10,8963	1435

In der Tabelle „Korrelationen" ist die Anzahl der Personen enthalten, von denen für Prädiktor und Kriterium Informationen vorliegen ($H = 1.435$).[38] Die beiden Variablen korrelieren höchst signifikant ($p < .001$) und positiv miteinander ($r = .437$).

Danach folgt eine – hier nicht wiedergegebene – Tabelle, die Informationen darüber enthält, welche Variable/n mit welchem Verfahren in das Regressionsanalysemodell aufgenommen wurden. Diese Informationen sind nur bei der schrittweisen Regression relevant.[39]

Mit Hilfe der „Korrelationen"-Tabelle und den zwei darauf folgenden Tabellen können wir die auf S. 198 aufgeworfenen drei Fragen nach Signifikanz, Stärke und Richtung bivariater Zusammenhänge beantworten.

---

38 Aus uns unerklärlichen Gründen wird in IBM SPSS Statistics 22 teilweise nicht mehr das über wissenschaftliche Disziplinen hinweg gebräuchliche 'N' bzw. 'n' zur Angabe der Häufigkeit eines Merkmals, sondern ein 'H' verwendet.
39 Vgl. S. 288.

Korrelationen

		eink_p1 Befr.: Nettoein-kommen, offene Abfrage	arbeits-stunden_1 Befragte\<r\>: Arbeitsstunden pro Woche
Pearson-Korrelation	eink_p1 Befr.: Nettoeinkommen, offene Abfrage	1,000	,437
	arbeitsstunden_1 Befragte\<r\>: Arbeitsstunden pro Woche	,437	1,000
Sig. (1-seitig)	eink_p1 Befr.: Nettoeinkommen, offene Abfrage	.	,000
	arbeitsstunden_1 Befragte\<r\>: Arbeitsstunden pro Woche	,000	.
H	eink_p1 Befr.: Nettoeinkommen, offene Abfrage	1435	1435
	arbeitsstunden_1 Befragte\<r\>: Arbeitsstunden pro Woche	1435	1435

In der „Modellübersicht" gibt R noch einmal die Stärke des Zusammenhangs wieder, die wir bereits aus der Tabelle „Korrelationen" kennen: r = . 437. Aber Achtung: Bei R handelt es sich um den **multiplen** Korrelationskoeffizienten, der selbstverständlich im bivariaten Fall der einfachen Regressionsanalyse mit dem „normalen" Korrelationskoeffizienten übereinstimmt. Im Fall einer multiplen Regression weicht er jedoch davon ab und drückt die Stärke der Korrelation aller im Modell befindlichen Variablen aus. Da die Korrelationen u. U. sowohl positiv als auch negativ ausfallen können, kann R weder ein negatives noch ein positives Vorzeichen aufweisen: Die **Richtung** der jeweiligen bivariaten Zusammenhänge zwischen Prädiktoren und dem Kriterium kann ausschließlich durch Streudiagramme und/oder aus der „Korrelationen"-sowie der „Koeffizienten"-Tabelle bestimmt werden.

Modellübersicht

Modell	R	R-Quadrat	Angepasstes R-Quadrat	Standardfehler der Schätzung
1	,437[a]	,191	,190	1006,757

a. Prädiktoren: (Konstante), arbeitsstunden_1 Befragte\<r\>: Arbeitsstunden pro Woche

Nachdem wir damit die Fragen nach Stärke und Richtung des Zusammenhangs zwischen „Arbeitsstunden" und dem „persönliche Nettoeinkommen" geklärt haben, bleibt noch die Frage nach der statistischen Signifikanz des Regressionsmodells zu beantworten. Dazu bedienen wir uns einer Varianzanalyse, deren Ergebnis sich in der „ANOVA"-Tabelle findet.[40] Da Sig. $< .001$, kann die oben formulierte Nullhypothese „Die Höhe des monatlichen persönlichen Nettoeinkommens hängt nicht oder, wenn doch, dann negativ mit der Anzahl der pro Woche geleisteten Arbeitsstunden zusammen" mit nahezu hundertprozentiger Sicherheit verworfen werden.

ANOVA[a]

Modell		Quadratsumme	df	Mittel der Quadrate	F	Sig.
1	Regression	341958349,7	1	341958349,7	337,383	,000[b]
	Residuum	1452188752	1433	1013560,328		
	Gesamtsumme	1794147101	1434			

a. Abhängige Variable: eink_p1 Befr.: Nettoeinkommen, offene Abfrage

b. Prädiktoren: (Konstante), arbeitsstunden_1 Befragte<r>: Arbeitsstunden pro Woche

Mit der Regressionsanalyse haben wir ein Instrument an der Hand, mit dem wir mehr als die drei Fragen nach Signifikanz, Stärke und Richtung metrischer Variablen beantworten können: Sie versetzt uns in die Lage, anhand der Verteilung der unabhängigen Variablen *arbeitsstunden_1* die Verteilung der abhängigen Variablen *eink_p1* zu schätzen – und darüber hinaus ein Urteil abgeben zu können, wie gut diese Schätzung ausfällt.

Die beste Schätzung stellt jene Gerade dar, bei der die quadrierten Abweichungen der einzelnen Beobachtungen von der Regressionsgeraden minimiert sind. Diese Regressionsgerade berechnen wir im bivariaten Fall nach folgender Formel:

$$Y = b_0 + b_1 X_1 + e$$

b_0 gibt den **Schnittpunkt** der Geraden mit der Y-Achse (x=0 bzw. Konstante; engl.: „intercept") an, b_1 bestimmt die **Steigung** der Regressionsgeraden (engl.: „slope"), e (engl.: „error term") steht für den Einfluss aller nicht im Regressionsmodell berücksichtigter weiterer potenziellen Prädiktoren.

Die empirischen Werte für die Regression von Nettoeinkommen auf Arbeitsstunden finden wir in der „Koeffizienten"-Tabelle:

---

40 Die Logik der Varianzanalyse wird ab S. 239 ausführlich erläutert.

Koeffizienten[a]

Modell		Nicht standardisierte Koeffizienten		Standardisierte Koeffizienten		
		B	Standardfehler	Beta	t	Sig.
1	(Konstante)	54,886	99,473		,552	,581
	arbeitsstunden_1 Befragte<r>: Arbeitsstunden pro Woche	44,820	2,440	,437	18,368	,000

a. Abhängige Variable: eink_p1 Befr.: Nettoeinkommen, offene Abfrage

Im vorliegenden Beispiel beträgt die Regressionsfunktion demnach

$$eink\_p1 = 54,886 + 44,820 \cdot arbeitsstunden\_1$$

Durch Einsetzen eines Wertes der Prädiktorvariablen in die Gleichung kann nunmehr der zugehörige Wert der Kriteriumsvariablen geschätzt werden: Bei einem Arbeitseinsatz von 40 Stunden pro Woche können wir vorhersagen, dass das persönliche Nettoeinkommen 1.847,69 € beträgt. Mit jeder (weiteren) investierten Arbeitsstunde steigt das persönliche Nettoeinkommen im Schnitt um 44,82 €.

Der Zusammenhang zwischen Arbeitsstunden und persönlichem Nettoeinkommen ist allerdings nicht hundertprozentig: Wenn wir das Streudiagramm von S. 220 reproduzieren und dort die Regressionsgerade einzeichnen lassen, sehen wir, dass die empirisch beobachteten Werte keinesfalls alle auf der Regressionsgeraden liegen, sondern mehr oder weniger um sie herum streuen.[41]

Der bereits angesprochene **Korrelationskoeffizient Pearson's r** ist auch als **Maß für Enge und Richtung** eines durch die Regressionsgerade repräsentierten Zusammenhanges zu interpretieren. Je enger oder stärker der (lineare!) Zusammenhang zwischen zwei Variablen, desto höher fällt r aus, und zwar unabhängig davon, ob es sich um einen negativen oder positiven Zusammenhang handelt. Bei einem totalen Zusammenhang, wenn also die Prädiktor- die Kriteriumsvariable völlig determiniert, ist r = ±1; ist überhaupt kein linearer Zusammenhang gegeben, ist r = 0.

---

41 Zuvor haben wir die drei „Ausreißer" eliminiert, die trotz geleisteter Arbeit keinerlei Einkommen dafür erzielt haben.

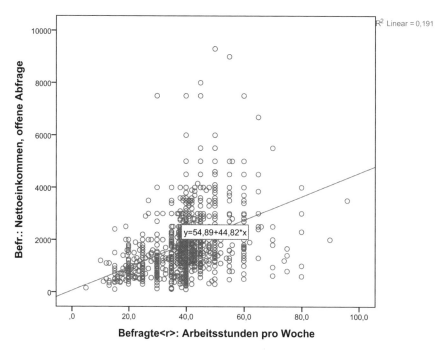

Fälle gewichtet nach Personenbezogenes Ost-West-Gewicht

Für den Zusammenhang in obiger Abbildung beträgt, wie bereits anhand der „Korrelationen"-Tabelle festgestellt, r = .44. Der positive lineare Zusammenhang zwischen Arbeitsstunden und persönlichem Nettoeinkommen ist gemäß der in ⇒ Tabelle 6.6 zitierten Konvention als geringerer bis mittlerer einzustufen. Das heißt aber, dass sich unsere Vorstellung, die Höhe des persönlichen Nettoeinkommen sei auf die geleisteten Arbeitsstunden pro Woche zurückzuführen, zwar mittels der Daten gut belegen lässt; dennoch ist sie ergänzungsbedürftig.

In der „Modellübersicht" ist **R** als „multipler" Korrelationskoeffizient zu finden. **R** entspricht bei der einfachen bivariaten Regression Pearson's r. Ein **Maß für die Güte der Anpassung der Regressionsgeraden an die bivariate Verteilung**, also an die „Punktwolke", ist der **Determinationskoeffizient R^2** , auch **Bestimmtheitsmaß** genannt. Hätten wir ein deterministisches „Modell" formuliert, das von einer totalen Abhängigkeit des persönlichen Nettoeinkommens von den wöchentlichen Arbeitsstunden ausginge, müsste $R^2 = 1$ sein. Je stärker R^2 von 1 abweicht und sich 0 nähert, desto mehr streuen die beobachteten Werte um die Regressionsgerade, desto weniger repräsentiert die Regressionsgerade also

die bivariate lineare Verteilung. Mit anderen Worten: Je höher R^2, desto stärker
wäre die Variabilität der y-Variablen durch die Variabilität der x-Variablen „determiniert", „bestimmt" oder „erklärt" und desto besser spiegelte unser „Modell"
die empirische Wirklichkeit wider bzw. desto besser träfe damit unsere Prognose
zu.

Im Beispiel ist $R^2 = .191$ – siehe Tabelle „Modellübersicht". „Technisch" ausgedrückt: (Nur) 19,1% der Varianz des persönlichen Nettoeinkommens lassen sich
auf die Einwirkung der geleisteten Arbeitsstunden zurückführen; 80,9% der Varianz von y werden also durch andere Faktoren bestimmt. Mit unserer Prognose:
„Du sagst mir, wie viele Arbeitsstunden du in der Woche arbeitest, dann sage ich
dir, wie hoch dein monatliches Nettoeinkommen ist", lägen wir in 19,1% unserer Prognosen richtig, in 80,9% dagegen falsch. „Bildlich" ausgedrückt: 19,1% der
Beobachtungen in der Punktwolke liegen exakt auf der geschätzten Regressionsgeraden, 80,9% mehr oder minder weit von ihr entfernt.

Der Determinationskoeffizient R^2 kann im Übrigen über das bisher Ausgeführte hinaus auch als **PRE-Maß** interpretiert werden. In unserem Fall können
wir formulieren: In Kenntnis der Varianz der Arbeitsstunden reduzieren wir unsere Fehler bei der Vorhersage der Verteilung des persönlichen Nettoeinkommens um 19,1%.

Wollten wir das persönliche Nettoeinkommen zutreffender schätzen, müssten
wir unser Prognosemodell demzufolge verändern. Drei Möglichkeiten stehen uns
dafür zur Verfügung:

1. Wir bauen weitere Variablen in das Modell ein, z. B. das Lebensalter der
   Beschäftigten. Damit verließen wir allerdings die einfache Regression und
   wären bei der **multiplen Regression** angelangt – worauf wir später zurück-
   kommen werden.[42]

2. Wir nehmen Abschied von der linearen Betrachtungsweise und wenden
   uns der kurvenlinearen Welt zu.[43]

3. Wir untersuchen die Daten systematischer nach „Ausreißern", als wir das
   bisher getan haben und eliminieren sie für die Regression aus dem Datensatz.

Für die Berechnung von Pearson's Korrelationskoeffizienten r muss nicht jedes
Mal eine Regressionsanalyse durchgeführt werden. SPSS Statistics bietet dafür
eine spezielle Statistikprozedur an:

---

42 Vgl. S. 283 ff.
43 Darauf muss in diesem Einführungsband verzichtet werden. Nur soviel zur Regression des Nettoeinkommens auf die Arbeitsstunden: Weder ein quadratisches noch ein kubisches Regressionsmodell ergäben eine – wesentlich – bessere Anpassung an die vorliegenden Einkommensdaten als
   unser lineares Modell.

> *CORRELATIONS* berechnet den Produktmoment-Korrelationskoeffizienten r und dessen Irrtumswahrscheinlichkeit. Zusätzlich können deskriptive statistische Kennwerte, Abweichungsprodukte und Kovarianzen sowie Matrix-Dateien ausgegeben werden.

Die Befehlssyntax für die Statistikprozedur *CORRELATIONS* ist hier zu finden:

►Hilfe ►Befehlssyntaxreferenz (Command Syntax Reference) ►CORRELATIONS

Was im Rahmen der Darstellung und Überprüfung bivariater Zusammenhänge bleibt, ist die Betrachtung des Sachverhaltes, dass entweder „nur" **ordinales** oder zwar metrisches Messniveau vorliegt, nicht jedoch Linearität und/oder (annähernde) bivariate Normalverteilung. Der **Rangkorrelationskoeffizient Spearman's Rho** (ρ) stellt für diese Variablenkonstellation im Fall vieler Variablenausprägungen das geeignete nicht parametrische Surrogat von Pearson's r dar.[44]

Die Interpretation ist, was Stärke und Richtung eines Zusammenhangs anbelangt, identisch mit jener von Pearson's r.

> *NONPAR CORR* berechnet Spearman's und/oder Kendall's Rangkorrelationskoeffizienten Rho und Tau$_b$ sowie deren Irrtumswahrscheinlichkeit. Beide Koeffizienten sind als probate Surrogate für Pearson's r im Fall nicht parametrischer Variablen-Voraussetzungen zu verwenden.

Die Befehlssyntax für die Statistikprozedur *NONPAR CORR* ist hier zu finden:

►Hilfe ►Befehlssyntaxreferenz (Command Syntax Reference) ►NONPAR CORR

6.2.3 Variablenunterschiede

Bivariate Beziehungen zwischen Variablen lassen sich häufig besser als **Unterschiedshypothesen** denn als Zusammenhangshypothesen formulieren und auf statistische Signifikanz testen. Dazu ist meistens dann zu raten, wenn die unabhängige Variable – in diesem Kontext oft „Gruppierungs"- oder „Gruppenvariable" genannt – in wenigen, die abhängige dagegen in vielen Ausprägungen vorliegt. Für diesen Zweck kann man auf Verfahren verweisen, die zum einen beschreiben, ob bestimmte Untergruppen der Untersuchungsgesamtheit bezüglich

---

44 Bei Variablen mit wenigen Ausprägungen, bei denen wir bivariate Zusammenhänge per Kreuztabellenanalyse prüfen, kämen als geeignete Koeffizienten für Stärke und Richtung Kendall's Tau$_b$ und Tau$_c$ infrage (vgl. S. 216 f.).

einer abhängigen Variablen unterschiedliche Mittelwerte und Streuungen aufweisen und die zum anderen erlauben, beobachtete Mittelwerts- oder Streuungsunterschiede dahingehend zu testen, ob sie statistisch signifikant sind, ob sie sich also auch in der Grundgesamtheit wieder finden lassen.

Zur Deskription und Konfirmation von Unterschiedshypothesen bietet SPSS Statistics eine Reihe verschiedener statistischer Prozeduren an. Für die Entscheidung, welche davon für die jeweilige Fragestellung geeignet ist, müssen drei Fragen beantwortet werden:[45]

1. **Handelt es sich bei der abhängigen Variablen um eine *unabhängige* oder eine *abhängige Messung*?**

   Am Beispiel einer Körpergewichtsstatistik eines Krankenhauses lässt sich dieses Problem noch einmal verdeutlichen: Werden alle Patienten zweimal gewogen (bei der Aufnahme und bei der Entlassung) und sollen die Mittelwerte der zwei Wiegungen auf einen signifikanten Unterschied getestet werden, so handelt es sich um identische Untersuchungseinheiten und damit um **abhängige Messungen**: Das Gewicht einer Person kann bei der zweiten Messung nicht unabhängig von ihrem Gewicht zum Zeitpunkt der ersten Messung variieren. Wird der Mittelwert des zu einem Zeitpunkt ermittelten Gewichts dagegen z. B. auf Unterschiede hinsichtlich der Geschlechtszugehörigkeit getestet, so handelt es sich nicht um identische Untersuchungseinheiten; wir haben es mit **unabhängigen Messungen** zu tun. Im Folgenden werden – am ALLBUS 2012 orientiert – ausschließlich Verfahren für unabhängige Messungen behandelt.[46]

2. **Welches *Skalenniveau* und welche *Verteilungsform* ist bei der *abhängigen* Variablen gegeben?**

   Falls die abhängigen Variablen **metrisches Messniveau** haben und einer **annähernd normalverteilten Grundgesamtheit** entspringen, können wir **parametrische** Verfahren wie den **t-Test** oder die **Varianzanalyse** einsetzen; haben wir es mit **ordinalem Skalenniveau** oder zwar metrischen, aber nicht annähernd normalverteilten abhängigen Variablen zu tun, verwenden wir **nicht parametrische** Verfahren wie den **Mann-Whitney U-Test** oder **Kruskal-Wallis' Rangvarianzanalyse (H-Test)**.

3. **Wie viele Ausprägungen weist die (*unabhängige*) *Gruppierungsvariable* auf?**

   Wenn die unabhängige Variable **dichotom** ist, also nur zwei Werte annimmt, dann sind **t-** oder **U-Test** zu wählen; ist die Gruppierungsvariable **poly-**

---

45 Vgl. dazu ⇒ Tabelle 6.4, S. 232.

46 Eine gute Einführung in grundlegende Verfahren für Messwiederholungen, also abhängige Stichproben, ist noch immer Bauer (1986).

nom, weist sie also mindestens drei Ausprägungen auf, sind **parametrische** resp. **non parametrische Varianzanalysen** zweckmäßig.

Abbildung 6.4 auf der folgenden Seite stellt einen Entscheidungsbaum dar, der hilft, die Entscheidung für ein Verfahren in Abhängigkeit von den Antworten auf diese drei Fragen statistisch angemessen zu treffen.

6.2.3.1 Mittelwerte und die Statistikprozeduren T-TEST und NPAR TESTS M-W

Beginnen wir mit dem **t-Test**.

T-TEST führt für eine dichotome Gruppierungsvariable einen Test auf statistisch signifikante Mittelwertsunterschiede bei einer metrischen, in den beiden Gruppen annähernd normal verteilten abhängigen Variablen durch. *T-TEST* berechnet Mittelwertstests sowohl für unabängige („independent-samples test") als auch für abhängige Messungen („paired-samples test"). Er erlaubt außerdem zu überprüfen, ob eine metrische Variable t-verteilt ist („one-sample test").

Die Befehlssyntax für die Statistikprozedur *T-TEST* ist hier zu finden:

▶Hilfe ▶Befehlssyntaxreferenz (Command Syntax Reference) ▶T-TEST

Der t-Test erlaubt es zu überprüfen, ob die Mittelwerte, die zwei Teilgruppen hinsichtlich einer normalverteilten metrischen Variablen aufweisen, sich signifikant voneinander unterscheiden. Eine derartige Fragestellung aus unserem Beispieldatensatz ALLBUS 2012 wäre zum Beispiel, ob Befragte in Ost- und Westdeutschland sich hinsichtlich des Mittelwertes ihres persönlichen monatlichen Nettoeinkommens statistisch signifikant voneinander unterscheiden, und zwar dergestalt, dass Westdeutsche im Durchschnitt ein höheres Einkommen beziehen als Ostdeutsche.[47]

---

47 Zur Erinnerung: Für Vergleiche zwischen Befragten in Ost- und Westdeutschland verwenden wir den **ungewichteten** Datensatz!

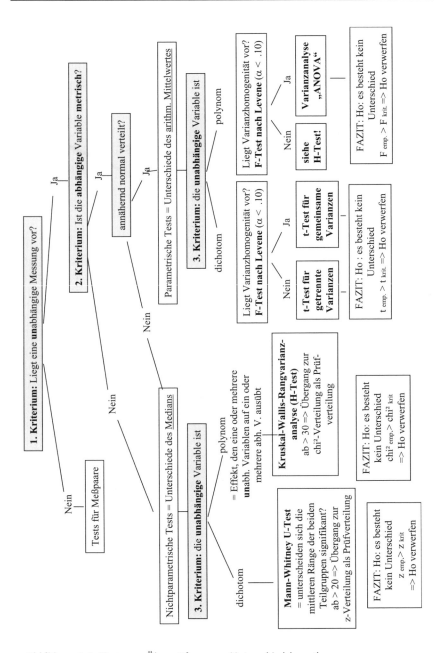

Abbildung 6.4: Tests zur Überprüfung von Unterschiedshypothesen

Das folgende Syntaxprogramm führt zum gewünschten Ergebnis:

```
WEIGHT OFF.
TEMPORARY.
MISSING VALUES eink_p1 (0, 10000 THRU HIGHEST).
T-TEST GROUPS=west_ost (1,2) /VARIABLES=eink_p1.
```

Die **einseitige Alternativhypothese** lautet: „Befragte in Westdeutschland beziehen im Schnitt ein höheres persönliches Nettoeinkommen als Befragte in Ostdeutschland" (formal: H_1: $\bar{x}_W > \bar{x}_O$).

Die zu testende **Nullhypothese** wäre demzufolge: „Befragte in Westdeutschland beziehen im Schnitt ein gleich hohes oder ein niedrigeres persönliches Nettoeinkommen als Befragte in Ostdeutschland" (formal: H_0: $\bar{x}_W \leq \bar{x}_O$).

Die „Gruppenstatistik" gibt zunächst arithmetische Mittelwerte von € 1.564,43 ($s = 1.101,32$) beim Einkommen von 1.716 Westdeutschen und von € 1.165,01 ($s = 706,97$) beim Einkommen von 819 Ostdeutschen aus.[48]

Gruppenstatistik

	west_ost Erhebungsgebiet <Wohngebiet>: West - Ost	H	Mittelwert	Standard-abweichung	Standardfehler Mittelwert
eink_p1 Befr.: Nettoeinkommen, offene Abfrage	1 alte Bundesländer	1716	1564,43	1101,316	26,586
	2 neue Bundesländer	819	1165,01	706,973	24,704

Wie vermutet, ist das durchschnittliche Einkommen der im Westen Befragten tatsächlich höher als jenes der im Osten Interviewten. Ist die erkennbare Einkommensdifferenz von € 399,42 aber auch statistisch signifikant? Um diese Frage zu beantworten, ziehen wir die Tabelle „Test bei unabhängigen Stichproben" heran.

Zunächst ist aber zu klären, ob die Varianzen des Einkommens der Befragten in Ost- und in Westdeutschland „homogen" oder „heterogen" sind;[49] denn danach entscheidet sich, welcher von zwei t-Test-Varianten wir folgen: Für den Fall, dass Varianzhomogenität vorliegt, wenn also in den beiden jeweils betrachteten Gruppen die Varianz in etwa gleich ist, wird ein t-Test für gemeinsame Va-

---

48 Mit Hilfe des ebenfalls ausgegebenen „Standardfehler Mittelwert" könnten wir das Konfidenzintervall des Mittelwerts in der Grundgesamtheit der Ost- und Westdeutschen berechnen: Vgl. ab S. 181.

49 Bei der „Varianz" handelt es sich um die Summe der quadrierten Abweichungen der einzelnen Beobachtungen einer Gruppe von Untersuchungseinheiten vom Mittelwert, dividiert durch n, der Anzahl der Beobachtungen.

rianz („Varianzgleichheit wird angenommen") berechnet, liegt Varianzheterogenität vor, wenn also in den beiden jeweils betrachteten Gruppen die Varianz verschieden ist, erfolgt ein t-Test für getrennte Varianzen („Varianzgleichheit nicht angenommen").

Bei der Überprüfung der Voraussetzungen von statistischen Verfahren ist es geboten, die Gefahr eines β-**Fehlers** – sich also fälschlicherweise für das Vorliegen der Voraussetzungen eines Signifikanztests zu entscheiden – möglichst zu vermeiden. Dieser Gefahr kann man entgegentreten, indem man sich entscheidet, eine höhere Irrtumswahrscheinlichkeit für das Auftreten eines α-**Fehlers** in Kauf zu nehmen – sich also fälschlicherweise für das Nichtvorliegen der Voraussetzungen zu entscheiden. Während wir „inhaltliche" Nullhypothesen ansonsten mit einer Irrtumswahrscheinlichkeit von $\alpha < .001$ testen, setzen wir bei den Nullhypothesen zur Überprüfung der Voraussetzungen von statistischen Verfahren die Irrtumswahrscheinlichkeit mindestens auf $\alpha < .05$.[50]

Test bei unabhängigen Stichproben

| | | eink_p1 Befr.: Nettoeinkommen, offene Abfrage | |
		Varianzgleichheit angenommen	Varianzgleichheit nicht angenommen
Levene-Test der Varianzgleichheit	F	128,120	
	Sig.	,000	
T-Test für die Mittelwertgleichheit	t	9,487	11,006
	df	2533	2323,493
	Sig. (2-seitig)	,000	,000
	Mittelwertdifferenz	399,420	399,420
	Standardfehlerdifferenz	42,100	36,292
95% Konfidenzintervall der Differenz	Unterer	316,866	328,252
	Oberer	481,973	470,587

Die hier fällige Entscheidung wird anhand des Ergebnisses des „Levene-Tests der Varianzgleichheit" getroffen. Die zu prüfende Nullhypothese lautet: „Es liegt keine Abweichung von der Varianzhomogenität in den beiden Gruppen vor". Die Irrtumswahrscheinlichkeit, die H_0 zu verwerfen, zeigt Sig.: Da Sig. $\leq .05$, ist die Nullhypothese zu verwerfen und die Alternativhypothese: „Es liegt Varianzheterogenität in den beiden Gruppen vor", anzunehmen. Für die Durchführung und Interpretation des anstehenden t-Tests ziehen wir demzufolge jene statisti-

---

50 Arbeitet man bei „inhaltlichen" Hypothesen mit $\alpha < .05$, sollte man bei Voraussetzungsüberprüfungen $\alpha < .10$ verwenden. Wir haben diese Vorgehensweise bereits im Zusammenhang mit der Überprüfung der Form von Verteilungen realisiert: Beim Test, ob die Variable Lebensalter einer annähernd normalverteilten Grundgesamtheit entspringt, hatten wir bereits der möglichen Bedeutung des β-Fehlers Rechnung getragen und das Signifikanzniveau auf 95%ige Sicherheit gesetzt.

schen Kennwerte heran, die in der Spalte „Varianzgleichheit nicht angenommen" zu finden sind.

Um nun die eigentlich interessierende Frage beantworten zu können,[51] ob die beobachteten Mittelwertsunterschiede tatsächlich signifikant sind, muss der errechnete (empirische) t-Wert mit dem erwarteten (theoretischen) t-Wert unter Berücksichtigung der jeweiligen Freiheitsgrade und unter Festlegung eines akzeptablen Signifikanzniveaus (hier: 99,9%) verglichen werden. Ist $t_{emp} > t_{krit}$, wäre die Nullhypothese zu verwerfen und die Alternativhypothese anzunehmen.

Im Beispiel des erheblich unterschiedlichen Durchschnittseinkommens von Ost- und Westdeutschen führt der t-Test für heterogene Varianzen zu $t_{emp} = 11{,}01$; der entsprechende kritische t-Wert beträgt $t_{krit(99{,}9;2324)} = 3{,}29$. Er ist also deutlich geringer als t_{emp}. Demzufolge ist der beobachtete Einkommensunterschied zwischen Befragten in Ost- und Westdeutschland statistisch höchst signifikant.

SPSS Statistics berechnet wie immer die exakte Irrtumswahrscheinlichkeit, die man bei der eventuellen Zurückweisung der Nullhypothese in Kauf nimmt. Es wird die exakte Irrtumswahrscheinlichkeit für den zweiseitigen, ungerichteten Hypothesentest ausgegeben: Sig. (2-seitig). Haben wir eine einseitige, gerichtete Nullhypothese formuliert, ist der Wert der ausgewiesenen Irrtumswahrscheinlichkeit zu halbieren – was in unserem Fall keine Konsequenzen nach sich zieht.

Wenn die **abhängige** Variable **nicht metrischskaliert** resp. zwar metrisch, aber **nicht annähernd normalverteilt** ist, können wir zur Prüfung auf Mittelwertsunterschiede bei unabhängigen Messungen auf den **Mann-Whitney U-Test** zurückgreifen. Auch hier muss die **unabhängige** Variable **dichotom** vorliegen.

Der Mann-Whitney U-Test steht in der Sammlung nicht parametrischer Testverfahren *NPAR TESTS* zur Verfügung, die wir bereits auf S. 161 vorgestellt hatten.

NPAR TESTS M-W erlaubt es zu überprüfen, ob die mittleren Ränge, die zwei Teilgruppen hinsichtlich einer mindestens ordinalskalierten Variablen aufweisen, sich statistisch signifikant voneinander unterscheiden.

Analog zum t-Test könnten wir mit dem U-Test die Fragestellung beantworten, ob Befragte in Ost- und Westdeutschland sich hinsichtlich der mittleren Ränge ihres **klassierten** persönlichen monatlichen Nettoeinkommens signifikant von

---

51 In der Tabelle „Test bei unabhängigen Stichproben" sind außerdem die „Mittelwertsdifferenz" sowie die Kennwerte für die Grenzen der Differenz in der Grundgesamtheit angegeben.

einander unterscheiden.[52] Tatsächlich wirkt dieses Verfahren stimulierend auf die Antwortbereitschaft. und zwar dergestalt, dass Westdeutsche im Schnitt auch hier meist ein höheres Einkommen nennen als Ostdeutsche.

Die Hypothesenformulierungen sind im Prinzip mit den obigen identisch. Der Unterschied besteht darin: Nicht das arithmetische Mittel wird beim U-Test betrachtet, sondern **mittlere Ränge**.

Die **einseitige Alternativhypothese** lautet: „Befragte in Westdeuschland beziehen im Schnitt ein höheres persönliches Nettoeinkommen als Befragte in Ostdeutschland" (formal: H_1: $\tilde{x}_W > \tilde{x}_O$).

Die zu testende **Nullhypothese** wäre demzufolge: „Befragte in Westdeutschland beziehen im Schnitt ein gleich hohes oder ein niedrigeres persönliches Nettoeinkommen als Befragte in Ostdeutschland" (formal: H_0: $\tilde{x}_W \leq \tilde{x}_O$).

Das folgende Syntaxprogramm führt zum gewünschten Ergebnis:

```
WEIGHT OFF.
NPAR TESTS M-W=eink_p2 BY west_ost (1,2).
```

Die zunächst erzeugte Tabelle „Ränge" gibt die Anzahl der in Ost- und Westdeutschland Befragten zum klassierten Einkommen wieder und stellt die „Mittleren Ränge" sowie die „Summe der Ränge" dar.

Ränge

	west_ost Erhebungsgebiet <Wohngebiet>: West - Ost	H	Mittlerer Rang	Summe der Ränge
eink_p2 Befr.: Nettoeinkommen, Listenabfrage	1 alte Bundesländer	223	235,06	52419,00
	2 neue Bundesländer	196	181,48	35571,00
	Gesamtsumme	419		

Die Berechnung der Prüfgröße U erfolgt, indem alle Untersuchungseinheiten nach ihrer Ausprägung auf der abhängigen Variablen – hier *eink_p2* – in eine gemeinsame Rangordnung gebracht und durchnummeriert werden. Diese Rangfolge wird nach der Gruppierungsvariablen – hier *ost_west* – in zwei Gruppen aufgespalten. Die Rangplätze der Fälle in beiden Gruppen werden jeweils aufsummiert („Summe der Ränge"). Dividiert durch die jeweilige Anzahl der Fälle in einer Gruppe ergibt sich der „Mittlere Rang". Aus diesem Durchschnittsrang lässt

---

52 Mittlerweile ist es gebräuchlich, dass Sozialforschungsinstitute denjenigen Befragten, die keine detaillierte Antwort auf die Frage nach ihrem Einkommen geben, von den Interviewern eine Liste vorlegen lassen, auf denen Einkommensklassen ausgewiesen sind.

sich die Richtung der Abhängigkeit ersehen: Die Westdeutschen weisen einen höheren mittleren Rang auf als die Ostdeutschen.

Weisen beide Teilgruppen identische Rangplätze auf, dann besteht kein Unterschied zwischen ihnen: U = 0. Das andere Extrem träte ein, wenn alle Einheiten der einen Teilgruppe ausschließlich vordere (oder hintere) und alle Einheiten der anderen Teilgruppe ausschließlich hintere (oder vordere) Rangplätze einnähmen: Der U-Wert müsste in diesem Fall einen perfekten Unterschied ausdrücken.

Im vorliegenden Fall beträgt $U_{emp} = -4{,}53$. SPSS Statistics berechnet wieder die exakte Irrtumswahrscheinlichkeit, die man bei der eventuellen Zurückweisung der Nullhypothese in Kauf nimmt. Wir können demnach die Nullhypothese mit nahezu hundertprozentiger Sicherheit verwerfen: Auch das klassierte persönliche Einkommen ist unter den Befragten im Westen Deutschlands demzufolge im Schnitt statistisch höchst signifikant höher als jenes unter den Befragten im Osten Deutschlands.

Teststatistiken[a]

	eink_p2 Befr.: Nettoein- kommen, Listenabfrage
Mann-Whitney-U-Test	16265,000
Wilcoxon-W	35571,000
U	-4,528
Asymp. Sig. (2-seitig)	,000

a. Gruppierungsvariable: west_ost
Erhebungsgebiet <Wohngebiet>: West ·

6.2.3.2 Streuungen und die Statistikprozeduren ONEWAY und NPAR TESTS K-W

Bei der Varianzanalyse wird die dem t- bzw. U-Test unterliegende Fragestellung dahingehend erweitert, ob, und wenn ja, in welchem Ausmaß eine oder mehrere polynome unabhängige Variablen zur Erklärung der Varianz (= Variabilität) einer oder mehrerer abhängiger Variablen herangezogen werden können. Anders ausgedrückt: Mit der Varianzanalyse lässt sich der Effekt überprüfen, den eine oder mehrere unabhängige Variablen auf eine oder mehrere abhängige Variablen ausüben.

Im Rahmen des ALLBUS 2012 könnte man bspw. testen, welche Wirkung eine oder mehrere **polynome unabhängige Variablen** im Hinblick auf die Höhe des persönlichen Nettoeinkommens der Befragten ausüben. Im Gegensatz zur Regression, mit der ja eine ähnliche Fragestellung untersucht werden kann, bräuchten bei der Varianzanalyse die unabhängigen Variablen allerdings nicht metrisch und (annähernd) normalverteilt zu sein, sondern es genügte Nominalskalenniveau.

Je nach Zahl der unabhängigen und abhängigen Variablen unterscheidet man verschiedene Formen der Varianzanalyse: Bei der einfachen oder einfaktoriellen Varianzanalyse (ANOVA; engl.: „analysis of variance") werden eine unabhängige und eine abhängige Variable betrachtet, bei der zweifachen oder zweifaktoriellen zwei unabhängige und eine abhängige usw. Von multipler oder multifaktorieller Varianzanalyse (MANOVA; engl.: „multivariate analysis of variance") spricht man, wenn eine oder mehrere unabhängige und mindestens zwei abhängige Variablen zur Untersuchung anstehen. Die varianzanalytische Vorgehensweise wird im Folgenden anhand des einfachsten Modells, der einfaktoriellen Varianzanalyse für unabhängige Stichproben demonstriert. Sie steht bei SPSS Statistics unter dem Namen *ONEWAY* zur Verfügung.

ONEWAY führt einfaktorielle Varianzanalysen durch. Dabei besteht die Möglichkeit, *a priori* (also im vorhinein) und *a posteriori* (also im Nachhinein) Kontraste sowie Trends über die Ausprägungen der unabhängigen Gruppierungsvariablen zu berechnen.

Die Befehlssyntax für die Statistikprozedur *ONEWAY* ist hier zu finden:

▶Hilfe ▶Befehlssyntaxreferenz (Command Syntax Reference) ▶ONEWAY

Überprüft werden soll, ob die Annahme zutrifft, dass das monatlich zur Verfügung stehende persönliche Nettoeinkommen sich in Abhängigkeit vom allgemeinen Schulabschluss statistisch signifikant unterscheidet.

Die zweiseitige Alternativhypothese lautet: „Das persönliche Nettoeinkommen unterscheidet sich in Abhängigkeit vom Schulabschluss" (formal: H_1: $\bar{x}_i \neq \bar{x}_j$).

Die zu testende Nullhypothese wäre demzufolge: „Das persönliche Nettoeinkommen unterscheidet sich nicht in Abhängigkeit vom Schulabschluss" (formal: H_0: $\bar{x}_i = \bar{x}_j$).

Grundlegende Voraussetzungen für die Anwendung der parametrischen Varianzanalyse sind darin zu sehen, dass (1) die abhängige Variable metrisch und (2) (annähernd) normalverteilt ist. Die unabhängigen polynomen Variablen dagegen können (auch) nominalskaliert sein. (3) Weiterhin muss in den einzelnen Gruppen, das heißt bei den Personen mit Hauptschul- oder Realschulabschluss sowie Fachhochschul- oder Hochschulreife Varianzhomogenität bezüglich der Verteilung des Nettoeinkommens bestehen.

Das folgende Syntaxprogramm führt zum gewünschten Ergebnis:

```
WEIGHT BY gewicht.
TEMPORARY.
MISSING VALUES eink_p1 (0, 10000 THRU HIGHEST).
RECODE schulabschluss (1,6,7=9).
ONEWAY eink_p1 BY schulabschluss
 /STATISTICS=DESCRIPTIVES HOMEGENEITY
 /POSTHOC=SCHEFFE ALPHA (.01)
 /PLOT=MEANS.
```

Anhand der Tabelle „Deskriptive Statistik" können wir sehen, dass das mittlere persönliche Monatsnettoeinkommen tatsächlich in Abhängigkeit vom Schulabschluss der Befragten variiert und vom Hauptschul- über den Realschulabschluss, der Fachhochschulreife bis hin zur Hochschulreife zunimmt. Ebenso steigt die Standardabweichung von Schulabschlussgruppe zu Schulabschlussgruppe an.

Deskriptive Statistik

eink_p1 Befr.: Nettoeinkommen, offene Abfrage

	H	Mittel-wert	Stan-dard-abwei-chung	Stan-dard-fehler	95 % Konfidenzintervall für Mittelwert		Mini-mum	Maxi-mum
					Unter-grenze	Ober-grenze		
2 Volks-, Hauptschulabschluss	844	1239,36	737,530	25,38	1189,55	1289,17	100	5000
3 Mittlere Reife	853	1402,34	911,546	31,22	1341,07	1463,61	30	7500
4 Fachhochschulreife	175	1801,36	968,462	73,12	1657,05	1945,68	50	5000
5 Hochschulreife	593	1961,46	1434,77	58,91	1845,76	2077,17	50	9300
Gesamtsumme	2466	1509,40	1057,54	21,30	1467,64	1551,17	30	9300

Intuitiv würden wir demzufolge die Nullhypothese verwerfen. Wäre das aber auch statistisch korrekt? Hierauf gibt uns die ANOVA eine Antwort.

Die „Logik" des Verfahrens zeigt sich wie folgt: Ziel der Varianzanalyse ist es, den Effekt einer unabhängigen Variablen auf eine abhängige Variable zu messen und auf statistische Signifikanz zu prüfen. Wenn kein Effekt vorliegt, dann müssten die Mittelwerte der abhängigen Variablen **zwischen** den Gruppen gleich sein. Liegt dagegen ein Effekt vor, dann weichen diese Mittelwerte voneinander ab. Ein adäquates Maß für diese Abweichung ist die quadrierte Summe der Abweichungen zwischen den Gruppen, kurz: $SAQ_{(zwischen)}$. Neben dem Effekt der betrachteten unabhängigen Variablen üben weitere, im Modell jedoch nicht berücksichtigte Variablen einen Effekt auf die abhängige Variable aus – so wird die Höhe des Nettoeinkommen nicht nur durch den Schulanschluss, sondern u. a. auch durch die sich daran anschließende Berufsausbildung beeinflusst. Dieser Effekt führt zu Abweichungen der Beobachtungswerte (vom Gruppenmittelwert) **innerhalb** der Gruppen; ein adäquates Maß für diese Abweichung ist die quadrierte Summe der Abweichungen innerhalb der Gruppen, kurz: $SAQ_{(innerhalb)}$.[53] Beide Abweichungen zusammen ergeben dann die Summe der quadrierten Gesamtabweichungen, kurz: $SAQ_{(gesamt)}$:

$$SAQ_{(gesamt)} = SAQ_{(zwischen)} + SAQ_{(innerhalb)}$$

Mit anderen Worten: $SAQ_{(gesamt)}$ setzt sich zusammen aus der Abweichung innerhalb der Gruppen, die berechnet wird als Differenz zwischen den einzelnen Beobachtungswerten und dem jeweiligen Gruppenmittelwert und der Abweichung zwischen den Gruppen, die berechnet wird als Differenz zwischen Gruppenmittelwert und Gesamtmittelwert.

Auch bei der Varianzanalyse bestimmt die Logik der Vorgehensweise, dass die empirische Verteilung an einer theoretischen Verteilung, und zwar wiederum der F-Verteilung, dahingehend überprüft wird, ob eventuell beobachtete Differenzen zwischen den Gruppen statistisch signifikant sind. Dazu müssen die mittleren quadratischen Abweichungen (MQ) zwischen und innerhalb der Gruppen zunächst berechnet und anschließend zueinander in Beziehung gesetzt werden:[54]

$$MQ_{(zwischen)} = \frac{SAQ_{(zwischen)}}{Freiheitsgrade} = \frac{SAQ_{(zwischen)}}{k-1}$$

$$MQ_{(innerhalb)} = \frac{SAQ_{(innerhalb)}}{Freiheitsgrade} = \frac{SAQ_{(innerhalb)}}{n-k}$$

wobei:
n = Summe aller Untersuchungseinheiten
k = Anzahl der Gruppen (Kategorien, Ausprägungen) der unabhängigen Variablen

$MQ_{(zwischen)}$ wird als die durch den Effekt der unabhängigen Variablen **erklärte Varianz** in der abhängigen Variablen bezeichnet. $MQ_{(innerhalb)}$ drückt die Effekte von Variablen aus, die nicht im Modell enthalten sind. $MQ_{(innerhalb)}$ wird demzufolge als **nicht erklärte Varianz** bezeichnet. Es ist einleuchtend, dass die Ausgangsannahme, es bestünde kein Effekt der unabhängigen auf die abhängige Variable, nur dann verworfen werden kann, wenn $MQ_{(zwischen)}$ (erheblich) größer als $MQ_{(innerhalb)}$ ausfällt.

Die Relation von $MQ_{(zwischen)}$ zu $MQ_{(innerhalb)}$ drückt das Verhältnis erklärter zu unerklärter Varianz in einem Wert, dem empirischen F-Wert aus:

---

53 Vgl. als empfehlenswerte Einführung in die praktische Varianzanalyse z. B. Backhaus et al. (2011a).
54 Die entsprechenden englischen Begriffe lauten: „Sum of Squares" = Summe der quadratischen Abweichungen (SAQ); „Mean Squares" = Summe der mittleren quadratischen Abweichungen (MQ).

$$F_{emp} = \frac{MQ_{(zwischen)}}{MQ_{(innerhalb)}}$$

Unter Berücksichtigung der Anzahl der Freiheitsgrade des Nenners (n-k) und des Zählers (k-1) sowie nach der Festlegung des Signifikanzniveaus (99,9%) kann nun F_{emp} an der theoretischen F-Verteilung daraufhin überprüft werden, ob die Nullhypothese: „Kein Effekt der unabhängigen Variablen", aufrechterhalten oder verworfen werden muss. Ist der empirische F-Wert größer als der für das gewählte Signifikanzniveau und die Zahl der Freiheitsgrade angegebene theoretische F-Wert, dann kann formuliert werden, dass die unabhängige Variable einen signifikanten Effekt auf die abhängige Variable ausübt.

In unserem Beispiel zeigt die „ANOVA"-Tabelle, dass die mittleren quadratischen Abweichungen **zwischen** den Gruppen erheblich größer sind als diejenigen **innerhalb** der Gruppen (69.170.946,7 > 1.035.733,5). Der empirische F-Wert errechnet sich als $F_{emp} = 66,8$. Der kritische F-Wert bei 99,9%igem Signifikanzniveau und entsprechenden Freiheitsgraden ($DF_z = 3$; $DF_n = 2.461$) beträgt $F_{krit} = 5,5$. Da $F_{emp} > F_{krit}$, ist die Nullhypothese zu verwerfen. SPSS Statistics berechnet wie immer die exakte Irrtumswahrscheinlichkeit, die Nullhypothese fälschlicherweise zu verwerfen: Sig. < .001.

ANOVA

eink_p1 Befr.: Nettoeinkommen, offene Abfrage

	Quadratsumme	df	Mittel der Quadrate	F	Sig.
Zwischen Gruppen	207512840,0	3	69170946,67	66,785	,000
Innerhalb der Gruppen	2548940080	2461	1035733,474		
Gesamtsumme	2756452920	2464			

Wenn auch die Nullhypothese zu verwerfen ist, bleiben dennoch zwei Fragen offen:

1. Wir wissen nach dem vorliegenden Ergebnis bisher nur, dass zwischen den Mittelwerten des Nettoeinkommens in Abhängigkeit vom Schulabschluss tatsächlich statistisch höchst signifikante Unterschiede bestehen. Uns ist aber nicht bekannt, ob sich nun alle vier Gruppenmittelwerte signifikant voneinander unterscheiden oder nur ein, zwei oder drei. Für die Beantwortung dieser Frage stellt SPSS Statistics eine Reihe verschiedener „A-posteriori-Tests" zur Verfügung. „A posteriori" bedeutet, dass nicht im Vorhinein („a-priori") signifikante Mittelwertsunterschiede zwischen den Gruppen postuliert und dann getestet werden, sondern dass man alle empirisch ermittelten (unerklärten) Varianzen für die Überprüfung der Signifikanz von Unterschieden im Nachhinein heranzieht.

Der in der Regel für die Beantwortung dieser Frage eingesetzte Test ist der **Scheffé-Test**, der für den Vergleich von Mittelwerten aus Gruppen geeignet ist, die ungleichen Umfang aufweisen und der zudem am „konservativsten" ausfällt, d. h. zu der kleinsten Anzahl signifikanter Unterschiede führt. Er ist hier der Test der Wahl.[55] In unserem Beispiel führt der Scheffé-Test zu dem Ergebnis, dass sich die Einkommens-Mittelwerte der Absolventen der Haupt- und Realschule höchst signifikant von jenen der Befragten mit Fachhochschul- und Hochschulreife unterscheiden. Zwischen den Gruppen der Hauptschul- und Realschulabsolventen sowie der Personen mit FHS-Reife und Abitur sind die Einkommensunterschiede gering und nicht signifikant. Wir können diese Relationen in der Tabelle „Mehrfachvergleiche" an den '*' in Spalte „Mittelwertdifferenz (I-J)" und an den Signifikanzwerten in Spalte „Sig." ablesen.

Mehrfachvergleiche

Abhängige Variable: eink_p1 Befr.: Nettoeinkommen, offene Abfrage

Scheffé

(I) schulabschluss Allgemeiner Schulabschluss	(J) schulabschluss Allgemeiner Schulabschluss	Mittelwertdifferenz (I-J)	Standardfehler	Sig.	99 % Konfidenzintervall	
					Untergrenze	Obergrenze
2 Volks-, Hauptschulabschluss	3 Mittlere Reife	-162,981	49,408	,013	-329,57	3,61
	4 Fachhochschulreife	-562,004*	84,443	,000	-846,73	-277,28
	5 Hochschulreife	-722,101*	54,523	,000	-905,94	-538,26
3 Mittlere Reife	2 Volks-, Hauptschulabschluss	162,981	49,408	,013	-3,61	329,57
	4 Fachhochschulreife	-399,022*	84,373	,000	-683,51	-114,54
	5 Hochschulreife	-559,119*	54,415	,000	-742,59	-375,64
4 Fachhochschulreife	2 Volks-, Hauptschulabschluss	562,004*	84,443	,000	277,28	846,73
	3 Mittlere Reife	399,022*	84,373	,000	114,54	683,51
	5 Hochschulreife	-160,097	87,467	,341	-455,01	134,82
5 Hochschulreife	2 Volks-, Hauptschulabschluss	722,101*	54,523	,000	538,26	905,94
	3 Mittlere Reife	559,119*	54,415	,000	375,64	742,59
	4 Fachhochschulreife	160,097	87,467	,341	-134,82	455,01

*. die Mittelwertdifferenz ist auf der Stufe .01 signifikant.

Zusammengefasst dargestellt findet sich dieses Ergebnis außerdem in der nachfolgenden Tabelle, in der „Mittelwerte für Gruppen in homogenen Subsets" angezeigt werden:

---

55 Bei Gruppen mit gleichem Umfang wäre der **Tukey-Test** einzusetzen.

eink_p1 Befr.: Nettoeinkommen, offene Abfrage

Scheffé

schulabschluss Allgemeiner Schulabschluss	H	Subset für Alpha = .01	
		1	2
2 Volks-, Hauptschulabschluss	844	1239,36	
3 Mittlere Reife	852	1402,34	
4 Fachhochschulreife	175		1801,36
5 Hochschulreife	593		1961,46
Sig.		,154	,166

Mittelwerte für Gruppen in homogenen Subsets werden angezeigt.

In beiden ausgewiesenen „Subsets" kann die Nullhypothese, die „subsets" seien homogen, nicht verworfen werden: Sig. > .05. Ein Diagramm der Mittelwerte (*/PLOT=MEANS*) visualisiert diese Feststellung.

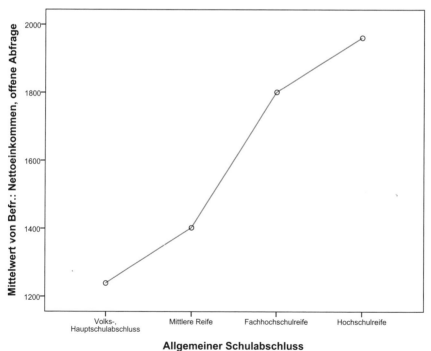

2. Wir hatten bereits registriert, dass das durchschnittliche persönliche Nettoeinkommen nahezu linear von Personen mit Hauptschulabschluss bis zu Personen

mit Abitur zunimmt. Die Streuung nimmt ebenfalls in der genannten Richtung zu und variiert zunehmend stärker. Wie ist es also mit **Varianzhomogenität** in den vier Gruppen bestellt? Für die Beantwortung dieser Frage sind vier Tests einschlägig, nämlich **Cochran's C-, Bartlett-Box F-, Hartley's F-max-Test** und **Levene's F-Test.** Hartley's F-max-Test verwendet nur die Information über die Relation zwischen größter und kleinster Gruppenvarianz. Er ist somit ziemlich unscharf. **Cochran's C** ist nur für annähernd gleichbesetzte Gruppen geeignet – hier also nicht zutreffend –, **Bartlett-Box F-Test** auch für ungleich besetzte Gruppen. Der **Levene-Test** schließlich hat gegenüber Bartlett-Box F-Test den zusätzlichen Vorteil, robust gegen Abweichungen von der Normalverteilung in der Grundgesamtheit zu sein. Er ist demnach der Test unserer Wahl.

Die Nullhypothese lautet: Wir haben es mit Varianzhomogenität in den Gruppen zu tun. Der Levene-Test ergibt einen Wert von $F_{(3;2.462)} = 71{,}8$. SPSS Statistics berechnet die exakte Irrtumswahrscheinlichkeit, fälschlicherweise die Nullhypothese zu verwerfen. Sig. $< .001$, also ist die Nullhypothese abzulehnen.

Varianzhomogenitätstest

eink_p1 Befr.: Nettoeinkommen, offene Abfrage

Levene-Statistik	df1	df2	Sig.
71,775	3	2462	,000

In Konsequenz daraus müssen wir das Ergebnis des eigentlichen inhaltlichen Hypothesentests wegen fehlender Varianzhomogenität in den einzelnen Gruppen in Frage stellen.[56]

Welche Optionen stehen dem Forscher in einem solchen Fall offen?

Wir könnten in Ergänzung der parametrischen Varianzanalyse ihre nicht parametrische Variante, also **Kruskal-Wallis' Rangvarianzanalyse (H-Test)** anwenden, die die strengen Anforderungen der parametrischen ANOVA an das Datenmaterial – Varianzhomogenität in den Gruppen, annähernd normalverteilte metrische abhängige Variable – nicht erhebt. Wenn auch sie statistisch signifikante Ergebnisse zu Tage fördert, spricht jedoch nichts dagegen, wegen der besseren Informationsausschöpfung an den inhaltlichen Ergebnissen der ursprünglichen ANOVA festzuhalten.

---

56 Neben anderen Autoren weist jedoch auch Bortz (2005: 286 f.) darauf hin, dass die Verletzung des Varianzhomogenitätspostulats im Fall großer Stichproben i. d. R. unproblematisch ist.

> *NPAR TESTS K-W* stellt die der parametrischen Varianzanalyse entspre-
> chende nicht parametrische Variante für ordinalskalierte oder nicht annä-
> hernd normalverteilte metrische abhängige Variablen dar. Die Rangvarianz-
> analyse ist auch dann das Verfahren der Wahl, wenn – wie im obigen Bei-
> spiel – im parametrischen Fall gegen die Varianzhomogenitätsannahme bei
> ungleicher Gruppenbesetzung verstoßen wird.

Der H-Test lässt sich – etwas vereinfacht ausgedrückt – als Erweiterung des U-
Tests auf eine Teilgruppenanzahl > 2 bezeichnen.[57] Zur Berechnung der Prüfgröße H, die uns Auskunft über etwaige signifikante Unterschiede zwischen den
Gruppen gibt, werden alle beobachteten Werte der abhängigen Variablen zunächst in eine Rangreihe gebracht. Danach werden, analog zum U-Test, die der
Reihe nach geordneten Rangplätze auf die vier Schulabschlussgruppen verteilt.
Anschließend berechnet man in den einzelnen Gruppen Rangsummen, die durch
die jeweilige Gruppengröße dividiert werden, um mittlere Rangplätze zu erhalten.

Das folgende Syntaxprogramm führt zum gewünschten Ergebnis:[58]

```
WEIGHT BY gewicht.
TEMPORARY.
MISSING VALUES eink_p1 (0, 10000 THRU HIGHEST).
RECODE schulabschluss (1,6,7=9).
NPAR TESTS K-W=eink_p1 BY schulabschluss (2 5).
```

Ränge

	schulabschluss Allgemeiner Schulabschluss	H	Mittlerer Rang
eink_p1 Befr.: Nettoeinkommen, offene Abfrage	2 Volks-, Hauptschulabschluss	813	1074,57
	3 Mittlere Reife	924	1185,09
	4 Fachhochschulreife	160	1512,25
	5 Hochschulreife	573	1467,85
	Gesamtsumme	2470	

---

57 Der H-Test ist nur als Signifikanztest für unabhängige Messungen geeignet. Für abhängige Messungen wäre die **Rangvarianzanalyse** von **Friedman** einzusetzen.
58 Die Anweisung (2 5) bei *schulabschluss* bewirkt, dass alle Fälle mit diesen Variablenausprägungen
sowie jene, die dazwischen liegende Ausprägungen aufweisen, hier also '3' und '4', zur Durchführung der Rangvarianzanalyse herangezogen werden.

Gut zu erkennen ist, dass die mittleren Ränge des persönlichen Nettoeinkommens vom Hauptschulabschluss bis zur Fachhochschulreife steigen, bei den Personen mit Hochschulreife allerdings wieder fallen – ein zur parametrischen Varianzanalyse teilweise widersprüchliches Ergebnis.

Beim H-Test ist darauf hinzuweisen, dass als theoretische Prüfverteilung die
χ^2-Verteilung herangezogen wird. Das bedeutet, dass wir zur Überprüfung der
Ausgangshypothese, es bestände kein Unterschied zwischen den Teilgruppen hinsichtlich der mittleren Rangplätze der abhängigen Variablen, nicht nur ein adäquates Signifikanzniveau wählen (in unserem Fall 99,9%), sondern auch die Zahl
der Freiheitsgrade berücksichtigen müssen, nämlich: Anzahl der Teilgruppen k-
1. Beim Vergleich des empirischen H-Werts mit einem solcherart spezifizierten
χ^2-Wert in einer Tabelle der χ^2-Verteilung wird die Nullhypothese dann beibe-
halten, wenn $H_{emp} \leq X^2_{krit}$, und sie wird verworfen, wenn $H_{emp} > X^2_{krit}$.

Teststatistiken^{a,b}

	eink_p1 Befr.: Nettoeinkommen, offene Abfrage
Chi-Quadrat	131,040
df	3
Asymp. Sig.	,000

a. Kruskal-Wallis-Test

b. Gruppierungsvariable: schulabschluss Allgemeiner Schulabschluss

In unserem Fall ergibt sich ein $H_{emp}(\chi^2_{emp}) = 131,0$. Dieser Wert ist erheblich
größer als $\chi^2_{krit(99,9;3)} = 16,3$. Die Nullhypothese, der Schulabschluss hätte keinen
Einfluss auf die Höhe des monatlich zur Verfügung stehenden persönlichen Einkommens, kann mit höchster Sicherheit zurückgewiesen werden; die mittleren
Einkommensunterschiede zwischen den Schulabschlussgruppen, die wir in der
Stichprobe festgestellt haben, liegen in dieser Form auch in der Grundgesamtheit
vor.

Bedauerlicherweise kann der H-Test nicht belegen, zwischen welchen Gruppen statistisch signifikante Unterschiede bestehen. Hier ist er der parametrischen
Varianzanalyse unterlegen. Und in dieser Unterlegenheit ist auch der Grund zu
suchen, dass Forscher oft – wenn Daten gegen Voraussetzungen der parametrischen Varianzanalyse verstoßen (wie im obigen Beispiel) – zunächst eine Rangvarianzanalyse rechnen, um dann, wenn sich dabei ein genereller signifikanter Unterschied herausschält, auch unter Missachtung ihrer Voraussetzungen, mit der

parametrischen Varianzanalyse zu versuchen, jene Gruppen – quasi explorativ – zu identifizieren, die die Signifikanz bewirken.

Wenn auch ein paarweiser Vergleich der Gruppenmittelwerte mittels des U-Tests dem Messniveau besser entspräche,[59] ist gegen diese pragmatische datenanalytische Vorgehensweise u. E. in der Regel wenig einzuwenden. Allerdings ist im vorliegenden Fall Vorsicht geboten: Da die Personen mit Fachhochschulreife bezüglich des mittleren Rangplatzes ein höheres Einkommen als Personen mit Abitur aufweisen, dürfte die Rangvarianzanalyse nicht durch die parametrische Varianzanalyse ersetzt werden, bei der ja das arithmetische Mittel des Einkommens unter den Abiturienten höher als jenes der Personen mit Fachhochschulreife ausfiel.

Wenn wir die Durchführung des Scheffé-Tests verwerfen und stattdessen, wie eben vorgeschlagen, die sechs U-Tests durchführten, ergeben sich dennoch die gleichen homogenen Gruppen, wie wir sie auf S. 242 beim Scheffé-Test und in den beiden „Subsets" beobachten konnten.

6.3 Übungsaufgaben

Schalten Sie für die Lösung der folgenden Übungsaufgaben jeweils die Gewichtung ein (*WEIGHT BY gewicht*).

6.3.1 Kreuztabellenanalyse des Zusammenhangs zwischen ausgewählten Anomievariablen

Eine Hypothese laute: „Wenn Personen meinen, dass sich die Lage der einfachen Leute in Deutschland verschlechtert, vertreten sie auch die Auffassung, Politiker seien an den einfachen Leuten uninteressiert." Formulieren Sie dazu die entsprechende Nullhypothese. Überprüfen Sie letztere mittels *CROSSTABS* anhand der Variablen *anomie_1* – als Indikator für „Lageverschlechterung" – und *anomie_3* – als Indikator für „Desinteresse der Politiker an einfachen Leuten".

Die Kreuztabelle soll in den einzelnen Zellen sowohl die absoluten als auch die spaltenbezogenen relativen Häufigkeiten enthalten. Ferner ist Pearson's Chi-Quadrat-Unabhängigkeitstest durchzuführen und sind jene statistischen Kennwerte zu berechnen, die für das Skalenniveau der beiden Variablen angemessen sind.

Wie ist das Ergebnis zu interpretieren?

---

59 Die Durchführung von sechs paarweisen U-Tests – HS vs. RS, HS vs. FHS, HS vs. Gym; RS vs. FHS, RS vs. Gym; FHS vs. Gym – anstelle des einen Scheffé-Tests hat den Nachteil, dass mit der Zunahme von Tests rein zufällig statistisch signifikante Unterschiede auftreten können.

6.3.2 Kreuztabellenanalyse des Zusammenhangs zwischen Schulabschluss und Schichtzugehörigkeit

Untersuchen Sie den Zusammenhang zwischen den Variablen *schulabschluss* und *schicht* mittels Kreuztabellenanalyse. Beziehen Sie von der unabhängigen Variablen *schulabschluss* nur die Absolventen von Haupt- und Realschule sowie die Befragten mit FHS-Reife und Abitur, von der abhängigen Variablen *schicht* nur Angehörige der Unter- und Mittelschicht sowie der Oberen Mittelschicht in die Analyse ein. Die Kreuztabelle soll wieder in den einzelnen Zellen sowohl die absoluten als auch die spaltenbezogenen relativen Häufigkeiten enthalten. Berechnen Sie den für die Tabellenform adäquaten Kendall's **Tau**-Koeffizienten für Richtung und Stärke des bivariaten Zusammenhangs zwischen den beiden ordinalen Variablen. Interpretieren Sie das Ergebnis!

6.3.3 Lineare Regression des Haushaltsnettoeinkommens auf das Lebensalter

Überprüfen Sie mittels der Prozeduren *REGRESSION* und *GRAFIK STREU-/PUNKTDIAGRAMM* die Nullhypothese, das Haushaltsnettoeinkommen (*eink_hh1*) variiere linear unabhängig vom Lebensalter der Befragten (*alter_b*). Eliminieren Sie **zuvor** temporär mit *TEMPORARY* und *SELECT IF* jene eine befragte Person, die ein Haushaltsnettoeinkommen von monatlich € 60.000 angibt. Lassen Sie die Regressionsgerade und den Determinationskoeffizienten in das Streudiagramm einzeichnen.

Bitte beantworten Sie zunächst die auf S. 198 gestellten drei Fragen zur Signifikanz, Stärke und Richtung des Zusammenhangs zwischen den beiden Variablen.

Wenn Sie eine Person aus dem ALLBUS 2012 nach ihrem Alter gefragt hätten und sie hätte Ihnen „60 Jahre" geantwortet: Wie lautet Ihre Prognose für die Höhe des Haushaltsnettoeinkommens dieser Person? Mit wieviel Fehlervarianz wäre Ihre Prognose behaftet?

6.3.4 Korrelationsanalyse antisemitischer Einstellungen

Im ALLBUS 2012 sind vier Items enthalten, die das Ausmaß von Antisemitismus in der deutschen Bevölkerung messen sollen (*antisemitismus_1* bis *antisemitismus_4*). Untersuchen Sie mittels *CORRELATIONS* die Zusammenhangsstruktur dieser vier Variablen, d. h. überprüfen Sie, welche dieser Items stark oder schwach miteinander korrelieren. Es sollen nur jene Befragten in die Analyse aufgenommen werden, die zu allen vier Aussagen eine Antwort gegeben haben. Interpretieren Sie das Ergebnis.

6.3.5 Rangkorrelationsanalyse antisemitischer Einstellungen

Führen Sie die eben mit *CORRELATIONS* durchgeführte Analyse noch einmal durch, nun allerdings unter Verwendung der Prozedur *NONPAR CORR* und unter Verwendung von Kendall's Tau$_b$.

Sehen Sie nennenswerte Unterschiede zwischen den Ergebnissen der Aufgaben 6.3.4 und 6.3.5? Welche der beiden Prozeduren – *CORRELATIONS* oder *NONPAR CORR* – ziehen Sie für die Korrelationsanalyse der vier antisemitischen Variablen vor? Weshalb?

6.3.6 Unterschiede im Haushaltsnettoeinkommen in Abhängigkeit vom Lebensalter: T-TEST

In Aufgabe 6.3.3 war die Regression von *eink_hh1* auf *alter_b* bezüglich der Frage zu berechnen, ob das Haushaltseinkommen unabhängig vom Lebensalter variiert. Wir nehmen diese Frage modifiziert wieder auf: Ist die Nullhypothese korrekt, dass sich jüngere von älteren Befragten hinsichtlich ihres Haushaltsnettoeinkommens **nicht** voneinander unterscheiden?

Setzen Sie zur Beantwortung der Frage die Prozedur *T-TEST* ein; Jüngere sind von Älteren am Median des Lebensalters zu trennen. Eliminieren Sie zuvor wieder den „Ausreißer" mit dem Haushaltseinkommen von € 60.000 temporär aus der Berechnung.

Versuchen Sie, den Befund inhaltlich zu erklären.

6.3.7 Unterschiede im Haushaltsnettoeinkommen in Abhängigkeit von der Haushaltsgröße: NPAR TESTS K-W

Nun überprüfen Sie mittels Rangvarianzanalyse (H-Test), ob das Haushaltsnettoeinkommen (*eink_hh1*) in Abhängigkeit von der Haushaltsgröße (*haushaltsgroesse*) statistisch signifikant variiert.

Recodieren Sie zuvor die Variable *haushaltsgroesse* in vier Gruppen: 1-, 2-, 3- und 4- und mehr Personenhaushalte. Eliminieren Sie außerdem wieder den „Ausreißer" mit dem Haushaltseinkommen von € 60.000 temporär aus der Berechnung.

Wie lautet das Ergebnis? Kann man behaupten, dass sich alle vier Haushaltstypen statistisch signifikant bezüglich ihres Haushaltsnettoeinkommens voneinander unterscheiden? Besteht Varianzhomogenität in den Gruppen?

7 Multivariate Analyseschritte

Von „multivariater Datenanalyse" spricht man immer dann, wenn drei oder mehr Variablen gleichzeitig betrachtet werden. Auch für diese Zwecke stehen in IBM SPSS Statistics zahlreiche Verfahren zur Verfügung, die kaum eine Analysefrage unbeantwortet lassen. Wir behalten im Folgenden unsere Systematik bei und stellen zunächst aus dem Spektrum explorativer multivariater Analyseverfahren einige Grafikoptionen sowie Reliabilitäts- und Faktorenanalyse vor. Anschließend wenden wir uns der deskriptiven und konfirmativen multivariaten Datenanalyse zu und behandeln Drei-Variablen-Kontingenztabellen, Partialkorrelation sowie lineare und logistische Regression.[1]

7.1 Multivariate explorative Datenanalyse

Bei der explorativen multivariaten Analyse geht es einerseits darum, „Gespür" für die erhobenen Daten zu bekommen: Hier können vor allem **multivariate Kasten-** oder **Streudiagramme** von Nutzen sein.

Es geht jedoch auch darum, weitergehende Analysen vorzubereiten, z. B. im Zuge der Indexbildung. Folgende Frage stellt sich in diesem Zusammenhang: Wenn aufgrund theoretischer Überlegungen aus mehreren Quellvariablen zusammengesetzte Skalen und Indizes gebildet werden sollen: Können diese als **reliabel, valide** und **homogen** bezeichnet werden?

Und oft stellt sich die weitere Frage, ob man „hinter" einer mehr oder weniger großen Anzahl beobachteter (manifester) Variablen einige wenige latente, sinnvoll zu interpretierende Dimensionen, Komponenten oder **Faktoren** entdeckt (exploriert), auf die diese Variablen reduziert werden können.[2]

7.1.1 Multivariate Kasten- und Streudiagramme

Als erste Abbildung stellen wir einen Boxplot her, der die persönliche Einkommenshöhe in Abhängigkeit vom Schulabschluss darstellt, und zwar bei den „Aus-

---

1 Es sei erneut daran erinnert, dass im Online-Zusatzmaterial ausführliche Erläuterungen zu den in diesem Kapitel angesprochenen Verfahren, Tests und Koeffizienten zu finden sind: ⇒http://www.utb-shop.de/9783825242251.
2 Auch könnte man fragen, ob sich die Vielzahl befragter Personen nicht zu einer geringen Zahl homogener Gruppen (sog. **Cluster**) zusammenfassen lässt. Hierauf können wir hier nicht eingehen, sondern verweisen auf Schendera (2010) und Bacher et al. (2010).

reißern" und „Extremisten" zusätzlich unterschieden nach der Geschlechtszugehörigkeit. Das Kastendiagramm wird mit folgender Syntax erzeugt:

```
WEIGHT BY gewicht.
TEMPORARY.
VALUE LABELS sex_b.
MISSING VALUES schulabschluss (1,6 THRU 9)
 /eink_p1 (0, 10000 THRU HIGHEST).
EXAMINE VARIABLES=eink_p1 BY schulabschluss
 /ID=sex_b
 /PLOT BOXPLOT
 /COMPARE GROUPS
 /STATISTICS DESCRIPTIVES.
```

VALUE LABELS sex_b ohne weitere Angaben bewirkt, dass die bestehenden Wer-
teetiketten 'männlich' und 'weiblich' bei der Geschlechtszugehörigkeit bei diesem Befehl temporär (*TEMPORARY*) ignoriert werden. Durch den *MISSING
VALUES*-Befehl werden nur jene Personen in die Auswertung einbezogen, von
denen wir einen konkreten „Schulabschluss" *(schulabschluss)* kennen und die ein
„persönliches Nettoeinkommen" *(eink_p1)* von wenigstens € 1 und maximal
€ 9999 beziehen. Bei der Prozedur *EXAMINE* wird das „Nettoeinkommen"
(*eink_p1*) in Abhängigkeit (*BY*) vom „Schulabschluss" *(schulabschluss)* geplottet;
die „Geschlechtszugehörigkeit" (*sex_b*) dient als Markierungsvariable (*ID*).
/PLOT BOXPLOT erzeugt das Kastendiagramm, */COMPARE GROUPS* führt
zum Vergleich der Schultypen, */STATISTICS DESCRIPTIVES* erzeugt eine Reihe – hier nicht wiedergegebener – deskriptiver statistischer Koeffizienten.

Das **Kastendiagramm** zeigt deutlich, dass auf der einen Seite das durchschnittliche Einkommen mit steigendem Schulabschluss zunächst zunimmt, dann aber
bei Befragten mit Fachhochschul- bzw. Hochschulreife – fast – gleich ist. Durchge-
hend nimmt jedoch die Streuung des Einkommens in Abhängigkeit vom Schulabschluss zu. Auf der anderen Seite zeigt der Boxplot sehr schön, dass die „outliers"
und „extremes" mit hohem Einkommen mit einer einzigen Ausnahme Männer
sind:[3] Nur bei den Befragten mit Hauptschulabschluss finden wir eine Frau, die
ein nennenswert höheres Einkommen als der Durchschnitt aller Personen mit
diesem Schulabschluss bezieht.

---

3 'm' steht für „männlich", 'w' für „weiblich".

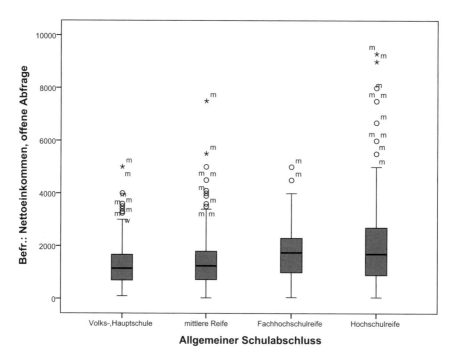

Fälle gewichtet nach Personenbezogenes Ost-West-Gewicht

Im nachfolgenden **Streudiagramm**, mit dem wir den Zusammenhang zwischen Lebensalter und persönlichem Nettoeinkommen darstellen, wird nicht die Geschlechtszugehörigkeit, sondern das Erhebungsgebiet als „Kontrollvariable" verwendet. Folgende Syntax ist dazu erforderlich:

Beispielsyntax für GRAPH SCATTERPLOT(OVERLAY)

```
WEIGHT BY gewicht.
TEMPORARY.
MISSING VALUES eink_p1 (0, 10000 THRU HIGHEST).
SAMPLE 1000 FROM 3480.
STRING alt_neu (A1).
RECODE west_ost (1="a")(2="n") INTO alt_neu.
GRAPH
  /SCATTERPLOT(OVERLAY)=alter_b WITH eink_p1 (PAIR)
   BY alt_neu (NAME).
```

Das „überlagerte Streudiagramm" (*/SCATTERPLOT(OVERLAY)*) führt ohne die Stichprobenziehung (*SAMPLE*) zu der Meldung, dass SPSS Statistics 22 für diese Diagrammform nur 1.000 Fälle verarbeiten kann. Dieser Einschränkung wird durch den entsprechenden *SAMPLE*-Befehl Rechnung getragen, durch den eine Zufallsstichprobe im Umfang von exakt n=1.000 Fällen von insgesamt N=3.480 gezogen wird. *STRING* bewirkt, dass eine neue, einspaltige alphanumerische (Zeichenfolge-) Variable (A1) erzeugt wird. Danach werden die Werte '1' und '2' der numerischen Variablen *west_ost* in der neu gebildeten Variablen *alt_neu* als alphanumerische Zeichen 'a' und 'n' recodiert und abgelegt.[4] Das überlagerte Streudiagramm wird mit dem anschließenden Befehl erzeugt, wobei *(NAME)* die Markierung der Fälle im „overlay plot" besorgt.

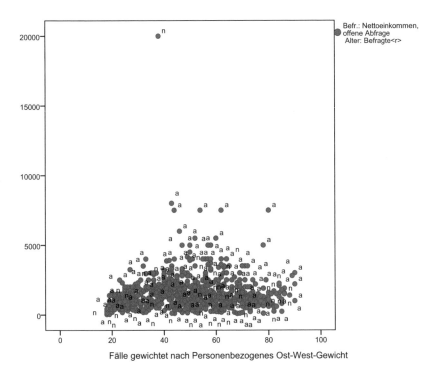

Fälle gewichtet nach Personenbezogenes Ost-West-Gewicht

Das Streudiagramm des Nettoeinkommens in Abhängigkeit vom Lebensalter, nun aber nach dem Befragungsgebiet kontrolliert, belegt eindeutig, dass sich die finanzielle Lage der in den alten Bundesländern Befragten weitaus besser als jene der in den neuen Bundesländern Interviewten darstellt.

---

4 'a' steht für „alte", 'n' für „neue" Bundesländer.

Das Ausmaß der finanziellen Diskrepanzen, die in den beiden Abbildungen sichtbar werden, könnte man jeweils anhand statistischer Kennwerte selbstverständlich weiter verdeutlichen und absichern.

7.1.2 Reliabilität, Validität und Homogenität von Indizes und Skalen

Um die Auswertung zu vereinfachen und die Komplexität der Datenvielfalt zu reduzieren, ist es in der Regel sinnvoll – und oft auch notwendig –, aus vielen einzelnen Variablen **Indizes** zu bilden und diese auf **Reliabilität** und **Validität** zu überprüfen. Es bietet sich bspw. an, einen Index für die „Rolle der Frau in der Familie" aus den sechs vorhandenen Quellvariablen *frauenbild_1* bis *frauenbild_6* zu bilden. Dies kann durch einfache Addition der Variablenausprägungen erfolgen. Die so erhaltene Variable, die wir *frauenbild_idx* nennen wollen, hat einen Wertebereich von minimal '6' bis maximal '24':[5] '6', wenn alle sechs Variablen bei '1' angekreuzt, '24', wenn alle sechs Variablen bei '4' angekreuzt wurden. Wichtig ist, dass nur die Fälle berücksichtigt werden, die bei allen Variablen gültige Werte aufweisen. Bei der Addition würde das Ergebnis sonst ja durch fehlende Werte verfälscht.

Registriert werden sollte, dass die aus sechs ordinalskalierten Variablen neu gebildete Variable *frauenbild_idx* selbst auch zunächst „nur" **ordinales** Skalenniveau aufweist. Mit Einschränkungen kann sie jedoch als metrischskaliert betrachtet werden (Allerbeck 1978), wird doch gewissermaßen gezählt, wie häufig die Ausprägungen '1' bis '4' auftreten. Dieses Verfahren zur Erzeugung einer quasi metrischskalierten „Zähl"-Variablen aus einer Reihe anderer, häufig auch dichotomer Variablen wird im Übrigen oft praktiziert.

Um eine valide statistische Überprüfung von Hypothesen auf der Basis solcher synthetischer Variablen durchführen zu können, muss vorher sichergestellt sein, dass sie

1. **reliabel** sind, dass sie also zuverlässig ohne allzu große Schwankungen die theoretischen Konstrukte widerspiegeln, für die sie ein Indikator sein sollen, und dass sie

2. **homogen** sind, dass sie also jeweils im Wesentlichen nur eine Dimension oder, anders ausgedrückt, einen Faktor oder eine Komponente beinhalten.

Zur Überprüfung der **Reliabilität** des zu bildenden „Frauenrolle-Indexes" (*frauenbild_idx*) kann der Reliabilitätskoeffizient **Cronbach's Alpha** berechnet werden. Cronbach's Alpha ist Ausdruck für die interne Konsistenz des Antwortverhaltens der Befragten, also dafür, ob die Befragten tendenziell konsequent ant-

---

5 Erinnert sei daran, dass vor der Indexbildung zwei der sechs Items durch Recodieren umgepolt werden müssen (vgl. S. 136 und S. 257).

worten oder ob sie in ihrer Meinung hin und her oszillieren. Dieser Koeffizient wird folgendermaßen interpretiert:

Tabelle 7.1: Cronbach's Alpha

$\geq .90$:	hohe Reliabilität
$\geq .70$:	zufriedenstellende Reliabilität
$\geq .50$:	ausreichende Reliabilität

Wollen wir Indizes als kumulierte Information aus einer Reihe von Quellvariablen verwenden, dann sollte Cronbach's Alpha mindestens „ausreichende Reliabilität" signalisieren.

Die Überprüfung auf **Homogenität** ist Bestandteil der Überprüfung von Variablen auf **Validität**. Validität wird unterschieden in:

- **materiale Validität:**

  - *Inhaltsgültigkeit:* Überprüfung durch Expertenurteil

  - *Kriteriumsgültigkeit*

    a) *intern:* Überprüfung durch Anwendung verschiedener Skalen, die die gleiche Dimension messen. Beispiel: Messung der Intelligenz durch verschiedene Intelligenztests und Vergleich der Ergebnisse: Wenn gültig, dann müssen die Ergebnisse der verschiedenen Tests miteinander hoch korrelieren.

    b) *extern:* Verwendung eines externen Kriteriums für die gemessene Dimension zur Überprüfung. Beispiel: Späterer Schulerfolg wird als Kriterium für die Validität der Intelligenzmessung benutzt.

  - *Konstruktgültigkeit:* Überprüfung auf Korrektheit des theoretischen Konstrukts und auf Zutreffen der daraus abgeleiteten Prognosen mittels verschiedener Testverfahren. Beispiel: Ob jemand Prüfungsangst hat, dazu kann man die Person befragen, ihre Pulsfrequenz messen und etwa den Adrenalinspiegel erheben. Ergeben die verschiedenen Messungen Resultate, die in die gleiche Richtung weisen, läge Konstruktvalidität vor.

- **formale Validität:**
  Indizes oder Skalen sind dann formal gültig, wenn sie nur eine einzige Dimension messen oder, anders ausgedrückt, wenn sie homogen sind.

Die Überprüfung auf Homogenität einer Skala, also die Sicherstellung, dass durch die Variation der Variablen die Variation von nur einer Dimension gemessen wird, kann durch eine **Faktorenanalyse** erfolgen. Dieses auch zu anderen Zwecken verwendbare statistische Verfahren – s. Kapitel 7.1.2.2 – analysiert die Variation einer Reihe von beobachteten (manifesten) Variablen, die die gleiche Dimension messen sollen, auf dahinter verborgene (latente) Dimensionen oder Faktoren. Sind die zu überprüfenden Variablen homogen, messen sie also nur eine einzige Dimension, dann wird auch nur ein Faktor „extrahiert". Werden dagegen mehrere Faktoren extrahiert (Kriterium: *Eigenwert > 1*), so sind diese Variablen nicht mehr als homogen zu betrachten; es wäre nun gründlich zu überlegen, ob man es dennoch wagen wollte, wie geplant aus den Quellvariablen einen gemeinsamen Index zu berechnen.[6]

7.1.2.1 Statistikprozedur RELIABILITY

Die Statistikprozedur *RELIABILITY* bietet alle Möglichkeiten der Item- und Skalenanalyse nach der klassischen Testtheorie.

> *RELIABILITY* führt Itemanalysen für Fragebögen und Tests aus und berechnet dafür mehrere weit verbreitete Reliabilitätskoeffizienten: Cronbach's Alpha, Split-half-Reliabilität, Guttman's λ und Maximum-Likelihood-Schätzungen der Testreliabilität.

Die Befehlssyntax für die Statistikprozedur *RELIABILITY* ist hier zu finden:

▶Hilfe ▶Befehlssyntaxreferenz (Command Syntax Reference) ▶RELIABILITY

Wir nutzen die Prozedur, wie oben ausgeführt, um die Reliabilität der Variablen zu bestimmen, die wir für den – noch zu bildenden – Frauenrolle-Index (*frauenbild_idx*) additiv verknüpfen wollen, und schauen nach der „internen Konsistenz" des Antwortverhaltens unserer Befragten bezüglich dieses theoretischen Konstruktes.

Wenn die Berechnung von **Cronbach's Alpha** zu einem korrekten Ergebnis führen soll, ist es notwendig, unbedingt darauf zu achten, dass die zu betrachtenden Variablen gleichsinnig codiert sind. Dies ist bei den „Rollenbild der Frau"-Variablen, wie wir bereits wissen, nicht der Fall: Die Aussagen der Variablen *frauenbild_1* und *frauenbild_5* sind in Richtung eines „modernen", die übrigen Items in Richtung eines „traditionellen" Rollenbildes der Frau in Beruf und der Familie codiert. Dies gleichen wir an, indem wir die Items *frauenbild_1* und *frauenbild_5* vor der eigentlichen Reliabilitätsanalyse recodieren.

---

6 Der Index *frauenbild_idx* ist im Übrigen eindimensional, wie wir ab S. 274 sehen können.

```
WEIGHT BY gewicht.
TEMPORARY.
RECODE frauenbild_1, frauenbild_5 (1=4)(2=3)(3=2)(4=1).
RELIABILITY
  /VARIABLES=frauenbild_1 TO frauenbild_6
  /SCALE('ALL VARIABLES') ALL
  /MODEL=ALPHA
  /STATISTICS=DESCRIPTIVE SCALE
  /SUMMARY=TOTAL.
```

In der Statistikprozedur *RELIABILITY* führen wir zunächst die Namen der zu
analysierenden Variablen auf. Der */SCALE*-Befehl besagt, dass alle eben aufgeführten Variablen zur Berechnung von Cronbach's Alpha (*/MODEL=ALPHA*)
herangezogen werden.[7] Der Unterbefehl */STATISTICS* bewirkt, dass für alle Variablen deskriptive statistische Maßzahlen sowie Item- und Skalenstatistiken berechnet werden. */SUMMARY=TOTAL* führt zu verschiedenen Werten der
Gesamt-Itemstatistik.

Wenden wir uns dem Ergebnis zu: Die „Zusammenfassung der Fallverarbeitung" zeigt, dass *n=1.837,373462* Personen nicht alle Items bewertet haben und
daher aus der Berechnung der Reliabilitätsstatistiken ausgeschlossen werden.[8]

Zusammenfassung der Fallverarbeitung

		N	%
Fälle	Gültig	1642,626538	47,2
	Ausgeschlossen[a]	1837,373462	52,8
	Gesamtsumme	3480,000000	100,0

Gewichtet mit der Variablen gewicht
PERSONENBEZOGENES OST-WEST-GEWICHT

a. Listenweiser Ausschluss basierend auf allen Variablen in der Prozedur.

Die zweite Tabelle enthält den berechneten Cronbach's Alphawert von
alpha = .775. Nach der Konvention von S. 256 handelt es sich um eine „zufrie-
denstellende" bis gute Reliabilität.

---

7 Außer Cronbach's Alpha stehen in der *RELIABILITY*-Prozedur weitere Reliabilitätstests zur Verfügung, z. B. für „Split half"- und „Guttman"-Skalen (siehe Befehlssyntax).
8 Die große Anzahl an „Ausgeschlossenen" liegt daran, dass der ALLBUS 2012 bezüglich der
   „Frauen"- und „Elternrollenbilder" „gesplittet" ist und vielen Befragten die Fragen nach der „Rolle
   der Frau" deswegen nicht gestellt gestellt wurden (vgl. Kap. 2.2). Die „gebrochenen" Zahlen sind
   auf die Gewichtung des Datensatzes zurückzuführen.

Reliabilitätsstatistik

Cronbach-Alpha	Anzahl der Items
,775	6

Die „Itemstatistiken" stellen die Mittelwerte, Streuungen und die Fallzahl bei den einzelnen Variablen dar. Zu erinnern ist, dass wir die Aussagen 1 und 5 recodiert haben. Die Standardabweichungen können als Homogenität der Befragtengruppe im Hinblick auf die Beantwortung einunddesselben Items betrachtet werden: Die Interviewten sind sich am einigsten hinsichtlich der Beantwortung der Aussage 1 ($s=0,681$), am uneinigsten bezüglich der Beantwortung der Aussage 3 ($s=1,028$).

Itemstatistik

	Mittelwert	Standardabweichung	N
frauenbild_1 BERUFST. FRAU: HERZL. VERHAELT. ZUM KIND	3,63	,681	1643
frauenbild_2 FRAU, LIEBER MANN BEI D. KARRIERE HELFEN?	3,16	,844	1643
frauenbild_3 FRAU, NICHT ARBEITEN BEI KLEINKIND?	2,63	1,028	1643
frauenbild_4 FRAU, ZU HAUSE BLEIBEN+KINDER VERSORGEN?	3,04	,981	1643
frauenbild_5 FRAU, BESSERE MUTTER BEI BERUFSTAETIGK.?	2,75	,919	1643
frauenbild_6 FRAU, NACH HEIRAT ARBEITSPL. FREIMACHEN?	3,03	,995	1643

Für Fragen der Skalierung bzw. Indexbildung am interessantesten ist die Tabelle „Item-Skala-Statistiken" und darin besonders die letzte Spalte: „Cronbach Alpha, wenn Item gelöscht". Beim Vergleich der hier ausgewiesenen Alpha-Werte zeigt sich, dass es nicht geboten ist, ein Item wegzulassen, weil sich in keinem Fall unser Cronbach's Alphawert von $alpha = .775$ dadurch erhöhen, sondern nur verringern würde. Wenn bei einer der sechs Variablen ein $alpha > .775$ stünde, wäre es u. U. ein Indiz dafür, dieses Item bei der Indexbildung nicht zu berücksichtigen, weil sich durch das Weglassen desselben die Zuverlässigkeit der Skala verbessern ließe.

Die übrigen Spalten sind weniger bedeutsam. Sie zeigen die Mittelwerts- und Varianzdifferenz zu den entsprechenden Werten in der Tabelle „Skalastatistik". Die korrigierte Item-Skala-Korrelation gibt Pearson's Korrelationskoeffizient wieder, der sich zwischen einer weggelassenen Variablen und der verbleibenden Gesamtskala ergibt. Je höher diese Korrelationen ausfallen, desto besser. Werte von $r < .30$ würden ebenfalls indizieren, dieses Item bei der Skalen- bzw. Indexbildung besser nicht zu berücksichtigen.

Item-Skala-Statistik

	Mittelwert skalieren, wenn Item gelöscht	Varianz skalieren, wenn Item gelöscht	Korrigierte Item-Skala-Korrelation	Cronbach-Alpha, wenn Item gelöscht
frauenbild_1 BERUFST. FRAU: HERZL. VERHAELT. ZUM KIND	14,60	11,990	,374	,774
frauenbild_2 FRAU, LIEBER MANN BEI D. KARRIERE HELFEN?	15,08	10,824	,483	,751
frauenbild_3 FRAU, NICHT ARBEITEN BEI KLEINKIND?	15,60	9,392	,598	,721
frauenbild_4 FRAU, ZU HAUSE BLEIBEN+KINDER VERSORGEN?	15,19	9,129	,696	,693
frauenbild_5 FRAU, BESSERE MUTTER BEI BERUFSTAETIGK.?	15,48	10,616	,460	,757
frauenbild_6 FRAU, NACH HEIRAT ARBEITSPL. FREIMACHEN?	15,21	9,953	,522	,742

Skalastatistik

Mittelwert	Varianz	Standardabweichung	Anzahl der Items
18,23	14,218	3,771	6

Das Ergebnis der Reliabilitätsanalyse zeigt, dass die sechs Items zur Messung des Rollenbildes der Frau in Beruf und der Familie dieses theoretische Konstrukt zuverlässig messen: Aus dieser Perspektive spricht nichts dagegen, einen entsprechenden „Rollenbild-Index" zu bilden. Es bleibt jedoch noch die Frage zu beantworten, ob die sechs Variablen einunddasselbe messen, also eine einzige Dimension widerspiegeln, und der Index damit zusätzlich auch formal valide wäre. Um sie zu beantworten, führen wir nun eine explorative Faktorenanalyse durch.

7.1.2.2 Statistikprozedur FACTOR

> *FACTOR* wird i. d. R. dazu verwendet, um hinter einer mehr oder weniger großen Anzahl von Variablen Dimensionen oder Faktoren zu entdecken (zu explorieren), auf die diese Variablen reduziert werden können. Faktorenanalyse wird aber auch zur Überprüfung der Homogenität einer Skala verwendet.

Die Befehlssyntax für die Statistikprozedur *FACTOR* ist hier zu finden:

▶Hilfe ▶Befehlssyntaxreferenz (Command Syntax Reference) ▶FACTOR

Verbirgt sich hinter einem Variablenbündel – in unserem Beispiel *frauenbild_1* bis *frauenbild_6* – nur eine einzige Dimension, ein einziger Faktor, so ist die Eindimensionalität der Skala und damit ihre Homogenität bestätigt. Darauf kommen wir ab S. 274 zurück.

Die wichtigste und häufigste Anwendung der explorativen Faktorenanalyse ist es jedoch, eine Vielzahl möglichst metrischskalierter, meist jedoch „nur" ordinalskalierter Variablen daraufhin zu untersuchen, ob sie sich zu möglichst wenigen und inhaltlich sinnvoll interpretierbaren Variablenbündeln zusammenfassen lassen, die auf bestimmten Gemeinsamkeiten, eben Faktoren, dieser Menge von Variablen beruhen. Dies zeigt den zentralen Aspekt der Faktorenanalyse, nämlich die **Datenreduktion**: Eine Vielzahl von Variablen, die komplexe Zusammenhänge ausdrücken, sollen auf einige wenige, diese Zusammenhänge möglichst gut repräsentierende Faktoren reduziert werden. Aus diesen Faktoren lassen sich dann für jede Untersuchungseinheit sog. „Faktorwerte" errechnen und als neu konstruierte „synthetische" Variablen dem Datensatz hinzufügen. Mit diesem Verfahren ist die weitere Auswertung erheblich vereinfacht.

Die Entstehung der explorativen Faktorenanalyse lässt sich auf die Versuche von Spearman (1904) zurückführen, der mit einem mathematischen Verfahren seine psychologischen Thesen über die Intelligenz und ihre Messung untermauern wollte. Spearman nahm erstens an, dass alle intellektuellen Leistungen von einem einzigen allgemeinen Intelligenzfaktor abhängig seien, und zweitens, dass für bestimmte Kompetenzen zusätzlich spezifische Intelligenzfaktoren relevant seien. Diese Aufgabe, nämlich aus einer Reihe von manifesten (gemessenen) Indikatoren – damals die Ergebnisse von Intelligenztests – dahinter verborgene theoretische Faktoren, die nicht direkt messbar sind – Intelligenz „an sich" –, zu extrahieren, ist noch immer Gegenstand der modernen explorativen Faktorenanalyse.

Die Bedingungen für die Anwendung der Faktorenanalyse lauten: Die verwendeten Variablen sollten **metrischskaliert** und möglichst **annähernd normalverteilt** sein, da das Verfahren auf der Berechnung von einfachen und multiplen Produktmomentkorrelationskoeffizienten aufbaut. Es ist aber gängige Praxis, Daten vom Typus „Likertskala" mit wenigstens vier, besser aber fünf Ausprägungen wie metrische Variablen zu behandeln. Die Kriterien „annähernd normalverteilt" und „nur ein Scheitelpunkt" gelten hier selbstverständlich ebenfalls. Im Falle stark von der Normalverteilung abweichender Variablen kann man sie nach einer Dichotomisierung und einer Prüfung auf Zusammenhang mit dem Phi-Koeffizienten der Faktorenanalyse unterziehen, wenn die Zellen nicht zu asymmetrisch besetzt sind.

Die verwendeten Variablen müssen auf einer **vergleichbaren Skala** gemessen sein und die **Anzahl der Fälle** muss die **Anzahl der verwendeten Variablen übersteigen.**[9]

Es ist sinnlos, aus einer Vielzahl von Variablen bei einer winzigen Stichprobe Faktoren extrahieren zu wollen, da sich bei kleinen Stichproben systematische Zusammenhänge schwer nachweisen lassen. Die Ergebnisse einer Faktorenanalyse kommen dann mehr oder weniger zufällig zustande und haben damit keinerlei inhaltliche Aussagekraft. Daher sollten die **Stichproben möglichst groß** und **repräsentativ** sein.

Der Faktorenanalyse liegt folgende Modellvorstellung zugrunde: Wir haben eine Reihe von manifesten Indikatoren, die wir auf der operationalen Ebene gemessen haben, und suchen nach einer oder mehreren theoretischen (latenten) Variablen, die selbst nicht operational unmittelbar erfasst sind. Werden nun mehrere Indikatoren von derselben latenten Variablen beeinflusst, dann müssen sich korrelative Zusammenhänge zwischen diesen Variablen zeigen. Diese Zusammenhänge sind umso stärker, je stärker der Einfluss der latenten Variablen, also des Faktors, ist, und je schwächer ein eventuell ebenfalls wirkender Einfluss einer Störvariablen oder eines Störfaktors ist. Mit Hilfe der Faktorenanalyse können wir genau diejenigen operationalen Indikatoren identifizieren, die in einem hohen Ausmaß in Abhängigkeit von der latenten Variablen – dem Faktor – variieren.

Bortz (2005: 616) erklärt das Prinzip des Verfahrens so: „Ausgehend von den Korrelationen zwischen den gemessenen Variablen, wird eine 'synthetische' Va-

---

9 Eine „Daumenpeilung" für die kleinstmögliche Stichprobengröße: n_{min} = Anzahl der Variablen × 5, mindestens aber 100 Fälle (vgl. Hatcher 1994: 13). Es gibt aber auch Autoren, die 300 Fälle als minimale Fallzahl für die Durchführung einer Faktorenanalyse bezeichnen. Unabhängig davon: Es können nicht mehr Faktoren extrahiert werden als Fälle vorhanden sind.

riable konstruiert, die mit allen Variablen möglichst hoch korreliert. Diese '*synthetische Variable*' bezeichnen wir als *einen Faktor*. Ein Faktor stellt somit eine gedachte bzw. theoretische Variable dar, die allen wechselseitig hoch korrelierten Variablen zugrunde liegt. Wird der Faktor aus den Variablen heraus partialisiert, ergeben sich Partialkorrelationen, die diejenigen Variablenzusammenhänge erfassen, die nicht durch den Faktor erklärt werden können. Zur Klärung dieser Restkorrelation wird deshalb ein weiterer Faktor bestimmt, der vom ersten Faktor unabhängig ist und der die verbleibenden korrelativen Zusammenhänge möglichst gut erklärt... **Das Ergebnis der Faktorenanalyse sind wechselseitig voneinander unabhängige Faktoren, welche die Zusammenhänge zwischen den Variablen erklären".**

In Wissenschaft und Praxis werden eine Reihe verschiedener Verfahren der Faktorenanalyse verwendet. Das am häufigsten eingesetzte Verfahren stellt die **Hauptkomponentenmethode** oder „**principal components analysis**" (PCA) dar. Im Folgenden wird die Logik einer solchen Faktorenanalyse anhand der Variablen *elternbild_1* bis *elternbild_10* demonstriert und erklärt. Mit diesen likertskalierten Variablen wollen wir erheben, wie es in der Einstellung unserer Bevölkerung um das komplexe Verhältnis zwischen Berufstätigkeit der Eltern und der Hausarbeit sowie Kinderversorgung steht. Das folgende Syntaxprogramm führt zu der angestrebten Faktorenanalyse:

```
WEIGHT BY gewicht.
FACTOR
  /VARIABLES  elternbild_1 TO elternbild_10
  /MISSING LISTWISE
  /ANALYSIS  elternbild_1 TO elternbild_10
  /PRINT INITIAL KMO EXTRACTION ROTATION
  /FORMAT SORT
  /PLOT EIGEN ROTATION
  /CRITERIA MINEIGEN(1) ITERATE(25)
  /EXTRACTION PC
  /CRITERIA ITERATE(25)
  /ROTATION VARIMAX
  /SAVE REG(ALL)
  /METHOD=CORRELATION.
```

In der Statistikprozedur *FACTOR* werden zunächst die Namen der zu analysierenden Variablen aufgeführt. Der /*ANALYSIS*-Befehl besagt, dass die nachfolgenden Variablen zur Berechnung der Faktoren herangezogen werden, in unserem Fall also alle. /*MISSING LISTWISE* führt dazu, dass nur jene Personen sich in der Analyse wiederfinden, die bei allen zehn Variablen gültige Werte aufweisen. Der Unterbefehl /*PRINT* bewirkt, dass die ursprünglichen und nach der Extraktion veränderten Kommunalitäten sowie KMO und Bartlett's Test berechnet werden sowie eine Rotation der Faktorenachsen vorgenommen wird.[10] */FORMAT SORT* führt dazu, dass die Faktorladungen nach ihrer Stärke geordnet ausgegeben werden. */PLOT* stößt die Ausgabe zweier Abbildungen an, nämlich eines Screeplots der Eigenwerte und eines Diagramms der Lage der Variablen bezüglich der rotierten Faktoren. */CRITERIA* sorgt dafür, dass Faktoren nur dann ausgewiesen werden, wenn sie einen Eigenwert von mindestens 1 aufweisen (*MINEIGEN*), während *ITERATE* die maximale Zahl an Rechengängen zur Optimierung der Faktorstruktur bestimmt. */EXTRACTION PC* determiniert die Art der Faktorenanalyse, wobei *PC* für „principal components" (=Hauptkomponentenmethode) steht. Auch hierfür begrenzen wir die maximale Anzahl an Rechengängen auf 25. */ROTATION VARIMAX* führt dazu, dass die Achsen so rotiert werden, dass die Variablen möglichst hoch auf einem und möglichst niedrig auf anderen Faktoren laden. */SAVE* beinhaltet die Möglichkeit, Faktorwerte für jede Untersuchungseinheit berechnen und in neuen Variablen speichern zu lassen, wobei wir hier einen Regressionsansatz verwenden. Und schließlich bestimmt */ME-THOD=CORRELATION*, dass die Korrelationsmatrix der Variablen als Ausgangswert für die Analyse dienen soll.

Nun zu den Ergebnissen: Die Werte von „KMO- und Bartlett-Test" geben Auskunft über die Adäquatheit der durchgeführten Faktorenanalyse insgesamt. Beim KMO-Test werden die Korrelationen und Partialkorrelationen der involvierten Variablen ins Verhältnis gesetzt. Der sich daraus ergebende, zwischen '0' und '1' liegende Wert zeigt an, ob eine Faktorenanalyse überhaupt sinnvoll ist. Folgende Bewertungskonvention ist üblich:

$\geq .90$:	sehr hohe Adäquanz
$\geq .80$:	hohe Adäquanz
$\geq .70$:	zufriedenstellende Adäquanz
$\geq .50$:	ausreichende Adäquanz

Beim Bartlett-Test wird die Nullhypothese überprüft, dass die Variablen nicht miteinander korrelieren. Wie nachfolgender Tabelle zu entnehmen ist, sind in unserem Fall beide Bedingungen für die Durchführung einer Faktorenanalyse erfüllt: *KMO = 0,768*, liegt demnach relativ nahe bei '1', und die Nullhypothese kann mit nahezu hundertprozentiger Sicherheit verworfen werden.

---

10 KMO steht für „Kaiser-Meyer-Olkin measure of sampling adequacy", Bartlett-Test für „Bartlett's Test of Sphericity".

KMO und Bartlett-Test

Kaiser-Meyer-Olkin-Maß der Stichprobeneignung.		,768
Bartlett-Test auf Sphärizität	Näherungsweise Chi-Quadrat	3203,098
	df	45
	Sig.	,000

Die Faktorenanalyse erfolgt in der Regel in sechs Schritten, die im Folgenden mit den entsprechenden Ausgaben erklärt werden.

1. Schritt: Berechnung der Korrelationsmatrix

Als erstes wird eine Korrelationsmatrix mit dem Produktmomentkorrelationskoeffizienten r über alle sechs Variablen berechnet. Die Variablen werden allerdings vorher z-standardisiert, d. h. auf eine Standardnormalverteilung mit dem Mittelwert '0' und der Streuung '1' transformiert.[11] In der Diagonale dieser Matrix stehen die Werte '1', da die jeweilige Variable mit sich selbst vollständig korreliert.

2. Schritt: Ermittlung der reduzierten Korrelationsmatrix

Ziel der Faktorenanalyse ist es, mit sog. Faktorladungen die ursprüngliche Korrelationsmatrix möglichst genau zu reproduzieren. Unter **Faktorladung** versteht man die Korrelation zwischen **einem** Faktor und **einer** Variablen. Wenn man nun genau soviele Faktoren extrahiert wie Variablen vorhanden sind, dann kann man die ursprüngliche Korrelationsmatrix so exakt reproduzieren, dass die Diagonalelemente der Matrix – also die Korrelation einer Variablen mit sich selbst – wiederum 1 ergeben. Dies wird zumeist mit der Hauptkomponentenmethode (PCA) durchgeführt und bewirkt zunächst noch keine Datenreduktion, weil sich so viele Faktoren ergeben, wie Variablen vorhanden waren. Diese Faktoren sind aber im Gegensatz zu den Ursprungsvariablen voneinander unabhängig. Die Faktorladungen repräsentieren die ursprüngliche Korrelationsmatrix.

Da vor allem aber eine Datenreduktion erreicht werden soll, müssen einige Faktoren, nämlich alle, auf denen nur eine einzige Variable eine hohe Ladung aufweist, eliminiert werden. Diese sog. **Einzelrestfaktoren** haben i. d. R. einen Eigenwert von deutlich < 1. Unter **Eigenwert** eines Faktors versteht man den Erklärungsanteil **eines** Faktors an der Varianz **aller** Variablen. Wenn man diese Einzelrestfaktoren nicht berücksichtigt, erhält man in der Regel wesentlich weniger Faktoren, als ursprünglich Variablen in die Analyse einbezogen wurden. Diese Ausgangswerte sind in nachfolgender Tabelle wiedergegeben.

In der ersten Spalte des Ausdrucks („Komponente") ist die Anzahl der zu analysierenden Variablen aufgelistet, in der zweiten Spalte („Gesamt") die absolute

---

11 Zur z-Transformation vgl. S. 182 ff.

Höhe der anfänglichen Eigenwerte pro Faktor ($\cong$ Komponente),[12] in der dritten
Spalte deren relative Bedeutung, also der Anteil erklärter Varianz, in der vierten
Spalte schließlich der kumulierte Anteil erklärter Varianz. Wir sehen, dass drei
Faktoren einen Eigenwert > 1 aufweisen, die zusammen 55,841% der Gesamtva-
rianz erklären, wobei der erste Faktor mit 31,012% hervorsticht.

Erklärte Gesamtvarianz

Komponente	Anfängliche Eigenwerte		
	Gesamtsumme	% der Varianz	Kumulativ %
1	3,101	31,012	31,012
2	1,291	12,905	43,917
3	1,192	11,923	55,841
4	,942	9,424	65,265
5	,762	7,615	72,880
6	,727	7,267	80,148
7	,588	5,877	86,024
8	,538	5,376	91,401
9	,444	4,435	95,836
10	,416	4,164	100,000

Extraktionsmethode: Analyse der Hauptkomponente.

Zusätzlich kann man die Eigenwerte der Faktoren als „Screeplot" ausgeben lassen
(s. folgende Seite). Er belegt, wie die durch den Eigenwert der Faktoren repräsen-
tierte Aussagekraft über die Varianz der Variablen bei den Restfaktoren abfällt.
Nur die ersten drei Faktoren heben sich (mehr oder minder) deutlich ab.

Um nun Einzelrestfaktoren aus der Berechnung zu eliminieren, müssen wir die
Diagonalelemente der Korrelationsmatrix, also die Autokorrelationen der sechs
Variablen mit sich selbst, die $r = 1$ betragen, durch die sog. Kommunalitäten ersetzen. Unter **Kommunalität** versteht man die Summe **aller** quadrierten (um
auch negative Korrelationen handhaben zu können) Faktorladungen für **eine** Variable. Die Berechnung der Kommunalitäten wird durch ein iteratives Verfahren
durchgeführt, das auf multiplen Korrelationskoeffizienten beruht. Der **multiple
Korrelationskoeffizient** ergibt sich aus der Korrelation **einer** Variablen mit **allen** anderen und stellt gleichzeitig die Untergrenze für den Bereich dar, in dem die
Kommunalität liegen kann. Dieses iterative Verfahren wird solange durchlaufen,
bis eine optimal reduzierte Korrelationsmatrix erreicht wird. Normalerweise ist
das nach einigen wenigen Durchläufen der Fall.

---

12 Die Summe der Eigenwerte addiert sich zur Anzahl der in die Faktorenanalyse einbezogenen Variablen, hier: $\Sigma = 10$.

Screeplot

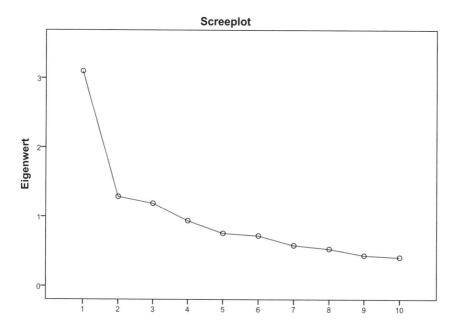

Wichtig für diesen Prozess ist die Frage, wie viele Faktoren sinnvollerweise extrahiert werden (sollen).

3. Schritt: Faktorenextraktion

Für die Anzahl der zu extrahierenden Faktoren stehen verschiedene Kriterien zur Verfügung. Eine wesentliche Prüfgröße stellt wieder der Eigenwert dar. Die datenreduzierende Funktion der Faktorenanalyse ist schon dann gewährleistet, wenn nur Faktoren interpretiert werden, die eine Streuung von mindestens 1 erklären und damit auch einen Eigenwert von > 1 aufweisen. Dieser Grenzwert kommt durch die z-Standardisierung der Variablen mit der Streuung 1 bei einem Mittelwert von 0 zustande. Ein Eigenwert < 1 heißt also, dass der Faktor weniger Varianz „erklärt" als das schon durch die entsprechenden Variablen selbst geschieht. Daher sollten nur solche Faktoren extrahiert werden, die einen Eigenwert > 1 aufweisen. Dieses Kriterium ist ein rein formales – es besagt nicht, dass die dann extrahierten Faktoren auch inhaltlich sinnvoll interpretierbar sind.

In vorliegendem Fall werden drei Faktoren errechnet und für sie eine Komponenten- oder Faktormatrix erstellt. In dieser Tabelle sind die Ladungen der Ursprungsvariablen auf den drei Faktoren, also die Korrelationen der Faktoren mit den Ursprungsvariablen angeführt.

Komponentenmatrix[a]

	Komponente		
	1	2	3
elternbild_3 KIND LEIDET BEI BERUFSTAETIGER MUTTER	-,727	,212	,075
elternbild_4 MANN GELD VERDIENEN,FRAU HAUSHALT+KINDER	-,694	,180	,350
elternbild_1 ERWERBSTAETIGE FRAU AUCH GUTE MUTTER	,683	,229	,382
elternbild_5 BERUFSTAETIGE MUTTER GUT FUER DAS KIND	,668	,086	-,059
elternbild_2 ELTERN VOLLZEIT ARBEITEN, HAUSHALT TEILEN	,555	,377	,251
elternbild_6 ELTERN TEILZEIT ARBEITEN, HAUSHALT TEILEN	,052	,696	-,408
elternbild_7 VOLL ARBEITENDER MANN SCHLECHTERER VATER	-,475	,546	-,126
elternbild_10 AUCH MANN KANN HAUSHALT+KIND UEBERNEHMEN	,368	,386	-,283
elternbild_8 BEIDE ELTERN ARBEITEN ABER HAUSHALT FRAU	-,481	,258	,562
elternbild_9 ERWERBSTAETIGER MANN AUCH GUTER VATER	,523	,117	,523

Ziel der Faktorenanalyse ist es, eine Ladungsmatrix mit einer sog. **Einfachstruktur** zu bekommen, d. h. dass jede Variable auf dem einen Faktor möglichst hoch, also nahe ± 1, lädt, und auf dem oder den anderen möglichst niedrig lädt, also nahe 0. Dieses Ergebnis wird bei einer einfachen Faktorenextraktion i. d. R. nicht erreicht – so auch im obigen Beispiel nicht –, sondern wir müssen erst noch eine **Faktorenrotation** durchführen, um dieser Einfachstruktur nahezukommen.

4. Schritt: Rotation der Faktoren

Schauen wir uns zur Erläuterung der Faktorenrotation nicht die hier erzielte dreidimensionale Faktorenlösung an, sondern begnügen uns der Einfachheit halber mit einer zweidimensionalen. Wenn man die Korrelationen der Variablen mit den zwei Faktoren in Form eines Plots aufzeichnet, ergeben die unrotierten Faktorladungen oftmals folgendes Bild:

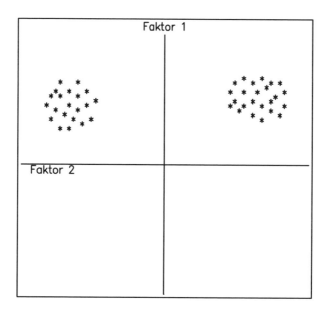

Abbildung 7.1: Unrotierte Faktorladungen (Schema)

Dieses Diagramm zeigt, dass – obwohl zwei deutlich voneinander getrennte Variablenbündel existieren, deren Faktorladungen die beiden Punktwolken darstellen – die betreffenden Variablen auf beiden Faktoren annähernd gleich (und niedrig) laden. Durch eine Rotation des Achsenkreuzes, das die Faktoren repräsentiert, nach links, können die beiden Achsen so gelegt werden, dass sie jeweils mitten durch eine Punktwolke verlaufen. Das erfreuliche Resultat ist, dass die entsprechenden Variablen dann auf dem einen Faktor sehr hoch laden und auf dem anderen Faktor sehr niedrig. Diese hier grafisch vorgenommene Rotation ist mathematisch sehr komplex (vor allem, wenn es sich um mehr als zwei Faktoren handelt) und kann mit verschiedenen Verfahren durchgeführt werden.

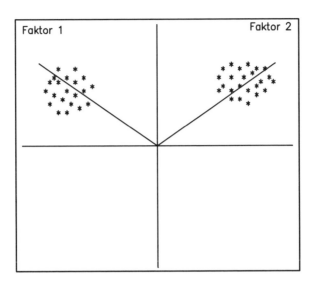

Abbildung 7.2: Rotierte Faktorladungen (Schema)

Das in unserem Fall verwendete – und in den meisten Fällen angemessene – Verfahren der **Varimax Rotation** ist ein analytisches Verfahren, bei dem die Faktoren so rotiert werden, dass sich die Varianz der quadrierten Ladungen pro Faktor maximiert. Dabei entfällt durch die Quadrierung das Vorzeichen der Ladungen, so dass sowohl hohe positive als auch hohe negative Ladungen zu einer Varianzerhöhung beitragen. Die Achsen werden nach diesem Kriterium also so rotiert, dass Ladungen mittlerer Größe entweder unbedeutender oder extremer ausfallen.

Es gibt auch andere Verfahren wie die **Oblique Rotation**, bei der im Gegensatz zu der Rechtwinkligkeit der Faktorenachsen zueinander auch schiefe Winkel zwischen ihnen bei der Optimierung der Einfachstruktur zulässig sind. Sie sind aber für andere Fragestellungen angebracht und werden hier nicht weiter behandelt (vgl. z. B. Bauer 1986). Im Allgemeinen kann man davon ausgehen, dass die Varimax Rotation am ehesten zu einer Faktorlösung führt, die Einfachstruktur aufweist. Auch ist wichtig, dass bei einer orthogonalen Rotation der Anteil der durch die Faktoren insgesamt erklärten Varianz nicht verändert wird; es ändern sich ausschließlich die relativen Anteile, die von den einzelnen Faktoren erklärt werden.

Im rechten Teil der nachfolgenden Tabelle sind die endgültigen Kommunalitäten angeführt und die Parameter der Faktoren wie Eigenwert und Prozentanteil der erklärten Gesamtvarianz ausgegeben.

Erklärte Gesamtvarianz

Komponente	Extrahierte Summen von quadrierten Ladungen			Rotierte Summen von quadrierten Ladungen		
	Gesamt	% der Varianz	Kumulierte %	Gesamt	% der Varianz	Kumulierte %
1	3,101	31,012	31,012	2,208	22,082	22,082
2	1,291	12,905	43,917	2,105	21,053	43,135
3	1,192	11,923	55,841	1,271	12,706	55,841

Extraktionsmethode: Analyse der Hauptkomponente.

5. Schritt: Faktoreninterpretation

Haben sich nun einige wenige Faktoren herauskristallisiert, so stellt sich das Problem ihrer Interpretation. Bei der explorativen Faktoranalyse ist die Interpretation der Faktoren häufig das schwächste Glied in der Kette von Arbeitsschritten, die anfallen: Man ist dabei weitgehend auf seine Intuition angewiesen. Wir formulieren, ausgehend von den faktorenanalytischen Ergebnissen, Hypothesen über Zusammenhangsstrukturen zwischen manifesten Variablen und latenten Faktoren, von denen wir nur vermuten können, dass sie den untersuchten Merkmalen zugrunde liegen. Daraus lässt sich folgern, dass die explorative Faktorenanalyse vor allem auch ein **heuristisches, hypothesengenerierendes** Verfahren ist (vgl. Bortz 2005: 618).

Die Basis der Interpretation bildet die **rotierte Faktorladungsmatrix**, aus der zu entnehmen ist, welcher Faktor mit welcher Variablen in welchem Ausmaß korreliert. In unserem Fall sieht die endgültige, nach der Stärke der Faktorladungen geordnete rotierte Faktormatrix so aus:[13]

---

13 Faktorladungen gelten bei einem Stichprobenumfang von n ≥ 100 dann als vernünftig interpretierbar, wenn sie folgende Bedingung erfüllen: FL ≥ 5.152 / $\sqrt{n-2}$ (vgl. Norman und Streiner (1994: 139)).

Rotierte Komponentenmatrix[a]

	Komponente		
	1	2	3
elternbild_4 MANN GELD VERDIENEN,FRAU HAUSHALT+KINDER	,772	-,191	-,071
elternbild_8 BEIDE ELTERN ARBEITEN ABER HAUSHALT FRAU	,768	,117	-,102
elternbild_3 KIND LEIDET BEI BERUFSTAETIGER MUTTER	,653	-,379	,097
elternbild_5 BERUFSTAETIGE MUTTER GUT FUER DAS KIND	-,483	,450	,144
elternbild_1 ERWERBSTAETIGE FRAU AUCH GUTE MUTTER	-,188	,793	,038
elternbild_9 ERWERBSTAETIGER MANN AUCH GUTER VATER	-,037	,734	-,142
elternbild_2 ELTERN VOLLZEIT ARBEITEN, HAUSHALT TEILEN	-,111	,671	,224
elternbild_6 ELTERN TEILZEIT ARBEITEN, HAUSHALT TEILEN	,008	,013	,808
elternbild_7 VOLL ARBEITENDER MANN SCHLECHTERER VATER	,489	-,220	,502
elternbild_10 AUCH MANN KANN HAUSHALT+KIND UEBERNEHMEN	-,273	,204	,499

Extraktionsmethode: Analyse der Hauptkomponente.
Rotationsmethode: Varimax mit Kaiser-Normalisierung.

a. Rotation konvergierte in 5 Iterationen.

Die Ergebnisse der Faktorenanalyse sind relativ eindeutig: Es werden drei trenn-
scharfe Faktoren extrahiert, die den Anforderungen an die gewünschte „Einfachstruktur" genügen; nicht eine einzige Variable weist bei allen drei Faktoren eine
hohe Ladung mit gleichem Vorzeichen auf. Zusammen erklären die drei Faktoren
über 55 Prozent der Varianz.

Eine inhaltliche Interpretation der drei Faktoren ist im vorliegenden Fall dennoch nicht ganz einfach und plausibel, werden doch in den Items die Aspekte Geschlechtszugehörigkeit, Berufstätigkeit, und zwar in Voll- oder Teilzeit, Hausarbeitsteilung und Kinderbetreuung zugleich angesprochen. Dennoch ein Interpretationsversuch: Der erste Faktor – elternbild_4, elternbild_8 und elternbild_3 sowie (mit negativem Vorzeichen) elternbild_5 – bezeichnet ein strikt traditionelles Elternbild, bei dem vorwiegend der Mann für die finanzielle Seite des Haushalts verantwortlich ist und die Frau den Haushalt und die Kinder versorgt. Der zweite Faktor – elternbild_1, elternbild_9 und elternbild_2 – kennzeichnet ein modernes Elternbild, bei dem die Eltern berufstätig und dennoch die Kinder gut versorgt sind. Den dritten Faktor schließlich – elternbild_6, elternbild_7 und elternbild_10 – charakterisiert ein Elternbild, bei dem die Rolle des (teilzeitarbeitenden) Mannes für Haushaltsführung und Kinderversorgung besonders positiv herausgestellt wird.

Das Ergebnis der Faktorenrotation kann auch durch einen Plot der Faktoren mit den rotierten Faktorladungen der einzelnen Variablen verdeutlicht werden.

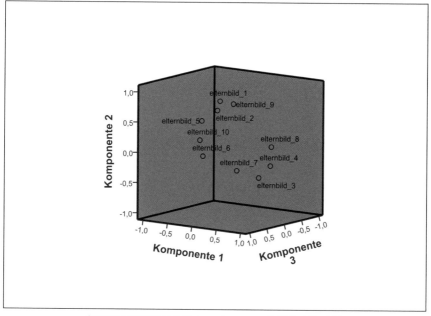

Analyse gewichtet nach Personenbezogenes Ost-West-Gewicht

Im vorliegenden Diagramm kann man allerdings eher erahnen als wirklich erkennen, dass nach der Rotation die drei Variablenbündel weitgehend in der Nähe der jeweiligen Faktorachse liegen und damit die Forderung nach Einfachstruktur erfüllt ist.

6. Schritt: Berechnen der Faktorwerte

Um mögliche Zusammenhänge zwischen den drei Faktoren und anderen Variablen wie Bildungsniveau, Lebensalter oder Konfession untersuchen zu können, kann für jede einzelne Untersuchungsperson ein spezifischer Wert pro Faktor berechnet werden. Diese Faktorwerte, die i. d. R. durch die multiple Regressionsrechnung ermittelt werden, repräsentieren die kumulierte und kombinierte Information der Quellvariablen je Befragungsperson. Sie können zur Testung von Hypothesen verwendet werden, wobei man aber berücksichtigen muss, dass sich diese Hypothesen nur auf die Faktoren, nicht aber zwangsläufig auf die eher intuitiven Interpretationen der Faktoren beziehen können – es sei denn, die Interpretation der Faktoren ist durch eigene Hypothesentests abgesichert.

Zum Abschluss dieses Abschnitts kommen wir noch einmal auf den „**Frauenrollenbild-Index**" zurück. Die Reliabilität hatten wir für die ihm unterliegenden Variablen bestimmt: Es fehlt nun noch die Überprüfung der formalen Validität. Folgendes Syntaxprogramm wird uns die erforderlichen Informationen beschaffen:

```
WEIGHT BY gewicht.
TEMPORARY.
RECODE frauenbild_1, frauenbild_5 (1=4)(2=3)(3=2)(4=1).
FACTOR
   /VARIABLES frauenbild_1 TO frauenbild_6
   /MISSING LISTWISE
   /ANALYSIS frauenbild_1 TO frauenbild_6
   /PRINT INITIAL KMO EXTRACTION ROTATION
   /FORMAT SORT
   /PLOT EIGEN ROTATION
   /CRITERIA MINEIGEN(1) ITERATE(25)
   /EXTRACTION PC
   /CRITERIA ITERATE(25)
   /ROTATION VARIMAX
   /METHOD=CORRELATION.
```

Das Ergebnis der Faktoranalyse bezüglich der Frage nach Eindimensionalität bzw. formaler Validität der sechs Variablen ist nicht ganz eindeutig: Die nachfolgende Tabelle zeigt zwar, dass zwei Komponenten einen Eigenwert > 1 aufweisen, was gegen die Annahme von Eindimensionalität der Skala spräche. Wir entscheiden uns dennoch für die Annahme der Eindimensionalität, weil einer der beiden extrahierten Faktoren lediglich einen Eigenwert $= 1,008$ aufweist, also das Eigenwertkriterium nur „minimalst" erfüllt.

Erklärte Gesamtvarianz

Komponente	Anfängliche Eigenwerte		
1	2,840	47,332	47,332
2	1,008	16,793	64,126
3	,705	11,758	75,884
4	,547	9,110	84,994
5	,514	8,565	93,559
6	,386	6,441	100,000

Extraktionsmethode: Analyse der
Hauptkomponente.

Wir postulieren demzufolge, dass die Varianz der sechs „Frauenbild"-Variablen *frauenbild_1* bis *frauenbild_6* auf einunddieselbe latente Komponente zurückgeführt werden kann.

Da Reliabilität und Eindimensionalität angenommen werden, steht demnach einer Indexbildung nichts mehr entgegen. Das folgende – temporär wirkende – Syntaxprogramm recodiert aus dem bekannten Grund – siehe S. 257 – zunächst die beiden gegensinnig gepolten Variablen *frauenbild_1* und *frauenbild_5* in die „richtige" Richtung. Der *COMPUTE*-Befehl berechnet den gewünschten Summenindex, wobei nur Personen berücksichtigt werden, die bei allen sechs Variablen gültige Werte aufweisen (*SUM.6*). Die Summe wird durch die Anzahl der Variablen dividiert, so dass die Spannweite des Indexes jener der Ursprungsvariablen entspricht (Minimum=1, Maximum=4).

```
WEIGHT BY gewicht.
TEMPORARY.
RECODE frauenbild_1, frauenbild_5 (1=4)(2=3)(3=2)(4=1).
COMPUTE frauenbild_idx=SUM.6(frauenbild_1 TO frauenbild_6)/6.
VARIABLE LABELS frauenbild_idx 'Frauenbild-Index'.
VALUE LABELS frauenbild_idx 1 'sehr traditionell' 4 'sehr modern'.
FREQUENCIES VARIABLES=frauenbild_idx
 /FORMAT=NOTABLE
 /HISTOGRAM=NORMAL
 /STATISTICS=DEFAULT.
```

Des Weiteren vergeben wir Variablen- und Wertbeschriftungen – letztere nur für die Randwerte – und lassen uns schließlich mittels *FREQUENCIES* die Häufigkeitsverteilung der neuen Variablen *frauenbild_idx* inkl. eines Histogramms mit

eingezeichneter Normalverteilung und den voreingestellten statistischen Kennwerten ausgeben. */FORMAT=NOTABLE* unterdrückt die Ausgabe der Häufigkeitstabelle.

Als Ergebnis bekommen wir eine rechtssteile Verteilung mit einem Mittelwert
von *m = 3,04* und einer Standardabweichung von *s = 0,63*. Eine große Mehrheit
der befragten Personen tendiert demnach zu einem „modernen" Rollenbild der
Frau in der Familie. Interessant wäre es z.B. zu überprüfen, ob, und wenn ja,
inwieweit sich das Lebensalter, die Konfession oder die schulische und berufliche Bildung auf die Varianz des so operationalisierten Rollenbildes der Frau in
unserer Gesellschaft auswirken.

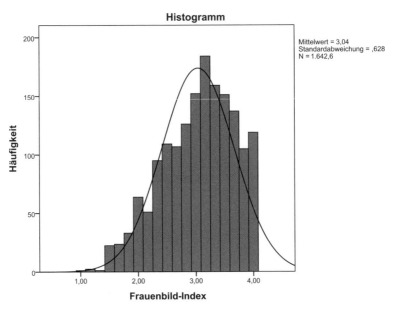

Fälle gewichtet nach Personenbezogenes Ost-West-Gewicht

Statistiken

frauenbild_idx Frauenbild-Index

N	Gültig	1643
	Fehlend	1837
Mittelwert		3,0387
Standardabweichung		,62845
Minimum		1,00
Maximum		4,00

7.2 Multivariate deskriptive und konfirmative Datenanalyse

Bezüglich der deskriptiven und konfirmativen Datenanalyse haben wir bisher in Kapitel 6.2 (vgl. S. 194 ff.) ausschließlich „Zwei-Variablen-Beziehungen" – sei es als Zusammenhangs-, sei es als Unterschiedsmodelle – beschrieben und auf statistische Signifikanz getestet. Solcherart bivariate Datenanalyse stößt in der Praxis empirischer Sozialforschung häufig an Grenzen: So mussten wir bisweilen darauf hinweisen, dass, weil bivariate Analysemodelle zuviel an „unerklärter Varianz" offenlassen, eigentlich multivariate Varianz- und Regressionsanalysen zur Beantwortung „mehrfaktorieller" Fragestellungen einzusetzen wären. Auch haben wir im Kontext der explorativen Datenanalyse sehen können, dass die simultane Betrachtung von drei und mehr Variablen – mittels multivariater Boxplots, Reliabilitäts- und Faktoranalysen – der komplexen Realität oft besser Rechnung trägt als eine bivariate oder gar univariate.

Wir wollen diesen Gesichtspunkt aufnehmen und unsere bisherigen Ansätze entsprechend erweitern. Im Folgenden gehen wir zunächst auf Drei-Variablen-Kontingenztabellen und Partialkorrelationen ein, anschließend auf die Grundlagen der multiplen linearen sowie der logistischen Regression. Wir denken, dass mit dem Fokus auf diese, in der praktischen Datenanalyse eine immens große Rolle spielende Verfahren, ein Grundstock an Wissen vermittelt werden kann, der es dem Leser ermöglichen sollte, andere statistische Modelle wie Diskriminanzanalyse oder Multidimensionale Skalierung sich selbst zu erschließen. Ohne das Studium weiterführender Literatur ist das allerdings nicht möglich.[14]

7.2.1 Drei-Variablen-Kontingenztabellen und Partialkorrelation

Wir beginnen bei der Darstellung multivariater deskriptiver und konfirmativer Verfahren mit der einfachsten Form, nämlich der **Drei-Variablen-Kontingenztabellenanalyse** bzw. der **Drei-Variablen-Partialkorrelation**.

Mehrfach haben wir uns bereits mit der Frage beschäftigt, ob die Höhe des allgemeinen Schulabschlusses die persönliche Einkommenshöhe beeinflusst, und zwar dergestalt, dass mit höherem Schulabschluss im Schnitt ein höheres Einkommen verbunden ist. Diesem Problem wollen wir uns noch einmal in Form einer Tabellenanalyse mit Hilfe von *CROSSTABS* zuwenden. Dabei fassen wir die Schulausbildung so zusammen, dass Personen mit Haupt- und Realschulab-

---

14 In jeder Hinsicht multivariater Datenanalyse äußerst hilfreich sind die Monografien von Tabachnick und Fidell (2007) und Field (2009). Unter den deutschsprachigen sind die Bände von Backhaus et al. (2011a;b) zu empfehlen. In allen genannten Büchern werden viele multivariate Verfahren zusammen mit ihren Voraussetzungen und Grenzen vorgestellt sowie die datenanalytischen Ergebnisse anhand von Computerausdrucken erläutert. Unbedingt zu erwähnen ist auch das Handbuch von Wolf und Best (2010), das einen nicht nur in der Breite schwer zu überbietenden Überblick auf den aktuellen Stand der sozialwissenschaftlichen Datenanalyse verschafft.

schluss die eine, Befragte mit Fachhoch- und Hochschulreife die andere Gruppe bilden, wozu ja die Ergebnisse der Varianzanalyse von S. 242 f. raten lassen. Und für die Betrachtung des Einkommens teilen wir die Population am Median in zwei Einkommensklassen. Befragte mit keinem Einkommen und „Ausreißer" mit Einkommen über € 10.000 werden als fehlende Werte definiert.

```
WEIGHT BY gewicht.
TEMPORARY.
MISSING VALUES eink_p1 (0, 10000 THRU HIGHEST).
RECODE schulabschluss (1,6,7=9)(2,3=1)(4,5=2)
  /eink_p1 (1 THRU 1300=1)(1300 THRU 9300=2).
VALUE LABELS schulabschluss 1 'HS + RS' 2 'FHS + Abi'
  /eink_p1 1 '1-1300' 2 '1301-9300'.
CROSSTABS TABLES=eink_p1 BY schulabschluss
  /CELLS=COUNT COLUMN
  /STATISTICS=CHISQ PHI BTAU.
```

Gut zu erkennen ist an der dadurch erzeugten Tabelle, dass Personen mit Fachhoch- und Hochschulreife unterproportional häufig ein geringes und überproportional häufig ein hohes Einkommen beziehen. Für die Personen mit Haupt- und Realschul-Abschluss trifft das Gegenteil zu: Sie beziehen überproportional häufig ein geringes und unterproportional häufig ein hohes Einkommen. Als statistische Kennwerte für diesen Zusammenhang ergeben sich $\chi^2 = 77{,}16$, p $< .001$, $\Phi = .18$ und $\tau_b = +.18$. Es handelt sich demzufolge also um einen zwar statistisch höchst signifikanten, dennoch nur sehr gering ausgeprägten Zusammenhang zwischen Schulabschluss und persönlichem Einkommen.

Kreuztabelle eink_p1 BEFR.: NETTOEINKOMMEN, OFFENE ABFRAGE*schulabschluss ALLGEMEINER SCHULABSCHLUSS

			schulabschluss ALLGEMEINER SCHULABSCHLUSS		Gesamtsu mme
			1 HS + RS	2 FHS + Abi	
eink_p1 BEFR.: NETTOEINKOMMEN, OFFENE ABFRAGE	1 1-1300	Anzahl	978	296	1274
		% in schulabschluss ALLGEMEINER SCHULABSCHLUSS	57,6%	38,5%	51,7%
	2 1301-9300	Anzahl	719	472	1191
		% in schulabschluss ALLGEMEINER SCHULABSCHLUSS	42,4%	61,5%	48,3%
Gesamtsumme		Anzahl	1697	768	2465
		% in schulabschluss ALLGEMEINER SCHULABSCHLUSS	100,0%	100,0%	100,0%

Diesen Zusammenhang könnte man wie folgt visualisieren:

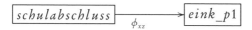

Andererseits haben wir beobachtet, dass die Höhe des monatlichen persönlichen Nettoeinkommens auch mit der Geschlechtszugehörigkeit zu tun hat: Frauen beziehen im Schnitt ein statistisch höchst signifikant geringeres Einkommen als Männer. Wäre es demzufolge nicht angebracht, die postulierte und oben formal dargestellte (monokausale) bivariate Beziehung zwischen Schulabschluss (x-Variable) und persönlichem Einkommen (y-Variable) durch Einbezug (zumindest) einer weiteren Variablen, der Dritt-Variablen *sex_b* (z-Variable), zu ergänzen und zu überprüfen?

In diesem Kontext stellen sich vor allem zwei Fragen:

1. Handelt es sich bei diesem bivariaten kausalen Zusammenhang – oder Unterschied – von Schulabschluss und Einkommen vielleicht um eine **Scheinkorrelation**? Ist es nicht vielmehr so, dass weibliche Befragte traditionell im Schnitt eine schlechtere Schulbildung durchlaufen als männliche und sich das niedrigere Einkommen demzufolge dadurch erklären ließe? Läge eine Scheinkorrelation vor, „verschwände" demzufolge die (bereits geringe) Kontingenz ($\Phi_{yx} = .18$) zwischen *schule* und *eink_p1* vollends, wenn wir die Geschlechtszugehörigkeit der Befragten berücksichtigten und „konstant hielten" – $\Phi_{yx \cdot z} \approx 0$:

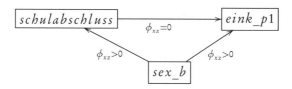

2. Und wenn es sich nicht um eine Scheinkorrelation handelt: Muss man die z-Variable *sex_b* nicht vielleicht zumindest als **intervenierende** Variable betrachten?[15] D. h.: Wenn man den Zusammenhang zwischen Schulabschluss und persönlichem Nettoeinkommen betrachtet, kann man prognostizieren, dass es einen Unterschied macht, ob die Befragten männlich oder weiblich sind?

---

15 Bryman und Cramer (1990: 218 ff.) behandeln neben den vorgestellten „spurious correlations" und „intervening variables" zusätzlich „moderated relationships" sowie „multiple causation" als mögliche Dritt-Variablen-Effekte.

Zur Beantwortung dieser Fragestellungen verändern wir das auf S. 278 vorgestellte Syntaxprogramm an einem einzigen Punkt: Wir ergänzen die Befehlszeile

```
CROSSTABS TABLES=eink_p1 BY schulabschluss
```

durch *BY sex_b*:

```
CROSSTABS TABLES=eink_p1 BY schulabschluss BY sex_b
```

Damit wird die Geschlechtszugehörigkeit als Dritt- oder Kontroll- oder Mediatorvariable in unser Modell eingeführt.

Wir verzichten auf die Wiedergabe der neu berechneten Tabelle und beschränken uns auf die Darstellung der sich ergebenden statistischen Kennwerte für die entsprechenden Zusammenhänge zwischen den drei Variablen:

Unabhängige Variable	Abhängige Variable	Drittvariable		Signifikanz	Φ	τ
schulabschluss	*eink_p1*			< .001	.177	+.177
schulabschluss	*eink_p1*	*sex_b*	*m*	< .001	.115	+.115
schulabschluss	*eink_p1*	*sex_b*	*w*	< .001	.282	+.282

Die Werte zeigen, dass wir es nicht mit einer Scheinkorrelation zu tun haben: Bei „Konstanthaltung" der Geschlechtszugehörigkeit tritt das dafür erforderliche Ergebnis $\Phi_{yx\cdot z} = 0$ nicht ein. Hingegen ist offensichtlich ein **intervenierender Einfluss** der Geschlechtszugehörigkeit bemerkbar: Während der Koeffizient für die Beziehung zwischen Schulabschluss und persönlichem Einkommen bei männlichen Befragten sich deutlich verringert ($\Phi_{yx;m} = .115$), nimmt der Koeffizient für weibliche Befragte zu ($\Phi_{yx;w} = .282$). Stärke und Vorzeichen von τ deuten daraufhin, dass sich für Männer ein höherer Schulabschluss kaum auf die Höhe des Einkommens auswirkt, während Frauen von einem höheren Schulabschluss durchaus profitieren: Bei Frauen ist demzufolge ein kausaler Einfluss der Schulbildung auf die Einkommenshöhe nachzuweisen, bei Männern nicht.[16]

sex_b	*eink_p1*		$p = {<}.001$	$\Phi = .338$	$\tau = -.338$
sex_b	*eink_p1*	*schulabschluss*↓	<.001	.395	-.395
sex_b	*eink_p1*	*schulabschluss*↑	<.001	.237	-.237

16 Im Übrigen wird dieses Ergebnis untermauert, wenn man die bivariate Beziehung zwischen *sex_b* und *eink_p1* kontrolliert durch die Drittvariable *schulabschluss*.

Hier zeigt sich, dass die Einkommensdifferenzen zwischen Männern und Frauen bei niedrigerem Schulabschluss deutlich stärker ausgeprägt sind als im Fall eines höheren Schulabschlusses.

Die Drei-Variablenanalyse ist nicht nur als Kontingenztabellenanalyse, sondern auch als Korrelationsanalyse durchführbar. In diesem Zusammenhang spricht man von **Partialkorrelation**.

PARTIAL CORR eliminiert den Einfluss einer oder mehrerer Kontrollvariablen auf die Korrelation zwischen einer unabhängigen und einer abhängigen Variablen. Vorausgesetzt wird metrisches oder ordinales Skalenniveau, annähernde Normalverteilung und eine lineare Beziehung zwischen den unabhängigen und abhängigen Variablen. Die Prozedur erlaubt es, außer den Partialkorrelationskoeffizienten die Irrtumswahrscheinlichkeit, deskriptive Kennwerte sowie einfache Korrelationskoeffizienten auszugeben.

Die Befehlssyntax für die Statistikprozedur *PARTIAL CORR* ist hier zu finden:

►Hilfe ►Befehlssyntaxreferenz (Command Syntax Reference) ►PARTIAL CORR

Als **Partial-Korrelationskoeffizienten** kommen Φ bei (dichotomen) nominalen, Kendall's τ bei ordinalen und Pearson's r bei metrischen Variablen in Betracht.[17] Die Logik der Partialkorrelationsanalyse entspricht dabei völlig der Tabellenanalyse.

PARTIAL CORR kann nur numerische Variablen verarbeiten. Daher muss die alphanumerische Variable *sex_b* in eine numerische recodiert werden. Die gesamte Befehlssyntax für die Berechnung des Partialkorrelationskoeffizienten für obiges Beispiel sieht wie folgt aus:

```
WEIGHT BY gewicht.
TEMPORARY.
MISSING VALUES eink_p1 (0, 10000 THRU HIGHEST).
RECODE schulabschluss (1,6,7=9)(2,3=1)(4,5=2)
 /eink_p1 (1 THRU 1300=1)(1300 THRU 9300=2)
 /sex_b ('m'=1)('w'=2)('-'=9) INTO sex_bnum.
VARIABLE LABELS sex_bnum 'Geschlechtszugehörigkeit, numerisch'.
VALUE LABELS schulabschluss 1 'HS + RS' 2 'FHS + Abi'
 /eink_p1 1 '1-1300' 2 '1301-9300'
 /sex_bnum 1 'männlich' 2 'weiblich'.
```

---

17 Im Fall dichotomer Variablen sind die drei genannten Koeffizienten gleich. Außerdem können der tetrachorische, der biseriale und der punktbiseriale Korrelationskoeffizient partialisiert werden (vgl. Graff 1989).

```
PARTIAL CORR
  /VARIABLES=schulabschluss eink_p1 BY sex_bnum
  /SIGNIFICANCE=TWOTAIL.
```

Die partielle Korrelation wird mit dem Befehl *PARTIAL CORR* angestoßen. Die Partialvariable *sex_bnum*, deren Einfluss ausgeschaltet, sprich: „partialisiert" werden soll, wird im Unterbefehl */VARIABLES* durch das Schlüsselwort *BY* bezeichnet. */SIGNIFICANCE=TWOTAIL* bewirkt einen zweiseitigen, also ungerichteten Signfikanztest.

Als Ausgabe erscheint eine quadratische Matrix, die sich in der Hauptdiagonalen spiegelt.

Korrelationen

Kontrollvariablen			schulabschluss ALLGEMEINER SCHULABSCHLUSS	eink_p1 BEFR.: NETTOEINKO MMEN, OFFENE ABFRAGE
sex_bnum Geschlechtszugehörige it, numerisch	schulabschluss ALLGEMEINER SCHULABSCHLUSS	Korrelation	1,000	,195
		Signifikanz (2-seitig)	.	,000
		df	0	2463
	eink_p1 BEFR.: NETTOEINKOMMEN, OFFENE ABFRAGE	Korrelation	,195	1,000
		Signifikanz (2-seitig)	,000	.
		df	2463	0

Die Berechnung des Partialkorrelationskoeffizienten für das Beispiel mit den dichotomisierten Variablen *schulabschluss* und *eink_p1* unter Kontrolle von *sex_bnum* ergibt den Wert $\Phi_{yx \cdot z} = .195$. Verglichen mit $\Phi_{yx} = .177$ für die Korrelation zwischen *schulabschluss* und *eink_p1* belegt auch die Partialisierung nur einen geringen Effekt der Geschlechtszugehörigkeit.

7.2.2 Multiple lineare Regressionsanalyse

Zur Einführung in die multiple lineare Regression greifen wir auf das Beispiel des in Kapitel 6.2.2.2 analysierten Zusammenhangs zwischen der Höhe des persönlichen und des Haushaltseinkommens zurück und erweitern das Analysemodell um die unabhängigen Variablen Personen im Haushalt (*haushaltsgroesse*) und Erhebungsgebiet (*west_ost*). Die dieser Erweiterung zugrunde liegende Annahmen sind einerseits, dass mit zunehmender Anzahl von Personen im Haushalt tendenziell auch das gemeinsame Einkommen zunimmt, und andererseits, dass die im Westen lebenden Befragten noch immer im Schnitt ein höheres Einkommen beziehen als die im Osten lebenden. Das folgende Syntaxprogramm erzeugt die gewünschte Regression:

```
WEIGHT OFF.
TEMPORARY.
MISSING VALUES eink_p1 eink_hh1 (0, 10000 THRU HIGHEST).
RECODE   west_ost (1=1)(2=0).
VALUE LABELS west_ost 1 "westdeutsch" 0 "ostdeutsch".
REGRESSION
  /DESCRIPTIVES MEAN STDDEV CORR SIG N
  /STATISTICS COEFF OUTS R ANOVA COLLIN TOL
  /CRITERIA=PIN(.05) POUT(.10)
  /DEPENDENT eink_hh1
  /METHOD=ENTER eink_p1 haushaltsgroesse west_ost.
```

Da wir Vergleiche zwischen Ost- und Westdeutschland anstellen wollen, muss die Gewichtung des Datensatzes ausgeschaltet werden (*WEIGHT OFF*). Beim persönlichen wie beim Haushaltsnettoeinkommen eliminieren wir temporär (*TEMPORARY*) alle Fälle aus dem Datensatz, die entweder über keinerlei Einkommen oder über ein Einkommen von 10.000 und mehr € verfügen. Dichotome Variablen wie das Erhebungsgebiet (*west_ost*) werden in der Regressionsanalyse üblicherweise als binär codierte Variablen verwendet, daher die Umcodierung.[18]

Den SPSS-Befehl zur Durchführung der linearen Regression kennen wir im Übrigen bereits aus Kapitel 6.2.2.2. Er wird hier allerdings bei */STATISTICS* erweitert um die Schlüsselwörter *COLLIN* und *TOL*, wodurch die Durchführung einer Kollinearitätsanalyse angestoßen wird, und er wird ergänzt durch die Einbeziehung der zusätzlichen Regressoren *haushaltsgroesse* und *west_ost*.

Zuerst erstellen wir eine Tabelle mit „Deskriptiven Statistiken", in der Mittelwerte, Standardabweichungen und Anzahl der Fälle für die drei Prädiktoren und die Kriteriumsvariable zu finden sind. Vom Mittelwert $\bar{x} = 0{,}67$ bei der dichotomen Variable *west_ost* können wir ablesen, dass 67 Prozent der Befragten in Westdeutschland leben.

---

18 In der Regel codiert man jene Kategorie als '1', von der man annimmt, dass sie einen positiven Effekt auf die Höhe der abhängigen Variablen hat, im vorliegenden Fall also die Kategorie 'westdeutsch': Diese Vorgehensweise bewirkt, dass der Regressionskoeffizient *b* ein positives Vorzeichen haben wird.

Deskriptive Statistiken

	Mittelwert	Standardabwei chung	H
eink_hh1 HAUSHALTSNETTOEINK OMMEN: OFFENE ABFRAGE	2474,64	1421,491	2274
eink_p1 BEFR.: NETTOEINKOMMEN, OFFENE ABFRAGE	1461,15	985,152	2274
haushaltsgroesse ANZAHL DER HAUSHALTSPERSONEN	2,31	1,177	2274
west_ost ERHEBUNGSGEBIET <WOHNGEBIET>: WEST - OST	,67	,470	2274

Danach folgt eine – hier nur ausschnittsweise wiedergegebene – Tabelle mit den Interkorrelationskoeffizienten r aller Variablen.[19] Gut ist zu erkennen, dass alle Prädiktoren mit dem Kriterium relativ hoch korrelieren, während sie untereinander nur schwach korrelieren – ein erster Hinweis darauf, dass sie doch recht unabhängig voneinander variieren. Alle Korrelationskoeffizienten haben ein positives Vorzeichen. Für alle Korrelationen gilt Sig. < .001.

Korrelationen

	eink_hh1 HAUSHALTSN ETTOEINKOM MEN: OFFENE ABFRAGE	eink_p1 BEFR.: NETTOEINKO MMEN, OFFENE ABFRAGE	haushaltsgroes se ANZAHL DER HAUSHALTSP ERSONEN	west_ost ERHEBUNGSG EBIET <WOHNGEBIE T>: WEST - OST
Pearson-Korrelation	1,000	,634	,467	,206
	,634	1,000	,077	,216
	,467	,077	1,000	,092
	,206	,216	,092	1,000

Die „Modellübersicht" gibt zunächst den multiplen Korrelationskoeffizienten R wieder, der Werte zwischen 0 und 1 annehmen kann. In unserem Fall beträgt R = .761.

Wie gehabt, drückt der **Determinationskoeffizient** R^2 den Anteil der durch jetzt drei Prädiktoren „erklärten" Varianz des Haushaltseinkommens aus. Im Bei-

---

19 Nicht wiedergegeben sind die Signifikanzwerte der einzelnen Interkorrelationen und die Anzahl der Fälle.

spiel ist $R^2 = .579$, adjustiert $R^2 = .578$.[20] D. h., 57,8% der Variabilität des Haushaltsnettoeinkommens lassen sich auf die Einwirkung der drei Prädiktoren zurückführen, 42,2% bleiben weiterhin „unerklärt", werden also durch andere Faktoren bestimmt.

Modellübersicht

Modell	R	R-Quadrat	Angepasstes R-Quadrat	Standardfehler der Schätzung
1	,761	,579	,578	923,287

Gemäß der „ANOVA"-Tabelle können wir von einer statistisch höchst signifikanten Varianzausschöpfung unseres Regressionsmodells ausgehen (Sig. < .001). Die in unserer Stichprobe erhaltenen Ergebnisse sind demzufolge mit großer Sicherheit auf die Grundgesamtheit übertragbar.

ANOVA

Modell		Quadratsumme	df	Mittel der Quadrate	F	Sig.
1	Regression	2657828779,7	3	885942926,6	1039,280	,000
	Residuum	1935080962,1	2270	852458,574		
	Gesamtsumme	4592909741,8	2273			

Anhand der „Koeffizienten"-Ausgabe auf der folgenden Seite können wir zunächst die multiple Regressionsgleichung bestimmen: Sie lautet bekanntlich allgemein

$$Y = b_0 + b_1 X_1 + b_2 X_2 + \cdots + b_n X_n + e \tag{7.1}$$

und hier speziell für die Regression des Haushaltsnettoeinkommens auf das persönliche Nettoeinkommen sowie die Haushaltsgröße und das Erhebungsgebiet

$$eink\_hh1 = -22,01 + 0,855 \cdot eink\_p1 + 503,826 \cdot haushaltsgroesse + 120,770 \cdot west\_ost \tag{7.2}$$

Für einen westdeutschen Einpersonenhaushalt mit einem persönlichen Nettoeinkommen von € 1.000 können wir demzufolge ein Haushaltsnettoeinkommen von € 1.479,60 schätzen:

---

20 Da der Determinantionskoeffizient R^2 mit zunehmender Zahl an Prädiktoren größer wird, und zwar unabhängig davon, ob diese weiteren Prädiktoren die Erklärungskraft des Regressionsmodells tatsächlich erhöhen oder nicht, wird in der multiplen Regression immer das adjustierte R^2 interpretiert, das die Anzahl der Prädiktoren berücksichtigt.

$$eink\_hh1 = -22,01 + 0,855 \cdot 1.000 + 503,826 \cdot 1 + 120,770 \cdot 1 = 1.479,60 \quad (7.3)$$

Koeffizienten[a]

Modell		B	Standardfehler	Beta	t	Sig.	Toleranz	VIF
		Nicht standardisierte Koeffizienten		Standardisierte Koeffizienten			Kollinearitätsstatistik	
1	(Konstante)	-22,010	53,501		-,411	,681		
	eink_p1 BEFR.: NETTOEINKOMMEN, OFFENE ABFRAGE	,855	,020	,593	42,412	,000	,950	1,05
	haushaltsgroesse ANZAHL DER HAUSHALTSPERSONEN	503,826	16,550	,417	30,443	,000	,988	1,01
	west_ost ERHEBUNGSGEBIET <WOHNGEBIET>: WEST - OST	120,770	42,317	,040	2,854	,004	,948	1,06

a. Abhängige Variable: eink_hh1 HAUSHALTSNETTOEINKOMMEN: OFFENE ABFRAGE

Außer zur empirischen Schätzung der Regressionsgleichung werden die nicht standardisierten B-Koeffizienten wegen der (meist) unterschiedlichen Rechenbasen der Prädiktoren eigentlich nur im Hinblick auf ihr Vorzeichen interpretiert: Im vorliegenden Beispiel existiert also jeweils ein positiver Zusammenhang zwischen der Haushaltsgröße sowie dem persönlichen Nettoeinkommen auf der einen und dem Haushaltsnettoeinkommen auf der anderen Seite. Bei einem binär codierten Prädiktor wie unserem Erhebungsgebiet ist die Interpretation des Vorzeichens des B-Koeffozienten jedoch recht unergiebig, hängt es doch ausschließlich davon ab, ob wir die Ost- oder die Westdeutschen bei der Variablen *west_ost* mit '1' oder mit '0' codiert haben.

Im Vergleich zur bivariaten, einfachen linearen Regression macht bei der multiplen OLS-Regression auch die Interpretation der (standardisierten) *Beta*-Koeffizienten Sinn: Sie zeigen die Einflussstärke der verschiedenen im Regressionsmodell enthaltenen Prädiktoren an. Im vorliegenden Fall kommt dem persönlichen Nettoeinkommen der stärkste Effekt zu, gefolgt von der Haushaltsgröße. Das Erhebungsgebiet hat nur einen marginalen Einfluss: Ein *Beta = 0,040* deutet daraufhin, dass der Umfang der Effektstärke des Erhebungsgebietes relativ nur ein Zehntel der Effektstärke der Haushaltsgröße und ein Fünfzehntel der Effektstärke des persönlichen Nettoeinkommens ausmacht.

Des Weiteren gibt uns die Koeffiziententabelle Auskunft über das etwaige Vorliegen von Multikollinearität. Unter „Multikollinearität" wird eine starke Korrelation zwischen zwei oder mehreren Prädiktoren verstanden. Sie bewirkt, dass die Schätzung der Regressionskoeffizienten und ihre Interpretation nur instabil vorgenommen werden kann und zu ungenauen Ergebnissen führt. Die Kollinearitätsstatistiken *Toleranz* und *VIF*[21] geben in unserem Fall keinen Anlass, eine lineare Abhängigkeit zwischen Prädiktoren befürchten zu müssen: Sie läge dann vor, wenn *Toleranz* $< 0,200$ und *VIF* $> 5,00$. Unter unseren drei Prädiktoren kommt keine diesen kritischen Grenzwerten auch nur ansatzweise nahe.

Abschließend einige Bemerkungen zur **schrittweisen OLS-Regression**. Sie wird häufig dann angewendet, wenn es theoretisch relativ unklar ist, welche Prädiktoren denn tatsächlich zur Varianzaufklärung im Hinblick auf das Kriterium geeignet sind. Das schrittweise Vorgehen ermöglicht es aber auch darüber hinaus abzuschätzen, wie es mit dem Zugewinn an Erklärungskraft mit der Einbeziehung jedes weiteren Prädiktors steht: Man möchte sich ja ein sparsames und kein aufgeblähtes Modell von der Wirklichkeit machen.

Wir machen es uns einfach und ersetzen für das Beispiel einer schrittweisen OLS-Regression im zuletzt verwendeten Syntaxprogramm den Unterbefehl */ME-THOD=ENTER* schlicht durch */METHOD=STEPWISE*:

```
...

/METHOD=STEPWISE eink_p1 haushaltsgroesse west_ost.
```

Dadurch wird eine schrittweise OLS-Regression angestoßen. Jener Prädiktor, der den höchsten F-Wert aufweist, demzufolge „am signifikantesten" zur Erklärung des Kriteriums beiträgt, wird im ersten Schritt in das Modell aufgenommen. Im zweiten Schritt wird die signifikanteste unter den verbliebenen unabhängigen Variablen hinzugefügt etc. Dieser Prozess wird solange fortgesetzt, bis entweder alle Prädiktoren ebenfalls in das Modell aufgenommen sind oder nur noch unabhängige Variablen vorhanden sind, die keinen signifikanten Beitrag zur Erklärung des Kriteriums zu leisten vermögen (*PIN* $> .05$).[22]

Das nachfolgend – nur auszugsweise – wiedergegebene Beispiel zeigt das Ergebnis der schrittweisen Regression. Die erste Tabelle beinhaltet dabei die Ausgangslage und gibt eine Übersicht auf die vorliegenden unabhängigen Variablen. Beim Blick auf die „eingegebenen Variablen" können wir erkennen, dass alle Prädiktoren das Kriterium *PIN* $<= .05$ erfüllen. Im ersten Schritt wird die Variable *eink_p1* in die Regressionsanalyse einbezogen, im zweiten Schritt zusätzlich

---

21 *VIF* steht für „Varianz-Inflations-Faktor".
22 PIN steht für engl.: „Probability of F-to-enter", deutsch: „Wahrscheinlichkeit von F-Wert für Aufnahme" eines Prädiktors in die schrittweise Regression (voreingestellt ist *PIN* $<=.05$). POUT steht für engl.: „Probability of F-to-remove", deutsch: „Wahrscheinlichkeit von F-Wert für Ausschluss" eines Prädiktors aus der schrittweisen Regression (voreingestellt ist *POUT* $>= .10$).

die *haushaltsgroesse* und im dritten Schritt schließlich auch das Erhebungsgebiet *west_ost*.

Eingegebene/Entfernte Variablen[a]

Modell	Eingegebene Variablen	Entfernte Variablen	Methode
1	eink_p1 BEFR.: NETTOEINK OMMEN, OFFENE ABFRAGE	.	Schrittweise (Kriterien: Wahrscheinlichkeit von F-Wert für Aufnahme <= ,050, Wahrscheinlichkeit von F-Wert für Ausschluss >= ,100).
2	haushaltsgroe sse ANZAHL DER HAUSHALTS PERSONEN	.	Schrittweise (Kriterien: Wahrscheinlichkeit von F-Wert für Aufnahme <= ,050, Wahrscheinlichkeit von F-Wert für Ausschluss >= ,100).
3	west_ost ERHEBUNGS GEBIET <WOHNGEBI ET>: WEST - OST	.	Schrittweise (Kriterien: Wahrscheinlichkeit von F-Wert für Aufnahme <= ,050, Wahrscheinlichkeit von F-Wert für Ausschluss >= ,100).

a. Abhängige Variable: eink_hh1 HAUSHALTSNETTOEINKOMMEN: OFFENE ABFRAGE

Die Modellübersichtstabelle zeigt die jeweils schrittweise zunehmenden **multiplen Korrelationskoeffizienten** R und – adjustierten – **Determinationskoeffizienten** R^2 sowie die abnehmenden Standardfehler der Schätzung. Wir können der Tabelle entnehmen, dass im ersten Schritt – Einbeziehung des persönlichen Nettoeinkommens in die Schätzung – eine Erklärungskraft von $R^2_{angepasst}$ = .401 erreicht wird, die im zweiten Schritt – Einbeziehung der Haushaltsgröße – um 0,176 auf $R^2_{angepasst}$ = .577 steigt. Im dritten Schritt – Einbeziehung des Erhebungsgebietes – wird nur noch ein marginaler Zuwachs von 0,001 auf $R^2_{angepasst}$ = .578 erzielt: Ein guter Hinweis darauf, dass dieser Prädiktor unser Regressionsmodell eigentlich unnütz aufbläht und wir auf ihn verzichten könnten bzw. sollten. Die geringe Abnahme des Standardfehlers der Schätzung beim dritten Schritt untermauert die Sinnhaftigkeit einer solchen Entscheidung.

Modellübersicht

Modell	R	R-Quadrat	Angepasstes R-Quadrat	Standardfehler der Schätzung
1	,634[a]	,402	,401	1099,831
2	,760[b]	,577	,577	924,738
3	,761[c]	,579	,578	923,287

a. Prädiktoren: (Konstante), eink_p1 BEFR.: NETTOEINKOMMEN, OFFENE ABFRAGE

b. Prädiktoren: (Konstante), eink_p1 BEFR.: NETTOEINKOMMEN, OFFENE ABFRAGE, haushaltsgroesse ANZAHL DER HAUSHALTSPERSONEN

c. Prädiktoren: (Konstante), eink_p1 BEFR.: NETTOEINKOMMEN, OFFENE ABFRAGE, haushaltsgroesse ANZAHL DER HAUSHALTSPERSONEN, west_ost ERHEBUNGSGEBIET <WOHNGEBIET>: WEST - OST

Auch der abschließende Blick auf die Koeffizienten-Tabelle der schrittweisen OLS-Regression spricht für eine zwei-Prädiktoren-Lösung.

Koeffizienten[a]

Modell		Nicht standardisierte Koeffizienten		Standardisierte Koeffizienten			Kollinearitätsstatistik	
		B	Standardfehler	Beta	t	Sig.	Toleranz	VIF
1	(Konstante)	1138,523	41,263		27,6	,000		
	eink_p1 BEFR.: NETTOEINKOMMEN, OFFENE ABFRAGE	,914	,023	,634	39,1	,000	1,000	1,00
2	(Konstante)	32,886	50,002		,658	,511		
	eink_p1 BEFR.: NETTOEINKOMMEN, OFFENE ABFRAGE	,867	,020	,601	43,9	,000	,994	1,01
	haushaltsgroesse ANZAHL DER HAUSHALTSPERSONEN	507,457	16,527	,420	30,7	,000	,994	1,01
3	(Konstante)	-22,010	53,501		-,41	,681		
	eink_p1 BEFR.: NETTOEINKOMMEN, OFFENE ABFRAGE	,855	,020	,593	42,4	,000	,950	1,05
	haushaltsgroesse ANZAHL DER HAUSHALTSPERSONEN	503,826	16,550	,417	30,4	,000	,988	1,01
	west_ost ERHEBUNGSGEBIET <WOHNGEBIET>: WEST - OST	120,770	42,317	,040	2,85	,004	,948	1,06

a. Abhängige Variable: eink_hh1 HAUSHALTSNETTOEINKOMMEN: OFFENE ABFRAGE

Wir erkennen das anhand mehrerer Kriterien: Im 2-Schritt-Modell sind sowohl die *Beta*-Koeffizienten als auch die *t*-Werte und die *Toleranzen* am größten, *VIF*

hingegen am kleinsten. Außerdem hätten wir im 2-Variablen-Modell ausschließlich statistisch höchst signifikante Ergebnisse vorliegen – was aber nicht als Rat
missverstanden werden soll, eine hohe statistische Signifikanz etwa zum entschei-
denden Argument für die Aufnahme eines Prädiktors in das Regressionsmodell
zu machen.

7.2.3 Logistische Regression und die Statistikprozedur LOGISTIC REGRESSION

Die logistische Regression eignet sich dazu, eine Vorhersage auf die wahrschein-
liche Ausprägung einer nominalen, kategorialen Variablen in Abhängigkeit von
mehreren unabhängigen Variablen zu treffen. Ähnliches will auch eine „norma-
le" multiple OLS-Regression. Im Gegensatz zur OLS-Regressionsanalyse müssen
bei der logistischen Regression die unabhängigen Variablen jedoch nicht metrisch
(und annähernd normal verteilt) sein oder in Form von Dummyvariablen vorliegen, sondern sie können verschiedene Skalenniveaus aufweisen: metrisch (diskret
oder stetig), ordinal, nominal, dichotom oder eine beliebige Mischung aus allen.
Auch spielen Fragen von Linearität eine geringere und Varianzhomogenität keine
Rolle.

Liegt die kategoriale abhängige Variable dichotom und mit '0' und '1' codiert
vor, spricht man von binärer logistischer, liegt sie polynom vor, spricht man von
multinomialer logistischer Regression.[23] Wir beschränken uns hier auf den bi-
nären Fall.

Grundsätzlich wird aufgrund der Kenntnis der Verteilung der involvierten Variablen für die Untersuchungspopulation die Stärke des Einflusses der unabhängigen auf die abhängige Variable berechnet. Das sich daraus ergebende Modell kann
dann auch auf Individuen angewandt werden, deren Werte der unabhängigen Variablen zwar bekannt sind, nicht aber die Werte der abhängigen.

Das Ziel der logistischen Regression ist es, ein Ereignis korrekt für individuelle
Fälle vorherzusagen. Im ersten Schritt wird die Modellierung eines Zusammenhangs zwischen der abhängigen und den unabhängigen Variablen vorgenommen.
Findet sich ein solcher Zusammenhang in den Daten, wird im zweiten Schritt
i. d. R. versucht, das Modell zu „ökonomisieren", d. h. einzelne Variablen zu eliminieren und dabei dennoch viel Erklärungskraft beizubehalten oder hinzuzu-
fügen, um ausreichende Erklärungskraft zu erhalten. Bei einem befriedigenden
Ergebnis kann die Gleichung der logistischen Regression verwendet werden, um
im dritten Schritt auf probabilistischer Grundlage die Werte neuer Fälle vorherzusagen.

---

23 Eine leicht verständliche Einführung in die logistische Regression geben Kleinbaum und Klein
(2010).

Die logistische Regression ist in der Medizin sehr verbreitet, wo die Frage nach „krank" oder „gesund" bekanntlich ja keine geringe Rolle spielt. Beispielsweise könnte man untersuchen, ob das Auftreten von Heuschnupfen von Jahreszeit, Region, Körpertemperatur und Geschlechtszugehörigkeit abhängt. Aber auch in anderen Disziplinen wird sie häufig eingesetzt. So könnte man in der Wahlsoziologie zunächst mittels Sekundäranalyse der Frage nachgehen, welche individuellen Daten die Entscheidung junger Erwachsener bei der letzten Bundestagswahl beeinflusst haben, sich an ihr zu beteiligen oder nicht. In Frage kämen als Prädiktorvariablen u. a. Geschlechtszugehörigkeit, Schulabschluss, Einkommen, politische Sozialisation, Wetterzustand – lauter Variablen mit unterschiedlichem Skalenniveau. Die Ergebnisse einer damit durchgeführten logistischen Regression ließen sich verwenden, um anhand aktueller Daten zu prognostizieren, wer die Absicht haben wird, sich an der nächsten Bundestagswahl zu beteiligen. In der Arbeitsmarktsoziologie schließlich könnte man untersuchen, welche Faktoren vorliegen sollten, um die Wahrscheinlichkeit des Wiedereintritts in Berufstätigkeit nach erfahrener Arbeitslosigkeit zu erhöhen.

Wie bereits erwähnt, steht dem Einsatz der logistischen Regression fast nichts entgegen. Dennoch gibt es durchaus einige Einschränkungen (vgl. Tabachnick und Fidell 2007: S. 441 ff.).

So ist auf die generellen Gefahren hinzuweisen, die bei der Vorhersage von Ereignissen oder Ergebnissen zu beachten sind: Ein gefundener Zusammenhang zwischen Region, Jahreszeit, Geschlecht etc. und Heuschnupfen bedeutet keine Kausalität. Wenn die Voraussetzungen für Diskriminanzanalysen – metrische, annähernd normalverteilte unabhängige Variablen und Varianzhomogenität – vorliegen, resultieren aus jener meist bessere Prognosen. Gleiches gilt bezüglich der multiplen Regression für binäre abhängige Variablen.

Zu den Voraussetzungen der logistischen Regression: Die Anzahl der Fälle sollte die Anzahl der einbezogenen unabhängigen Variablen deutlich übersteigen. Im Falle diskreter Variablen sollten alle möglichen Kreuztabellierungen – auch jene mit der abhängigen Variablen – den Anforderungen des Chi-Quadrat-Tests genügen: Keine der erwarteten Häufigkeiten < 1, maximal 20 Prozent der erwarteten Häufigkeiten < 5. Besser wäre es, wenn in der kleinsten Gruppe wenigstens 25 Fälle sind. Und: Je mehr unabhängige Variablen in das Regressionsmodell einbezogen werden, desto größer sollte die Zahl der Fälle sein.

Multikollinearität, d. h. starke Korrelationen zwischen unabhängigen Variablen untereinander, können die Ergebnisse der logistischen Regression erheblich beeinflussen; sie gilt es durch Eliminierung redundanter unabhängiger Variablen möglichst zu vermeiden. Außerdem sollten nur wenige Fälle auftreten, die aufgrund der Schätzfunktion falsch zugeordnet werden. Auch sollte man analysieren, ob systematische Ausreißer vorliegen.

Bei der einfachen linearen Regression wird bekanntlich die Beziehung zwischen der Prädiktorvariablen X und der abhängigen (Kriteriums-) Variablen Y in der Form

$$Y = b_0 + b_1 X_1 + e \qquad (7.4)$$

dargestellt, wobei b_0 und b_1 die zu schätzenden Parameter sind. Entsprechend kann für die multiple Regression mit mehreren unabhängigen Variablen formuliert werden:

$$Y = b_0 + b_1 X_1 + b_2 X_2 + \cdots + b_i X_i + e \qquad (7.5)$$

Für eine dichotome abhängige Variable interessiert nun nicht der numerische Wert von Y, sondern, wie in unserem Fall, ob Y den Wert 0 annimmt, d. h. die infrage stehende Untersuchungseinheit unter die eine Kategorie fällt oder ob Y den Wert 1 annimmt, d. h. die Untersuchungseinheit unter die andere Kategorie fällt.

Für die betrachteten Variablen gelten demnach folgende Eintrittswahrscheinlichkeiten:

$$P(Y = 1) + P(Y = 0) = 1 \qquad (7.6)$$

$$P(Y = 1) = 1 - P(Y = 0) \qquad (7.7)$$

Unter „Wahrscheinlichkeit" verstehen wir die Chance, dass ein bestimmtes Ereignis, ein bestimmter Zustand eintritt. Das nachfolgende Beispiel, in dem wir die Wahrscheinlichkeit feststellen wollen, mit der ein Befragter in die Gruppe der Personen fällt, die sich an der Bundestagswahl 2008 durch ihre Stimmabgabe beteiligt haben oder nicht (*politik_3*), bezieht sich auf N=1.605 Befragte. Von ihnen haben n=1.278 ihren Stimmzettel abgegeben, n=329 nicht.[24] Die Wahrscheinlichkeit, zur Gruppe der Wähler zu gehören, berechnet sich demzufolge als

$$P(Waehler = 1) = \frac{1278}{1605} = 0,80 \qquad (7.8)$$

Die Wahrscheinlichkeit, in die Gruppe der Nichtwähler zu fallen, beträgt demnach P(Nichtwähler) = 1 - P(Wähler) = 0,20.

$$P(Nichtwaehler = 0) = \frac{329}{1605} = 0,20 \qquad (7.9)$$

Nun soll analog zu Gleichung 7.5 ein Modell für $P(Y = 1)$ erstellt werden. Dazu muss $P(Y = 1)$ zwischen 0 und 1 liegen, da der Ausdruck eine Wahrscheinlichkeit repräsentiert. Dies wird in zwei Schritten erreicht:

---

24 Wir verwenden im Folgenden den nicht gewichteten Datensatz, weil wir auch Vergleiche der Wahlbeteiligung in Ost- und Westdeutschland anstellen wollen.

Zunächst wird die „Wahrscheinlichkeit" durch die „Quote" (engl.: „odds") ersetzt, womit sichergestellt wird, dass der Term nicht < 0 wird.

Die Quote von $Y = 1$ ist das Verhältnis der Wahrscheinlichkeiten $P(Y = 1)$ und $P(Y = 0)$:

$$odds(Y = 1) = \frac{P(Y = 1)}{P(Y = 0)} = \frac{P(Y = 1)}{1 - P(Y = 1)} \qquad (7.10)$$

Mit anderen Worten: Die „Quote" ist das Verhältnis der Wahrscheinlichkeit, dass etwas wahr ist, dividiert durch die Wahrscheinlichkeit, dass etwas nicht wahr ist. Durch Logarithmieren der Quote erhält man einen Ausdruck, der alle reellen Werte annehmen kann:

$$ln(odds(Y = 1)) \qquad (7.11)$$

Wenn $P(Y = 1)$ multipel linear von X_i abhängt, kann gezeigt werden, dass $ln(odds)$ auch einen solchen Zusammenhang zu X hat – jedoch mit anderen Parametern:

$$\ln \frac{P(Y = 1)}{1 - P(Y = 1)} = \ln(odds) = b_0 + b_1 X_1 + \cdots + b_i X_i + e \qquad (7.12)$$

Das logarithmierte Verhältnis der Wahrscheinlichkeit für den Eintritt eines Ereignisses zur Wahrscheinlichkeit des Nichteintritts dieses Ereignisses wird als „Logit" bezeichnet, als natürlicher Logarithmus der „odds"; deshalb wird anstatt von logistischer Regression auch häufig von „Logitanalyse" gesprochen.

Der Logit-Wert der abhängigen Variablen ist jedoch schwer interpretierbar und wenig eingängig. Daher wird die linke Seite der Gleichung 7.9 in Prozente umgerechnet. Nach einigen Umformungen erhält man:

$$P(Y = 1) = \frac{1}{1 + e^{-(b_0 + b_1 X_1 + \cdots + b_i X_i + e)}} \qquad (7.13)$$

Die umgerechneten Werte der Regressionsfunktion lassen sich als Mittelwerte individueller Wahrscheinlichkeiten für den Eintritt des interessierenden Ereignisses in der abhängigen Variablen interpretieren. Die Koeffizienten b_0 und b_1 dieser logistischen Regressionsfunktion können nun durch den Algorithmus geschätzt werden.

Unter *LOGISTIC REGRESSION* versteht man eine Regressionsanalyse zur Schätzung der Verteilung diskreter abhängiger Variablen. I. d. R. ist zumeist die binäre logistische Regression für dichotome abhängige Variablen gemeint. Die unabhängigen Variablen können dabei ein beliebiges Skalenniveau aufweisen, wobei diskrete Variablen mit mehr als zwei Ausprägungen in eine Serie binärer Dummy-Variablen zerlegt werden.

Die Befehlssyntax für die Statistikprozedur *LOGISTIC REGRESSION* ist hier zu finden:

►Hilfe

►Befehlssyntaxreferenz (Command Syntax Reference) ►LOGISTIC REGRESSION

Die nachfolgende Logitanalyse will prognostizieren, wie groß die Wahrscheinlichkeit ist, dass Personen, die sich nach Geschlecht, Lebensalter, Schulausbildung und Befragungsgebiet unterscheiden, hinsichtlich der binär codierten abhängigen Variablen „Wahlbeteiligung bei der Bundestagswahl 2008" (*politik_3*: 0 = 'nein'; 1 = 'ja') in die Gruppe der Wähler fallen.
Als erstes schauen wir uns die Verteilung unserer abhängigen Variablen an.

```
WEIGHT OFF.
FREQUENCIES VARIABLES=politik_3.
```

politik_3 Wahlbeteiligung, letzte Bundestagswahl?

		Häufigkeit	Prozent	Gültige Prozent	Kumulative Prozente
Gültig	1 ja	1276	36,7	79,5	79,5
	2 nein	329	9,5	20,5	100,0
	Gesamtsumme	1605	46,1	100,0	
Fehlend	0 nicht wahlberechtigt	125	3,6		
	6 kein ISSP 'Familie'	1714	49,3		
	8 weiß nicht	31	,9		
	9 keine Angabe	5	,1		
	Gesamtsumme	1875	53,9		
Gesamtsumme		3480	100,0		

Vier Fünftel der Befragten haben sich demzufolge 2008 an der Bundestagswahl beteiligt, ein Fünftel nicht.

Für die Logitanalyse müssen wir im nächsten Schritt die abhängige Variable *politik_3* zu einer binär codierten Variablen recodieren, entsprechend eine neue Kategorienbeschriftung vergeben und sachlogischerweise bei der unabhängigen Variablen *schulabschluss* Personen, die keinen oder noch keinen bzw. einen anderen Schulabschluss aufweisen, auf den fehlenden Wert '9' setzen. Bevor wir weiter fortfahren, überprüfen wir die nur temporär greifenden Datentransformationen.

```
WEIGHT OFF.
TEMPORARY.
RECODE politik_3 (0,6,8=9)(2=0).
ADD VALUE LABELS politik_3 0 "nein".
MISSING VALUES politik_3 (9).
RECODE schulabschluss (1,6,7=9).
FREQUENCIES VARIABLES=politik_3, schulabschluss.
```

politik_3 Wahlbeteilgung, letzte Bundestagswahl?

		Häufigkeit	Prozent	Gültige Prozent	Kumulative Prozente
Gültig	0 nein	329	9,5	20,5	20,5
	1 ja	1276	36,7	79,5	100,0
	Gesamtsumme	1605	46,1	100,0	
Fehlend	9 keine Angabe	1875	53,9		
Gesamtsumme		3480	100,0		

schulabschluss Allgemeiner Schulabschluss

		Häufigkeit	Prozent	Gültige Prozent	Kumulative Prozente
Gültig	2 Volks-, Hauptschulabschluss	1076	30,9	31,9	31,9
	3 Mittlere Reife	1232	35,4	36,5	68,4
	4 Fachhochschulreife	227	6,5	6,7	75,1
	5 Hochschulreife	841	24,2	24,9	100,0
	Gesamtsumme	3376	97,0	100,0	
Fehlend	9 kA	104	3,0		
Gesamtsumme		3480	100,0		

Nun können wir die Syntax zur Durchführung der gewünschten logistischen Regression programmieren:

```
WEIGHT OFF.
TEMPORARY.
RECODE politik_3 (0,6,8=9)(2=0).
ADD VALUE LABELS politik_3 0 "nein".
MISSING VALUES politik_3 (9).
RECODE schulabschluss (1,6,7=9).
LOGISTIC REGRESSION VARIABLES politik_3
  /METHOD=ENTER sex_b alter_b schulabschluss west_ost
  /CONTRAST (sex_b)=Indicator
  /CONTRAST (schulabschluss)=Indicator(1)
  /CONTRAST (west_ost)=Indicator
  /CRITERIA=PIN(.05) POUT(.10) ITERATE(20) CUT(.5).
```

Das Programm bewirkt, dass die Variable *politik_3* als abhängige Variable behandelt wird. Der Befehl */METHOD=ENTER* führt dazu, dass die danach bezeichneten vier unabhängigen Variablen in einem „Block", also gleichzeitig, in die Analyse einbezogen werden.[25] Die Variable *alter_b* wird als metrische Kovariate behandelt, *sex_b*, eine alphanumerische Variable, automatisch als kategoriale Kovariate. Die übrigen zwei unabhängigen Variablen werden durch den Befehl */CONTRAST* als kategoriale Variablen definiert, wobei mit den Indicator-Anweisungen festgelegt wird, welche Variablenausprägung jeweils als Referenzgruppe dienen soll. Voreingestellt ist, dass dafür die **letzte** Kategorie genommen wird, wie dies beim Geschlecht (*sex_b*) der Fall ist, wo die Frauen die Referenzgruppe darstellen. Das Gleiche gilt für das Erhebungsgebiet (*west_ost*). Durch den Unterbefehl Indicator(1) haben wir beim Schulabschluss (*schulabschluss*) jedoch die **erste** Kategorie als Referenzgruppe bestimmt: Hier werden demzufolge die Befragten mit Hauptschulabschluss als Referenzgruppe definiert. Der Unterbefehl */CRITERIA=CUT* setzt den Schnittpunkt für die vorhergesagte Wahrscheinlichkeit eines Falles, in eine der zwei Kategorien zu fallen; *ITERATE(20)* bestimmt die Anzahl der maximal zu durchlaufenden Rechengänge; *PIN(.05)* ist das Signifikanzniveau für die Einbeziehung weiterer unabhängiger Variablen im Fall schrittweiser Regressionsverfahren: Eine Variable wird dann in das Modell einbezogen, wenn das Signifikanzniveau ihres F-Wertes **kleiner** als der ausgewiesene Aufnahmewert (.05) ist; *POUT(.10)* regelt, dass eine Variable aus dem Modell ausgeschlossen wird, wenn ihr Signifikanzniveau **größer** als der Ausschlusswert (.10) ist.

---

25 SPSS Statistics ermöglicht es auch, die vier ausgewählten Prädiktoren mit verschiedenen Algorithmen schrittweise vorwärts oder rückwärts in die Analyse aufzunehmen; darauf wird weiter unten kurz eingegangen.

Der durch unser Syntaxprogramm erstellte Ausdruck der logistischen Regression gibt zunächst darüber Auskunft, wieviele Fälle überhaupt für die Analyse herangezogen werden.

Zusammenfassung der Fallverarbeitung

Ungewichtete Fälle[a]		H	Prozent
Ausgewählte Fälle	Einbezogen in Analyse	1571	45,1
	Fehlende Fälle	1909	54,9
	Gesamtsumme	3480	100,0
Nicht ausgewählte Fälle		0	,0
Gesamtsumme		3480	100,0

a. Wenn die Gewichtung in Kraft ist, finden Sie in der Klassifikationstabelle die Gesamtzahl von Fällen.

Danach erfahren wir, wie die abhängige Variable codiert ist: 0 steht für die „Nichtwähler", 1 für die „Wähler" bei der Bundestagswahl 2008.

Codierung abhängiger Variablen

Ursprünglicher Wert	Interner Wert
0 nein	0
1 ja	1

Als nächstes folgt eine Übersicht auf die Codierung der kategorialen Variablen *schulabschluss*, *west_ost* und *sex_b* sowie auf die Anzahl der Fälle je Ausprägung. Jene Variablenausprägungen, die mit ,000 codiert sind, werden in der logistischen Regressionsanalyse als Referenzgruppen verwendet. Dies sind, wie oben bereits erwähnt, bei der Variablen *schulabschluss* die Befragtengruppen mit „Volks-, Hauptschulabschluss", bei der Variablen *west_ost* die Personengruppe, die in den „alten Bundesländern" lebt sowie bei der Variablen *sex_b* die „weiblichen" Befragten. Die Parametercodierung informiert darüber, wie die anderen Befragtengruppen in der Analyse codiert sind: Personen mit „mittlerer Reife" sind mit (1) codiert, Personen mit „Fachhochschulreife" mit (2), Personen mit „Hochschulreife" mit (3).

Codierungen kategorialer Variablen

			Parametercodierung		
		Häufigkeit	(1)	(2)	(3)
schulabschluss Allgemeiner Schulabschluss	2 Volks-, Hauptschulabschluss	532	,000	,000	,000
	3 Mittlere Reife	567	1,000	,000	,000
	4 Fachhochschulreife	89	,000	1,000	,000
	5 Hochschulreife	383	,000	,000	1,000
west_ost Erhebungsgebiet <Wohngebiet>: West - Ost	1 alte Bundesländer	1054	1,000		
	2 neue Bundesländer	517	,000		
sex_b Geschlecht, Befragte<r>	m männlich	765	1,000		
	w weiblich	806	,000		

Die Tabellen im sich eigentlich anschließenden Block 0: „Anfangsblock" sind für die weiteren Analysen unwichtig. Wir sparen sie daher aus und springen direkt zu Block 1: „Methode = Einschluss", wo also protokolliert wird, dass wir die METHOD=ENTER für unsere Analyse gewählt haben.

Bei der blockweisen Regression beziehen wir unsere vier unabhängigen Variablen wie gesagt auf einen Schlag in die Analyse ein. Demzufolge ergeben sich beim „Omnibustest der Modellkoeffizienten" für den Chi-Quadrat-Test jeweils drei gleiche Werte für „Schritt", „Block" und „Modell". Bei einer schrittweisen Regression träten hier verschiedene Wert auf.

Omnibustests der Modellkoeffizienten

		Chi-Quadrat	df	Sig.
Schritt 1	Schritt	168,536	6	,000
	Block	168,536	6	,000
	Modell	168,536	6	,000

Bei sechs Freiheitsgraden (df=6) liegt der empirische $\chi^2 = 168{,}536$ deutlich über dem kritischen, der bei 99,9%igem Signifikanzniveau und sechs Freiheitsgraden $X^2_{(99,9;6)} = 22{,}5$ beträgt. IBM SPSS Statistics bestätigt dies (Sig. < .001). Die Nullhypothese ist also zu verwerfen: Unsere nachfolgenden Analyseergebnisse sind statistisch höchst signifikant, demnach auf die Grundgesamtheit übertragbar.

Die folgenden zwei Tabellen informieren über die Güte der Anpassung des Modells an die empirischen Daten. Dabei zeigt der „Modellüberblick" die statistische Güte des Modells, während die „Klassifikationstabelle" auf S. 300 darstellt, wie viele „Treffer" unser Prognosemodell zu erzielen erlaubt.

Modellübersicht

Schritt	-2 Log-Likelihood	R-Quadrat nach Cox & Snell	R-Quadrat nach Nagelkerke
1	1403,174[a]	,102	,161

a. Die Schätzung wurde bei Iteration Nummer 5 beendet.

In einem perfekten Modell wäre Likelihood=1. Da Likelihood für gewöhnlich deutlich kleiner als 1 ist, wird der negative doppelte Wert des Logarithmus hiervon (-2 Log Likelihood: -2LL) verwendet. In einem perfekten Modell wäre -2LL=0. Davon ist der sich hier ergebende Wert von -2LL = 1403,173 weit entfernt.

Es folgen zwei verschiedene sog. „Pseudo"-R^2-Werte, der von Cox & Snell ($R^2 = .102$) und der von Nagelkerke ($R^2 = .161$). Da der Gütewert von Cox & Snell nicht auf den Wertebereich von 0 bis 1 geeicht ist – er kann nicht den Maximalwert 1 erreichen –, verwenden wir jenen von Nagelkerke; er ist als Pendant zum Determinationskoeffizienten R^2 in der linearen Regression zu sehen und entsprechend interpretierbar. Unser Modell „erklärt" demzufolge 16,1 Prozent der Variation der Variablen *politik_3* – ein eher unbefriedigendes Ergebnis. Um die Erklärungskraft des Modells zu erhöhen, wären demzufolge andere und/oder weitere unabhängige Variablen in die Berechnung des logistischen Regressionsmodells aufzunehmen.

Die nachfolgende Klassifikationstabelle vermittelt einen Eindruck davon, inwieweit die vorhergesagte Gruppenzuordnung mit der tatsächlichen korrespondiert. In der Tabelle wird die beobachtete mit der vorhergesagten Gruppenzuordnung jener Fälle verglichen, deren Wahrscheinlichkeit, in die Gruppe der „Wähler" zu fallen, größer als 50 Prozent ist. Dies ist bei der Interpretation der Tabelle unbedingt zu beachten. Im vorliegenden Fall wird mittels der vier unabhängigen Variablen das Ereignis, „Nichtwähler" zu sein, nur zu rund 14,0 Prozent korrekt zugeordnet (= „vorhergesagt"); das Ereignis, „Wähler" zu sein, wird mit einer Trefferquote von 98,2 Prozent prognostiziert. Insgesamt führen 81,4 Prozent der Vorhersagen zu einer korrekten Gruppenzuordnung.

Klassifikationstabelle[a]

			Vorhersagewert		Prozentsatz richtig
			politik_3 Wahlbeteiligung, letzte Bundestagswahl?		
Beobachtet			0 nein	1 ja	
Schritt 1	politik_3 Wahlbeteiligung, letzte Bundestagswahl?	0 nein	44	270	14,0
		1 ja	22	1235	98,2
	Gesamtprozentsatz				81,4

a. Der Trennwert ist ,500

Die mit „Variablen in der Gleichung" überschriebene Tabelle gibt uns abschließend Auskunft über die wesentlichen inhaltlichen Ergebnisse unserer binär logistischen Regression. Der Regressionskoeffizient B, auch **„Logit-Koeffizient"** genannt, zeigt an, in welche Richtung die jeweilige unabhängige Variable die logarithmierte Chance, „Wähler" zu sein, beeinflusst. Ist der Koeffizient positiv, wie hier bei allen Variablen, erhöht die jeweilige unabhängige Variable bzw. deren ausgewiesene Kategorie im Vergleich zur Referenzgruppe die Wahrscheinlichkeit, in die Gruppe der „Wähler" zu fallen; ist der Koeffizient negativ, verringert sich die Wahrscheinlichkeit, in die Klasse der „Wähler" zu fallen. Die Konstante gibt die Chance an, „Wähler" zu sein, wenn alle $B = 0$ wären.

Variablen in der Gleichung

		B	Standardfehler	Wald	df	Sig.	Exp(B)
Schritt 1[a]	sex_b(1)	,111	,135	,680	1	,410	1,118
	alter_b	,047	,005	108,558	1	,000	1,048
	schulabschluss			81,448	3	,000	
	schulabschluss(1)	,884	,167	27,892	1	,000	2,420
	schulabschluss(2)	1,755	,368	22,761	1	,000	5,784
	schulabschluss(3)	1,867	,219	72,448	1	,000	6,466
	west_ost(1)	,530	,143	13,718	1	,000	1,700
	Konstante	-2,093	,318	43,339	1	,000	,123

a. In Schritt 1 eingegebene Variable(n): sex_b, alter_b, schulabschluss, west_ost.

Mit den Werten der Regressionskoeffizienten B können wir die logistische Regressionsfunktion berechnen:

$$P(politik\_3 = 1) = \frac{1}{1 + e^{-(b_0 + b_1 X_1 + \cdots + b_i X_i + e)}} \tag{7.14}$$

$$= \frac{1}{1 + e^{-z}}$$

wobei:

$$z = -2,093 + 0,111 \cdot \text{sex\_b} + 0,047 \cdot \text{alter\_b} + 0,884 \cdot \text{schulabschluss}(1)$$
$$+ 1,755 \cdot \text{schulabschluss}(2) + 1,867 \cdot \text{schulabschluss}(3) + 0,530 \cdot \text{west\_ost}(1)$$

Angewandt auf einen 50-jährigen männlichen Befragten mit Abitur, der in den alten Bundesländern lebt, ergibt sich daraus:

$$P(\textit{politik\_3} = 1) = \frac{1}{1 + e^{-(-2,093+0,111+2,350+1,867+0,530)}}$$

$$= \frac{1}{1 + e^{-(2,765)}} = 0,940$$

Die Wahrscheinlichkeit, dass eine Person, die die o. a. Merkmale aufweist, in die Gruppe der „Wähler" fällt, beträgt demnach 94,0 Prozent. Für eine 50-jährige Frau mit Hauptschulabschluss, die in den neuen Bundesländern lebt, ergeben sich folgende Werte:

$$P(\textit{politik\_3} = 1) = \frac{1}{1 + e^{-(-2,093+2,350+0,884)}}$$

$$= \frac{1}{1 + e^{-(1,141)}} = 0,758$$

Die Wahrscheinlichkeit, dass eine Person mit dieser Merkmalskonstellation in die Gruppe der „Wähler" fällt, beträgt demnach 75,8 Prozent.

Der Chi-Quadrat-verteilte Wald-Koeffizient berechnet sich wie folgt:

$$W = \left(\frac{B}{S.E.} \right)^2$$

Er testet, ob die Hypothese, der jeweilige Regressionskoeffizient $B = 0$, verworfen werden kann. Die Irrtumswahrscheinlichkeit, fälschlicherweise diese Nullhypothese zu verwerfen, ist in der Spalte *Sig.* angegeben. Mit Ausnahme der Geschlechtszugehörigkeit (*sex_b*) erweisen sich alle unabhängigen Variablen auf dem 99,9%-Niveau als statistisch höchst signifikant.

Die nominalskalierte Variable *schulabschluss* mit ihren vier Ausprägungen – HS-, RS-, FH-Reife- und Hochschulreife – ist in drei binär codierte Dummyvariablen aufgelöst, wie die Anzahl der Freiheitsgrade (*df = 3*) belegt.

In der letzten Spalte sind die **Effekt**- bzw. **Exponentialkoeffizienten** als *Exp(B)* wiedergegeben. Man bezeichnet sie auch als Wahrscheinlichkeitsverhältnisse (engl.

„odds ratios"). Sie geben an, um wieviel die Quote steigt – falls odds ratio > 1 –,
oder fällt – falls odds ratio < 1 – oder ob sie gleich bleibt – falls odds ratio $= 1$ –,
wenn die jeweilige unabhängige Variable um eine Einheit zunimmt. Anders ausgedrückt: Sie geben an, in welchem Ausmaß sich die Wahrscheinlichkeit ändert,
dass eine Untersuchungseinheit in die jeweils in Frage stehende Gruppe fällt. Der
Exponentialkoeffizient stellt den Faktor dar, um den eine unabhängige Variable
das Wahrscheinlichkeitsverhältnis (P/Q) zwischen „Wähler"(P) und „Nichtwähler" (Q) verändert. Prozentual ausgedrückt:

- Bei einem Koeffizienten von *Exp(B)* = *1,118* bei der Geschlechtszugehörigkeit erhöht sich das Wahrscheinlichkeitsverhältnis zugunsten der „Wähler-
eigenschaft" bei Männern im Vergleich zu Frauen um 11,8 Prozent
$(= (1,118 - 1) \cdot 100)$.

- Deutlich stärker wirkt sich der Schulabschluss aus: Unter Personen mit
Hochschulzugangsberechtigung ist die Wahrscheinlichkeit, 2008 gewählt
zu haben, um 546,6 Prozent größer als in der Referenzgruppe der Hauptschulabsolventen $(= (6,466 - 1) \cdot 100)$.

- Wenn das Lebensalter um ein Jahr steigt, erhöht sich die Wahrscheinlichkeit, in die Gruppe der „Wähler" zu fallen, um 4,8 Prozent $(= (1,048 - 1) \cdot 100)$.

- Erhöht sich das Lebensalter um zwei Jahre, steigt das Chancenverhältnis
um 9,8 Prozent $(= ((1,048 \cdot 1,048) - 1) \cdot 100)$.

- Auch bei Befragten, die in Westdeutschland leben, erhöht sich die Wahrscheinlichkeit, 2008 gewählt zu haben, und zwar um 70 Prozent $(= (1,700 - 1) \cdot 100)$.

Die Exponentialkoeffizienten geben Auskunft über die relative Bedeutung der
unabhängigen Variablen bei der Prognose der Gruppenzuordnung. Am auffäl-
ligsten ist das Ergebnis für den Schulabschluss *(schulabschluss)*: Im Vergleich zur
Referenzgruppe der „Hauptschulabsolventen" hat die „Hochschulreife" den größten Einfluss auf die Wahrscheinlichkeit, in eine der beiden Gruppen der abhängigen Variablen zu gelangen, nämlich einen um den Faktor 6,5 stärkeren.

Wenn wir bei den kategorialen Variablen andere Referenzgruppen hätten haben wollen, und zwar bei der Geschlechtszugehörigkeit die Männer, beim Schulabschluss die Abiturienten und beim Erhebungsgebiet Westdeutschland, müssten wir das obige Syntaxprogramm für die logistische Regression bei den /CON-
TRAST-Befehlen wie folgt ändern:

```
/CONTRAST (sex_b)=Indicator(1)
/CONTRAST (schulabschluss)=Indicator
/CONTRAST (west_ost)=Indicator(1)
```

Die Erklärungskraft des Gesamtmodells wird davon nicht tangiert: An der „Modellübersicht" und der „Klassifikationstabelle" ändert sich nichts. Wohl aber an der mit „Variablen in der Gleichung" überschriebenen Tabelle:

Variablen in der Gleichung

		B	Standardfehler	Wald	df	Sig.	Exp(B)
Schritt 1[a]	sex_b(1)	-,111	,135	,680	1	,410	,894
	alter_b	,047	,005	108,558	1	,000	1,048
	schulabschluss			81,448	3	,000	
	schulabschluss(1)	-1,867	,219	72,448	1	,000	,155
	schulabschluss(2)	-,983	,201	23,806	1	,000	,374
	schulabschluss(3)	-,111	,382	,085	1	,771	,895
	west_ost(1)	-,530	,143	13,718	1	,000	,588
	Konstante	,416	,245	2,884	1	,089	1,515

a. In Schritt 1 eingegebene Variable(n): sex_b, alter_b, schulabschluss, west_ost.

Die Logitkoeffizienten B haben nun alle, mit Ausnahme der unabhängigen Variablen *alter_b*, negative Vorzeichen. Die B-Werte bei *sex_b* und *west_ost* bleiben gleich, da es sich um dichotome Variablen handelt, bei denen lediglich die beiden Referenzgruppen vertauscht werden. Die Logitkoeffizienten beim *schulabschluss* hingegen nehmen sachlogisch andere Werte an. Die Veränderungen der Werte und der Tausch der Vorzeichen schlagen sich selbstverständlich bei der Interpretation der Exponentialkoeffizienten *Exp(B)* nieder: Hier beobachten wir, wiederum selbstverständlich mit Ausnahme des Lebensalters, bei den anderen Variablen nun durchgängig Werte < 1. Die Berechnung des jeweiligen Chancenverhältnisses im Fall *Exp(B) < 1* wollen wir am Beispiel des Erhebungsgebietes zeigen: Im Vergleich zu in Westdeutschland Lebenden ist die Wahrscheinlichkeit, 2008 den Bundestag gewählt zu haben, unter in Ostdeutschland Wohnenden um 70 Prozent geringer: $((\frac{1}{0,588} - 1) \cdot 100)$.

Entsprechend sind die Berechnungen und Interpretationen der anderen Chancenverhältnisse vorzunehmen.

Abschließend einige Bemerkungen zur **schrittweisen logistischen Regression**. Sie wird häufig dann angewendet, wenn es theoretisch relativ unklar ist, welche unabhängigen Variablen denn geeignet wären, die Wahrscheinlichkeit der Zugehörigkeit zur Kategorie einer abhängigen Variablen gut zu prognostizieren. Das schrittweise Vorgehen ermöglicht es aber auch abzuschätzen, wie es mit dem Zugewinn an Erklärungskraft durch die Einbeziehung jeweils eines weiteren Prädiktors bestellt ist: Wie im Kontext der multiplen OLS-Regression ausgeführt, möchte man sich ja ein „ökonomisches" Modell von der Wirklichkeit machen.

Wir machen es uns wie bei der multiplen OLS-Regression wieder einfach und ersetzen für das Beispiel einer schrittweisen binär logistischen Regression in unserem auf S. 296 zu findenden Syntaxprogramm den Unterbefehl */METHOD= ENTER* durch */METHOD=FSTEP* für „forward stepwise":

```
...
/METHOD=FSTEP sex_b alter_b schulabschluss west_ost
...
```

Dadurch wird eine schrittweise binäre logistische Regression angestoßen. Jene unabhängige Variable, die „am signifikantesten" zur Erklärung der abhängigen Variablen beiträgt, wird im ersten Schritt in das Modell aufgenommen. Im zweiten Schritt wird die signifikanteste unter den verbliebenen unabhängigen Variablen hinzugefügt etc. Dieser Prozess wird solange fortgesetzt, bis entweder alle unabhängigen Variablen in das Modell aufgenommen oder nur noch unabhängige Variablen vorhanden sind, die keinen signifikanten Beitrag zur Erklärung der abhängigen Variablen zu leisten vermögen ($PIN > .05$).[26]

Das nachfolgend – nur auszugsweise – wiedergegebene Beispiel zeigt das Ergebnis der schrittweisen Regression. Die erste Tabelle beinhaltet dabei die Ausgangslage und gibt eine Übersicht auf die vorliegenden unabhängigen Variablen. Beim Blick auf Sig. können wir erkennen, dass die Variable (*sex_b*) beim schrittweisen Vorgehen nicht berücksichtigt werden würde, da Sig. bzw. $p = 0,909$, also deutlich $> .05$. Anhand der Werte in der Spalte *Score* ist zu erwarten, dass ansonsten im ersten Schritt die Variable *alter_b* in die Regressionsanalyse einbezogen wird (*Score = 63,385*), im zweiten Schritt zusätzlich der *schulabschluss* (*Score = 35,124*), und im dritten Schritt schließlich auch das Erhebungsgebiet (*Score = 9,261*).

Nicht in der Gleichung vorhandene Variablen

			Score	df	Sig.
Schritt 0	Variablen	sex_b(1)	,013	1	,909
		alter_b	63,385	1	,000
		schulabschluss	35,124	3	,000
		schulabschluss(1)	3,715	1	,054
		schulabschluss(2)	4,518	1	,034
		schulabschluss(3)	25,774	1	,000
		west_ost(1)	9,261	1	,002
	Gesamtstatistik		156,851	6	,000

---

26 Die schrittweise Vorwärtsauswahl – wie auch die rückwärtsgerichtete schrittweise Auswahl – kann nach verschiedenen Bedingungen erfolgen. Die Gebräuchlichste ist die hier eingesetzte „bedingte" Auswahl.

Die nachfolgende Tabelle zeigt, dass genau diese Reihenfolge bei der Einbeziehung der unabhängigen Variablen auch realisiert wird. Für die finale Ergebnisinterpretation wären die Koeffizienten heranzuziehen, die bei *Schritt 3^c* ausgegeben sind.

Variablen in der Gleichung

		B	Standardfehler	Wald	df	Sig.	Exp(B)
Schritt 1[a]	alter_b	,030	,004	60,747	1	,000	1,031
	Konstante	-,086	,190	,205	1	,651	,917
Schritt 2[b]	alter_b	,045	,004	103,603	1	,000	1,047
	schulabschluss			77,546	3	,000	
	schulabschluss(1)	,718	,159	20,366	1	,000	2,049
	schulabschluss(2)	1,719	,366	22,041	1	,000	5,578
	schulabschluss(3)	1,786	,215	69,084	1	,000	5,966
	Konstante	-1,53	,269	32,398	1	,000	,217
Schritt 3[c]	alter_b	,047	,005	108,212	1	,000	1,048
	schulabschluss			81,043	3	,000	
	schulabschluss(1)	,868	,166	27,309	1	,000	2,382
	schulabschluss(2)	1,749	,368	22,614	1	,000	5,747
	schulabschluss(3)	1,848	,218	72,018	1	,000	6,350
	west_ost(1)	,529	,143	13,656	1	,000	1,698
	Konstante	-2,02	,304	44,129	1	,000	,133

a. In Schritt 1 eingegebene Variable(n): alter_b.

b. In Schritt 2 eingegebene Variable(n): schulabschluss.

c. In Schritt 3 eingegebene Variable(n): west_ost.

Die „Modellübersicht" schließlich belegt, wie in jedem Analyseschritt die Erklärungskraft des Regressionsmodells verbessert wird:

Modellübersicht

Schritt	-2 Log-Likelihood	R-Quadrat nach Cox & Snell	R-Quadrat nach Nagelkerke
1	1506,782[a]	,040	,064
2	1417,386[a]	,094	,148
3	1403,855[a]	,101	,160

a. Die Schätzung wurde bei Iteration Nummer 5 beendet.

-*2LL* nimmt ab, die „Pseudo"-R^2-Werte von Cox & Snell bzw. von Nagelkerke nehmen zu, wenn auch im dritten Schritt eher marginal.

7.3 Übungsaufgaben

Schalten Sie für die Lösung der folgenden Übungsaufgaben jeweils die Gewichtung ein (*WEIGHT BY gewicht*).

7.3.1 Reliabilitätsanalyse der Anomievariablen

Führen Sie für die Variablen, die die Anomie der Befragten messen sollen (*anomie_1* bis *anomie_4*), eine Reliabilitätsanalyse des Antwortverhaltens der Befragten durch. Lassen Sie sich dabei die „Deskriptiven Statistiken für Skala, wenn Item gelöscht" ausgeben.

Kann Cronbach's α durch das Entfernen einer der vier Anomie-Variablen verbessert werden?

7.3.2 Faktorenanalyse der Anomievariablen

Nehmen Sie anschließend für dieselben Anomievariablen eine Faktorenanalyse vor. Verwenden Sie nur den unbedingt notwendigen Unterbefehl */VARIABLES*.

Interpretieren Sie das Gesamtergebnis der Aufgaben 1 und 2 im Hinblick auf die Zulässigkeit der Bildung einer Anomie-Skala bzw. eines Anomie-Indexes.

7.3.3 Bildung eines additiven Anomie-Indexes

Recodieren Sie die vier Anomievariablen (*anomie_1* bis *anomie_4*) temporär (*TEMPORARY*) so, dass die Variablenausprägung „bin anderer Meinung" statt des Wertes '2' den Wert '0' aufweist. Bilden Sie anschließend aus den vier Variablen mittels des *COMPUTE*-Befehls einen additiven Index, den Sie *anomie_idx* nennen. Vergeben Sie einen *VARIABLE LABEL* für den Index und *VALUE LABELS* für die Variablenausprägungen '0' und '4'. Erstellen Sie für die neu gebildete Variable eine Häufigkeitstabelle und ein Balkendiagramm (*FREQUENCIES*). Lassen Sie außerdem exklusiv den arithmetischen Mittelwert und die Standardabweichung berechnen (*/STATISTICS*).

Was schließen Sie aus der Verteilung des Anomie-Indexes? Ist unsere Gesellschaft eher durch Ängstlichkeit und Unzufriedenheit oder eher durch Zuversicht und Zufriedenheit gekennzeichnet?

7.3.4 Multiple OLS-Regression des persönlichen Nettoeinkommens auf verschiedene Prädiktoren

Für diese Übungsaufgabe nehmen wir die bivariate Fragestellung aus Kapitel 6.2.2.2, S. 222 ff. wieder auf und ergänzen den dort bereits vorhandenen Prädiktor *arbeitsstunden_1* mit *sex_b* und *west_ost*.

Da wir Vergleiche zwischen Ost- und Westdeutschland anstellen wollen, muss die Gewichtung des Datensatzes ausgeschaltet werden (*WEIGHT OFF*). Eliminieren Sie beim persönlichen Nettoeinkommen temporär (*TEMPORARY*) alle Fälle aus dem Datensatz, die entweder über keinerlei Einkommen oder über ein Einkommen von 10.000 und mehr Euro verfügen. Dichotome Variablen wie das Erhebungsgebiet (*west_ost*) und Geschlechtszugehörigkeit (*sex_b*) werden in der Regressionsanalyse als binär codierte Variablen verwendet. Recodieren Sie *sex_b* und *west_ost* so, dass Männer mit '1', Frauen mit '0', Ostdeutsche mit '0' und Westdeutsche mit '1' codiert sind.[27]

1. Beantworten Sie zunächst die auf S. 198 gestellten drei Fragen zur Signifikanz, Stärke und Richtung des Zusammenhangs zwischen den drei Prädiktoren und dem Kriterium.
2. Wie lautet die Regressionsfunktion?
3. Mit wieviel Fehlervarianz wäre eine Prognose behaftet, die Sie mit Hilfe dieser Funktion treffen?
4. Welcher der drei Prädiktoren weist die größte Effektstärke auf?

7.3.5 Logistische Regression von Zukunftsskepsis auf verschiedene Determinanten

Eine der Anomie-Variablen – *anomie_2* – beinhaltet die Aussage: „So wie die Zukunft aussieht, kann man es kaum noch verantworten, Kinder auf die Welt zu bringen." Anzunehmen ist, dass die Zustimmung zu dieser Aussage u. a. in Abhängigkeit von der Geschlechtszugehörigkeit (*sex_b*), vom Bildungsgrad (*schulabschluss*) und vom Erhebungsgebiet (*west_ost*) variiert. Überprüfen Sie diese – ungerichtete – Hypothese mit Hilfe der logistischen Regression (*LOGISTIC REGRESSION*).

Da ein Vergleich zwischen Ost- und Westdeutschland ansteht, schalten Sie den Gewichtungsfaktor aus (*WEIGHT OFF*). Recodieren Sie außerdem die abhängige Variable *anomie_2* so, dass die Ablehnung der Aussage mit '0' codiert ist. Beziehen Sie von der unabhängigen Variablen *schulabschluss* nur die Absolventen von Haupt- und Realschule sowie die Befragten mit FHS-Reife und Abitur in die Logitanalyse ein.

---

27 Das hat den Vorteil, dass keine negativen Vorzeichen bei den Regressionskoeffizienten entstehen.

Bei den kategorialen Variablen sind folgende Referenzgruppen mittels der *IN-DICATOR*-Anweisung zu definieren: Bei *sex_b* die Frauen, beim *schulabschluss* die Personen mit Hochschulreife, bei *west_ost* die alten Bundesländer.

Beantworten Sie die sechs folgenden Fragen:

1. Ist unser logistisches Regressionsmodell statistisch signifikant?
2. Wie groß ist die Erklärungskraft des Modells?
3. Wie lautet die logistische Regressionsfunktion?
4. Wie groß ist die Wahrscheinlichkeit, dass eine 50-jährige ostdeutsche Frau mit Hochschulreife der o. a. Aussage zustimmt?
5. Um wieviel Prozent ist das Wahrscheinlichkeitsverhältnis zugunsten der „Zukunftsskepsis" bei Männern geringer als bei Frauen?
6. Und um wieviel Prozent ist das Wahrscheinlichkeitsverhältnis zugunsten der „Zukunftsskepsis" bei Hauptschülern höher als bei Abiturienten?

8 Präsentationsgrafiken

In den vorausgegangenen Kapiteln hatten wir bereits einige Möglichkeiten kennen gelernt, Ergebnisse von Datenanalysen grafisch darzustellen: Balken-, Kasten- und Wahrscheinlichkeitsdiagramme, Histogramme, Streudiagramme u. a. m. Die Diagramme in den Beispielen haben wir mittels der Statistikprozeduren selbst oder mit der veralteten – aber dennoch nutzbaren – Grafikprozedur *GRAPH*, erzeugt. ***GRAPH*** war die erste in SPSS Statistics verfügbare Grafikprozedur.

Mit ***IGRAPH*** hat der Software-Hersteller die Grafikprozedur *GRAPH* um 3-D- und interaktive Darstellungsmöglichkeiten erweitert. Da die Anwendung von *IGRAPH* sehr umständlich ist, raten wir von einer Nutzung ab und empfehlen die jüngste Grafikprozedur ***GGRAPH***.

Die Befehlssyntax für *GRAPH*, *IGRAPH* und *GGRAPH* ist hier zu finden:

►Hilfe ►Befehlssyntaxreferenz (Command Syntax Reference)

Das auf S. 313 mit *GGRAPH* erzeugte Balkendiagramm kann wie folgt mit der alten Grafikprozedur *GRAPH* erstellt werden:

```
GET FILE="'...allbus2012.sav"'.
WEIGHT BY gewicht.
GRAPH /BAR(SIMPLE)=COUNT BY schicht.
```

Der *GRAPH*-Befehl kann auch über das Grafikmenü zusammengestellt werden:

►Grafik ►Alte Dialogfelder ►Balken ►Einfach

►Bedeutung der Balken ►Anzahl der Fälle

►*schicht* ►Kategorieachse:

►Optionen ►Fehlende Werte ►Listenweiser Fallausschluss ►Weiter

►Einfügen

In diesem Kapitel wollen wir auf einige der Grafikoptionen, die die Grafikprozedur *GGRAPH* bietet, eingehen. Wir nutzen *GGRAPH* wegen seiner Komplexität ausschließlich über das Grafikmenü. Einen ersten Blick auf die zur Verfügung stehenden Diagrammtypen erhalten wir über die Menüleiste des Dateneditor-Fensters mit:

►Grafik ►Diagrammerstellung ►Galerie

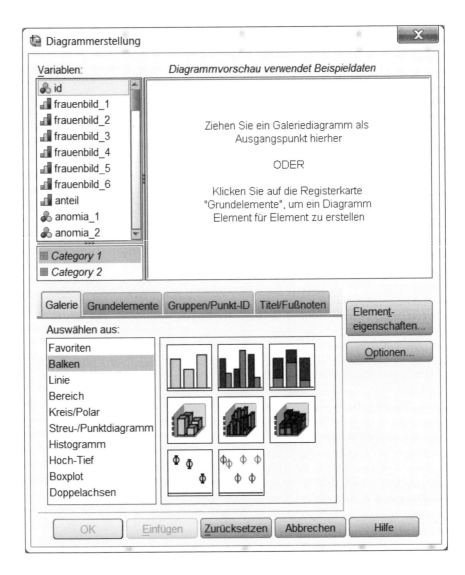

Die Galeriebilder sind mit Texten hinterlegt, die angezeigt werden, sobald der Mauszeiger sie berührt. Die Galerie enthält eine Sammlung der am häufigsten verwendeten Diagramme:

- Balkendiagramme: Einfach, gestapelt, gruppiert, 3-D und Fehlerbalken
- Liniendiagramme: Einfach und gruppiert (Mehrfachlinien)
- Flächendiagramme: Einfach und gestapelt
- Kreisdiagramme: Einfach
- Streu- und Punktdiagramme: einfach, gruppiert, einfaches und gruppiertes 3-D-Streudiagramm; Punktdiagramm, Punktsäule, Streudiagramm-Matrix und Verbundliniendiagramm
- Histogramme: Einfach, gestapelt, Häufigkeitspolygon und Populationspyramide
- Hoch-Tief-Diagramme: Hoch-Tief-Schluss, Differenzflächen, einfache und gruppierte Bereichsbalken
- Boxplots: Einfach, gruppiert, 1-D-Boxplot
- Doppelachsendiagramme: Zwei Y-Achsen mit kategorialer X-Achse, zwei Y-Achsen mit metrischer X-Achse

Wir konzentrieren uns in dieser Einführung auf die gebräuchlichsten und stellen Balken-, Kreis- und Streudiagramme vor. Wie solche Diagramme bearbeitet und verbessert werden können, wird in Kapitel 8.4 behandelt.

Aus Platzgründen drucken wir die über das Grafikmenü erstellten Syntaxbefehle *GGRAPH* und *GPL* nur bei der ersten Grafik ab. Die SPSS Statistics-Syntaxdateien, mit denen die Diagramme dieses Kaptitels erzeugt wurden, sind als Download-Dateien verfügbar (s. Anhang). Verzeichnis und Dateiname finden sich jeweils bei den Beispielen: ⇒ `grafiken/*.sps` .

8.1 Balkendiagramme

Balkendiagramme sind insbesondere geeignet, Häufigkeiten nominal- und ordinalskalierter Variablen darzustellen und statistische Kennwerte metrischer Variablen in Abhängigkeit von nominal- oder ordinalskalierten Gruppierungsvariablen zu visualisieren.

Zuerst lassen wir uns ein **einfaches** Balkendiagramm der Variablen *schicht* erstellen, wobei wir die Darstellung der „fehlenden Werte" im nachfolgenden Programm von vornherein ausschalten. Da wir Aussagen für Gesamtdeutschland treffen wollen, gewichten wir unseren Datensatz zuvor mit dem personenbezogenen Ost-West-Gewicht durch Ausführen der folgenden Befehle im Syntaxfenster:

⇒ grafiken/bar1.sps

```
WEIGHT BY gewicht.
EXECUTE.
```

In der Statuszeile des Dateneditor-Fensters wird nun „Gewichtung aktiv" angezeigt. Damit immer der Originaldatensatz verwendet wird, empfehlen wir, jede neue Auswertung mit dem Einlesen der SPSS Statistics-Datendatei zu beginnen. Wir fahren fort mit:[1]

►Grafik ►Diagrammerstellung ►Galerie ►Balken ►Einfache Balken

►Eigenschaften bearbeiten von: Balken1

►Statistik: Anzahl ►Anwenden ►Schließen

►*schicht* ►X-Achse?

►Optionen ►Benutzerdefiniert fehlende Werte

►Auswertungsstatistik und Fallwerte ►Listenweise ausschließen, ... ►OK

►Einfügen

und erhalten folgende Befehlssequenz:

```
* Diagrammerstellung.
GGRAPH
  /GRAPHDATASET NAME="graphdataset" VARIABLES=schicht
    COUNT()[name="COUNT"] MISSING=LISTWISE REPORTMISSING=NO
  /GRAPHSPEC SOURCE=INLINE.
BEGIN GPL
  SOURCE: s=userSource(id("graphdataset"))
  DATA: schicht=col(source(s), name("schicht"), unit.category())
  DATA: COUNT=col(source(s), name("COUNT"))
  GUIDE: axis(dim(1), label("Subjektive Schichteinstufung, Befr."))
  GUIDE: axis(dim(2), label("Anzahl"))
  SCALE: cat(dim(1), include("1", "2", "3", "4", "5", "6"))
  SCALE: linear(dim(2), include(0))
  ELEMENT: interval(position(schicht*COUNT),
    shape.interior(shape.square))
END GPL.
```

Wir sehen, dass die Menübefehlsfolge zur Erstellung des Balkendiagramms auf den SPSS Statistics-Befehl *GGRAPH* und ein dazugehöriges GPL-Programm abgebildet wird. Wegen seiner Komplexität erklären wir hier den Befehl *GGRAPH* nicht näher, sondern verweisen auf die Programmhilfe und das Kommandosyntax-

---

1 Variable(n) anklicken und auf die gewünschte Koordinatenachse ziehen.

Handbuch. Die Programmiersprache GPL („Graphics Production Language") ist ebenfalls in der Programmhilfe und ausführlich im „GPL Reference Guide for IBM SPSS Statistics"[2] beschrieben.

Diese Befehle markieren wir, führen sie mit „▶Ausführen ▶Auswahl" aus und erhalten folgendes Diagramm:

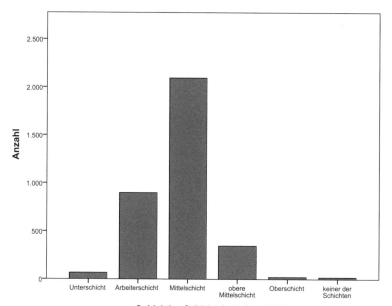

Subjektive Schichteinstufung, Befr.

Das dadurch entstandene Balkendiagramm zeigt das für die subjektive Schicht-zuordnung in unserer Gesellschaft typische Bild. Die Grafik wird automatisch beschriftet: Als x-Achsenbeschriftung wird die vom Benutzer vergebene Vari-ablenbeschriftung („Subjektive Schichteinstufung, Befr.") verwendet, als Beschrif-tung der Kategorien auf der x-Achse die vom Benutzer definierten Wertbeschrif-tungen. Auf der y-Achse ist die Anzahl der Personen abgetragen.

Da die Kategorien „Unter-" und „Oberschicht" sehr dünn besetzt sind, ord-nen wir die Personen der „Arbeiterschicht" der „Unterschicht" und die Personen der „Oberen Mittelschicht" der „Oberschicht" zu. Die Personen, die sich keiner Schicht zugeordnet haben, betrachten wir als fehlend. Wie immer ist die Reco-dierung am einfachsten im geöffneten Syntaxfenster zu erledigen:

⇒ grafiken/bar2.sps

```
WEIGHT BY gewicht.
RECODE schicht (1, 2=1) (3=2) (4, 5=3)(ELSE=9).
MISSING VALUES schicht (9).
VALUE LABELS schicht
 1 "Unterschicht"  2 "Mittelschicht"
 3 "Oberschicht"   9 "kA".
EXECUTE.
```

Wir erstellen erneut das Diagramm mit:

▶Grafik ▶Diagrammerstellung ▶Galerie ▶Balken ▶Einfache Balken

▶Eigenschaften bearbeiten von: Balken1

▶Statistik: Anzahl ▶Anwenden ▶Schließen

▶*schicht* ▶X-Achse?

▶Optionen ▶Benutzerdefiniert fehlende Werte

▶Auswertungsstatistik und Fallwerte ▶Listenweise ausschließen, ... ▶OK

▶Einfügen

GGRAPH und das GPL-Programm liefern uns folgendes Diagramm:

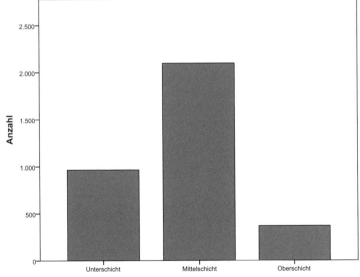

Subjektive Schichteinstufung, Befr.

Auch diese Grafik ließe sich in mancherlei Hinsicht modifizieren. So könnten Titel, Untertitel, Fußnoten und Achsenbeschriftungen eigens definiert werden. Zudem wäre es möglich, statt der absoluten auch relative sowie kumulierte absolute
und relative Häufigkeiten zu verwenden. Zusätzlich stehen andere Auswertungs-
funktionen bereit, die weitere Variablen mit in die Darstellung einbeziehen. Auf
diese und sonstige Möglichkeiten wird in Kapitel 8.4 eingegangen.

Im nächsten Schritt wollen wir ein **gruppiertes** Balkendiagramm erzeugen und
analysieren, ob Befragte in Ost- und Westdeutschland (*west_ost*) sich in ihrer subjektiven Schichteinstufung gleichen oder nicht. Dazu eignen sich relative Häufigkeiten besser als absolute. Da wir zwischen Ost- und Westdeutschland vergleichen
wollen, gewichten wir unseren Datensatz nicht:

⇒ grafiken/bar3.sps

```
RECODE schicht (1, 2=1) (3=2) (4, 5=3)(ELSE=9).
MISSING VALUES schicht (9).
VALUE LABELS schicht
 1 "Unterschicht"  2 "Mittelschicht"
 3 "Oberschicht"  9 "kA".
EXECUTE.
```

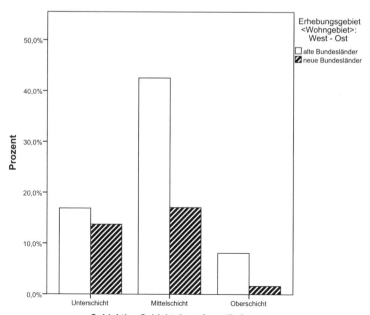

Subjektive Schichteinstufung, Befr.

Folgende Schritte haben uns zu dem gewünschten Diagramm geführt:

▶Grafik ▶Diagrammerstellung ▶Galerie ▶Balken ▶Gruppierte Balken

▶*schicht* ▶X-Achse?

▶*Doppelklick* ▶Clustervariable auf X: Farbe festlegen

▶Gruppen unterscheiden nach: Muster ▶Anordnung: Clustervariable auf X ▶OK

▶*west_ost* ▶Clustervariable auf X:

▶Eigenschaften bearbeiten von: Balken1

▶Statistik: Prozentsatz (?) ▶Parameter festlegen

▶Nenner für die Berechnung des Prozentsatzes:

▶Gesamt für jede Kategorie der Legendenvariablen (selbes Füllmuster)

▶Weiter ▶Anwenden ▶Schließen

▶Optionen ▶Benutzerdefiniert fehlende Werte

▶Auswertungsstatistik und Fallwerte ▶Listenweise ausschließen, ... ▶OK

▶Einfügen

Aus drucktechnischen Gründen unterscheiden wir die Gruppen nach schwarz-weißen Mustern, für die Betrachtung der Diagramme auf dem Bildschirm ist eine farbige Gestaltung besser geeignet. Deutlich ist zu sehen, dass sich Bewohner der neuen Bundesländer vergleichsweise eher der Unterschicht (Unterschicht- und Arbeiterschicht) sowie der Mittelschicht und fast gar nicht der Oberschicht (Obere Mittel- und Oberschicht) zuordnen.

Wenn mehr als drei Balken im Diagramm vorhanden sind, bietet sich, wie das folgende Beispiel zeigt, eher ein gestapeltes Balkendiagramm an. Wir möchten das Verhältnis zwischen politischem Interesse (*politik_1*) und Schulabschluss (*schulabschluss*) **gestapelt** darstellen. Die Personen mit „anderem Abschluss" und die Schüler/innen werden wie Personen ohne Angabe behandelt. Die folgenden SPSS Statistics-Befehle und der „zusammengeklickte" Grafikbefehl erzeugen das gewünschte Balkendiagramm:

⇒ grafiken/bar4.sps

```
WEIGHT BY gewicht.
RECODE schulabschluss (6,7=9).
MISSING VALUES schulabschluss (9).
VALUE LABELS schulabschluss
    1 "ohne Abschluss"
    2 "Volks-, Hauptschulabschluss"
```

3 "Mittlere Reife"
4 "Fachhochschulreife"
5 "Hochschulreife"
9 "anderer Abschluss, noch Schüler/in oder kA".
EXECUTE.

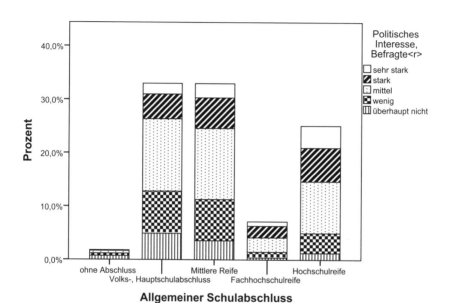

Allgemeiner Schulabschluss

▶Grafik ▶Diagrammerstellung ▶Galerie ▶Balken ▶Gestapelte Balken

▶Eigenschaften bearbeiten von: Balken1

▶Statistik: Prozentsatz ▶Anwenden ▶Schließen

▶*schulabschluss* ▶X-Achse?

▶*Doppelklick* ▶Stapel: Farbe festlegen

▶Gruppen unterscheiden nach: Muster ▶Anordnung: Stapel ▶OK

▶*politik_1* ▶Stapel:

▶Optionen ▶Benutzerdefiniert fehlende Werte

▶Auswertungsstatistik und Fallwerte ▶Listenweise ausschließen, ... ▶OK

▶Einfügen

Für eine multivariate Abhängigkeitsdarstellung eignet sich ein Diagramm mit gestapelten 3-D-Balken. Im folgenden Beispiel zeigen wir den Einfluss von Schulabschluss (*schulabschluss*), Geschlecht (*sex_b*) und Wohnregion (*west_ost*) auf das persönliche Nettoeinkommen (*eink_p1*). Das 3-D-Balkendiagramm kann mit dem Diagrammeditor interaktiv über die 3-D-Rotation gedreht und damit aus verschiedenen Blickwinkeln betrachtet werden:

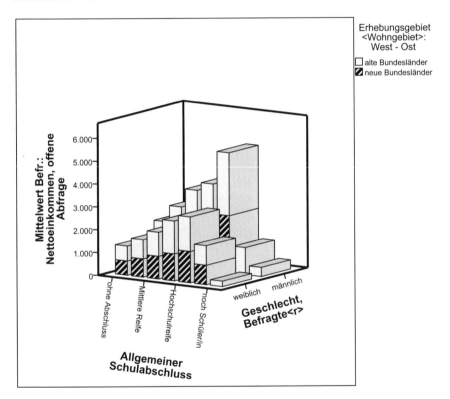

Für dieses 3-D-Balkendiagramm sind folgende SPSS Statistics-Befehle und Menüschritte erforderlich:

⇒ grafiken/bar5.sps

```
WEIGHT BY gewicht.
EXECUTE.
```

▶Grafik ▶Diagrammerstellung ▶Galerie

▶Balken ▶Gestapelte 3-D-Balken

▶Eigenschaften bearbeiten von: Balken1

▶Statistik: Mittelwert ▶Anwenden ▶Schließen

▶*eink_p1* ▶Y-Achse?

▶*schulabschluss* ▶X-Achse?

▶*sex_b* ▶Z-Achse?

▶*Doppelklick* ▶Stapel: Farbe festlegen

▶Gruppen unterscheiden nach: Muster ▶Anordnung: Stapel ▶OK

▶*west_ost* ▶Stapel:

▶Optionen ▶Benutzerdefinierte fehlende Werte

▶Auswertungsstatistik und Fallwerte ▶Listenweise ausschließen, ... ▶OK

▶Einfügen

Dieses 3-D-Balkendiagramm betrachten wir nun interaktiv mit dem Diagramm-editor. Der Editor wird durch einen Doppelklick auf das Diagramm im Ausgabe-fenster oder über das kontextsensitive Menü der rechten Maustaste gestartet:

▶*Klick mit rechter Maustaste auf das Diagramm im Ausgabefenster*

▶Inhalt bearbeiten ▶In separatem Fenster

Die 3-D-Rotation wird mit dem Symbol 📊 (Drehen des 3-D-Diagramms) oder mit: „▶Bearbeiten ▶3-D-Rotation" aktiviert. SPSS Statistics öffnet ein Fenster zur Eingabe der Rotationswinkel:

Gleichzeitig wird der Mauszeiger nicht mehr als Pfeil, sondern als Hand darge-stellt. Die Rotationswinkel können über das Fenster oder durch Drehen des Dia-gramms mit der Mauszeigerhand geändert werden:

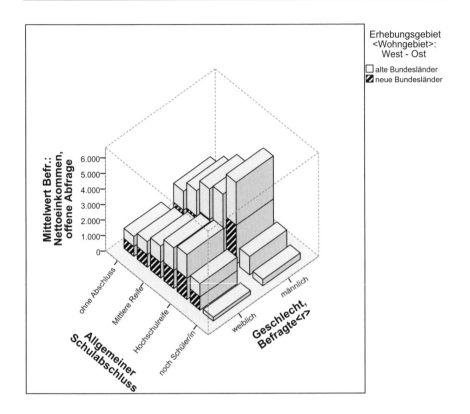

8.2 Kreisdiagramme

Kreisdiagramme eignen sich vor allem zur Visualisierung der Verteilung von kategorialen Variablen, die sich inhaltlich sinnvoll auf einhundert Prozent addieren – also nahezu für alle nominal- und ordinalskalierten Variablen mit nicht zu vielen Ausprägungen. Es können mit dieser Prozedur **Kategorien einer Variablen** oder **mehrere Variablen gleichzeitig** sowie **Werte einzelner Fälle** dargestellt werden.

Die Variable Schulabschluss (*schulabschluss*) eignet sich bestens, um zur Demonstration eines Kreisdiagramms der **Kategorien einer Variablen** herzuhalten. Wir nutzen dabei wieder die Option, fehlende Werte aus der Darstellung ausschließen zu können, und versehen das Diagramm mit Titel und Fußnote. Wegen des Blicks auf Gesamtdeutschland dürfen wir die Gewichtung nicht vergessen:

⇒ grafiken/pie1.sps

```
WEIGHT BY gewicht.
EXECUTE.
```

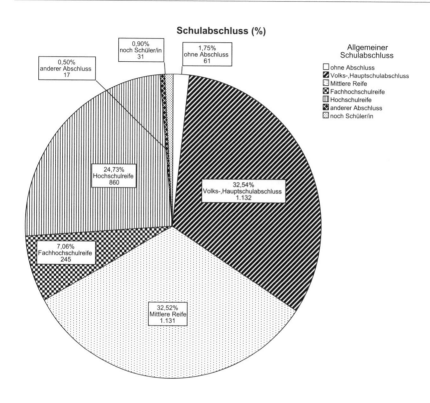

Schulabschluss (%)

0,90%
noch Schüler/in
31

1,75%
ohne Abschluss
61

0,50%
anderer Abschluss
17

Allgemeiner
Schulabschluss

☐ ohne Abschluss
▨ Volks-,Hauptschulabschluss
☐ Mittlere Reife
▧ Fachhochschulreife
▥ Hochschulreife
▨ anderer Abschluss
▨ noch Schüler/in

24,73%
Hochschulreife
860

32,54%
Volks-,Hauptschulabschluss
1.132

7,06%
Fachhochschulreife
245

32,52%
Mittlere Reife
1.131

Fälle gewichtet nach "gewicht"

Das Kreisdiagramm haben wir erzeugt mit:

▶Grafik ▶Diagrammerstellung ▶Galerie ▶Kreis/Polar ▶Kreisdiagramm

▶Eigenschaften bearbeiten von: Polarintervall1

▶Statistik: Prozentsatz ▶Anwenden ▶Schließen

▶*schulabschluss* ▶Aufteilen nach?

▶Farbe festlegen ▶*Doppelklick* ▶*schulabschluss*

▶Gruppen unterscheiden nach: Muster ▶OK

►Titel/Fußnoten ►Titel 1 ►Schulabschluss (%) ►Anwenden

►Fußnote 1 ►Fälle gewichtet nach „gewicht" ►Anwenden ►Schließen

►Optionen ►Benutzerdefiniert fehlende Werte

►Auswertungsstatistik und Fallwerte ►Listenweise ausschließen, … ►OK

►Einfügen

Die Prozentwerte, Wertbeschriftungen und die Anzahlen der Schulabschlussarten haben wir uns nachträglich mit Hilfe des Diagrammeditors mit ausgeben lassen:

►*Doppelklick auf das Diagramm im Ausgabefenster*

►Elemente ►Datenbeschriftungen einblenden ►Datenwertbeschriftungen

►Allgemeiner Schulabschluss ►Angezeigt: ►Anzahl ►Angezeigt:

►Anzeigeoptionen

►☐ Überlappende Beschriftungen (nicht) unterdrücken ►Anwenden

►*Beschriftungen mit der Maus „zurechtrücken"* ►Schließen

Deutlich erkennbar ist, dass die Gruppen der Personen mit Volks-/Hauptschulabschluss und mit Mittlerer Reife gleich groß sind. Personen mit Hochschulreife bilden die drittgrößte, Befragte mit Fachhochschulreife die viertgrößte Gruppierung. Im Kapitel 8.4.2 zeigen wir, wie Kreisdiagramme mit dem Diagrammeditor lesbarer und übersichtlicher gestaltet werden können.

8.3 Streudiagramme

Streudiagramme sind geeignet, die Korrelation zwischen zwei metrischen Variablen darzustellen, wie wir bereits in Kapitel 6 gesehen hatten. Eine dritte Variable lässt sich zur Fallbeschriftung verwenden. Gelegentlich werden außerdem die Beziehungen zwischen drei metrischen Variablen in Form von 3-D-Streudiagrammen abgebildet.

Wir möchten als erstes die Korrelation zwischen dem Haushaltsnettoeinkommen und dem persönlichen Nettoeinkommen in einem Streudiagramm darstellen und beginnen wieder mit der Gewichtung unseres Datensatzes:

⇒ grafiken/scatter1.sps

```
WEIGHT BY gewicht.
EXECUTE.
```

Wir erstellen das Streudiagramm – wie gewünscht mit Titel und Fußnote:

►Grafik ►Streu-/Punktdiagramm… ►Einfaches Streudiagramm

►*eink_hh1* ►Y-Achse?

►*eink_p1* ►X-Achse?

►Titel/Fußnoten

►Titel 1: ►Regression von Haushaltsnettoeinkommen ►Anwenden

►Titel 2: ►auf persönliches Nettoeinkommen ►Anwenden

►Fußnote 1 ►ALLBUS 2012 ►Anwenden ►Schließen

►Einfügen

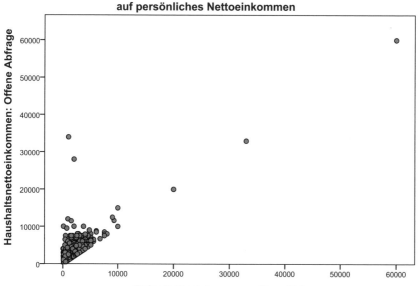

Regression von Haushaltsnettoeinkommen

auf persönliches Nettoeinkommen

Befr.: Nettoeinkommen, offene Abfrage

ALLBUS 2012

Eine – in der Regel nominal- oder ordinalskalierte – Drittvariable kann verwendet werden, um die einzelnen Punkte im Streudiagramm zu markieren:

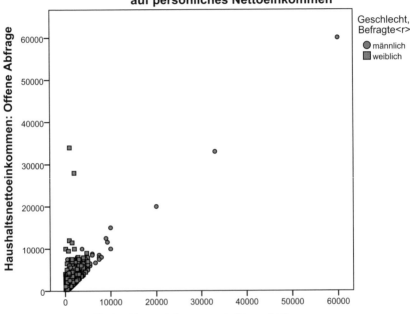

Regression von Haushaltsnettoeinkommen

auf persönliches Nettoeinkommen

ALLBUS 2012

Das Streudiagramm zeigt bei beiden Geschlechtern eine deutliche Konzentration bei den niedrigen Einkommensnennungen auf. Tendenziell nennen Männer jedoch vergleichsweise häufiger hohe Einkommen. Allerdings: Die „Ausreißer" mit einem Haushaltsnettoeinkommen von 28.000 und 34.000 Euro sind „Ausreißer*innen*", bei den Personen mit dem höchsten persönlichen Nettoeinkommen (33.000 und 60.000 Euro) handelt es sich um Männer. Für das obige Diagramm waren folgende Schritte erforderlich:

⇒ grafiken/scatter2.sps

```
WEIGHT BY gewicht.
EXECUTE.
```

►Grafik ►Streu-/Punktdiagramm... ►Einfaches Streudiagramm

►*eink_hh1* ►Y-Achse? ►*eink_p1* ►X-Achse?

►Gruppen/Punkt-ID ►Gruppierungs-/Stapelvariable

►*Doppelklick* ►Farbe festlegen

►Gruppen unterscheiden nach: Muster ►OK

►*sex_b* ►Muster festlegen

►Titel/Fußnoten ►Titel 1: ►Regression von Haushaltsnettoeinkommen ►Anwenden

►Titel 2: ►auf persönliches Nettoeinkommen ►Anwenden

►Fußnote 1 ►ALLBUS 2012 ►Anwenden ►Schließen

►Einfügen

Für die Möglichkeit, bei **einfachen Streudiagrammen** eine **Fallbeschriftung** vorzunehmen, gilt das bei **Kreisdiagrammen** für **Werte einzelner Fälle** Ausgeführte. Kurz: Unsere Datei ist dafür wenig geeignet. Um dennoch einen Eindruck von Streudiagrammen mit Fallbeschriftung zu vermitteln, wählen wir ein analoges Vorgehen, selektieren wegen der Übersichtlichkeit jedoch nur die ersten zehn Fälle:

⇒ grafiken/scatter3.sps

```
WEIGHT BY gewicht.
SELECT IF (id LE 10).
EXECUTE.
```

und erhalten mit der unten aufgeführten Menüfolge dieses Streudiagramm:

►Grafik ►Streu-/Punktdiagramm... ►Einfaches Streudiagramm

►*eink_hh1* ►Y-Achse?

►*eink_p1* ►X-Achse?

►Gruppen/Punkt-ID ►Punkt-ID-Beschriftung

►*schulabschluss* ►Punktbeschriftungsvariable

►Einfügen

Unter den ersten zehn Fällen sind diejenigen, die auf beide Einkommensfragen eine gültige Antwort gegeben haben, nun durch die Wertbeschriftung ihres Schulabschlusses „markiert". Bei Inspektion der Abbildung lässt sich erahnen, dass Befragte mit höherem Schulabschluss wahrscheinlich vermehrt unter jenen zu finden sind, die höhere Einkommen erzielen.

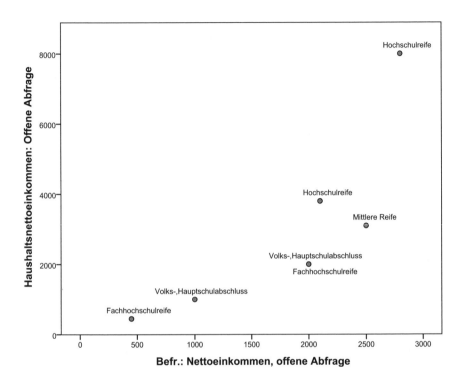

Befr.: Nettoeinkommen, offene Abfrage

Bei **überlagerten Streudiagrammen** werden mindestens zwei Streudiagramme wie bei einem Flächendiagramm in einer Grafik zusammengefasst. Bei der nachfolgenden Abbildung überlagert die Korrelation zwischen persönlichem Nettoeinkommen und dem Alter jene zwischen Haushaltseinkommen und dem Alter. Vor der Diagrammerstellung eliminieren wir die Personen, die kein persönliches Nettoeinkommen und Haushaltseinkommen haben, sowie die Ausreißer:

⇒ grafiken/scatter4.sps

```
WEIGHT BY gewicht.
MISSING VALUES
  eink_p1(0,10000 THRU HI)
/eink_hh1(0, 30000 THRU HI).
EXECUTE.
```

Folgende Menüfolge erzeugt den gewünschten Grafikbefehl:[3]

▶Grafik ▶Streu-/Punktdiagramm... ▶Einfaches Streudiagramm

▶*alter_b* ▶X-Achse?

▶*eink_p1* ▶*eink_hh1* ▶Y-Achse?

▶*Doppelklick* ▶Variablenpaare

▶Paare unterscheiden nach: Muster ▶OK

▶Einfügen

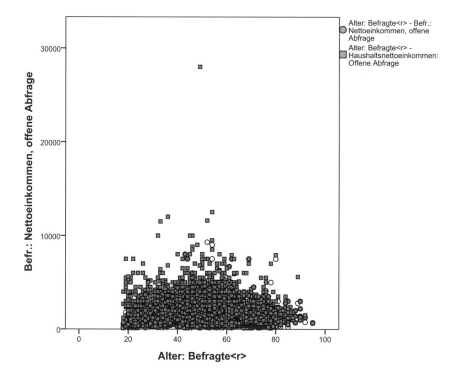

Diese unkommentierte Darstellung muss hier genauso genügen wie die nachfolgende, die die Möglichkeit der Erstellung einer **Streudiagramm-Matrix** demonstriert. Eine solche Matrix vereint mehrere Streudiagramme in einer Abbildung, wobei die Streudiagramm-Matrix so viele Spalten und Zeilen hat, wie Matrixvariablen definiert werden; in unserem nachfolgenden Beispiel sind es drei.

---

3 Die zweite Variable *eink_hh1* in den oberen Bereich der y-Achse auf [+] ziehen.

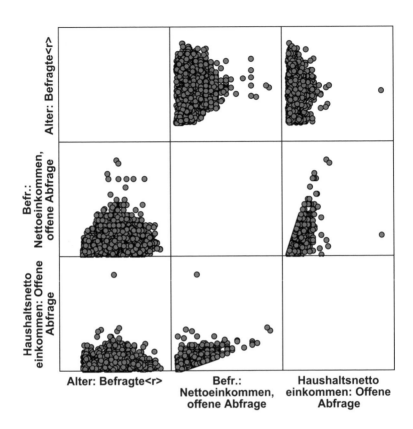

Wir eliminieren zuerst wieder die Personen ohne Einkommen und die Ausreißer:

⇒ grafiken/scatter5.sps

```
WEIGHT BY gewicht.
MISSING VALUES eink_p1(0,10000 THRU HI)/eink_hh1(0, 30000 THRU HI).
EXECUTE.
```

Das dazu erforderliche Grafikprogramm ist einfach zu erstellen:[4]

▶Grafik ▶Streu-/Punktdiagramm… ▶Streudiagramm-Matrix

▶*alter_b* ▶*eink_p1* ▶*eink_hh1* ▶Streumatrix?

▶Einfügen

---

4 Die zweite und dritte Variable in den linken Bereich der x-Achse auf [+] ziehen.

Eine solche Streudiagramm-Matrix vermag auf einen Blick eine Vielzahl bivariater Beziehungen zwischen metrischen Variablen zu visualisieren. Jede Zelle ist dabei ein Streudiagramm für das Variablenpaar, das durch die jeweiligen Diagonalzellen-Variablen definiert wird: Betrachten wir die mittlere Zelle in der obersten **Zeile** der Streudiagramm-Matrix, so ist hier die Korrelation zwischen persönlichem Nettoeinkommen (x-Variable) und Lebensalter (y-Variable) abgetragen. Betrachten wir die mittlere Zelle in der ersten **Spalte** der Streudiagramm-Matrix, so ist dort ebenfalls die Korrelation zwischen persönlichem Nettoeinkommen (y-Variable) und Lebensalter (x-Variable) abgetragen etc. Wir haben es also mit einer so genannten „redundanten" Matrix zu tun, bei der jede Variablen-Kombination – an der Diagonalachse gespiegelt, also um 90° gedreht – zweifach vorkommt.

Abschließend einige Hinweise auf **dreidimensionale Streudiagramme**. Hierzu sind selbstverständlich drei (metrische) Variablen erforderlich, die auf der y-, x- und z-Achse abgetragen werden. Wir stellen ein 3-D-Streudiagramm für *haushaltsgroesse* (x-Variable), *eink_hh1* (y-Variable) und *alter_b* (z-Variable) unter Ausschluss der Personen ohne Einkommen bzw. mit Einkommen ab € 30.000 her:

⇒ grafiken/scatter6.sps

```
WEIGHT BY gewicht.
MISSING VALUES eink_hh1(0, 30000 THRU HI).
EXECUTE.
```

▶Grafik ▶Streu-/Punktdiagramm... ▶Einfaches 3-D-Streudiagramm

▶*eink_hh1* ▶Y-Achse?

▶*haushaltsgroesse* ▶X-Achse?

▶*alter_b* ▶Z-Achse?

▶Einfügen

Auf Titel, Fußnoten etc. verzichten wir. Dreidimensionale Diagramme sind, wenn die Anzahl der Untersuchungseinheiten groß ist, selten einfach zu analysieren und meist nicht leicht zu interpretieren; so auch hier. Dennoch kann man mit Abstrichen erkennen, dass die höheren Einkommen weder in den ganz frühen, noch in den ganz späten Lebensjahren, sondern in den mittleren Altersgruppen erzielt werden. Allerdings kann die 3-D-Streudiagrammen zugewiesene Option der **Rotation um die waagerechte, senkrechte und diagonale Achse** solcherart dreidimensionale Zusammenhänge – jedoch meist nur bei kleinen Fallzahlen möglich – besser ans Tageslicht fördern.

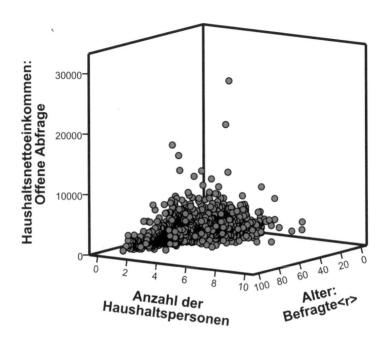

8.4 Editieren von Diagrammen

Die vorgestellten Grafiken dürften vielen Anforderungen bereits genügen. Zur Erfüllung weiter gehender Anforderungen steht der Diagrammeditor zur Verfügung, der eine Modifikation der Diagramme vor der Übernahme in Programme der Textverarbeitung und Präsentationserstellung ermöglicht. Das Menü und die Funktionen des Diagrammeditors sind auf S. 42 beschrieben.

Gestartet wird der Diagrammeditor im Viewer-Fenster mit einem Doppelklick auf das gewünschte Diagramm oder über das kontextsensitive Menü der rechten Maustaste:

▶Klick mit rechter Maustaste auf das gewünschte Diagramm

▶Inhalt bearbeiten ▶In separatem Fenster

Diagramme können aus dem Viewer-Fenster als Grafikdateien in folgenden Formaten exportiert werden:

- BMP: Windows Bitmap (*.bmp)
- EMF: Windows Enhanced Metafile (*.emf)
- EPS: Encapsulated Postscript (*.eps)
- JPEG: Joint Photographic Experts Group (*.jpg)
- PNG: Portable Network Graphics (*.png),
- TIFF: Tagged Image File Format (*.tif).

Der Export eines Diagramms aus dem Viewer-Fenster – hier als JPEG-Datei – erfolgt mit:

▶ *In der Gliederung Klick mit rechter Maustaste auf das Diagramm*

▶ Exportieren ▶ Zu exportierende Objekte: Ausgewählt

▶ Dokument ▶ Typ: Ohne (nur Grafiken)

▶ Grafik ▶ Typ: JPEG-Datei (.jpg) ▶ Name der Stammdatei: ...

Aus dem Diagrammeditor-Fenster können Diagramme als XML-Dateien gespeichert werden:

▶ Datei ▶ Diagramm-XML exportieren

▶ Dateiname: ... ▶ Speichern als Typ: Chart XML (*.xml)

Ebenso ist eine Übernahme in andere Dokumente per „Kopieren & Einfügen" sowohl aus dem Viewer- als auch aus dem Diagrammeditor-Fenster möglich.

Im Folgenden zeigen wir an einigen Beispielen die Modifikation von Diagrammen mit dem Diagrammeditor.

8.4.1 Balkendiagramme

Einige Möglichkeiten zur Modifikation von **Balkendiagrammen** wollen wir am Beispiel der Variablen „Politisches Interesse" (*politik_1*) vorstellen. Analog zum Vorgehen im Kapitel 8.1 stellen wir zunächst ein Balkendiagramm inklusive Titel, Fußnote und Ausschluss „fehlender Werte" her:

⇒ grafiken/editor1.sps

```
WEIGHT BY gewicht.
EXECUTE.
```

▶ Grafik ▶ Diagrammerstellung ▶ Galerie ▶ Balken ▶ Einfache Balken

▶ Eigenschaften bearbeiten von: Balken1

▶ Statistik: Prozentsatz ▶ Anwenden ▶ Schließen

► *politik_1* ►X-Achse? ►Einfügen

Wir fügen noch einen Titel ein und ändern die x-Achsenbeschriftung:

►Optionen ►Titel ►Politisches Interesse ►[Eingabetaste]

►*1. Klick auf x-Achsenbeschriftung* ►*2. Klick auf x-Achsenbeschriftung*

►ALLBUS 2012 ►[Eingabetaste]

Das Diagramm ist zu groß für unser Textdokument, in das wir es übernehmen wollen. Wir verkleinern es daher, wählen aber für die Wertbeschriftungen der x- und y-Achse eine größere Schrift:

►*Klick mit rechter Maustaste auf einen Balken* ►Eigenschaften

►Diagrammgröße: 11 ►Anwenden ►Schließen

►*Klick mit rechter Maustaste auf x-Achsenbeschriftung (z. B.: 'mittel')*

►Auswählen ►Alle Achsenbeschriftungen ►Eigenschaften

►Textstil ►Schriftart ►Bevorzugte Größe: 12 ►Anwenden ►Schließen

Nach der Änderung von Hintergrund- und Balkenfarbe ist unser Diagramm „veröffentlichungsreif":

►*Doppelklick in den inneren Diagrammrahmen* ►Eigenschaften

►Füllung und Rahmen ►Farbe ►Füllen ►Transparent ►Anwenden

►*Doppelklick auf einen Balken* ►Eigenschaften

►Füllung und Rahmen ►Farbe ►Füllen ►*Farbe auswählen*

►*Farbe auswählen* ►Anwenden ►Schließen

►*Diagrammeditor beenden*

Im nächsten Schritt drehen wir die Grafik, sodass wir ein zweites, inhaltlich identisches Diagramm mit liegenden Balken erhalten:

►Optionen ►Diagramm transponieren

Die Balkendiagramme können nun aus dem Ausgabefenster mit „Kopieren & Einfügen" in das Textverarbeitungssystem übernommen oder als PDF-Datei exportiert werden.

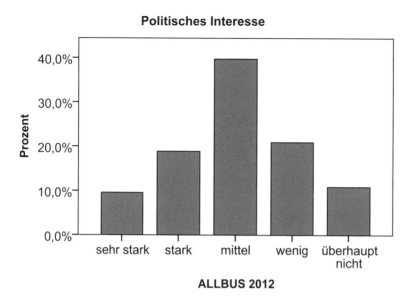

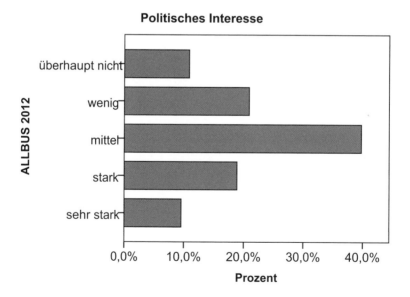

Es ergibt sich fast eine „Normalverteilung", allerdings mit leichter Verschiebung der Anteile hin zum politischen Desinteresse.

8.4.2 Kreisdiagramme

Nehmen wir als Ausgangspunkt das **Kreisdiagramm** der Variablen *politik_2*, die
darüber Auskunft gibt, welche Partei die Befragten bei der – damals – nächsten
Bundestagswahl – also 2013 – mit ihrer Zweitstimme wählen wollten. Um alle Ausprägungen der Variablen *politik_2* gezeigt zu bekommen, machen wir zunächst die fehlenden Werte zu gültigen:

⇒ grafiken/editor3.sps

```
WEIGHT BY gewicht.
MISSING VALUES politik_2().
EXECUTE.
```

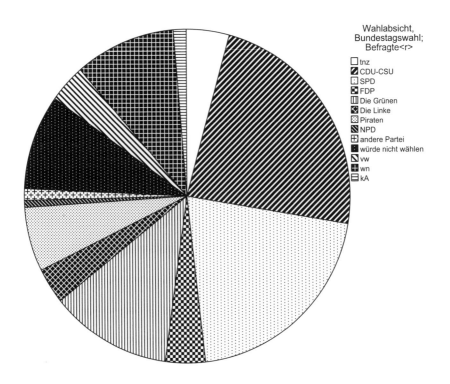

Bei der Diagrammerstellung haben wir aus drucktechnischen Gründen zur Unterscheidung der Kreisausschnitte ein Schwarzweißmuster statt Farbe gewählt:

► Grafik ► Diagrammerstellung ► Galerie ► Kreis/Polar ► Kreisdiagramm

► Eigenschaften bearbeiten von: Polarintervall1

► Statistik: Prozentsatz ► Anwenden ► Schließen

► *politik_2* ► Aufteilen nach?

► Farbe festlegen ► *Doppelklick* ► *politik_2*

► Gruppen unterscheiden nach: Muster ► OK

► Einfügen

Um die Lesbarkeit des Kreisdiagramms zu verbessern, fügen wir mit Hilfe des Diagrammeditors die Prozentwerte (mit einer Dezimalstelle) und Wertbeschriftungen hinzu:

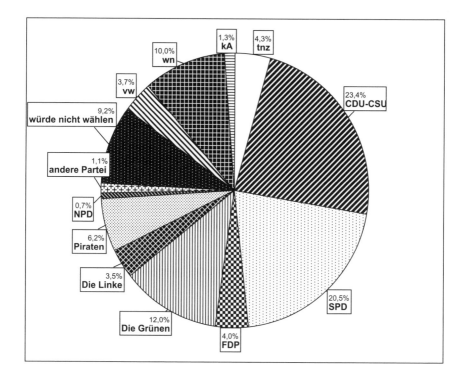

Da die Kreisausschnitte ihre Wertbeschriftungen enthalten sollen, haben wir die Legende ausgeblendet:

►*Doppelklick auf das Diagramm im Ausgabefenster*

►Optionen ►Legende ausblenden

►Elemente ►Datenbeschriftungen einblenden

►Zahlenformat ►Dezimalstellen:1 ►Anwenden

►Datenwertbeschriftungen ►Beschriftungen

►Wahlabsicht, Bundestagswahl; Befragte<r> ►Angezeigt:

►Beschriftungsposition ►Anpassen ►Außerhalb

►Anzeigeoptionen

►☐ Überlappende Beschriftungen (nicht) unterdrücken ►Anwenden

►*Beschriftungen mit der Maus „zurechtrücken"* ►Schließen

Aus der Perspektive des Jahres 2012 würden demzufolge die Nichtantwortenden und Nichtwähler bei der Bundestagswahl 2013 die größte Gruppierung bilden, gefolgt von den Wählern der CDU/CSU, SPD, „Grünen" etc.

Über die Formatsymbolleiste, die mit „►Ansicht ►☑ Formatsymbolleiste" eingeblendet sein muss, haben wir für die Wertbeschriftungen eine größere und stärkere Schrift gewählt:

►*Doppelklick auf eine Datenbeschriftung (z. B.:* 'SPD')

►Schriftgröße: 10 (statt „Auto") ►B (**Fett**)

und das Diagramm zum Schluss umrahmt:

►*Doppelklick in den inneren Diagrammrahmen* ►Eigenschaften

►Füllung und Rahmen ►Farbe ►Rahmen ►„schwarz"

►Anwenden ►Schließen

►*Diagrammeditor beenden*

Wir wollen nun eine Funktion des Diagrammeditors nutzen, um die Personen, die nicht zur Wahl gehen würden bzw. nicht wählen dürfen, und diejenigen, die uns im Jahr 2012 keine Antwort zur Bundestagswahl 2013 gegeben haben bzw. noch unentschieden sind, als Kreisausschnitt hervorheben:[5]

►Optionen ►Legende einblenden

►*1. Kreisausschnitt anklicken:* ►'würde nicht wählen'

►*Weitere Kreisausschnitte mit [Strg] anklicken:* ►'vw' ►'wn' ►'kA' ►'tnz'

---

5 Das Ausrücken von Kreisausschnitten funktioniert nur mit eingeblendeter Legende.

▶Elemente ▶Kreisausschnitt ausrücken

▶Optionen ▶Legende ausblenden ▶*Beschriftungen „zurechtrücken"*

Alternativ zum Menü bewirken auch die entsprechenden Symbole in den Symbolleisten das Ausrücken des Kreisausschnitts und das Ein-/Ausblenden der Legende sofern diese aktiviert sind:
„▶Ansicht ▶Optionssymbolleiste" und „▶Elementsymbolleiste"

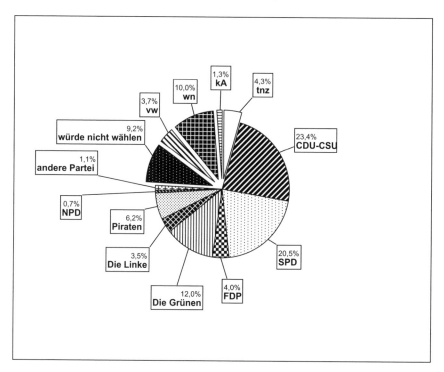

Im folgenden Kreisdiagramm fassen wir die „anderen Parteien", die bei der Wahl 2013 einzeln weniger als 5% der Stimmen erhalten dürften, zusammen. Wir gehen von dem auf S. 334 erzeugten Diagramm aus:

▶*Doppelklick auf das Diagramm im Ausgabefenster*

▶*Doppelklick auf das Diagramm* ▶Kategorien

▶Variable: ▶Wahlabsicht, Bundestagswahl; Befragte<r>

▶Kategorien zusammenfassen, wenn kleiner als ▶5%

▶Sortieren nach: ▶Wert ▶Anwenden ▶Schließen

▶Optionen ▶Legende ausblenden

▶Elemente ▶Datenbeschriftungen einblenden

▶Zahlenformat ▶Dezimalstellen:1 ▶Anwenden

▶Datenwertbeschriftungen ▶Beschriftungen

▶Wahlabsicht, Bundestagswahl; Befragte<r> ▶Angezeigt:

▶Anzeigeoptionen

▶□ Überlappende Beschriftungen (nicht) unterdrücken ▶Anwenden ▶Schließen

Abschließend rahmen wir das Kreisdiagramm ein, geben ihm eine Überschrift sowie eine Fußnote und wählen für die Beschriftungen eine größere und kräftigere
Schrift:

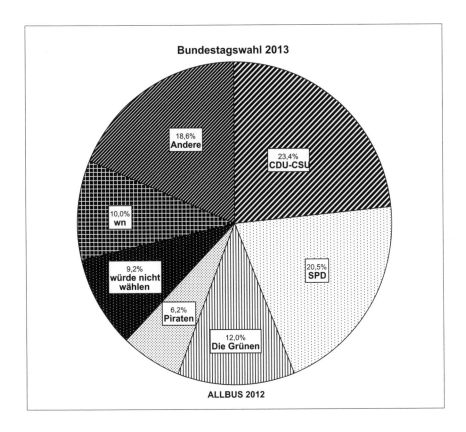

8.4.3 Streudiagramme

Als letztes Beispiel zur Arbeit mit dem Diagrammeditor wollen wir am weiter oben erstellten **Streudiagramm** aus Lebensalter (*alter_b*) und persönlichem Nettoeinkommen (*eink_p1*) Veränderungen vornehmen. In seiner „reinsten" Form sieht dieses Streudiagramm wie folgt aus:

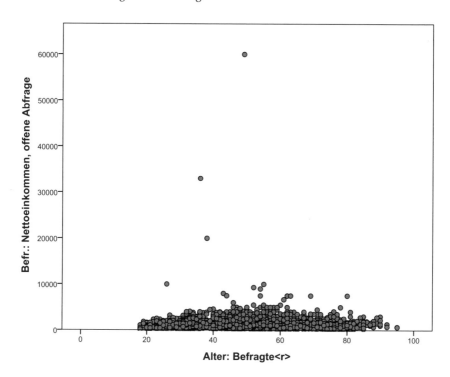

Das Diagramm wurde erstellt mit:

⇒ grafiken/editor7.sps

```
WEIGHT BY gewicht.
EXECUTE.
```

▶Grafik ▶Streu-/Punktdiagramm... ▶Einfaches Streudiagramm

▶*eink_p1* ▶Y-Achse?

▶*alter_b* ▶X-Achse?

▶Einfügen

Um den Zusammenhang zwischen Lebensalter und Einkommen besser erkennen zu können, schließen wir die – wenigen – Personen mit mehr als € 10.000 persönlichem Nettoeinkommen aus:

►Bearbeiten ►Y-Achse auswählen ►Skala

►Anpasssen ►Maximum: 10000 ►Erstes Inkrement: 1000 ►Anwenden

Dann lassen wir uns die quadratische Anpassungslinie ohne Beschriftung einzeichnen:

►Elemente ►Anpassungslinie bei Gesamtsumme ►Anpassungslinie ►Quadratisch

►□ Beschriftung (nicht) zu Linie hinzufügen ►Anwenden ►Schließen

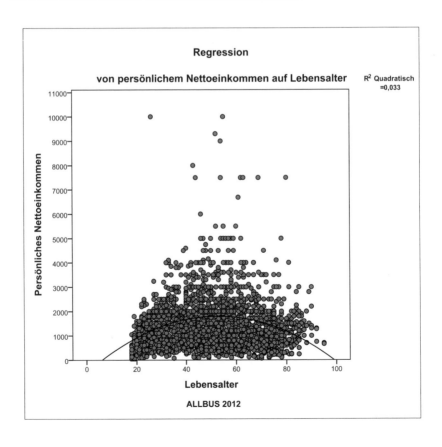

Mit den entsprechenden Schaltsymbolen haben wir das Diagramm mit einem
Titel und Untertitel – in dieser Reihenfolge – versehen:

> ►Einen Titel hinzufügen ►von persönlichem Nettoeinkommen auf Lebensalter
>
> ►Einen Titel hinzufügen ►Regression

Nach der Änderung der x- und y-Achsenbeschriftung haben wir noch die Fußnote „ALLBUS 2012" eingefügt und die R^2-Angabe so gezogen, dass sie lesbar neben
dem Diagramm platziert ist. Nach der Änderung von Hintergrund- und Punkt-
farbe (s. Balkendiagramm auf S. 331) sowie einer Umrahmung (s. Kreisdiagramm
auf S. 335) erhalten wir dann das obige, recht aussagekräftige Streudiagramm. Erkennbar besteht ein – wenn auch geringfügiger – kurvilinearer Zusammenhang
zwischen Lebensalter und Einkommen: In jungen und alten Tagen ist das verfügbare Einkommen im Schnitt relativ gering, im mittleren Lebensabschnitt vergleichsweise hoch.

Nach diesen Ausführungen sollte es möglich sein, weitere Grafiken durch „lear-
ning by doing" selbst zu erstellen. Die Lösung der Übungsaufgaben dient ebenfalls diesem Zweck.

8.5 Übungsaufgaben

8.5.1 Balkendiagramm

Stellen Sie ein Balkendiagramm her, in dem das mittlere persönliche Nettoeinkommen (*eink_p1*) in Abhängigkeit von der „Allgemeinen Lebenszufriedenheit"
(*lebenszufriedenheit*) abgetragen wird. Gewichten Sie den Datensatz mit dem personenbezogenen Ost-West-Gewicht (*gewicht*). Unterdrücken Sie die Anzeige „fehlender Werte". Geben Sie dem Balkendiagramm eine inhaltlich zutreffende Überschrift und vergeben Sie als Fußnote den Text „ALLBUS 2012".

8.5.2 Balkendiagramm bearbeiten

Öffnen Sie das in Übungsaufgabe 8.5.1 erstellte Balkendiagramm im Diagrammeditor und verkürzen Sie die Beschriftung der y-Achse auf „Mittleres persönliches
Nettoeinkommen". Des Weiteren sollen die Wertbeschriftungen der x-Achse horizontal lesbar und die Fußnote „ALLBUS 2012" fett geschrieben sein.

8.5.3 Kreisdiagramm

Erstellen Sie ein prozentuales Kreisdiagramm des Familienstands der Befragten
(*familienstand*). Geben Sie dem Kreisdiagramm die Überschrift „Familienstand",

die Unterüberschrift „(in Prozent)" und die Fußnote „ALLBUS 2012". Unterdrücken Sie die Anzeige „fehlender Werte".

8.5.4 Kreisdiagramm bearbeiten

Lassen Sie in das Kreisdiagramm aus Übungsaufgabe 8.5.3 zusätzlich die Prozentwerte mit einer Dezimalstelle sowie die Wertbeschriftungen außerhalb des Kreises eintragen. Es sollen **alle** Kreisausschnitte beschriftet sein. Blenden Sie die Legende aus und geben Sie dem Diagramm einen äußeren Rahmen.

8.5.5 Streudiagramm

Erstellen Sie ein Streudiagramm für die Regression der Interviewdauer (*interviewdauer*) auf das Lebensalters der/des Interviewerin/es (*alter_i*). Die erste Überschrift soll „Interviewdauer" sein, die zweite „auf Lebensalter Interviewer/in". Das Diagramm soll mit „ALLBUS 2012" unterschrieben sein.

8.5.6 Streudiagramm bearbeiten

Schließen Sie die Person, die jünger als 30 Jahre ist, aus. Fügen Sie in das Streudiagramm die quadratische Regressionslinie ohne deren Beschriftung und die Konfidenzintervalle ein.

9 Anhang

Informationen zu diesem Buch und das Zusatzmaterial werden im Online-Shop des UTB-Verlags angeboten. Dort finden Sie die Dateien des ALLBUS 2012-Datensatzes mit der dazugehörigen Dokumentation des Originalfragebogens, ergänzende Dokumente zum Buch, SPSS Statistics-Syntaxdateien zu einigen Buchbeispielen, die Lösungen zu den Aufgaben und die Leserbewertungen dieses Buches. Des Weiteren besteht die Möglichkeit, selbst Bewertungen abzugeben und Fragen zum Buch zu stellen: ⇒ http://www.utb-shop.de/9783825242251

9.1 Download des Zusatzmaterials

Die Dateien und Dokumente des Zusatzmaterials sind in dem Archiv allbus.zip zusammengefasst, das folgende Verzeichnisse und Dateien enthält:

	ALLBUS 2012-Dateien
allbus2012.dat	Rohdatendatei (Unicode UTF-8)
allbus2012.sps	IBM SPSS Statistics-Syntaxdatei (Unicode UTF-8)
allbus2012.sav	IBM SPSS Statistics-Datendatei (Unicode UTF-8)
allbus2012ofb.pdf	Fragebogendokumentation ALLBUS 2012 (Originalfragebogen)
	Dokumente zum Buch
formeln.pdf	Verfahren, Tests und Koeffizienten
forschungsprozess.pdf	Phasen eines Forschungsprozesses
buch-ble.pdf	**Beispiele, Lösungen und Errata**
	Syntaxdateien zu den Beispielen
grafiken/*.*sps	Präsentationsgrafiken
	Syntaxdateien zu den Übungsaufgaben
grafiken/ua*.*sps	Präsentationsgrafiken

Die SPSS Statistics-Syntaxdatei allbus2012.sps enthält alle Befehle zur Datenbeschreibung der ALLBUS 2012-Rohdatendatei allbus2012.dat. Die SPSS Statistics-Datendatei `allbus2012.sav` wurde mit dieser Syntaxdatei erzeugt. Damit diese Dateien richtig von SPSS Statistics gelesen werden, muss bei der Installation des Programms die Unicode-Codierung gewählt worden sein. Diese kann auch nachträglich über die Programmoption „Sprache" (s. S. 51) eingestellt werden. Um die vollständigen Dateibezeichnungen – die Dateinamen und der Dateityp (=Dateinamenerweiterung) – angezeigt zu bekommen, sind die im Kapitel 3.1.4 („Dateien") beschriebenen, betriebssystemabhängigen Einstellungen erforderlich.

Nachdem Sie die Datei `allbus.zip` heruntergeladen haben, entpacken Sie diese bitte in das Verzeichnis `allbus`:

- Linux: *Benutzerverzeichnis/*`allbus`
- Mac OS X: *Desktop* `allbus`
- Windows: `C:\allbus`

Falls die Dateien in ein anderes Verzeichnis entpackt werden, müssen bei den Befehlen zur Erstellung der SPSS Statistics-Datendatei entsprechende Änderungen vorgenommen werden.

Mit der SPSS Statistics-Datendatei `allbus2012.sav` können Sie sofort mit der Datenanalyse beginnen. Für Übungszwecke empfehlen wir jedoch, diese zunächst mit der SPSS Statistics-Syntaxdatei `allbus2012.sps` selbst zu erstellen (s. u.).

9.2 Arbeiten mit der SPSS Statistics-Datendatei

Die SPSS Statistics-Datendatei muss vor dem Ausführen von SPSS Statistics-Befehlen geöffnet werden, entweder über das Dateimenü mit:

▶Datei ▶Öffnen ▶Daten

▶Dateien vom Typ: SPSS Statistics (∗.sav)

▶Suchen in: …allbus

▶Dateiname: allbus2012.sav

▶Öffnen

oder mit dem entsprechenden, an das Betriebssystem und Verzeichnis angepassten Befehl im Syntaxfenster, wie z. B.:

▶Linux: ▶GET FILE="$HOME/allbus/allbus2012.sav".

▶Mac OS X: ▶GET FILE="$HOME/Desktop/allbus/allbus2012.sav".

▶Windows: ▶GET FILE="C:\allbus\allbus2012.sav".

Die SPSS Statistics-Datendatei `allbus2012.sav` wurde mit IBM SPSS Statistics 22 unter Windows 7 (64 Bit) erzeugt. Sollte es z. B. unter anderen Betriebssys-

temen oder mit anderen SPSS Statistics-Versionen Probleme beim Lesen dieser
Datei geben, so muss die SPSS Statistics-Datendatei wie im folgenden Kapitel beschrieben erstellt werden.

9.3 Erstellen der SPSS Statistics-Datendatei

Mit der SPSS Statistics-Befehlsdatei `allbus2012.sps` erzeugen wir aus der Rohdatendatei `allbus2012.dat` die SPSS Statistics-Datendatei `allbus2012.sav`.
SPSS Statistics konfigurieren wir vor der Erstellung der SPSS Statistics-Datendatei
so wie im Kapitel 3.1.5 („Programmoptionen") beschrieben.

   `allbus2012.sps` enthält im *DATA LIST*-Befehl die Angabe der Rohdatendatei *(FILE=)*. Da Dateiangaben betriebssystemspezifisch sind, wurden für die Betriebssysteme Linux, Mac OS X und Windows die entsprechenden *DATA LIST*-
Befehle aufgeführt. Vor dem Ausführen der Befehlsdatei müssen die Zeilen, die
nicht für Ihr Betriebssystem zutreffen, gelöscht und die erforderliche Dateianga-
be bei Bedarf angepasst werden.

   Mit `allbus2012.sps` erzeugen wir aus `allbus2012.dat` nun die SPSS Statistics-Datendatei `allbus2012.sav`:

▶IBM SPSS Statistics starten

▶Datei ▶Öffnen ▶Syntax

▶Suchen in: ...`allbus`

▶Codierung: Unicode (`UTF-8`)

▶Dateien vom Typ: Syntax(`*.sps`)

▶Dateiname: `allbus2012.sps`

Die nicht benötigten *DATA LIST*-Zeilen löschen:

```
*Datenanalyse mit IBM SPSS Statistics 22.
*Reinhard Wittenberg - Hans Cramer - Basha Vicari.
*Datensatz: ALLBUS 2012 (Auszug).
*Erstellen der IBM SPSS Statistics-Datendatei allbuss2012.sav.
*Bitte die nicht zutreffenden "DATA LIST"-Zeilen loeschen
 und die Verzeichnis-/Dateiangabe bei Bedarf anpassen!.
*Linux ($HOME zeigt auf Ihr Benutzerverzeichnis):.
DATA LIST FILE="$HOME/allbus/allbus2012.dat"
*Mac OS X ($HOME zeigt auf Ihr Benutzerverzeichnis):.
DATA LIST FILE="$HOME/Desktop/allbus/allbus2012.dat"
*Windows (Schraegstrich in Dateibezeichnung \ und nicht /):.
DATA LIST FILE="C:\allbus\allbus2012.dat"
/id 1-4
 anomie_1 TO anomie_4 5-8
...
```

Die geänderte Befehlsdatei speichern:

▶Datei ▶Speichern

Die Befehlsdatei im Synatx-Editor-Fenster ausführen:

▶Ausführen ▶Alle

Die Befehle werden von SPSS Statistics verarbeitet und im Ausgabe-Fenster protokolliert. Im Dateneditor-Fenster sind nun in der **Datenansicht** die eingelesen
Rohdaten zu sehen, in der **Variablenansicht** werden die Variablen mit ihren At-
tributen aufgelistet. Das Dateneditor-Fenster zeigt uns den Inhalt der zunächst
temporären SPSS Statistics-Datendatei – auch Arbeitsdatei genannt –, die wir mit
den folgenden Schritten als permanente Datei abspeichern:

▶Datei ▶Speichern unter: ...allbus

▶Speichern als Typ: SPSS Statistics(*.sav)

▶Dateiname: allbus2012.sav

Die im Verzeichnis allbus angelegte SPSS Statistics-Datendatei können wir nun
für die Datenanalyse verwenden.

Literaturverzeichnis

Allerbeck, Klaus R., 1977: Computerunterstützte Datenaufbereitung und Datenanalyse. S. 170–188 in: Jürgen van Koolwijk und Maria Wieken-Mayser (Hg.), Techniken der empirischen Sozialforschung, Band 7: Datenanalyse, München: Oldenbourg.

Allerbeck, Klaus R., 1978: Messniveau und Analyseverfahren – das Problem „strittiger Intervallskalen". Zeitschrift für Soziologie 7 (3): 199–214.

Allerbeck, Klaus R., 1994: Datenverarbeitung in der empirischen Sozialforschung. Eine Einführung für Nichtprogrammierer. 2. Auflage, Stuttgart: Teubner.

Allmendinger, Jutta, 2009: BRIGITTE-Studie 2009: Diese Frauen machen keinen Rückzieher. http://www.brigitte.de/gesellschaft/politik-gesellschaft/brigitte-studie-2009-allmendinger-1034143/ [09.09.2012].

Anscombe, Francis J., 1973: Graphs in Statistical Analysis. American Statistician 27 (1): 17–21.

Arbeitskreis Deutscher Markt- und Sozialforschungsinstitute, 2010: Richtlinie zum Umgang mit Adressen in der Markt- und Sozialforschung. https://www.adm-ev.de/richtlinien/ [03.03.2014].

Atteslander, Peter, 1990: Futter für Propaganda oder Anlass zur Erkenntnis? Plädoyer gegen den Missbrauch der Demoskopie. Feuilleton-Beilage der Süddeutschen Zeitung 86 (265): 5–29.

Bacher, Johann, Andreas Pöge und **Knut Wenzig**, 2010: Clusteranalyse. Anwendungsorientierte Einführung in Klassifikationsverfahren. 3. vollst. überarb. Auflage, München: Oldenbourg.

Backhaus, Klaus, Bernd Erichson, Wulff Plinke und **Rolf Weiber**, 2011a: Multivariate Analysemethoden. Eine anwendungsorientierte Einführung. 13. überarb. Auflage, Berlin: Springer.

Backhaus, Klaus, Bernd Erichson und **Rolf Weiber**, 2011b: Fortgeschrittene Multivariate Analysemethoden. Eine anwendungsorientierte Einführung. Berlin: Springer.

Bauer, Felix, 1986: Datenanalyse mit SPSS. Berlin: Springer.

Benninghaus, Hans, 2007: Deskriptive Statistik. Eine Einführung für Sozialwissenschaftler. 11. Auflage, Wiesbaden: VS Verlag für Sozialwissenschaften.

Böhning, Dankmar und **Helmut Wilke**, 1980: Statistische Analyseaspekte und ihre Einbeziehung in sozialwissenschaftliche Studiengänge. Zeitschrift für Soziologie 9 (3): 290–307.

Bortz, Jürgen, 1985: Lehrbuch der Statistik: Für Sozialwissenschaftler. 2. vollst. neu bearb. u. erw. Auflage, Berlin: Springer.

Bortz, Jürgen, 2005: Statistik für Human- und Sozialwissenschaftler. 6. vollst. überarb. u. aktual. Auflage, Heidelberg: Springer Medizin Verlag.

Bortz, Jürgen und **Nicola Döring**, 2005: Forschungsmethoden und Evaluation für Human- und Sozialwissenschaftler. 3. überarb. Auflage, Berlin: Springer.

Bryman, Alan und **Duncan Cramer**, 1990: Quantitative Data Analysis for Social Scientists. London: Routledge.

Büschges, Günter und **Peter Lütke-Bornefeld**, 1977: Praktische Organisationsforschung. Reinbek: Rowohlt.

Bundesagentur für Arbeit, 2013: Der Arbeitsmarkt in Deutschland, Frauen und Männer am Arbeitsmarkt im Jahr 2012. http://statistik.arbeitsagentur.de/Statischer-Content/Arbeitsmarktberichte/Personengruppen/generische-Publikationen/Frauen-Maenner-Arbeitsmarkt-2013-07.pdf [10.3.2014].

Bundeszentrale für politische Bildung, 2006: Datenreport 2006. Zahlen und Fakten über die Bundesrepublik Deutschland. Technischer Bericht, DESTATIS in Zusammenarbeit mit ZUMA und WZB.

Dale, Angela, **Sara Arber** und **Michael Procter**, 1988: Doing Secondary Analysis. London: Unwin Hyman.

Diekmann, Andreas, 2007: Empirische Sozialforschung. 18. vollst. überarb. u. erw. Auflage, Reinbek: Rowohlt.

Esping-Andersen, Gøsta, 1990: The Three Worlds of Welfare Capitalism. Cambridge: Polity Press.

Field, Andy, 2009: Discovering Statistics Using SPSS. 3. Auflage, Los Angeles u.a.: SAGE.

Friedrichs, Jürgen, 1990: Methoden empirischer Sozialforschung. 14. Auflage, Wiesbaden: VS Verlag für Sozialwissenschaften.

Graff, Jörg, 1989: Soziologische Statistik. Bremen: Universität.

Gutjahr, Walter, 1971: Die Messung psychischer Eigenschaften. Berlin (Ost): VEB Dt. Verlag der Wissenschaft.

Hakim, Catherine, 1982: Secondary Analysis in Social Research. A Guide to Data Sources and Methods with Examples. London: Allen & Unwin.

Hatcher, Larry, 1994: A Step-by-Step Approach to Using the SAS System For Factor Analysis and Structural Equation Modeling. Cary, N.C.: SAS Inc.

Häder, Michael, 2006: Empirische Sozialforschung. Eine Einführung. Wiesbaden: VS Verlag für Sozialwissenschaften.

Henninger, Annette, Christine Wimbauer und Rosine Dombrowski, 2008: Geschlechtergleichheit oder „exklusive Emanzipazion"? Ungleichheitssoziologische Implikation der aktuellen familienpolitischen Reformen. Berliner Journal für Soziologie 18 (1): 99–128.

Hummel, Hans J. und Rolf Ziegler (Hg.), 1976: Korrelation und Kausalität. 3. bearb. Auflage, Stuttgart: Enke.

Hyman, Herbert H., 1972: Secondary Analysis of Sample Surveys: Principles, Procedures and Potentialities. New York: Wiley.

Kiecolt, K. Jill und Laura E. Nathan, 1985: Secondary Analysis of Survey Data. Beverly Hills: SAGE.

Kleinbaum, David G. und Mitchel Klein, 2010: Logistic Regression. A Self-Learning Text. 3. Auflage, New York: Springer.

Klingemann, Hans-Dieter und Ekkehard Mochmann, 1975: Sekundäranalyse. S. 178–194 in: Jürgen van Koolwijk und Maria Wieken-Mayser (Hg.), Techniken der empirischen Sozialforschung, Band 2: Untersuchungsformen, München: Oldenbourg.

Koch, Achim und Martina Wasmer, 2004: Der ALLBUS als Instrument zur Untersuchung sozialen Wandels: Eine Zwischenbilanz nach 20 Jahren. S. 13–41 in: Rüdiger Schmitt-Beck, Martina Wasmer und Achim Koch (Hg.), Sozialer und politischer Wandel in Deutschland. Analysen mit ALLBUS-Daten aus zwei Jahrzehnten, Wiesbaden: VS Verlag für Sozialwissenschaften.

Kriz, Jürgen und Ralf Lisch, 1988: Methoden-Lexikon für Mediziner, Psychologen, Soziologen. München: Psychologie Verlags Union.

Krämer, Walter, 2008: Verhindert die Statistikausbildung den Fortschritt der Wirtschafts- und Sozialwissenschaften? Wirtschafts- und Sozialstatistisches Archiv 2 (1): 41–50.

Kromrey, Helmut, 2006: Empirische Sozialforschung. Modelle und Methoden der standardisierten Datenerhebung und Datenauswertung. 11. überarb. Auflage, Stuttgart: Lucius & Lucius.

Kuckartz, Udo, Stefan Rädiker, Thomas Ebert und Julia Schehl, 2010: Statistik. Eine verständliche Einführung. Wiesbaden: VS Verlag für Sozialwissenschaften.

Lazarsfeld, Paul, 1968: Am Puls der Gesellschaft. Zur Methodik der empirischen Soziologie. Wien: Europa Verlag.

Lewis-Beck, Michael S., **Alan Bryman** und **Tim Futing Liao** (Hg.), 2004: The SAGE Encyclopedia of Social Science Research Methods, Vol. I to III. Thousand Oaks u.a.: SAGE.

Marold, Julia, 2009: Mütter im Spannungsfeld zwischen Kind und Beruf. Zeitschrift für Familienforschung 21 (1): 54–85.

Merton, Robert K., 1980: Auf den Schultern von Riesen. Ein Leitfaden durch das Labyrinth der Gelehrsamkeit. Frankfurt: Syndikat.

Meulemann, Heiner, 2002: Sekundäranalyse. S. 471–472 in: Günter Endruweit und Gisela Trommsdorff (Hg.), Wörterbuch der Soziologie, 2. völl. neubearb. u. erw. Auflage, Stuttgart: Lucius & Lucius.

Mohr, Lawrence B., 1990: Understanding Significance Testing. Newbury Park u.a.: SAGE.

Moore, David S., 1989: Statistik. Die Wissenschaft von den Daten. S. 67–122 in: Solomon Garfunkel und Lynn A. Steen (Hg.), Mathematik in der Praxis. Anwendungen in Wirtschaft, Wissenschaft und Politik, 2. völl. neubearb. u. erw. Auflage, Heidelberg: Spektrum der Wissenschaft.

Norman, Geoffrey R. und **David L. Streiner**, 1994: Biostatistics: The Bare Essentials. St. Louis: Mosby.

Opp, Karl-Dieter, 2005: Methodologie der Sozialwissenschaften. Einführung in Probleme ihrer Theorienbildung und praktischen Anwendung. 6. Auflage, Wiesbaden: VS Verlag für Sozialwissenschaften.

Pappi, Franz Urban (Hg.), 1979: Sozialstrukturanalysen mit Umfragedaten. Probleme der standardisierten Erfassung von Hintergrundsmerkmalen in allgemeinen Bevölkerungsumfragen. Königstein/Ts.: Athenäum.

Pfau-Effinger, Birgit, 2001: Wandel wohlfahrstaatlicher Geschlechterpolitiken im soziokulturellen Kontext. Kölner Zeitschrift für Soziologie und Sozialpsychologie Sonderherft Geschlechtersoziologie (41): 487–511.

Porst, Rolf, 2000: Praxis der Umfrageforschung. 2. Auflage, Stuttgart: Teubner.

Schendera, Christian F.G., 2010: Clusteranalyse mit SPSS: Mit Faktorenanalyse. München: Oldenbourg.

Schnell, Rainer, Paul B. Hill und **Elke Esser**, 2013: Methoden der empirischen Sozialforschung. 10. überarb. Auflage, München: Oldenbourg.

Spearman, Charles, 1904: „General intelligence", objectively determined and measured. American Journal of Psychology 15 (2): 201–293.

Stegmüller, Wolfgang, 1980: Hypothese. S. 284–287 in: Josef Speck (Hg.), Handbuch der wissenschaftstheoretischen Begriffe, Göttingen: Vandenhoeck.

Stelzl, Ingeborg, 1974: Experimentelle Versuchsanordnungen. S. 138–175 in: Jürgen van Koolwijk und Maria Wieken-Mayser (Hg.), Techniken der empirischen Sozialforschung, Band 6: Statistische Forschungsstrategien, München: Oldenbourg.

Stevens, Stanley S. (Hg.), 1951: Handbook of Experimental Psychology. New York: Wiley.

Tabachnick, Barbara G. und **Linda S. Fidell**, 2007: Using Multivariate Statistics. 5. Auflage, Boston u.a.: Pearson Education.

Terwey, Michael und **Stefan Baltzer**, 2013: ALLBUS 2012 - Variable Report. Variable Reports 2013/16, GESIS Datenarchiv für Sozialwissenschaften.

Tufte, Edward R., 1983: The Visual Display of Quantitative Information. Cheshire, Conn.: Graphics Press.

Urban, Dieter und **Jochen Mayerl**, 2011: Regressionsanalyse: Theorie, Technik und Anwendung. 4. überarb.u. erw. Auflage, Wiesbaden: VS Verlag für Sozialwissenschaften.

von Alemann, Heine, 1991: Der Forschungsprozess. Eine Einführung in die Praxis der empirischen Sozialforschung. 3. neu bearb. Auflage, Stuttgart: Teubner.

Wasmer, Martina, Evi Scholz und **Michael Blohm**, 2007: Konzeption und Durchführung der Allgemeinen Bevölkerungsumfrage der Sozialwissenschaften (ALLBUS) 2006. ZUMA-Methodenbericht 2007/09.

Wittenberg, Reinhard, 1998: Grundlagen computerunterstützter Datenanalyse. 2. Auflage, Stuttgart: Lucius & Lucius.

Wittenberg, Reinhard und **Hans Cramer**, 2003: Datenanalyse mit SPSS für Windows. 3. neubearb. Auflage, Stuttgart: Lucius & Lucius.

Wolf, Christof und **Henning Best** (Hg.), 2010: Handbuch der sozialwissenschaftlichen Datenanalyse. Wiesbaden: VS Verlag für Sozialwissenschaften.

Zöfel, Peter, 1985: Statistik in der Praxis. Stuttgart: G. Fischer.

Sachverzeichnis

UVK:Weiterlesen bei UTB

Rainer Diaz-Bone
Statistik für Soziologen
2., überarbeitete Auflage
2013, 286 Seiten
ISBN 978-3-8252-4034-9

Das Lehrbuch beinhaltet alle wichtigen Themenbereiche der statistischen Grundausbildung: von der Beschreibung einzelner Variablen bis zur multivariaten Analyse. Die Zugänglichkeit in der Darstellung (eher sprachliche und grafische Darstellung als Formeln, zudem zahlreiche Beispiele) steht dabei im Vordergrund. Der Band kann in einer zweisemestrigen Lehrveranstaltung durchgearbeitet werden und vermittelt den aktuellen Stand der sozialwissenschaftlichen Statistikausbildung.

»Zusammenfassend ist festzuhalten, dass Rainer Diaz-Bone ein Lehrbuch vorgelegt hat, das sehr gute Dienste in der Lehre der statistischen Methoden für Soziologen beziehungsweise für Sozialwissenschaftler leistet.[...] Bei dieser zusammenfassenden Bewertung soll auch vor allem hervorgehoben werden, dass viele einprägsame Beispiele aus dem Bereich der empirischen Sozialforschung, anschauliche Grafiken und der leichte Nachvollzug der durchgeführten Berechnungen zu den besonderen Highlights gezählt werden dürfen, zusammen mit der sehr ansprechenden Gestaltung des Layouts dieses Buches. Es wird in der Hand derjenigen, die sich in die Methoden der Statistik einarbeiten müssen oder wollen nützliche Dienste leisten.«

Soziologische Revue

Dr. Rainer Diaz-Bone ist Professor für Soziologie mit Schwerpunkt qualitative und quantitative Methoden an der Universität Luzern (Schweiz).

Klicken + Blättern

Leseproben und Inhaltsverzeichnisse unter

www.uvk.de

Erhältlich auch in Ihrer Buchhandlung.

UVK:Weiterlesen bei UTB

Bernhard Schäfers
Sozialstruktur und sozialer Wandel in Deutschland
9., völlig überarbeitete Auflage
2012, 304 Seiten, 43 s/w Abb.
ISBN 978-3-8252-3827-8

Das Standardwerk in neunter Auflage gibt einen aktuellen Überblick über die Sozialstruktur Deutschlands. Bernhard Schäfers führt in die erforderlichen Grundbegriffe und die wirtschafts- und sozialgeschichtlichen Zusammenhänge ein. Ausgehend von den Grundlagen des Staats- und Gesellschaftssystems werden folgende Themen behandelt: politisches System und Parteienstruktur; der Vereinigungsprozess 1990; Grundlagen des Wirtschaftssystems, der Arbeits- und Berufsstrukturen; Bevölkerungsstruktur, Ausländer und Integration; Familie, Ehe und Lebensgemeinschaften; Bildung und Ausbildung, Religionen und Kirchen; Struktur und Wandel des Sozialstaats; Wandel der Klassen- und Schichtungsstruktur und soziale Ungleichheit; Gemeinden, Städte und Wohnverhältnisse; Deutschland in Europa.

Bernhard Schäfers ist emeritierter Professor der Soziologie an der Universität Karlsruhe (jetzt: KIT).

Klicken + Blättern

Leseproben und Inhaltsverzeichnisse unter
www.uvk.de
Erhältlich auch in Ihrer Buchhandlung.